U0905435

珍藏本
纪念版

汉译世界学术名著丛书

认识的途径

或哲学的方法

〔美〕威廉·佩珀雷尔·蒙塔古 著

吴士栋 译

2017年·北京

Wm. Pepperell Montague
THE WAYS OF KNOWING
OR
THE METHODS OF PHILOSOPHY
First published in 1925
Printed in Great Britain by
UNWIN BROTHERS, LIMITED, LONDON AND WOKING
中译本根据昂温兄弟有限公司1925年版译出

汉译世界学术名著丛书
（120年纪念版·珍藏本）
出 版 说 明

2017年2月11日，商务印书馆迎来120岁的生日。120年前，商务印书馆前贤怀揣文化救国的理想，抱持“昌明教育，开启民智”的使命，立足本土，放眼寰宇，以出版为津梁，沟通中西，为中国、为世界提供最富智慧的思想文化成果。无论世事白云苍狗，潮流左右激荡，甚至战火硝烟弥漫，始终践行学术报国之志，无改初心。

逐译世界各国学术名著，即其一端。早在20世纪初年便出版《原富》《天演论》等影响至今的代表性著作，1950年代后更致力于外国哲学和社会科学经典的译介，及至1980年代，辑为“汉译世界学术名著丛书”，汇涓为流，蔚为大观。丛书自1981年开始出版，历时三十余年，迄今已推出七百种，是我国现代出版史上规模最大、最为重要的学术翻译工程。

丛书所选之书，立场观点不囿于一派，学科领域不限于一门，皆为文明开启以来，各时代、各国家、各民族的思想与文化精粹，代表着人类已经到达过的精神境界。丛书系统译介世界学术经典，引领时代思想，为本土原创学术的发展提供丰富的文化滋养，为推动中国现代学术和现代化进程做出了突出的贡献。

为纪念商务印书馆成立120周年，我们整体推出“汉译世界学术名著丛书”120年纪念版的珍藏本，寄望既利于文化积累，又便于研读查考，同时向长期支持丛书出版的译者、编者和读者致以敬意。

两甲子后的今天，商务印书馆又站在了一个新的历史时间节点上。我们不仅要铭记先辈的身影和足迹，更须让我们的步伐充满新的时代精神。这是商务人代代相传的事业，更是与国家和民族的命运始终紧密相连的事业。我们责无旁贷，必须做好我们这代人的传承与创造，让我们的努力和成果不仅凝聚成民族文化的记忆，还能成为后来人可以接续的事业。唯此，才能不负前贤，无愧来者。

商务印书馆编辑部

2017年10月

献给我的妻子

目　　录

端联在一起的系词。代表任何辞说的普遍符号为：$S=Rn(p)$。同一性的意思是所指上的单一性加上所含上的双重性。但是所指是什么呢？每件物体具有“内在的”、“外在的”属性。“外在的”属性涉及其他物体。这种属性是关系性的并可使物体属于一个系列。“内在的”属性却不涉及其他物体，而只使物体属于一个类别。我
10 们用一个字眼来表示存在又做系词。所指怎样意涵关系而关系怎样意涵位置。同一个端怎能有可含又有可指。关于意涵或局部同一的概念。共相怎能在个体“之内”，个体怎能在共相“之内”。亚里士多德的同一逻辑受到两方面的攻击。这种逻辑对于所指与所含没有妥当地加以辨别，而唯心论者，从这方面提出他们的攻击。(1)亚里士多德的逻辑和形而上学混淆在一起，(2)亚里士多德对于较一般性的辞说关系的兴趣和实在论者对于较特别化的辞说关系的兴趣混淆在一起，而实在论者从这些方面提出他们的攻击。有可能把亚里士多德的一般性形式逻辑和现时逻辑家的特殊化关系逻辑表示在一个单一的《普遍三段论法》里。举例说明十九个三段论法的每一个怎样可还原为这个概括化了的格式：

$$M=R_2P$$

$$S=R_1M$$

$$\therefore S=R_1R_2P=S=R_3P$$

怎样对具体经验进行抽象，从而在心理上产生全谓辞说，并在逻辑上使全谓辞说获得有效性。无必然性的全谓判断怎样产生与获得有效性。归纳法具有间接的与消除的性质。可为归纳法订出一种特别类型的“析取三段论法”。必然辞说可界说为这种辞说：在其中，各端在所指上的同一唯独来自各端的性质或本素。对于判断必然真理有两个标准：(1)一个是主观的、不可靠的标准，看其否认式是否可被设想；(2)一种是客观的、靠得住的标准，看其否认式是否自相矛盾。以 7+5=12 这一类“复杂的兼分析的”辞说为例，来说明客观的标准的用法。公理不具有复杂兼分析的性质。对于在什么时候应该把辞说称为公理，有着三种看法。结论。附录。

例说明，有一些明显偶然的辞说后来被证明为必然的，又有一些明显必然的辞说后来被证明是偶然的。理性论者以及经验论者各别对于自然界的看法。

1. 宇宙论上理性论的三个类型或方法：

A. **数学式或毕达哥拉斯式的理性论**。为什么数学关系具有几乎无疵的完美性？数量在自然界的基本地位。理性论看见被知道得最清楚的东西合乎理性，因而就推论：未被知道得这样清楚的东西也同样合乎理性。数学公式为每种科学的理想目标。物理学怎样用数量作为线索以将各式各样的属性像一串珠子一样地穿起来。但是彼此相关并不是还原。

B. **目的论式或安瑟姆式的理性论**。认为事物的存在来自事物本素的内在善性或工具善性。本体论论证。照通常所提出的形式，这个论证是错误的。若要使它可以成立，则当事先证明什么。

C. **辩证法式或黑格尔式的理性论**。黑格尔认为世界是一种自己可解释自己的有机整体，并认为要通过矛盾以了解世界。黑格尔的理性论是具有创造性的。但是"否定"原理在许多地方无法应用。詹姆斯这样揭发黑格尔，说他偷偷地利用他的经验知识以使他的辩证法好像说得通。心理上的"对比联想"被误认为适用于自然界。

2. 宇宙论上经验论方面的两个特别论证。论证的提出是为了证明：宇宙是一个要加以描述的多元性堆积，而不是一个要加以解释的一元性体系。

A. **以共相间种种关系的偶然性与不对称性为根据的经验论论证**。我们知道有许多共相是彼此偶然地联系在一起的，因为它们在变易时彼此不相干；红色和圆形的各别变易是各不相干的，空间的不同纬数之各别变易也一样。此外，大类自身甚至在数量的范围内都不能断定那些属于它的小类有哪个（若有的话）会实现出来。

B. **以共相间种种关系的相对性或假设性为根据的经验论论证**。全谓判断不意涵判断内的各端是存在的，因而是可还原为假

10

证里，假定有关知觉知识怎样被产生的某些辞说可以成立，并以它们为根据来对所有一切辞说的有效性进行攻击，从而使自己陷入一种十分类似自相矛盾的境地。这个“逻辑学家的回答”适用于怀
17 疑论方面的所有论证。这个回答逼得怀疑论者不得不承认他自己的论证，就其有积极内容而言，建立在他自己所不承认的前提上。

我们对于现在这一刹那以外的经验，不管是我们记忆中的过去或者是我们预料中的未来，所作出的任何肯定都是不确定的；心理论证就建立在这种不确定性上。虽然记忆确有种种特别错误，我们为了方便起见暂时假定记忆的一般有效性；我们将先研究怀疑论者对于我们有预料未来的权利所提出的质难。怀疑论者认为我们不能知道未来，因为我们不曾经验未来。“自然齐一”这个原则若自身是有充分理由的话，则它就能使我有充分理由这样推论：因果上的重复与因果上的变易在将来会跟在以往一样。证明“自然齐一”原则可有三个方式：(1)可根据经验而指出这原则已得到过去经验的证实，(2)可根据实用而指出它对行动是必要的，(3)可根据理智而指出它跟或然律是一致的。根据经验是无效的，因为是循环论证。不能因为我们过去对于未来的种种预料已为事后的事实所证实，就以为我们现在和将来对于未来的种种预料必然会得到同样的证实。我们若根据过去的自然齐一性以推论未来的自然齐一性，则我们就已假定了我们所要证明的东西。根据实用而说我们在实际上非相信自然齐一性不可，这是不相干的说法，因为怀疑论者并不否认对于自然齐一性的信仰在实际上是必要的，而只否认我们在理论上能替这信仰找到充分的理由。从实际的必要不能推出理论上的充分理由。有许多实例，说明在主观上必要的种种信仰已被证明在客观上是假的。第三种方式即在理智上利用或然律，确实为“自然齐一”提供了一种在逻辑上可以成立的证明。怀疑论者必得承认，一个其中有着因果必然性的宇宙至少是可能的；既然承认了是可能的，则我们能够证明：这样一个宇宙，作为对

错误。

2. 二元论对于知觉相对性的解释。知觉者在任何时候会知觉什么东西，这完全取决于知觉者的种种状态与过程。在这种意义上，所知觉的东西跟知觉者的心灵发生相对关系。为了解释这种知觉上的相对性，二元论提出这种学说：知觉的对象位于那些直接决定知觉的因素所在的同一地点；既然这些因素显然位于知觉之内，所以他所直接觉察到的种种对象也在知觉之内。这就是说，我们只能知觉我们自己的心理状态和观念。我们所认为存在于外界的种种物体不随着知觉者的境地或情况而变易。一方面感觉张本具有相对性，另一方面外界物体没有相对性，为了解释这两方面的并合，二元论者提出这种说法：感觉张本是在我们之内的而外物是在我们之外的。

3. 二元论关于"次要属性"的学说。主要的或数量性的属性比次要的或非数量性的属性在方法论上具有三种长处：第一，它们是可比量的而不是不可比量的；第二，它们每个都被多种感官而不只被一种感官所启示；第三，它们可以间接地被发现，并且它们可以通过它们对于其他物体的公开的、可测量的效果，而不仅仅通过它们对于观察者各感官之私人性的、不可测量的效果被发现。主要属性的三种长处是这样重要，以至物理科学打定主意，对于物体的动态完全以关于它们数量性能与数量关系上的字眼去加以解释。非数量性的或次要的属性曾被人们作为赘象看待，或作为不发生作用的，因而是物理世界所根本不需要的东西。当二元论者提议要把它们放入心灵里而且使它们留在那里时，物理学家乐于同意；为了这个缘故，二元论式的认识论具有科学界对它加以认可的声望。

有三种反对的理由使哲学家们放弃二元论而采取主观主义。

1. 人们认为把感觉张本跟它们的原因比较是有困难的，第一种反对理由以这种困难为根据。经验以外的原因不能直接地跟经验的内容比较。但是它们可以得到间接的证实，方法是看那些从种种假设原因所引申出来的概念含义是否得到了实有知觉的证实。举两个实例以说明这种间接证实法。

2. 科学认为知觉及其原因在属性上是两样的，第二种反对理由批判这种性质上的二元论。对于感觉张本的原因只能通过感觉张本的质料而加以设想；因而感觉张本若含有次要属性，则它们的原因也要含有这种属性。如果我们承认物质的假设原因具有特别的或次要的属性，则这跟科学家的纯机械世界的公设并不抵触。次要属性可以作为赘象而客观地存在着，这在因果关系上对于科学所倾向的机械决定论并没有什么冲突。

3. 二元论认为所推论出的时空和所知觉的时空在数量上是二而非一，第三种反对理由以这种二元性为其批判对象。我们不能设想有任何空间在我们的知觉空间之外。所以我们必得设想：感觉张本的种种原因位于感觉张本自身的空间内。或者知觉空间跟概念空间同样地在心灵之外并且同样地与心灵不相干，而这就等于是回到了客观主义；或者概念空间跟知觉空间同样地在心灵之内并且同样地依靠心灵，而这就等于陷入主观主义。对于时间有着同样的困难：一方面有作为被推论出的东西来看待的过去时间，另方面有作为被经验到的东西来看待的过去时间，把二者分开是不可能的。个数上的二元性即是在空间中或在时间上占着不同的位置。既然感觉张本的时空，作为整体来讲，不能跟它们原因的时空分开，那我们就无法主张二元论的说法，认为被知觉者和被设想者在数目上和在存在上是截然分开的。

主观主义可界说为这样一种学说：它认为各种对象，尤其物质对象，不能离开对于它们的意识而独立存在。拟将讨论的计划规定如下：对于认识论上的一切学说(除极端的客观主义之外)，将作为主观主义之不同程度或先后阶段而加以分析和讨论。

作者原序 5

我在哈佛大学做帕尔默教授的学生时，读过西奇威克的《伦理学方法》，自从那时起，我立志要模仿那本名著，尽力把逻辑与认识论里的种种方法跟形而上学上种种较易引起争论的问题分开而陈述出来。

西奇威克的书，在我看来，不失为是伟大哲学著作之一；现今哲学讨论里种种误解和不对头的地方，我认为在今日甚至比以前还更有力地要求我们把在辩证与方法上的种种哲学问题跟在实体本质上的种种问题分开来处理。在本书一般计划上以及本书的副书名上可以看出我从西奇威克得到了多少启发。

现在我十分乐于对本丛书的主编缪尔黑德博士，表示衷心的感谢，他在本书准备出版的过程中提供了许多宝贵的意见。我对于辛克莱女士要表示感激，我跟她的多次讨论以及对她的各种著作的阅读使我对于唯心论有了较深刻的赏识。我要谢谢哈佛大学的佩里教授，他替我看过手稿并提出种种批评；又要感谢杜威教授，他对于实用主义一章的意见使我把我原先在工具主义跟整个实用主义逻辑与认识论的关系上所存在的误解消除了一部分。

从我的朋友洛夫乔伊教授、米勒教授、奥弗斯特里特教授和谢尔登教授那里，我得到不少的益处；在多年的愉快谈话与友谊中，他们慷慨地给了我多番的鼓励与鞭策。

我尤其要感谢我的同事帕克赫斯特教授。她不仅修改过整个
6 手稿，用打字机打出，以及编好索引，并且多年不辍地花费时间与提出意见，帮助我把书中所提到的种种学说弄明白并清楚地表达出来。

在把各种见解放到对话人物的口里去由他们进行辩护时，我心目中想到以英美哲学家中可称为新实在论派者的哲学看法，来作为“帕特里奇”这位复合形象的客观主义者的意见。我拟通过“洛夫莱斯”这位认识二元论者的论调，来代表晚近自称为批判实在论者那些人的见解。而在“布赖斯”这位主观主义者口里，我尽了我的能力公平地、尽管是不够充分地陈述了几位近代唯心主义者的观点，这包括我的朋友罗伊斯教授与克赖顿教授在内。我希望他们对于我在这方面提到他们的名字，不会觉得是有损于他们的名声。我在索引内敢于把去年刚去世的几位英国大唯心论者的姓名跟代表他们各别所属学派的观点的虚构人物联系在一起，我也希望人们不会认为这是我对于这些唯心论者缺少尊敬。

威廉·佩珀雷尔·蒙塔古

1925年3月24日于纽约。

引　　论

哲学的三大部分是：Ⅰ.方法论、Ⅱ.形而上学、Ⅲ.价值论。 31

价值论研究理想具有什么性质以及怎样使它们得以实现。价值论可分为：(1)伦理学，它研究什么是善和怎样在行为上去实现它；(2)美学，它研究什么是美和怎样在艺术里去实现它。

形而上学所研究的是有关实体本质的种种一般和根本的问题。形而上学可分为：(1)分析的形而上学或本体论，它研究诸科学的种种基本范畴；(2)综合的形而上学或宇宙论，它研究诸科学所达到的种种一般性结论，并通过这些结论的互相关系而对于整个世界提出一个全面的描述。

方法论可分为：(1)逻辑与(2)认识论；前者研究达到知识的途径，后者研究解释知识的途径。

显而易见，哲学的这三大部分是局部地，虽然只是局部地，彼此无关的。在善与美上所应该有的东西并不必然地为已经存在的东西所决定。在这种意义上，伦理学和美学的种种理想是跟形而上学的种种结论不相干的。但是我们的各种理想怎样得以实现，这显然依靠我们生存在一个什么样子的世界里；所以从实际伦理学家和艺术家的立场看来，关于价值的哲学在某种范围内是跟形而上学上的种种学说有关系的。在形而上学和方法论的关系上，这种局部相干又局部不相干的情况也是存在的。我们将用什么标

准以求得真理，这主要依靠正被我们探究的实体具有什么性质；可
32 是同样的标准往往可以用来检验种种非常不相同的判断。对于逻辑是这样，对于认识论也是这样。怎样解释真理自身，怎样解释知识关系自身，这诚然局部依靠心理学与物理学对于知者与被知者的性质有什么启示。但在这里，到底实在论对、还是唯心论对，这个认识论上的问题也至少在某些方面跟知识关系上各端的特别性质并不相干。最后，我们不难指出，关于方法的各种学说与关于价值的各种学说之间的关系同样地是局部相干又局部不相干的。

但在最后两百年的哲学里，方法上的各种问题跟形而上学上的各种问题过分地交织在一起，以致每方面的特有问题竟被人们忽略过去。为了这个理由，似乎值得我们试把方法论的两部分，即把我们所谓的逻辑和认识论，彼此分开来，又把它们跟其他哲学问题分开来。

为了好把“认识途径”这种认识论上的探究跟“存在方式”这种形而上学上的探究隔开起见，我们必得做番准备工作；即必得对于逻辑的两部分（我们曾称之为逻辑与认识论），加以较为详尽的研究。

认识论，或关于知识的理论，包括许多问题；因而我们对它可有多种的定义。我们宁愿在这个标题下讨论知识关系的一个方面，而这方面在哲学史上曾引起过最尖锐与最有意义的争辩。**世界的种种物体和种种属性对于知者或主体发生被知的关系；我们要问，它们的存在对于这种被知关系，若有任何依靠的话，依靠到什么程度。**

在这个问题上有三种典型的学说，一直相持不下。第一种是

“客观主义”或认识论上的**实在论**；它认为物体完全照着它们被知
的样子而存在着；认为离开我们的物体自身，跟它们呈现在我们经
验中的样子是一模一样的；认为意识可以直接启示外界的性质。
第二种是“主观主义”或认识论上的**唯心论**；它认为物体的性质与 33
存在即是物体对心灵或对知者的关系所构成的；因而认为一切实
体，若可被人们设想的话，必得被设想为有意识的经验。第三种是
关于知识的“代表”说或“副本”说，我们曾称之为认识论上的**二元**
论。据这说法，物体分为两种：一种是内在物或“观念”，它们直接
依靠意识，又直接为意识所启示；一种是外在物或物质的东西，它
们对于意识是独立的，并且绝不能直接出现在意识里；但我们能够
认为，也必得通过推论而认为，它们是经验的各种假设性原因。[1]

这三种学说正是我们在本书第二编，在“认识论的方法”的标题下所要讨论的。我们将在那里证明：对于客观主义、主观主义与二元论的不同主张可从实在论的观点加以重新陈述，以使这些主张不仅不会彼此格格不入而且可以互相意涵。如果我们的努力可以成功的话，则在这个限度内，认识论的问题就得到了解决。解决的途径是把三个原来针锋相对的**学说**变为三种不同但互相补充的**方法**，来解释知识关系所涉及的单独 套事实。

在讨论种种解释知识或解释真理的方法之前，似乎宜于把种种达到知识或达到真理的方法研究一下。所以本书第一编研究我

① 的确还有第四种关于认识论的学说，可称之为**相对主义**。但是这种学说在精神上与性质上跟其他学说十分不同，又跟实用主义的逻辑紧密相联，所以最好把它放在第一编第五章跟实用主义一起讨论。

们所谓的逻辑。在传统的哲学里，形式逻辑被界说为正确思考的艺术或科学。而思考的正确性被认为仅仅是指从前提推出结论这番手续的正确性。但显而易见，如果我们，作为逻辑学家，去寻求正确思考的种种原则，那我们就不能满足于发现一些只能使结论符合于前提的规则。我们要继续我们的寻求，一直等到把那些能
34 使前提自身成立的种种原则求到时为止。这里所寻求的是绝对的有效和实质的真理的标准，这种绝对的有效和实质的真理跟相对的有效和形式的真理有所不同。人们有时把这番寻求当作认识论的一部分。但是我们宁愿认为这是逻辑自身的逻辑目标。那么，照我们的说法：**逻辑从事寻求种种最后的标准，以便用以使我们的信仰得到根据又使我们可达到真的知识。**

从下文可以看出，使得信仰得到根据的问题跟确定信仰泉源的问题是紧密相关的。所以我们在讨论信仰怎样得到根据这个逻辑问题的时候，将在某种限度内附带讨论信仰怎样发生这种心理问题。

我们可把我们的观念与信仰追溯到这些来源中的一个或多个：(1)旁人的见证；(2)直觉，这至少局部地建立在种种本能、情感、欲望之上；(3)以种种普遍原理为据的抽象推论；(4)感觉经验；(5)具有成效的实际活动。人们可以把，在事实上也已经把每个这种泉源当作断定哲学真理的主要标准；因而跟这五种信仰泉源相应的有下列五种类型的逻辑学说：(1)权威主义；(2)神秘主义；(3)理性论；(4)经验论；(5)实用主义。

就这些类型的逻辑学说而言，每一种都显得特别适宜于使某一种类型的信仰得到根据。比方说，关于拿破仑存在的信仰，若有

人问我们从哪里得到它,又问我们根据什么相信它,则谁也会回答:这种信仰来自历史学家的见证,我们相信它乃根据权威。此外,我们有着种种信仰而这些信仰似乎除了直觉之外就没有任何根据;例如,我们觉得暗的地方和尸体是危险的,觉得一些人可信任而另一些人不可信任,觉得某种对于人生与宇宙的最后评价,必得把它们接受下来。这些例子都是关于第二类型或神秘类型的态度与信仰。第三个或理性论式的标准最自然地适用于数学里的各种命题,如 7+5=12;这类命题所以是真的,乃是由于它们是从某些公认原理推演出来的,并通过这番推演手续而被证实。关于个 35
别事物的各种信仰,如草是绿的,雪是冷的,则来自知觉经验,并通过这种经验而被证实;所以它们是应用第四种标准,即应用经验论标准的例子。那些关于未来的信仰,那些被人们主要当作行动根据的信仰是第五个或实用主义标准的例子,这种标准并不总是在一切情况下都易于跟经验主义分别得清楚的。例如对于我们所将要从事的一种事业,我们判断它会成功;又如对于未来,我们判断它将类似过去;这类判断既不建立在直接的知觉上,也不建立在以自明原理为前提的演绎手续上。它们好像是实际行动上种种迫切需要所引起的公设,而我们满足于用它们的种种实际效果来检验它们。如果它们产生不良效果,那我们就认为它们不能成立,抛弃它们而寻求旁的。第六种或最后一种情况是这样的:有许多辞说,据大家一致的意见,既不是上列各种标准所能证实的,也不是它们所能推翻的,因而这些辞说为第六类型或消极类型的逻辑学说(怀疑论)提供了根据。

由此可知,见证、直觉、理智、知觉与实践在某种限度内都是种

种实有信仰的根据;因而就变为达到真理方法的五种不同学说的支柱。我们在讨论方法论时将先对于逻辑的这五种积极方法的每一种以及对于逻辑的一种消极方法,进行批判性的分析;我们又将斟酌情况,批判地分析这些方法对于一般形而上学和对于伦理学的种种连带关系,在陆续六篇分析之后,我们将接着提出一个综合性的纲领,把每种方法指定给一个它所最为适宜的经验领域,从而使得这些敌对的学说可以相辅相成,联合起来。

第　一　编

达到知识的途径：逻辑的六种方法

第一章　权威主义的方法 39

在我们所得到的种种信仰中，以旁人见证为根据的多于来自其他泉源的。我们对于宇宙的知识很少直接经过我们自己直觉、理智、经验或实践的检验。我们认为真的东西，有十分之九建立在我们对于旁人的信任上。人是容易接受暗示的生物，倾向于相信所听到的话，除非他有了确实的理由使他对于说话人的诚实和能力发生怀疑。在催眠术里，这种听话或轻信的自然倾向表现得十分显著，因为有关的途径已被堵塞，跟所暗示的观念会有抵触的那些观念无从发生；不管暗示的内容在日常生活里显得多么荒唐，受催眠的人仍不折不扣地照着暗示做。听见就相信。

在正常的清醒状态下，有些人比旁人批评力强些，怀疑心重些；但是对于任何一个人，暗示都倾向于引起某种程度的接受或信仰。年纪还小的儿童没有什么疑心，他们经验太少，不能反驳人家的话；他们的倾向是对于自己看见的东西自然相信，对于人家讲述的东西同样地自然相信。因而我们可以说，作为一种获得与检验真理的方法来看，权威主义所以流行，其根据在于这两种事实：一来，个人的禀赋有限，因而不得不依靠旁人的见证；二来，接受暗示和轻易相信是人类的普遍特征而权威就建立在这一特征之上。

权威主义方法的弱点首先在于种种权威互相冲突；因而这种方法内部有自相抵触的地方，而这使这种方法不容易应用。但是

这种困难并不限于权威主义，其他方法也有，不过困难的范围小
40 些。这种方法第二个并较严重的弱点在于我们显然无法把权威当作真理的最后泉源。若我们问，人们为什么要无条件地接受一个给定的权威，比方说，接受写圣经的诸作者之一，人们的回答几乎不可避免地是这样的：圣经作者自己不需要依靠权威，他有较好的机会可直接通过信仰的其他一个泉源，如经验或直觉，来获得真理。

让我们首先考虑那种因权威互相冲突而引起的困难。见证人不一致时，权威主义者有两条路可走。他或者寻求较多的或较高的权威，他或者通过理智与经验来进行仲裁。如果他采取了后一种办法，则他就放弃了权威主义而接受了经验论或理性论的标准。往往他非这样做不可。比方说，基督教的一位传道者企图劝说一位回教徒改教。传道者把新约圣经的教义说成是神威的或神示的真理，因而根据权威要把它接受下来。可是回教徒援引可兰经来反驳，把它也说成是神威的或神示的圣书，因而也要把它当作一种权威而接受下来。每人把他自己相信的权威当作**唯一的**权威；如果二人愿意各信各的教，那就没有话说；如果传道者真要使对方改教，他就无法再诉诸新的权威，而必得证明基督教的教义比回教的教义更加合情合理。当一种权威遇到某种敌对权威的挑战时，若再要求以有关经典自身的证明为根据来承认该经典的可靠性，那就是枉费口舌的遁辞了。也许圣经是神示的，但我们把圣经里对于神示说法有过肯定这一点指出来绝不能证明圣经乃神所示。当见证人的诚实被怀疑时，不管这番怀疑多么不公平，它不是通过见证人对于自己的可靠加以肯定所能消除的。在事实上，相信权威

最坚决的人们通常并不愿意提出这种循环论证，他们会诉诸理智以证明他们所依靠的权威具有超理智的性质。但是一旦我们承认理智有资格在种种敌对权威之间判断哪个可靠，那我们就很难否认理智对于一切个别教义的价值都有资格提出意见。这样一来， 41
权威主义者为了避免陷入循环论证的泥坑，却变成理性论的俘虏。姑且假定为了躲开这种两头为难的局面，权威主义者在他遇到多种权威互相冲突的时候并不邀请理智来仲裁，而只用权威主义自身这个标准来进行调解。如果不诉诸旁的原则，如理智、经验或直觉，我们能有任何方法来确定一种权威在权威性上的高低程度吗？好像有三种方法可以达到目的。可以认为权威的力量决定于三种因素：(1)创立人的**威信**；(2)信徒的**人数**；(3)经历的**年代**。让我们逐一加以研究。

1. **以威信为权威标准**。在日常生活事件上，我们对旁人的话不问证据就愿意加以接受的程度，至少跟我们对于说话人的尊敬是成比例的。如果我知道一个人过去一向诚实可靠，则在一件我自己对它没有其他证据的新事情上，我很愿意相信他的话而不要他说出证据来。如果在他诚实可靠这点之外，我还知道他是某门学问上的专家，则在那门学问的范围内，虽然他说的跟我本来信的有所抵触，我也愿意把他的话当作真的而接受下来。简言之，一个人在诚实方面与见解方面的声望，即是说，他在道德上与理智上的威信，对于我们相信他的见证到什么程度，是一个真正的、恰当的标准。可是那使这一标准在某种情况下很有力量的道理，同时也是使它在其他情况下很无力量的道理。假若某人以前在一门学问上所说过的话都被证实为诚实的与内行的，则我对于他在同一范围内新近所说的话就会不问证据而相信它：所以这样，乃是由于一个人某次在某一门学问上说话时的可靠性，跟他另一次在同一范围内说话时的可靠性有着相当高的**相关系数**。一个人在不同学问上的言论，其相关系数可以是很低的。在事实上，相关系数可以是
42 一个负数。比方说，一位热心的社会主义者关于社会学说内各细节上的言论，我可以不问理由就相信；同时我有充分理由，认为在他对于反对者批评社会主义的意见上进行估价时，错的可能比对的可能多。在这个例子里，相关系数就是负的。再比方说，我可以光凭一位大物理实验家的权威就接受他在这门科学内的言论，而同时认为他对于招魂降神者的成就所提出的意见是不足轻重的。他在实验室内跟他的同事一起已经养成了种种忠于事实的习惯，这些习惯很容易使他比平常人还较不能识破江湖上的把戏。同一个人可以在一方面很好和很聪明，而在另一方面很差和很愚笨。认为在一个范围内所具有充分根据的威信就可以被扩充到其他范围内去，这总是一种很带冒险的假定。当然可找到许多例子，说明在不同类型的专家资格之间，相关系数有些问题。我们有充分理由，可以认为一位物理学家在生物学上，甚至在心理学上，所不提证据而发表的意见具有不只普通程度的可信价值。在这些彼此有关的学科之间，当可得到一个正的相关系数。但是学科之间的性质越不相近，则在它们之间有着正的相关关系的或然性就越加减少。一位大物理学家的权威在化学上还很可靠，在生物学上就差些，在心理学上又更差，到了文学或宗教的范围内就几乎**毫无价值**。照同样的道理，我们应当体会到：摩西以及圣经上其他大人物的意见可以对于他们那个时代的道德问题具有很大的权威，可是

也可以对于天文学、地质学这些学科，甚至对于我们这个时代的道德问题，就一点价值都没有。简言之，权威主义三个标准的头一个，即威信这个标准，在效力上受着严格的限制：只在威信已被经验证实的特别学科内它才是有效的。

2. **以人数为权威标准**。就一种权威而言，相信的人数有时被人们当作优越性的标志，虽然这种标准绝不是一切权威主义者都可接受的。基督教徒绝不会仅仅根据佛教徒人数较多就承认佛教优越。信徒少的宗教派别，其忠于自己的教义跟信徒多的宗教派 43
别完全一样；甚至大派别的教徒们对于仅仅诉诸人数来证明他们心目中的较优越宗教权威，也会有所踌躇。奇怪得很，那些不把权威当作最后标准的人们反而在较多的时候使用人数做标准以衡量权威的优越性。比方说，对于某件事情发生了两种彼此抵触的说法，我们会觉得证人较多那方的说法具有较大的或然性，当然假定各人的知识都是独立得来的。但是我们会觉得，这番较大的或然性来自这个事实：错误是多样的，真理不是二样，看错的方式可有多个，看对的方式只有一个。在报导上彼此一致的证人为数越多，则这些报导的根据为错误的可能性就越少。但是这就预先假定了：我们不光凭着信任而盲目地把见证人当作权威，只因他们处于一种地位，可以直接通过亲身经验或推论手续来获得知识，所以我们才把他们当作权威。简言之，只有当我们认为知识的**最后泉源**是权威以外的一种东西时，人数才能提高权威的价值。

3. **以年代为权威标准**。人们更加喜欢把年代长久当作可靠性的标志。权威主义者通常是保守的，他们心向过去的时代与过去的种种制度，认为过去制度比现在的好。一个创始于古代的教会在教义上具有较大的权威,时代越古老权威就越大。年代长久所以增加权威,我想有三种原因。

第一,诉诸我们的兴趣与感情是十分有理由的。任何制度在经过人类许多世代的实施后,一定充满着许许多多温柔的和美丽的联想,而新起的制度不管多么优良却无法具有这些联想。一个古老的教会在人们心中引起跟它有关的种种希望、恐惧、悲愁与安慰。可以说它是一个存放精神经验的宝库,谁想起它而不会惊心动魄则他一定是一个麻木不仁的人。很自然地,却是毫无理由地,这种对于古时的情感使人们把古老教会所传授下来的教义当作真
44 理接受。一种教义所可引起的历史兴趣,就其自身而言,跟教义的真假毫不相干。我们只要参观一个神庙,而这个神庙属于一种跟自己宗教一向敌对而有过多次冲突的宗教,就可以明白这一点。对这个神庙,我们会发生历史上的兴趣与感情,可是这对于我们把这种宗教的教义奉为真理是没有作用的。

人们之所以认为年代长久标志着权威可靠,还有第二个理由,而这个理由表现在具有保守性情的人们所特别易犯的一种错误里。这种错误很干脆地表示在这样一句话里:“老年既然比青年更有智慧,所以我们应当尊重我们祖先的意见”。如果我们的祖先现在仍然活着,那么他们的年纪就会很大很大;他们的意见,作为许多世代经验的总结,确实值得我们尊重。但祖先在发表这些经过了千百春秋而希望我们对之尊重的意见时,祖先同我们一样年轻,而他们所生活的时代,从种族经验这个角度来看,比现在的时代年轻得多。他们的意见,不管经过了几久,反映人类的童年而不反映人类的壮年。意见或教义的年代长久,若没有相反的理由,其实是

一种不利于而不是有利于真实性的因素。具有保守性情的人们倾向于用他们对待老年人的那种温情与尊敬来对待古老的观念和意见，尤其来对待古老的风俗和制度。在心理上，这是很自然的，因为老年人和老制度这两个观念容易连起来；但在逻辑上，这是很荒谬的，因为意见的古老来源只表示初次发表这意见的时代还是不成熟的时代。在有关智慧的各个方面，我们不比祖先幼稚，而比祖先老练。

人们之所以把年代长久当作加强权威的因素，还有第三个理由；而这个理由比以前两个之任一都较重要。这个理由乃基于这个本身就很古老的说法：在智慧方面，世界不在演化和前进，而在后退；在黄金时代，人们直接从造物主那里得到知识，现有的种种风俗、制度和信仰不过是那个时代残余下来的糟粕而已。上帝最初启示的真理如果发生任何变化的话，则根据它的本质只会变坏
而不会变好；所以我们若能把一种制度或把一种教义追溯到更加 45
古老的时代，则它为真理的或然性就更加大，因为它在时间上离真理的原始泉源更加近。人们相信古时候有过一个黄金时代，又相信人类从上帝那里所得到的那种原始的、普遍的、完全的启示是宗教真理和宗教权威的泉源；这些信仰对于人们对历史的解释以及对于历史自身有着数不尽的影响。当神话被明确提出之时，许多人不承认他们相信，可是这些人实在大大受着神话的影响。相反的看法认为世界在成长与进步；仅仅在最近年代，这种看法才确实开始支配人们的思想。强调对古制的遵守，强调历史的传统，强调各式各样的保守倾向，这是权威主义方法的伴生现象；权威主义、这些伴生现象以及一切类型的保守主义，其主要动力仍是那较老

的信仰。对于这种信仰，几乎用不着说，今天的科学家们和历史学家们找不出任何东西可为它辩护。尽管古代有过多种伟大的文化，我们发现时代越古老则就一般情况讲，人类的制度越不完善，人类的知识越不全面，而愚昧与残忍越加普遍。如果在历史的普通记载之外再加上人种学的种种证据，则我们知道：在古时候不曾普遍有过一个黄金时代，在古时候陆续出现过好几个时代，并在这些时代里，人们使用石头、黄铜和铁这些原始材料，通过惨淡经营，才超出了牲畜的水平。

我们已经看出，权威主义无法找到充分理由使自身变为达到真理的最后方法。有一个问题一向在各种形式下是这种方法的致命伤；这问题是：**为什么我要接受你的权威而不接受他的呢？**对于这个问题的回答必得是下列两种办法之一：或者提出无意义的与遁辞式的要求，认为对于某种权威必得不问理由就接受下来；或者诉诸一些别的标准，如理智或经验，或诉诸黄金时代那种说法的学说。要求人们盲目信仰或要求人们服从权威，这在任何情况下都不能对付因教义互相冲突而引起的问题。我们确可通过简单与演绎式的陈述来指出权威主义方法的次要性，而不需要上面所提出的长篇大论。我们可以指出，如果某甲根据某乙的权威而有所主
46 张，乙从某丙得到这种主张而丙又是从某丁得来的，则这种关系不能永远这样推下去。不管怎么说，迟早总得有这样一个见证人：他之所以要求人们相信他的话，不是因为他听到任何旁的见证人说了如此这般，而是由于他直接依靠自己的经验、理智、直觉或实践。放弃权威主义以外的各种基础而仅仅依靠一连串的权威，这就跟由一群破产的穷光蛋通过他们彼此之间的借贷去组织一种金融企

业一样，绝没有成功的可能性。

但是有人会这样发问：如果权威主义竟然是这样站不住脚，为什么它还这样流行而支配着许多人的思想呢？因为就在今天还有许多人对于他们自己依靠权威来接受信仰，觉得足以自豪；他们会觉得在宗教事宜上任凭个人自由使用不加以指导的理智或良心去处理问题，这若不是目中无神，也至少是目中无人。

权威主义态度的流行，我认为有四个主要原因。

（1）许多权威主义者把他们的主张跟我们将在下章讨论的方法论上的神秘主义联系在一起。我们说他们无法把权威当作知识的最后泉源，对于这一点他们一方面甘愿全部承认；另一方面他们又提出申辩，说他们所认为权威的人们是通过灵感、直觉或神示而得到知识的。如果要他们说明为什么他们相信这种超自然的知识泉源，则他们会诉诸教条的特别性质，认为这些教条不是仅仅人类经验和仅仅人类理性所能产生的。这样一来，整个问题就离开了盲目信仰的范围，我们就可对于这些教条的优点进行分析与讨论，看看它们在认为自己来自超自然的泉源这一层上有无充分的根据。这种申辩可能是站得住脚的；即使这样，这也是诉诸理智而不是要求人们不辨是非和不加批评就接受权威。

（2）跟神秘主义者一样，怀疑论者也使得权威主义流行。有些人曾经试过其他追求哲学真理的方法，弄得头昏脑晕而沉入怀疑的大海之中；这种人听到满怀信心的武断论者说他们已达到那样神圣而确定的真理，既不能有任何证明，也不需要任何证明，就 47
很容易成为他们的俘虏。怀疑论和权威主义的这种联盟是否有效，在我们尚未讨论怀疑论自身的种种论证之前，我们对它暂时不

加判断。但这里有一种很普通的混乱想法,我们要好好地防备一下。这种混乱想法来自人们有时照某种比喻意义来用“权威”这一名词。例如有人也许对我们说,一切信仰都基于某种权威;他们也许还会要求我们解释为什么我们接受感觉或理智的“权威”而拒绝见证的权威。这两种用法当然在意义上是绝对不相同的。在知者个人同他所要相信的事实之间可以发生直接的关系,而感觉、理智与直觉三者都属于这种直接关系的范畴;说这三者是“权威”不过是说它们是信仰泉源或信仰根据的意思。但当我们以见证为信仰泉源时,知者个人与真理的关系就不是直接的,而是间接的,因为见证人依靠另外一个人的感觉、理智或直觉。不管求真理的其他各种方法会发生什么缺点,它们却没有权威主义方法这种间接性的毛病。

(3) 人们有时企图把权威同实用主义联系在一起,认为我们如果要生活和要动作,那我们就必得相信旁人的见证。谢尔登教授在他的《思想体系的斗争》一书里为这种态度作了有说服力的辩护。在讨论托马斯主义这一章里(第 397 页),他从《天主教百科全书》中关于“信仰”那个条目里以显然称赞的口气引了下面这句话:

“……辞说(教条)自身并不强迫我们相信它为真,因为它并非自身明显的;可是我们不能否认这样一个事实:只有在我们相信它为真的条件下,我们才能知道人类灵魂自然渴望什么;神为人生最终的归宿,灵魂渴望通神。”谢尔登接着表示他自己的意见(第 398 页):“实际需要促使我们去相信某些东西,这并不是由于我们**愿意**相信它们,而是由于我们若要认真地对付实际的局势——如理论家所不这样做的——则我们就不得不相信它们。……在日常生活里，我们必得诉诸一些直接的权威。在世俗事情上，人们遵照常识办事；就整个情况来讲，人们在最根本问题上接受某种教义，不管 48
它是自己内心所要求的，还是有权势者所指定的；所以在世俗与宗教两方面，人们都一直有所信仰。人类的共同态度，即人类之不可避免的态度，必然指向一种归宿，而天主教即是在宗教方面的这种归宿。我们必须有，而且的确有，宗教信仰。如果人生是一场同罪恶的战争，教会是人生的军队，那么兵士就必须服从他们的司令员。”

对于从实用方面来替权威主义所作的这种辩护，我们可提出三种反对意见：(a)有一种反对意见，它针对实用主义方法本身，即是：**目的**(甚至在有了实用价值的时候)并不证明那为达到目的而被使用的**手段**具有根据(指证实其为真的意思)，尽管这种手段碰巧是对于某种理论的信仰表示相信。但是这种反对意见，要等到实用主义那一章才能适当加以论述。(b)有一种反对意见，它指出心理学上的这一事实：信仰对于行动并不总是非有不可的。我可以相信一个假设只有一点点成功的可能而仍然去为它做一番实验。(c)有一种反对意见，它根据于这一事实：有多种目的彼此冲突，而为了达到其中的某一种就需要一种不同的宗教信仰。若照回教的方式来超脱罪过就必得相信可兰经，若照其他宗教方式就同样需要其他的盲目信仰。在这两种超脱之间，一个人怎样进行选择呢？帕斯卡尔曾经在宗教问题上打过赌：为了得到灵魂上的拯救，他甘愿接受没有证据的信仰或幻想。如果有些人不愿付出帕斯卡尔所付出的代价以求得这些敌对超脱方式中的任何一种，而要保存他们在理智上的完整性，那么，权威主义者对于他们又有

什么可说的呢?

(4)人们继续使用权威主义的方法,主要的理由不在于这种方法在逻辑上的力量,而在于心理上的方便。懒于或不敢独立思考的人们,对于要他们停止思考而在信仰上服从旁人指挥的号召,总是乐于响应的。接受现成信仰就可免得自己负责,而这种人贪图不负责的方便。他们听了旁人随便一两句话就接受一种信仰;他们根本不把这当作耻辱,反而把自己的缺点硬说成美德;他们歌颂
49 盲目信仰,并对独立寻求真理的志士进行迫害。这种人是哲学家们自然的、世袭的仇敌。在他们和哲学家们之间绝没有妥协的余地。哲学家们必得把理智当作神圣的东西,必得认为用理智来照耀人生是人类的最高天赋。如有任何一个人拒绝利用这种禀赋,不敢负起这种禀赋所引起的种种责任,而甘愿盲目接受权威,那么他就是因小失大,自暴自弃。这样的人也许会活得比较舒适些,因为探求智慧往往会引起苦闷与失望;但是他心灵上的舒适是以他灵魂上的荣誉为代价而换来的。尽管探求真理会引起失败与痛苦,我们仍然应当心向高超的境界,虚心探求真理,而不要让旁人随便支配我们的信仰。

对于我们这里所提出的看法可能有两种误会,我们要预防一下。首先要讲清楚:我们拒绝接受人们照着权威主义方法为教义所提出的辩护,绝不等于我们拒绝接受教义本身。用以证明一种结论的前提是假的,并不表示结论是假的。通常只以权威为根据的神学信条或伦理信条很可能通过其他标准之一而被证明得一点一滴都有道理,以我们研究一般经典的同样忠实公正态度去研究圣经被人们称为“高级的勘训”。争取享受这种勘训权利的斗争之

所以得到胜利，主要是由于得到了忠实教徒的帮助：他们那样彻底地相信圣经教条的合情合理，以至他们觉得再让人们怀疑这些教条有毛病乃是一件可耻的事，因为不肯把它拿出来受理性检验的学说必定会引起人们的这种怀疑。我们又要预防第二种误会。拒绝把权威作为主要的标准，这绝不等于拒绝把它作为次要的知识泉源，开头已经提过，任何人的知识绝大部分是根据旁人的见证而得来的。只有当我们有理由怀疑见证人的诚实或资格时，我们才应当不接受他的权威。若对于见证要照权威主义者所说那样盲目地加以信任而不问见证跟理智或经验有多大的抵触，这是一回 50
事，并且是不好的事，但如果把见证拿出来交给大家自由地、认真地去研究，则见证作为一种知识泉源就同任何其他泉源一样是正确的。

毫无疑问，自从宗教改革以来，权威在学说上的统治确实日趋衰落。提倡自由研究的精神以及承认独立思考的权利，这在西方世界已经强大或稳定到一种程度，以至任何可能的反潮流都无法把它推翻。即使在最保守的团体内，诉诸理智以支持教义的时候比诉诸权威的时候多。但在伦理方面，就一般情况讲，权威主义者仍占着统治的地位。从大多数人的眼光看来，做得对就是服从权威与遵守法律的意思。好孩子就听从父母的命令，好人就对于宗教权威所认可的指示表示服从。这样，通行于一般人的伦理学就建立在神学之上；在事实上，它几乎就是应用于实践上的神学而已。虽然我们所研究的是方法论而不是价值论，我们在结束关于权威主义的讨论时不妨把权威主义对于伦理学的影响简述一下。

首先要指出：基于权威的伦理系统具有消极的性质。道德律在本质上是禁止性的；这些道德律告诉我们不要做什么，而不告诉我们要做什么。积极性的道德律不能规定得像消极性道德律那样明确，又无法是那样易于执行的。我们的道德标准，按通常所传授的内容来讲是一大堆清规戒律；主要的格式是“不要”这样，“不要”那样。我们的一举一动都受到警告，教我们不要屈服于这一种、那一种或另一种的情欲。结果是：行为上的良善或者显得消极无生气，或者变成一种严肃的和违反人性的东西。我们知道，我们有一种自然的、原始的道德感，它本能地会向关于良善的这种权威主义看法提出抗议。当我们对一位朋友表示尊敬与羡慕时，我们多半不把他说成是一个服从一切权威规定的人；我们一定把他说成是一个怎样勇敢、仁慈、公正的人。这些真正重要的美德，其价值不
51 在于它们为任何命令者所指定，不管命令者是人还是神，而在于它们自身的可贵可爱。

权威主义对于伦理学的第二种影响是：它倾向于阻碍社会的进步。社会的环境不断地在发生变化，一套适宜于一个世代需要和条件的道德规则，可能对于以后的世世代代非常不利。例如奴隶制与多妻制这一类的制度可能在一个时期在道德上有着充分理由，有利于社会的最大幸福。可是在现今的社会，人们正确地把它们看作可憎可恶的制度。如果我们认为这些风俗的道德价值仅仅来自权威，则不管环境变到什么程度，改变制度就必定是不对的。但若认为它们所以有价值乃是由于它们适应具体条件，则在这些条件变了以后人们就没有任何理由继续遵守这些已过时的风俗。人们在一个很松散的农业社会（像美洲开发时期的社会）里所承认的许多权利与义务，到了现今高度组织的工业社会里，就会引起恶

果而不会发生良好影响。我指的是这一类的权利:缔结契约不受任何限制,自己财产可以任意处理,雇用劳动力总用最低的市价等等。我指的是这一类的义务:对于曾经伤害自己或家人的敌人要用刀枪报复。权威主义式的伦理学倾向于承认这一类的行为标准,并认为它们是来自神灵的、不可侵犯的、不能加以批评的,从而把它们放到变迁境界以上的高空去。这就使活生生的现在受到死沉沉过去的重压。如果我们承认我们的种种道德标准要以理智为根据,则我们可以批评它们,改进它们,使它们适应新环境;但如果承认要以权威为标准,则我们要逐字逐条遵守它们,不管它们在效果上多么没有用处或者多么有害。在这方面,我认为那些在社会道德问题上采取权威主义看法的人们有着两种错误的信仰。

首先,他们相信,维持社会制度的稳定性,这总是好的;其次他们相信,除了以权威主义为基础以外就无法维持制度的稳定性。52
第一种信仰之所以不能成立,是由于这样一个事实:制度不是自身可以成立的一种目的,像权威主义者所说的那样,而只是社会用以使环境适应社会种种需要的一种手段。所以一旦环境变了,或者社会的性质或理想变了,则我们在制度的适应方式上也要作出相应的改变。在条件变了之后还要维持制度的稳定性或使制度不变,这就会产生脱离实际的现象,使制度无法达到原来的目的。权威主义者忘记了制度完全是工具性的,从而错误地认为制度是自身有价值的、神圣不可侵犯的;而其实这些特征至多只是人们企图通过制度以达到的那些目的所能具有的。

其次,关于制度稳定性跟权威分不开的这一信仰也是不成立的。因为在一个有了理性论态度或反权威主义态度的社会里,人们有着同样的动机,一方面在制度有效用时去保持它们,而另一方面在制度不再有效用时就去改变它们。社会对于制度的基本要求并不是**稳定性**,而是**灵活性**。建立在自由讨论上与社会自觉上的灵活性在条件改变而有需要时会容许并鼓励改变,而在条件未变时会坚持要维持稳定性。

权威主义对于伦理学的第三种影响是:道德判断力被伤害了,从而危害着整个道德生活。人们教育儿童或青年,说一切行为不管怎样不同,只要它们不合清规戒律就一概不对。一来,有些行为是本来可憎可恶的,如盗窃与杀伤。二来,有些行为,如打牌与喝酒,在某些时候和在某种条件下会引起不良结果。三来,有些行为违反教条或宗教仪典;但尽管这些教条与仪典的真理和价值(说轻一点)是可争辩的,这种权威主义式的教训对于违反这些教条的行为,几乎总是一概加以严厉的禁止。促使人们仅仅以服从权威为理由而去遵守这些不同类型的规则,这是一种大可痛心的错误。这样就无视了道德上的一切区别,就把不重要的可争辩的东西跟
53 重要的、毫无疑问的东西看作一样轻重。受过这种教育的青年迟早会发现有许多人并不遵守青年自己村落的规则或青年自己教派的仪典,而这些人除了这一点之外处处值得尊敬。青年已接受一种权威,并认为一切行为规则在道德上的强制性都来自这种权威;这一发现会使他对这种权威的正确性发生怀疑。凡使一种权威动摇的东西同样会动摇一切出自这种权威的教训。不管正确的或错误的,重要的或琐屑的,正是由于它们的道德声望被认为来自同一个泉源,现在因这个共同泉源发生了问题就一概被轻视了。所有的蛋放在一个篮子里,一出乱子则整个道德生活被粉碎了。如果

教师们不把一切教训放在权威的基础上，从而不麻痹儿童对于道德价值的赏识能力与鉴别能力，并且反而指出这些教训对于保护社会与发展社会怎样有利，从而证明这些教训具有充分的根据：如果这样，那会发生多么不同的结果啊！就受过这种合理教育的儿童来讲，道德不是什么关于规则与命令的事情，而是涉及原则与理想的事情。如果儿童后来发现有些教训是错误的（而这几乎是不可避免的事），那么，他不会把整个一篮蛋都丢在地下，他不会觉得他可以随意满足任何欲望，不管它是多么卑鄙的与自私的，他反而会负起较大的责任来为自己解决教师们所未能解决的问题。简言之，以理性方法去教授伦理学既能使学生利用自己的道德本质以避免教师们的可能错误所引起的种种效果，又能使学生觉得自己不但有责任去做该做的事，而且有责任去发现该做的事是什么，从而刺激与发展他的道德感。相反地，以权威方法去教授伦理学不但使道德原理依靠一种后来可能发生问题的外来权威，从而危害这些道德原理；并且由于这个办法拒绝对于道德教训加以研究和检验，由于它把重要的与固定的原则跟琐屑的与暂时的规定混作一堆以凑成一套武断的规则，它又把儿童的道德感，尤其把儿童的道德判断力败坏了和麻痹了。

54 第二章　神秘主义的方法

我们已经看到，跟权威主义方法连在一起的往往有这样一种主张：它认为主要权威者达到真理的途径比感觉和理智都较高级。认为可通过超理智的、超感觉的**直觉**官能来达到真理，这种学说就是神秘主义。

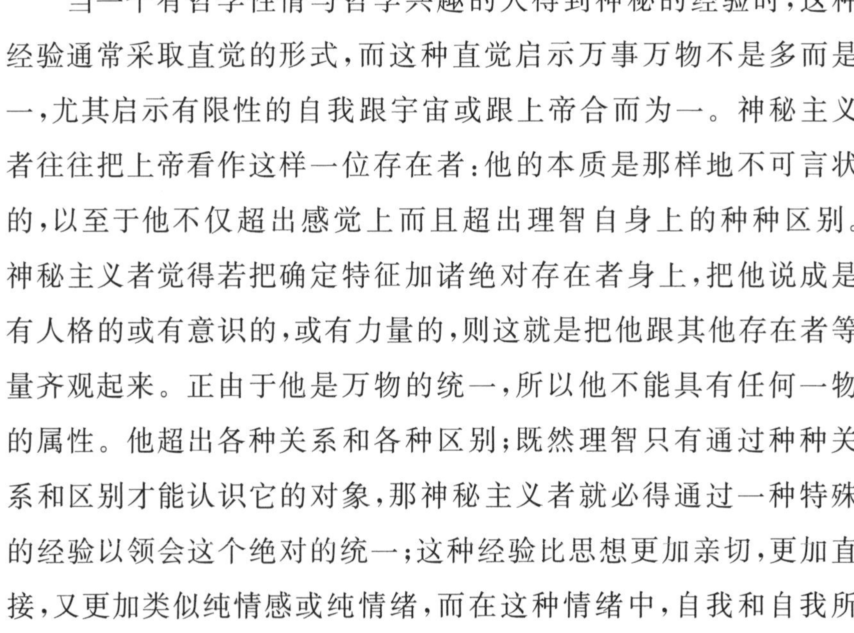

当一个有哲学性情与哲学兴趣的人得到神秘的经验时，这种经验通常采取直觉的形式，而这种直觉启示万事万物不是多而是一，尤其启示有限性的自我跟宇宙或跟上帝合而为一。神秘主义者往往把上帝看作这样一位存在者：他的本质是那样地不可言状的，以至于他不仅超出感觉上而且超出理智自身上的种种区别。神秘主义者觉得若把确定特征加诸绝对存在者身上，把他说成是有人格的或有意识的，或有力量的，则这就是把他跟其他存在者等量齐观起来。正由于他是万物的统一，所以他不能具有任何一物的属性。他超出各种关系和各种区别；既然理智只有通过种种关系和区别才能认识它的对象，那神秘主义者就必得通过一种特殊的经验以领会这个绝对的统一；这种经验比思想更加亲切，更加直接，又更加类似纯情感或纯情绪，而在这种情绪中，自我和自我所有的种种对象之间的区别都消失了。

神秘主义作为一种逻辑方法是否有效，这是我们所要处理的主要问题；但在讨论这个问题之前，我们必得考虑一个心理问题。

神秘主义建立在种种信仰与经验之上，而这些发源于“直觉”；这个问题是，这种“直觉”具有什么性质呢？

关于直觉的性质，最简单的假设是把它看作灵魂的能力。而通过这种能力，人们可通过传心术的方式跟脱离了肉体的精灵，跟 55
神秘的宇宙力，甚至于跟上帝自己心心相通。关于超自然灵感的这个假设，自然是神秘者自己所喜欢的；之所以被喜欢，是因为它建立在他们所认为天经地义的证据上。可是科学和哲学的首要天职正是在诉诸超自然之前，要把一切可能的自然解释全都尝试一下。也正由于我们采取了这种态度并且除非山穷水尽就不从事招魂降神以帮助我们解决困难，所以我们竟能使种种问题得到解决或竟能克服自然。本能和想象力具有种种被人们所公认的作用。我相信这些作用有希望使我们对于许多对神秘主义者似乎是超自然的经验，提出一种自然的解释。但是我们关于想象力的机构现在知道的很少，关于本能的基础，知道得更少，这个事实使我们只能把可能求得解决的途径指示个大概。

我们每人一出世就通过遗传得到一堆心理的以及生理的倾向。我们饮食、走动、说话的能力是天生的，虽然这些能力通过什么形式而起作用，是要靠经验来决定的。我们的许多爱好与厌恶，许多关于享受、愤怒、妒忌等等的情感，同样地是种种遗传倾向的表现。生物学家不会考虑这种主张：我们祖先的经验直接地遗传给了我们，从而好像我们具有了祖先的记忆。虽然这样，我们却几乎无法否认：由于我们的大脑与心灵是长期演化过程的结果，我们通过本能的形式，具有一种跟种族记忆可以间接和局部相等的东西。我们个人的种种经验以这堆遗传倾向为背景，从这个背景得到它们的形象和色彩;我们的许多直觉或直接的洞见,作为平常知觉的结果来讲。好像是不可理解的,但它们很可能是种种先天倾向的自发性表现。恰如我们的本能代表我们祖先的生活习惯,我们的记忆就代表我们自己过去生活的经验,并且为当前种种直觉性的判断形成另外一个背景。正是来自遗传的和来自记忆的一系
56 列倾向,它们不在意识里露面而经常控制着我们种种有意识的活动,并且偶尔贡献种种创造性的观念和种种巧妙的灵感。当看过去生活所储藏的种种余迹按照这种方式发生作用时,我们就不说它们是记忆或本能,而说它们是**想象**。我们大家都有或多或少的想象,而想象官能的特征在于它在动作上的突然性和自发性。在我们花了好些工夫企图解决一个问题而没有成功,并把问题丢在一边以待他日再来解决之后,解决的办法往往会突如其来地闪耀在我们的意识里。一切创造艺术和创造思想的动向,尤其一切幽默与伶俐的语句,都是在想象力的这些闪耀中诞生出来的。已经提过,我们对于本能和想象力的基本机构知道得很少;虽然这样,我们所知道的已足以使我们理解这两种机能中之任一,或两种在一起,使我们能够说明宗教神秘主义者和哲学神秘主义者的许多直觉、幻想和出神。此外,我们的想象力在我们的梦里能为我们创造种种不同的人物,而人物的言语与行动往往跟人物的性格惊人地一致;我们若回忆我们的想象力随时能够进行这种创造活动,则我们可以体会到:要证明有任何比神秘主义者的内在的和深处的自我、还较神秘的任何力量在感动着他,这是一件很困难的事。神秘主义者和平常人之间的主要差别在于:就平常人讲,在他清醒的时候,想象力较弱于知觉上的实体感,而就神秘主义者讲,情形恰

恰相反。

对于神秘主义，作为一种求知方法来讲，确可提出这件有利于它的事实：不仅在哲学里，而且在艺术里，甚至在科学里，有些最有意义的观念和理想都是在神秘主义者的直觉里诞生出来的。一切宗教的中心信仰在于：人类灵魂通过某种方式能够跟宇宙的实质联在一起，不管这实质是有人格的或无人格的；从而对于真理有了领悟，而这番领悟在它的深度上与高度上以及在它所产生的安宁、欢乐和力量上，远远超过仅仅理智或仅仅感觉所能供给的任何东西。就是这个中心信仰自身，也是神秘经验的成果。人类生活在大部分时候从事于适应物质世界，而伴随着这些适应的那种意识是感觉性的和外在性的。幸而这不是全部的情况，我们的经验有
一部分是从我们自己内部得来的。来自自我之内的种种情操与愿 57
望为我们开辟了直接价值这个境界。这些价值是性情上种种爱好与厌恶的表示；它们无法来自知觉或无法通过理智而得到证实。关于实体的任何解释，只要它顾不到或违反了情感上的内在和谐，就不能打动人们的心弦。神秘主义者就是认为这些内在经验很重要和很真实的人。他以这些经验来描述我们的世界；而他所描述的形象是很珍贵的，珍贵之外在于这一形象体现了人类精神的深奥，又通过一种客观形式把深奥变为有形有色的东西。甚至日常生活里的知觉活动与推理活动也广泛地建立在记忆与本能在下意识里的种种储藏上。这些储藏供给种种意义以充实我们的感觉，又供给种种动机以左右我们的推论。创造想象力的种种直觉，如在哲学神秘主义者与宗教神秘主义者关于宇宙的种种启示内所表现的，甚至在伟大诗人种种概括性较为小些的洞见里所表现的，从

下面这个事实得到它们的宏大性与独特性；这个事实是，下意识在这些直觉里有着较自发性的作用，又在较大的程度上几乎以一个统一整体的身份而起着作用。在正常的经验里，直觉为具体的外在情况服务，只有跟这些情况相干的那部分下意识才被唤起；在真正的神秘直觉里，整个的内在自我是左右一切的因素。人类继承了至少千万世代的祖先所遗传下来的种种特性，因而整个一系列生物（下至比原生动物还较简单的，上至跟人们父母一样复杂的）所具有的多种多样能力都体现在人类身上。我们若把这点想一想，就可以知道我们从遗传得来的禀赋应该是一个具体而微小的体系，而这个体系若可使之发挥力量，就完全足以产生种种最概括性的神秘启示。当然，一个人自己到底能把这些丰富材料利用到什么程度，并且到底在什么限度内可通过直觉，来把个人自己过去生活以外的东西表现为个人意识经验里的内容，这些都是问题。

我们也不要忘记，不管自我的下意识部分多么足以解释种种神秘的洞见，我们却不能认为：人类心灵在较深层次接受那些不通
58 过五官而起作用的外来影响，是没有可能性的。为了可对于这个超个人作用的假设有利起见，我们应该记住这件事：詹姆斯对于人类下意识的和人类种种隐藏力量的惊人可能性是十分清楚的，可是他不满足于单独用下意识来解释所有类型的宗教经验。

单独一种物理性兼化学性的混合物（如原形质），竟会是存在界的整个一方面（如意识）之独一无二的表现工具，这似乎极不可能。如果整个的宇宙或它的任何一个完整部分，如太阳系或如地球，具有一种比我们心灵远较浩大的心灵或其伴生性能，犹如构成

它的物质比构成我们身体的物质远较浩大一样，那么，较大的宇宙生命和我们个人的较小生命就有**相通**的可能性。这样一来，神秘主义者的种种直觉与启示不仅建立在下意识的记忆和本能之上，而且建立在那来自较大生命的力量之上。

神秘主义者对于我们的精神生活有着数不尽的贡献；上面所提及的几点考虑仅仅足以略略表示贡献的性质。但是我们必得记住：照亮灵魂的东西也可以使世界黑暗；而神秘主义者在按照他自己的种种渴望和情感来解释大自然时，往往把本来只是糟粕的东西说成是精华，并且使得人们对于物质东西没有得到那种甚至连他的精神进展最终都要依靠的洞见。我们并且要注意：神秘洞见所具有的特殊确定感在它自身并不是客观真理的一个标准。疯人院里住满了见神见鬼的人们，他们有着种种关于不可言状真理的直觉，可是神经清醒的人们很容易证明这些根本不是什么真理。

在有些情况下，谈不上神经错乱，并且提出来的神秘信仰无法被经验驳倒，因为这些信仰超出了经验的范围；即使在这些情况下，我们也必得承认在某种限度内神秘主义者互相冲突，因为他们对于真理的种种洞见往往是彼此格格不入的。史密斯、李、艾娣夫人，姑且不提释迦牟尼和穆罕默德，对他们每个人，神都恩赐了一
种神秘的启示，而这启示充分地有所独见，并充分地具有重要意 59
义，足以成为一种宗教的基础。然而在这些不同的启示之间有着非常大的分歧。这该是一种教训，要我们知道，一种直觉若通不过理智和经验的平凡检验，则虽然它对于神秘主义者显得是一种神示的东西，它却很可能不比无聊的幻想较为真实，不比蛾虫飞向灯光的本能较为可靠。

此外，我们必得承认：如**顿悟**这类的神秘经验在人的灵魂里可以引起习惯上与性情上的重大变化，可是这些变化绝不能证明：跟这些经验有关的特别教义或者特别锻炼或技术是可以成立的。欧洲中世纪的修道士、印度的神圣人，回教的化缘道士以及现今的基督教科学派，随便举几个例子，都在灵魂里感受到一种内在光明，而这光明坚定了他们的信念又安慰和鼓舞了他们的心灵。这几套不同的教条彼此格格不入，并在性质上各式各样，可以跟不同教徒所用，以达到大彻大悟心境的种种宗教仪式各不相同一样。每个神秘主义者认为他的神秘经验的力量来自他由以达到觉悟的特别锻炼，或认为来自他所信的特别教条；这是很自然的，可是这在逻辑上是毫无意义的。

虽然逻辑方法上的问题跟其他类型的哲学问题相当不同，而我们可根据它自身的优缺点而加以讨论，但是方法论内每一类型的学说跟方法论外的某些学说自然会有相近之处。我们可以回忆，在讨论权威主义的时候，我们曾得到机会提出：这种学说跟关于黄金时代的传说是有关的，又使人们在伦理方面、政治方面、社会方面的一切事宜上都采取保守的态度。我们知道在一方面，一切神秘主义者彼此一致，明确地强调直觉为求得真理的方法；但在另一方面，他们通过这种方法所得到有关我们这个世界及其种种价值的各种哲学结论，则属于两个十分不同的类型。我们可称一种神秘主义为消极的，一种为积极的。那些被公认跟消极神秘主义联系在一起的态度，让我们先加以讨论。

60 我们已说过一切神秘主义都倾向于一元论；跟这种一元论倾向密切相联的有消极神秘主义的一种倾向，可称它为“虚幻主义”；

它认为物质的东西都是虚幻的或不实的。运动是世界里种种特征中最普遍的一种，而埃利亚学派的芝诺加以否认；他并企图通过这番否认来使人们怀疑感觉的实在性。不管什么动机推动了芝诺来提出他的种种谜语，这一层是确定的：他企图证明运动不可能，企图证明感觉的种种证据不能成立，从而企图使人们在思想上有了准备，来接受巴门尼德的学说；巴门尼德相信，那不变而纯一的实有是唯一的存在。近代的基督教科学派是消极神秘主义者怎样爱好虚幻主义的另一例子。物质、疾病、痛苦、邪恶都被认为是不存在的，或照艾娣夫人的说法，都是“众生心中的错误”。但在印度哲学里，虚幻主义的说法得到最彻底的发挥。据印度哲学的说法，整个物质界来自玛耶或错误，而错误则来自罪过。一切罪过的根源是私欲，或是要求个人不灭的愿望；因而只有能够弃绝一切欲望的人们才能大彻大悟。修道者抛开了感觉上的尺度，所以他可以把世俗之徒所谓一切最实在的东西看成为空虚不实的；他没有了关于个人个别存在的感觉，而有了那种跟绝对和跟宇宙自我完全相通与相合的经验以替代这种感觉。

人们对于虚幻主义的这种奇怪学说所经常提出的反驳，建立在这种学说的无用性上。既然我们的经验告诉我们世界是实在的，则说世界不实在是什么意思呢？称痛苦为错误，这怎样可以减少痛苦或通过任何方式可以改变我们关于痛苦的经验呢？关于幻觉的经验自身并不是幻觉。关于痛苦的幻觉一样使人痛苦。并且，罪恶的发生或者罪恶的继续存在，怎样跟唯一实在的绝对完善不至于不相抵触呢？在理论上的这些困难之外，还有实际上或伦理上的一种困难要提一下。如果罪恶是不实在的，那为什么我们

要设法减少它呢？如果邻居的痛苦是虚幻的，那为什么要设法减轻它呢？虚幻主义对于我们的行为若有任何影响的话，那影响都
61 只是消极的。这种主义使我要认真进行活动的种种动机都消失了。如果人生如梦，为什么对生活还认真呢？

认为世界是不实在的神秘主义者大都认为世界又是坏的。当然一个人同时采取这两种态度是有矛盾的，因为一种东西若不真正存在则它无法是真正不好的。但是人们采取了上段所已指出的说法，来局部避免这番矛盾；这种说法是：对于不实在世界的信仰可以自身是实在的，对于不实在罪恶的信仰可以自身是罪恶的。正是这种种假的信仰，被神秘主义者当作是他所要向它们作斗争和把它们消灭的东西。由于这些假信仰是人们在物质世界里的生活之不可避免的结果，又跟感觉经验的种种条件分不开地连在一起，所以人类努力的目的在于逃避生活和生活里的种种义务。认为世上的恶比善多得多，又认为人生自身在本质和内性上是不好的，这样的说法叫作悲观主义。消极神秘主义者的脑子里既然充满了关于超感觉与超自然境界的见识，那么固执地留恋肉体及情欲的世俗生活，对于他几乎无法不显得是一种罪恶。

对于这种悲观主义可作出这样的回答：我们可证明，物质生活跟精神生活的理想远非格格不入的，前者反而是实现后者最好的工具；又可证明，不是身体的使用，而是身体的滥用，才和种种精神利益发生冲突。

禁欲主义就是悲观主义在伦理学上的应用。如果人生以及人生的一切价值都是不好的，那么，我们所应当以之为目标的善不是使人生种种利益得到满足，而是对于它们加以否认。在禁欲主义

者看来，人的灵魂好像是一只船，被狂风直向礁石吹去，准定会被粉碎。为了逃难，为了得救，这只船必得向种种可以粉碎它的自然力量进行斗争。从禁欲主义的观点看来，肉体和精神不可救药地处于斗争状态中，一方面的胜利就是另方面的死亡。所以美德就是对于肉体进行系统控制，对于情欲进行遏制与杜绝，一直等到灵魂摆脱了肉体的束缚，逃开了现世而重新跟上帝（灵魂曾被使得与之隔开）合而为一。禁欲主义者的道德标准大都是消极的，是一套 62
清规戒律。人生既是罪恶，我们对于能使生活饶有兴趣的东西就得尽量弃绝。我们对于一种东西若有着自然的或本能式的欲望，则这就显然证明这东西是不好的。孤独与贫穷之所以是好的，是因为它们把社交与财产这两种强烈欲望否认了。斋戒与独身还更好，因为它们否认了饥饿与爱情这两种还更强烈的本能。在禁欲主义占优势的社会里，女人的地位特别凄惨。女人被当作人们做坏事之经常的、主要的引诱；只有当她立誓放弃了爱情与生育的自然愿望，终身不嫁而舍身于神时，她才达到一种具有真正尊严与荣誉的地位。

这种禁欲态度一直是经常跟神秘主义连在一起的，又建立在对于世俗生活的悲观看法之上；对于这种态度我们可以提出我们对悲观看法所已提到过的同样的反驳。灵魂和肉体没有冲突，犹如花朵和支持它的花梗没有冲突一样。企图伤害花梗以发展花朵，结果只会使花朵残缺或死亡；企图牺牲肉体及其种种需要以繁荣精神，结果只会使灵魂变成像它所附于其上的肉体一样地枯干憔悴，又只会产生一个不开通的、残忍的社会生活与文化。

消极神秘主义的另一倾向是“出世思想”。消极的神秘主义者,我们已经知道,太多时候倾向于把世界看作灵魂被放逐的地方,而这意味着他已打定主意,要逃出这个世界而到另外一个世界去。当他没有以禁欲主义者的身份向种种物质东西进行斗争时,他的放逐感也使他对于这些东西和改进这些东西漠不关心。一个被迫而寄居外方某处的人跟一个自愿在某处寄居的人相比,几乎不可能对于寄居地方的福利发生同样的兴趣。这种出世类型的神秘主义者,其对于现世种种需要漠不关心的态度,往往比禁欲主义者的公开敌对还要危险。在知识增长与社会改进的整个去远过程中,改革家们都得对于具有神秘主义思想者轻视世俗教育与物质繁荣的倾向进行斗争。

跟消极类型神秘主义相连的种种重要倾向,其中最后的一个
63 就是这种信仰:认为玄秘的东西是有的,又认为魔术,作为控制大自然的工具,比科学更为优越。如果整个物质世界不过是超自然实体的阴影,那么,使用哪些仅仅建立在感觉与理智之上的方法就是发傻。降神和念咒会比科学更为有效,通过托梦与招魂所得来的知识会比通过平常方法所得来的更为可靠。文明世界的人们经过长久的时期才摆脱了这种对于通过捷径以求结果的信仰。戴上一种帽子就可万事如意,服了某种药剂就可爱情顺利,这些都是自身能够迷惑人们的办法;就在文明的国家里,也很少有人完全没有任何一种迷信。但在人们经验的大多数部门里,科学的稳步发展已把各种魔术办法废除干净;而之所以做到了这层,不是由于人们对于玄秘东西与超自然东西的可能性作了一般性的否认,而是由于在一个接一个的事例上人们证明了魔术的无用和不准确性以及科学的效率和可靠性。

消极神秘主义这些不良效果，我们所正在讨论的，有一部分已为所谓“积极神秘主义”所纠正了；鉴于直觉在人们生活中的力量以及神秘主义者在历史上的力量，这可算是一件幸事。积极的神秘主义者是这样一种人：他向人们启示了一个玄妙而超自然的境界；可是这番启示不使他无视现世的种种具体细节与义务，反而照亮与促进了他的现世生活。在他的世界观里，没有虚幻主义、悲观主义、禁欲主义与玄秘主义。从这种较高类型的神秘主义者看来，自然界显得不仅不是较不实在的，反而是更加实在的，显得不是丑恶的而是美丽的。这种神秘主义者不把他们的生活消耗于否认求生的意志以及弃绝现世和现世的种种义务；他们反而利用内心所发出的光明来补充常识与科学所发出的光明，并企图使天堂实现于人间。他们对于神的热爱是他们对于人类热爱的补充品而不是它的代替品；他们不宣传一种旨在超脱原始罪过的福音，他们反而鼓舞他们的信徒们坚决为人类服务，不断地增加生活的美善。

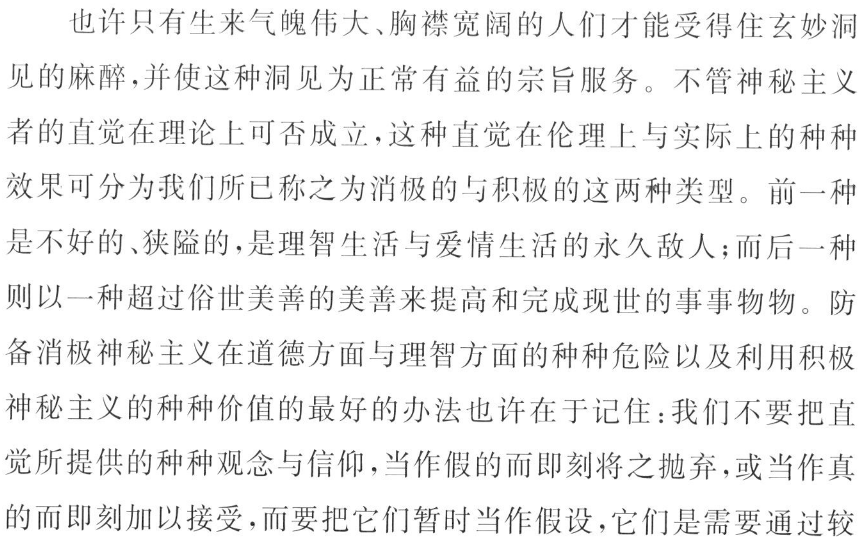

也许只有生来气魄伟大、胸襟宽阔的人们才能受得住玄妙洞
见的麻醉，并使这种洞见为正常有益的宗旨服务。不管神秘主义 64
者的直觉在理论上可否成立，这种直觉在伦理上与实际上的种种效果可分为我们所已称之为消极的与积极的这两种类型。前一种是不好的、狭隘的，是理智生活与爱情生活的永久敌人；而后一种则以一种超过俗世美善的美善来提高和完成现世的事事物物。防备消极神秘主义在道德方面与理智方面的种种危险以及利用积极神秘主义的种种价值的最好的办法也许在于记住：我们不要把直觉所提供的种种观念与信仰，当作假的而即刻将之抛弃，或当作真的而即刻加以接受，而要把它们暂时当作假设，它们是需要通过较

多经验的检验的。简言之，我们对待它们应当完全跟对待来自人们见证的观念一样，即把它们当作我们所乐于得到但要仔细加以证实的意见。

积极神秘主义和消极神秘主义的对立，其在逻辑方法上的出现不下于它在我们刚才所提到种种较一般性领域里的出现。在本章的开头，我们已注意到直觉对于想象力的密切关系；至少有一种直觉不是旁的而只是具有说服力的想象。而想象力不仅在艺术生活上而且在科学生活上是一切新观念和一切变易的主要泉源。我们知道，关于苹果落地和关于行星旋转的记忆怎样在牛顿的思想里起先酝酿着，终于达到成熟的阶段而以万有引力说这种新的统一形式而呈现在意识之中。把记忆里的旧东西在想象中混合为种种新的形式，不管它发生于科学家或诗人的脑子里，都是同样的一种过程。唯一的差别是：在进行混合时用的材料和抱的目的有所不同。在诗歌和科学这两方面，想象活动的价值不大依靠所得的结果是多么新颖，而更依靠结果适用的领域是多么广大。对于诗人或艺术家，这种新因素必得跟一堆情操在情感上一致起来，而对于科学家，它必得跟一堆事实在内容上一致起来。在这两种类型的想象成果之间另外还有这层差异：我们对于艺术家的种种灵感，
65 必以它们自身的优缺点为据来判断它们能否成立，而我们对于科学家的种种灵感，则必加以最严格的检验，看它们能否跟种种其他的，甚至相反的结论融合贯通起来。

把想象力所产生的种种新假设跟已被公认的种种旧原理这样加以比较，就是理智所要做的事情；换言之，理智的作用不大在于创造，而更在于证明。理智是想象力的检查员，它从一大堆新观念

里挑选那些能够经得起跟旧观念比较的，又能够和旧观念融合贯通起来的。从这个观点看来，积极神秘主义与消极神秘主义在逻辑方面的差别在于：积极神秘主义者肯把创造想象力的成果当作有待于证明的材料而接受下来，消极神秘主义者则把之当作已经被证明了的东西而接受下来。对于前者，在直觉启示了一种新原理之后，就有责任去证实它；对于后者。这反而是不进行证实的一种借口。这样，前者有了要进行证实的责任心做保护，就可自由而安全地利用最异想天开的奇思；后者没有理智上的良知做保护，则接受任何直觉信仰，哪怕是显然最确实的，都冒着陷入错误的危险。

但在全部承认我们对于我们种种幻想与直觉有加以客观检验的必要之后，神秘主义的逻辑里还有一个问题，而这个问题的不可避免性不下于它的重要性。

对于那些为了任何理由无法接受任何直接客观检验的直觉，我们要怎样办呢？难道我们有充分理由接受它们，至少暂时接受它们吗？难道我们应当把它们看作毫无根据而将之抛弃的东西吗？或者，难道我们能够找到一个间接的标准，来帮助我们对之进行评价吗？

我相信这样一个标准是有的，相信我们能合法地用它来补充，如有必要甚至于代替我们大家一致所乐于使用的直接客观检验。这一标准的性质是心理的或心理式兼分析式的。我们应当企图把有关直觉的下意识泉源检查出来。如果这番检查使我看出我们的
信念来自在逻辑上毫不相干的种种原因，如恐惧与希望或者虚荣 66
与妒忌，那么，我们就应当认为在直觉上的确定性在逻辑上是没有

价值的。比方说，我对一个人忽然强度地觉得他靠不住，真正觉得他邪恶不正，而这种疑心既没有过去的事实作证据又无法得到经验上的检验。既然没有客观的检验，我就使用主观的自我检查法。我想起了我起先忘记了一件事情，他那时无意中使我的尊严受到损失或使我的野心遭到挫折。来源已被这样查明，我的神秘直觉就显得是一种在道德上的卑鄙的、在逻辑上无价值的“自卫作用”，而这种作用一直使自我不曾承认自己的失败。或者我的检查使我回忆起我童年初期的情况，我那时受了保姆种种迷信言语的影响，对于驼背的人、红头发的人以及其他现象发生恐惧。这些无聊的、早被忘记了的暗示结晶为种种神秘地鲜明深刻的反感，即结晶为种种“本能的”、“直觉的”信念，使我认为某种类型的人就是坏人。又比方说，我根据直觉把某人的价值估计得很高；在这样的自我检查中也许可以找出一些使人高兴的事情，而这些事情直接或间接跟此人有关，因而使我倾向于对他有好感。在这个例子里，如同在方才提过的例子里一样，如果把直觉所以发生的种种假原因发现出来，则这就会使直觉的价值变为零。

最后再比方说，最仔细的自我分析都找不出偏见的原因，那我们就可认为直觉具有这种意义：直觉所启示的意思跟一大堆关于过去经验之下意识性的记忆是一致的，因此我们可以对这种意思给予某种在逻辑上的积极价值，类似不准确归纳结论所具有的。我们的确可把直觉不仅界说为具有说服力的想象，而且可把它界说为下意识归纳或下意识演绎的结果。因为正是从记忆和本能的种种下意识的储藏里，我们得到了直觉性的判断。判断到底是有积极的还是消极的价值，这取决于那些产生它的材料是否充分的，

是否相干的。如果以前已有的种种结论跟那由直觉得来的意思在
逻辑上一致，则它们是相干的材料。如果种种爱好与厌恶，种种虚 67
荣与恐惧是在情感上，而不是在逻辑上，跟它们所产生的种种结论一致，则它们是不相干的材料。一位科学家在他所很熟悉的学科内自然而然地偏好一个假设而不偏好为一个，这可当作相干材料的例子。理智鉴别力这样一种东西是确实有的。我们在科学里，如同在艺术里一样，承认专家的种种直觉在没有相反证据之前，具有一定程度的有效性，这并不是不合逻辑的。出自一位法拉第或一位克拉克-马克斯韦尔的猜想，甚至完全未被证实，都值得人们重视。对于伟大哲学家们在哲学上的种种直觉，也可加以同样的看待，虽然在这个较深奥的领域里，直觉不充分或不相干的机会远为较大。

对于这番有关一种伟大哲学形式之简短而枯燥的讨论，我愿意引用威廉·詹姆斯的一封信上的一段话来加以补充；这封信是他的儿子亨利·詹姆斯在 1920 年 9 月份的《大西洋杂志》里所发表的。威廉·詹姆斯在这封信里把他在《宗教经验类型》一书里所发表的见解总结出来，并以他所独有之美丽而有力的文笔，表示他对于那个要说明神秘直觉有什么根据的所谓“超个人”假设是多么同情。

“一切宗教的泉源在于个人的神秘经验，神秘这个词语在这里要照最广泛的意义来讲。一切神学与僧侣主义都是次要的东西，后来加上去的；这些经验跟有着这种经验的人们在理智上之种种成见混合得那样灵活，以至我们几乎可以说：这些经验**在理智上**的正式启示是没有的，而属于那比理智所属境界还要深奥、还要重

要、还要实际的境界。为了这个缘故,它们又不是种种在理智上的论证与批评所能驳倒的。我认为神秘意识或宗教意识属于一个隐隐约约的自我,它和我们之间有一层稀薄的隔板,穿过这层隔板就可互通音信。这样就使我们更加相信地觉得有一种生命境界,它比我们通常的意识境界更大、更有力,可是又和普通意识相连接。我们从那个境界得到种种印象、冲突、情绪与鼓舞,它们帮助我们生活下去,它们使我们关于感觉以外的境界得到了不可动摇的保
68 证,它们使我们感觉到温暖,它们对于凡能使我们快乐的东西都给予意义和价值。它们对于有了它们的人起着这种作用,而他可做旁人的榜样。这种形式的宗教是绝对消灭不了的。关于我们这种经验性的生活,宗教与哲学提出了种种观念式的解释。这个隐隐约约境界的较远边缘,人们还摸不清楚。我们可按照超越唯心论的样子,把这个境界当作绝对心灵,而认为它的一部分跟我们相通;又可按照基督教的样子,把它当作独自分开的上帝,而认为他对于我们起着作用。有一种在我们当前自我以外的东西**确实**在我们生活中起着作用!”

第三章　理性论与经验论的各种方法 69

共相在心理上的发生以及全谓必然辞说在逻辑上的效力。

我们现在要讨论的两种方法论是彼此密切联结在一起的，把它们合着一起讨论比逐一加以讨论更为方便。理性论是一种用抽象的与普遍的原则以证明辞说的方法；经验论是相反的一种方法，用具体的与个别的事件以证明辞说。普通的人对于同时使用这两种方法，认为是当然的事情。如果我们要证明某三角形内的各角加起来等于两个直角这个命题，我们可以或者测量各角的度数，从而通过经验证明它；或者另外用个办法，根据大家所熟悉的几何学定理而用演绎方法证明它，即从三角形的一般特性来证明这辞说是真的。虽然我们无疑地使用这两种证明方法，虽然我们的经验无疑地启示了事实又启示了原则，启示了个体又启示了共相，却会发生这个问题：到底哪个更加重要呢？经验论者偏向于用具体的实例以证明他的信仰，他自然主张个体是基本的东西，认为共相与抽象观念以及全谓必然判断是从个体里派生出来的；而理性论者则主张相反的说法。摆在前面的主要是一个方法论上的问题，即对于这些彼此相反的真理标准怎样加以评价的问题。但是这两种相反学派的性质以及它们不同主张的历史发展，合起来使得我们宜于分做两章来讨论。我们在本章里拟研究共相与个人心灵的关 70

系，首先讨论共相与抽象观念的起源问题，其次讨论全谓必然判断的起源及效力问题。在下一章，我们拟研究共相对于客观界的关系，首先讨论共相在本体论上的身份问题，其次讨论普遍规律和理性必然性渗透这个世界到了什么程度的问题。

第一节　普遍概念的起源

理性论者认为我们关于共相的知识比我们关于个体的知识远为优越，又在任何意义上都不是从后面这种知识派生出来的。

经验论者相反地认为：从其可被认为真正出现在心中而言，普遍概念是从具体个别经验里派生出来的，并且它们的重要性是次等的与工具性的。[①]

共相所指的是类别名称所表示的思想对象，如“马”、“人”、“三角”，以及抽象名称所表示的思想对象，如“人道”、“圆”、“红”。我们知道，虽然我们谈论一般的马或把马当作一个类别来谈论，并且提出“所有马都是动物”或“马为动物”这一类的肯定，可是我们从来没有看过“所有马”或“马”，而只看过具有特殊大小与颜色、存在于个别时候与地点的这匹或那匹马。同样地，虽然我们谈起圆和
71 方的关系、红和青的关系，可是我们从来没有经验过“圆”自身与

① 关于共相起源的问题不要跟这番关于先天观念的历史性争论的另一方面混淆起来，那另一方面所涉及的是想象对象怎样发生的问题。出现于晚上做梦和白天出神的想象对象，以及出现在文学作品内的想象对象，大都是跟出现于知觉里的种种实物一样的个体。知觉里的各因素被保留在记忆里；通过心灵对于这些因素的综合，这些对象从这些个体里被派生出来了。

“红”自身，圆与红只被我们作为是圆物与红物之可被辨别的一些方面。那么我们难道要说，一般观念与抽象观念是心灵所供给的，而不是从经验里派生出来的吗？在这样轻易地放弃经验论的说法之前，且让我们研究一下，在关于个别对象（如一匹马）的经验里，到底有什么东西呈现出来。首先有大堆属性，其中有些是这匹马跟其他马匹所共有，而其中的另一些是这匹特殊的马所独有的。其次，在这些属性之外，还有关于空间内特别地点和在时间内特别时刻的这些位置特征。对于一匹个别马的知觉，其中可被辨别的各种因素，让我们用符号表示如下：

H＝此马和其它马的共同属性。

h＝此马所独有的属性。

S＝存在于空间的特征。

s＝此马被看见时或被听到时所在之特殊的、有别于其他地点的空间。

T＝存在于时间的特征。

t＝此马被看见时或被听到时所在的特殊时间。

在特殊时间和特殊地点所见到的一匹特殊的马，我们对于它的整个经验可象征为 H、*h*、S、*s*、T、*t*。任何其他被经验的对象可照同样的方式加以分析，将之分析为种种一般的与特殊的属性，以及分析为一般的和特殊的时空特征。简言之，在心理上主要的、终极的经验单位总是特殊一堆有特别日期和有特别地点的属性；从心理学的观点看来，任何比这更为一般性的东西就是抽象。事实多半是这样的：我们离开其他属性就绝不能知觉到，甚至不能具体地想象出这些属性的任一。一匹不出现于任何时候和任何地方的

马,我们无法想象它;一匹没有特殊颜色与大小的马,我们确实无法在心中有它的形象。被想象的马必定要有它的特殊颜色与大小,恰如被想象的三角必有它的大小与形状一样,或是三边不等的,或是两边相等的,或是三边相等的。

我们除了个体以外不能**想象**任何东西,这使得有些思想家认
72 为我们除了个体以外不能设想或思想任何东西;虽有这个明显的事实,就是三角或马匹这样一个通名确有所指并且确实不指一匹特殊的马或一个特殊的三角,这些思想家仍然那样认为。但是我们对于经验里一个具体物体,虽然离开其他因素或方面就不能想象它的任一因素或方面,却能对它比对其他因素或方面更加注意些,而这样就设想着它。对于一个在指定时间与地点被看见的并被象征为 H、h、S、s、T、t 的个别马匹,我能在这些因素中选出任何一个而加以注意,对之发生兴趣,和加以谈论。马匹被看见的时刻,马匹所在的地点,马匹的种种属性,一般的和个别的,都可轮流变为我思想的唯一对象。如果我注意到其中只有 H、h、S、T 的这堆属性,则我构成了一个概念,其内容指着单独一个耐久的**个体**,而这个个体的存在跟我看见它时的特殊地点与特殊时间并不连在一起。这样的一个概念是专名的内涵,如騄駬、青骓、赤兔等马名所含有的。如果我把注意的范围再缩小一点而只考虑 H、S、T 三个因素,则我构成了关于实有马匹的**一般类别**概念,而这个概念就是"马"这个具体通名所含有的。最后,如果只注意特殊经验的种种一般性因素,不注意它们占着什么空间与时间,例如在我们所选择的例子内若只想着 H,那么,我构成了一个关于"马性"这个**抽象本素**的概念。这样说来,我们有(1)H、h、S、s、T、t 所代表的这一个

知觉、这一种感觉张本,或这一件事迹;以这种身份出现,绝不会有人替它取个名称,因为它是绝不会再度发生的;(2)H、*h*、S、T这个专名或单数的名词;(3)H、S、T这个通名或“一般性的名词”;以及(4)H这个抽象名词。这些依次代表注意力陆续缩小的程度,而同时它们各别所涉及的对象在普遍性上有了相应的扩大。

对于一个具体的知觉对象,可把我们的注意力局限在它所包含的全套本素的一部分上;这个手续可按照个人兴趣和按照各种
不同的方式来进行。对于我们例子里这匹特殊的马跟其它马匹所 73
共有的种种属于马类的性质,亦即我们把它象征为H的,我们可不加以注意;我们可以反而选择马属于农民史密斯这个特点,从而得到“史密斯的家畜”这个类别概念,或者得到“史密斯的财产”这个更为简单与广泛的类别概念。或者我们可只注意牲口的颜色,从而得到“棕色”这个类别概念,或者得到“颜色”或“有色物”这个更为广泛的共相。这种陆续达到更高级概括的手续,其唯一的极限是我们所涉及的本素所具有的简单性与不可分析性。纯粹的“实有”或“东西”也许是最简单的概念,犹如它确实是最广泛的概念一样。但在这个“最大类别”之外,还有种种共相,可以说,它们另辟境界,独当一面。这种共相的例子有“时间性”、“空间性”与“意识”。我们之所以称之为“自成一类”,是因为要把它们再分析为一些有意义的大类是困难的。我们确实可把它们放在“最后概念”或“哲学抽象”这些大类之下,但我们觉得这种分析是形式的,并在一种意义上是偶然的,因为我们已不再涉及本素所具有的内在属性,而只涉及它们对于知识与语言的外在关系了。

构成共相手续的真实性质曾被这个事实弄模糊了:即所以要

把一个知觉对象分析为它的种种构成本素，其主要的、也许在心理上非要不可的理由，是我们事先曾在旁的场合经验过它。认识新概念是重新认识旧知觉的结果；我们在选择上的注意力是那样地平凡一般，以至它倾向于挑选出种种早已熟悉的属性。对于我们心理过程上这种不幸的限制曾产生过唯名论的混乱逻辑；这种逻辑把类别自身当作构成共相的东西，又认为“所指”与“外延”先于“所含”与“内涵”。在心理上，这样是对的；但在逻辑上，相反的情况才是对的。在心理性的**认识层次**上，诸物的类别，作为共相的“认识根据”是在共相之先的。但是在逻辑性的**存在层次**上，共相
74 在个体类别之先，而构成这些个体的“存在根据”。弗雷格与罗素把 2 这个数目界说为一个由所有各对所组成的类别；从这个定义中可以看出近代逻辑学家的新唯名论，又可看出我所认为是错误的一种倾向，即把所指放在所含之先的这个倾向。在心理上，除非事先对于许多被知觉的一对一对有了经验，否则我们多半永远不能得到关于**2** 的概念。这些具体的一对一对，其各种各样的物质属性帮助我们的能力不足的心灵，来辨别它们所共有的“**2** 性”这个不变的形式的属性。我们只有借助于种种具体的个体，把它们作为桥梁，才能得到抽象的共相。但在我们已经得到共相之后，我们就应当认识：在知识上最后的东西乃是在存在上最先的东西；又应当认识：这些实实在在的一对一对都不能是**2**，除非**2** 永远潜存着，听由具体的一对一对来表现它。从这方面着想，共相对于个体的关系就像我们的一位朋友跟听到他的声音和看到他的面孔的关系一样。关于声音与面孔的经验构成“认识根据”。这些经验是我们所以知道这个朋友的先决条件。但是朋友自己是这些经验的

“存在根据”，因而在逻辑上和在本体论上先于这些经验。虽然我对于新逻辑并不是内行，我敢说新逻辑之所以有了许多公认的拙笨地方，乃是由于它的推演手续是过分唯名论式的；我又敢说它之所以有了许多公认的成就，并不是由于它对于共相选择了外延的解释而未选择内涵的解释；情况反而是：尽管它作了这样的选择，它仍然有着这些成就。

在归纳法里，从知觉经验里派生出来的东西不是普遍的概念而是全谓的辞说；等到我们讨论这种方法时我们将可看出，对于这种方法的传统处理犯了我们方才所提到的那种毛病。通常认为所指先于所含；通常又使对于一句全谓辞说的肯定显得是一种神秘的跳跃，从各前提之知觉性的一些，跳跃到结论之概念性的一切，即使之显得是在“外延”上的非法综合，而不是在“内涵”上的合法分析。

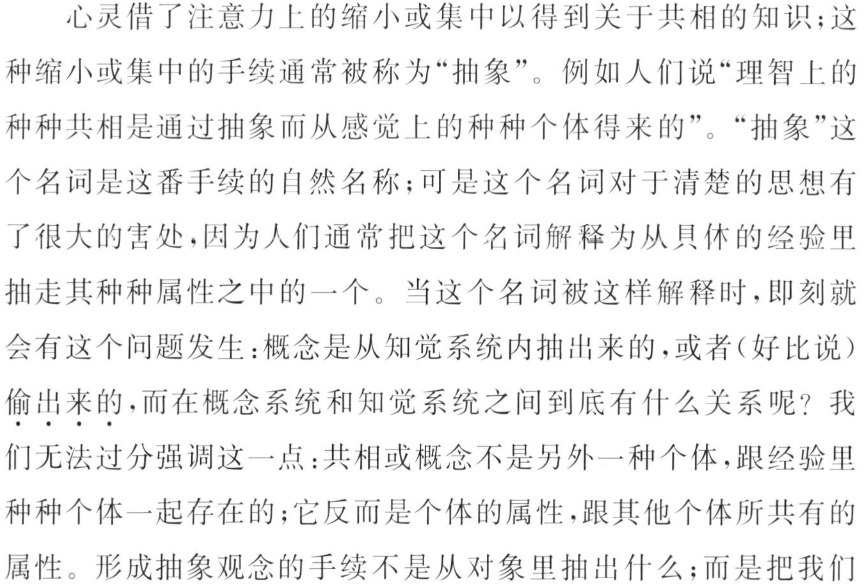

心灵借了注意力上的缩小或集中以得到关于共相的知识；这种缩小或集中的手续通常被称为“抽象”。例如人们说“理智上的种种共相是通过抽象而从感觉上的种种个体得来的”。“抽象”这 75
个名词是这番手续的自然名称；可是这个名词对于清楚的思想有了很大的害处，因为人们通常把这个名词解释为从具体的经验里抽走其种种属性之中的一个。当这个名词被这样解释时，即刻就会有这个问题发生：概念是从知觉系统内抽出来的，或者（好比说）偷出来的，而在概念系统和知觉系统之间到底有什么关系呢？我们无法过分强调这一点：共相或概念不是另外一种个体，跟经验里种种个体一起存在的；它反而是个体的属性，跟其他个体所共有的属性。形成抽象观念的手续不是从对象里抽出什么；而是把我们

的注意力不放在那堆（作为一个堆来讲，就成为单独一个感觉张本所有的）属性上，而放在为许多感觉对象所共有的种种分开的属性上。所以通过抽象以形成种种概念，这个手续一点也不改变各对象的性质，而只改变我们对这些对象的意识之性质。我们不必总要顾到每一对象所具有的一切属性而仍能想着不同对象所共有的属性，这是很大的一种好处。我在这里所谓的对象，当然是指可被知觉或可设想的任何东西：不仅是指各种具体的对象，如马匹、人类等等，也指这些对象所可有的种种关系与活动；不过对于这些对象在特殊时间与特殊地点的发生，我们可不加以注意。

每个共相由于经过注意力的选择，变为了一个概念；我们对于每一共相给予一个名称，以免它在经验的川流中会被遗忘，而使它可被保存下来。这些口头上的符号起着筹码的作用，我们通过这些筹码就能对于我们经验里的种种个别知觉进行比较，不管这些知觉在时间上或空间里相隔多远。各种物体、事迹、关系，数量式的或性质式的，由于它们在类型上的类似或同一，只要思想一下就可被我们所掌握，尽管它们在发生的时间上相隔多年之久。心灵
76 这样把经验的种种个体归并为种种类别，并通过对于这些类别进行的比较，形成种种具有更加高级的普遍性的概念。如詹姆斯所说的，我们的概念就像老的神仙故事里那双7海里长的长筒靴；借助于它，心灵就能以思想的飞快速度往返于它的整个经验界里。畜牲的心灵好像缺乏这种通过注意力的集中以形成概念之机能，而浸没在每个陆续出现的经验里。相反地，人类的心灵通过它发现共相并借用名称以保持共相的能力，就可摆脱此时此地的束缚，并且由于它升高到经验川流之上空，一眼就可瞰见过去和未来，近

边和远处。

对于经验论者和理性论者之间的争辩，这个关于共相性质和共相起源的学说是有影响的；那么，我们对于这种影响应当说些什么呢？

理性论者通常为先天观念说进行辩护。柏拉图甚至提出这样极端的主张，说一切知识都是先天的，说感觉经验的唯一功用是去唤醒我们的心灵，使它领会和回忆它在现世生存之前所已被赋有的种种普遍观念。其他不这样急进的理性论者则认为心灵所具备的天生禀赋只包括种种抽象的与高超的共相，像逻辑与数学所研究的那些。经验论者在他们那方面却以真正普遍概念不能被想象或被形象化这点作为理由，曾有时整个地否认真正的普遍观念是可能的。我们离开广度就无法想象颜色；我们无法想象一个既不是不等边又不是等边的三角形；我们若没有对比关系或距离关系所涉及的各端，则无法想象这种关系。但是我们无法**想象**一个共相，这个事实并不意味着我们不能**设想**它或**思想**它。理由是为了设想一个共相，我们已经明白，并不必从它的背景里把它取出来而置于心目之前。为了形成一个一般性的概念，只要把注意力集中在一种性质或关系上（按照它在现场发生时的样子），并且对于从整堆属性内这样被辨别出来的那部分，加上一个名称就可以了。所以对于以共相不能被想象或被形象化为理由来否认共相的这种 77
说法，我们必得认为它对于问题是毫不相干的。

当经验论者不完全否认我们具有种种一般性概念之时，他们把概念被形成的过程看成这样的：在这个过程中，种种被当作而且仅仅被当作个体的经验因素，或者通过联想而在一个名称之下被

合并在一起，或者通过好比说一种炼金手续被混合起来，而变为一个合成影像。对于这样的说法，我们一定不能同意；理由是：如果呈现于经验里的种种因素不是旁的而只是个体，如果我们所知觉到的每一个体都是跟任何一件其他个体分开的，如同它们各别所在的地点是分开的一样，那么，的确不可能从这些个体里得到种种普遍概念，如同不可能从铅里得到金子一样。理性论者和经验论者，他们双方犯了同样的错误；因为他们把原先呈现于经验中的种种因素、当作并且仅仅当作种种个体，又当作没有任何可称为普遍性的东西。但是理性论者为了解决那因此而生的困难，把一种神秘的能力赋予心灵，认为心灵可从它自己的性质里供给普遍性这个因素。而经验论者通过一种同样没有根据的手续，把我们的种种普遍概念化为乌有，或者徒然无效地企图设想一种过程，以使本来没有普遍性的东西可以合并起来以产生具有普遍性的东西。我们对于这种情况的意见是这样的：在这番争论中，双方所共有的那个基本假设是不对的。经验确实原先是关于种种个体的经验，即它的种种对象原先出现于特殊的时间与地点。但是这些被知觉的对象每个都具有一种普遍性质，而这种性质无疑是对象之**包含性**的属性，犹如对象在时空里的特殊位置无疑是对象之**排外性**的属性一样。换言之，经验里的种种因素是一堆一堆的共相，每堆都跟时空系列里的一个特殊位置联在一起。那构成个别性的东西则是时空里的特殊位置，而这位置使每一个体在计算个数时是在其他个体以外的另一个体。为了形成关于共相的一个概念起见，我们已经看出，并不需要心灵去制作或创造任何东西，跟已呈现于心中的东西有所不同，只需要心灵把注意力离开某一堆在时空里的特

殊位置，而集中在性质式的而非位置性的种种因素里之一个或多 78
个上面。简言之，**个体不是旁的而只是一堆在时空里占有特殊位置的共相**。

第二节　全谓必然判断的起源与效力

每一判断表示我们认为两个或多个对象之间有着一种关系。辞说式的关系通通可以单独地或跟一些次要关系合起来而被分析为**同一**这种基本关系；所以每一判断表示同一关系。举例说明："约翰打击詹姆斯"这个判断表示我们认为在约翰与詹姆斯这两端之间确实发生了打击的关系；但是打击关系是复杂的，而"约翰打击詹姆斯"这个判断可分析为："约翰＝打击詹姆斯的人"，"＝"这个符号代表同一关系。又如："没有人是完善的"这个判断可写成这种形式："人＝一种不完善的存在者"。一般讲来，任一判断可以写成 $S=Rn(p)$ 的形式，式中 $Rn(p)$ 所指的是"一种按照某种方式（用 n 代表）对于 p 发生关系的东西"。当然，由符号 Rn 所表示的次要关系可以自身是同一关系，如"柏拉图是最伟大的哲学家"；在这个判断里，如果以 S 代表柏拉图，以 p 代表最伟大的哲学家，则这个判断可写成：$S=Rip$ 或 $S=P$。

我们种种判断所表示的关系总包含同一性这个因素，同一性到底是什么呢？它确实是一个最难以界说的观念；这不仅是因为它是那样基本的以及那样几近于简单的，以至对它进行分析几乎是不可能的事，而且因为我们对它所提出的任何说明都必然在意义上预先假定了它。我们若说："这件光滑的东西是黑色的"，或说

“这件黑色的东西是光滑的”，或说“这件黑色的东西和这件光滑的
79 东西是二而一的”，则在说话时，我们的意思是：“光滑的”与“黑色的”这两种不同的所含有着一个共同的所指。它们是“同一样东西的不同方面”。每一判断在它的主语端与谓语端上表示所含上之二元性，而在它的系词上则表示所指上的一元性。这件黑色的东西**就是**这件光滑的东西。我们说，判断所表示的同一性是指跟各个不同的所含结合在一起的单一所指；就其所表达出来的意思而言，这句话很好，又没有问题；但是这句话并没有把很多的意思表达出来，因为它只用了明白而有启发性的字句把我们的问题重新叙述了一遍，而没有解决我们的问题。即使承认同一就是所指上单一的意思，我们还要问：两个或多个所含所能“有”的单一所指到底**是**什么呢？为了答复这个问题，我们必得承认：思想的任何对象具有两套根本不同的属性，可称之为“内在的”与“外在的”。我们以“内在的”属性来指那些不包括其他对象在它们意义之内的属性，而以“外在的”属性来指那些包括其他对象的属性。举例说明：在“这件东西是黑色的和光滑的”这个判断里，**光滑的**和**黑色的**可以是这件东西的所含之一部分，而同时不是任何其他东西的所含之一部分。但是如果我说“这件东西是史密斯所最喜欢的东西”，则我所赋予“这件东西”的物性就会没有任何意义，除非有了“史密斯”这个另外的对象，而这种关系属性也为这另外对象所“固有”。“这件东西”在它所具有的无论什么属性之外，还具有某些属性，可把这个东西对于其他东西的关系界说出来。这件东西以及其他存在者如“史密斯”**联合地却不同样地**具有这些关系属性或外在属性。因为“所最喜欢的”这个复杂的关系属性对于史密斯的关

系是对于“主语”的关系，而对于黑色光滑东西的关系是对于“宾语”的关系。在“所最喜欢的”这一种以外，还有许多旁的关系属性适用于“这件东西”。为了合起来可使这件东西有别于任何其他一件东西起见，必定要有好多关系属性；同样这好多关系属性，由于同样的理由，就足以使它具有所指上的单一性。一件东西的内在属性表示这件东西的本素，其他东西可以同时具有这个本素而仍然是另外的东西；一件东西的外在属性指出这件东西的所指，而其他东西，不管多么类似这件东西，也不能具有这个所指。一件东西 80
的所指是相对的：意思是说，它依靠着它对于其他东西的关系。思想的任何对象具有它的所指，又具有它的所含。这就是说，思想的任何对象是纯性质式的种种特征之一种集合，并且又是对其他东西的种种关系之一个焦点。关于在所指上有区别而在所含上无区别的东西，可以拿特威德尔德姆和特威德尔迪做例子。二者所具有的一堆性质特征完全相同，二者对其他物件的关系则不相同。关于“这张桌子”的“黑色”与“光滑”，情形却相反。“这张黑色的桌子”和“这张光滑的桌子”对其他物件的关系相同。这张桌子的光、黑“两”方面有着相同的关系焦点。就单一性与众多性而言，我们的着重点通常放在所指上而不放在所含上。所以特威德尔德姆和特威德尔迪在所含上的一元性被二者在所指上的二元性所遮盖了；因而我们说，有着两个存在者，虽然二者具有相同的属性。照类似的方式，黑色桌子和光滑桌子在所含上的二元性被二者在所指上的一元性压倒了，因而我们说，只有着一张桌子，虽然它所具有的不同属性很多。但从一种柏拉图式的诡辩观点看来，我们在计算件数时可以反过来把着重点放在原来未放的地方，并说“特威

德尔”是一种东西，碰巧分别体现于“德姆”和“迪”这两个所指上。照类似的方式，我们可以在思想上把黑色桌性和光滑桌性当作两种东西，碰巧共同占有一个所指。

我们认为所指对于东西的存在或实有，比所含对之，发生较为密切的关系；这个事实在我们的语言形式里表现得相当清楚和十分确定，因为表示存在的动词同时是用来做系词的字眼。

由于种种关系属性使一件物体有了所指，这些属性使这件物体在对其他物体的关系上有了一个方位或位置。要做种种关系的焦点就是要在那由或多或少排好次序的对象所构成的一个系统里占有一个位置。可做句子里主语的任何东西具有所含上的本素或性质式的特征；我们根据这些特征可以断定它对于其他实在的东西和对于其他可能的东西怎样相类似又怎样不相类似。但是它又
81 具有一种在所指上的位置，而我们根据这种位置可以断定它对其他东西是离得远还是离得近。例如浅灰色与深灰色是局部相类似的又局部不相类似的，这表现于二者都具有一些相同的和一些不同的因素。二者都属于灰色物这个类别，但一个属于浅色物的类别而另一个属于深色物的类别。但是就这个“从白到黑”的复杂属性而言，二者之中每个都具有这个属性，不过具有的方式却不同，好像两个人拿着同一根棍子，但一人拿着一头。由于有了这一个关系属性，而这个属性为二者所固有，所以二者不再是仅仅属于一些确定类别的分子，而又变为属于一个系列、一种排列或一个系统的份子。这张黑色桌子就是这张光滑桌子，恰恰因为“这张”这个词把桌子对于以说话人为坐标的单独一个位置或关系焦点表示出来了。反过来说，这张黑色光滑桌子不是那张黑色光滑桌子，恰恰

因为“这张”和“那张”把对于以说话人为坐标的不同关系焦点表示出来了。

不管我们照牛顿分开处理的老办法来讲，或者照爱因斯坦合拢处理的新办法来讲，时间与空间当然是我们所最熟悉的关系体系，犹如它们是最基本的关系体系一样。关于思想的对象还有不知多少的其他体系，这些体系是种种关系所构成的，而这些关系使它们里面的各端占有位置或有了所指。从白色到黑色的一系列灰色，从红色到紫色的种种颜色，从低到高的一系列声音，由疏至亲的血缘关系，随便举几个例子，它们都是系列而不仅仅是类别。

两件东西若要为一个类别的分子，则它们必得照相同的方式具有同样的属性。多件东西若要为一个系列或一个系统的分子，则它们必得照不同的方式具有同样的属性。

根据上面已说的话我们应当可以明白：所指和所含所具有的相对性是跟大类与小类所具有者一样的。思想的任何对象是一个大类之内的小类，或一个类别内的分子，而这乃是由于大类的所含是种种较简单的因素所合成的。这样，理性与兽性是人的所含里之元素，是关于人的谓语，因而是人这个小类所属的大类。但是人自身又当然同样地是人间诗人这个小类所属的一个大类，因为人 82
的整个所含是人间诗人所含的一部分。任何一个端对于任何把它包含在内的所含而言，是一个小类，而对于它所包含的任何所含而言，就是一个大类。按照类似的方式，我们可以说：任何一端具有所指，或宁可说，它在一个系列或一个系统内占有位置，并在这种意义上乃有所指；而任何一个端具有所含，或者说它作为谓语来讲，属于在一个系列或一个系统内某一占着位置者以外的一件东

西，并在这种意义上乃有所含。如在“大多数玫瑰花是红色的”这一判断里，“红色的”主要是所含性的；但在“红是玫瑰花上显得次数最多的颜色”这一判断里，“红”这个主语主要是所指性的，因为人们认为在那个由玫瑰花在不同情况下所具有的各种颜色所组成的系列里，有着它的一个位置。

我们明白了，判断里的系词所表示的同一关系，是指不同所含在所指上所具有的单一性；又明白了，这个所指自身，是指它在一个系列里占有位置而不指它属于一个类别；既然这样，我们必得接着研究那个跟同一关系很接近的范畴，即“局部同一”，或“隶属”，或“意涵”。当我们说“这张黑色桌子是这张光滑桌子”时，主语与谓语在所指上是完全同一的；但当我们说“这张黑色桌子是光滑的”时，则“是”这个字所表示的关系不是完全的、有对调性的同一关系。不管我们把“光滑的”当作“光滑性”这种属性或共相来看，或当作具有这属性的东西所构成的类别来看，它在两种情况下都不是完全的同一在“这张黑色桌子”所具有的一堆特征中，只有一样跟光滑性是二而一的；在光滑物件所构成的那个类别里，只有一个分子跟“这张黑色桌子”是二而一的。若对主谓两端就其所指上，或外延上去着想，则主语所属的类别是谓语所属类别的一部分。若对于这两端就其所含上，或内涵上去着想，则谓语所表示的属性是主语所具有种种属性的一部分。若照第三种意义，即对主语就其所指上去着想，而对谓语就其所含上去着想，则谓语属于主语，或说“这张黑色桌子”具有光滑性，把它作为一种属性或性质。若对于这种关系就这第三种意义上去着想，则这种关系所具有的性质是独特的、“自成一类”的、不是用平常辞说所能充分表达出来

的。我们说共相在个体“内”，或为个体的“一部分”；摩尔对此表示过抗议；据我所知，他的理由是：如果像光滑性这一类的共相是一 83
张特殊的黑色桌子的一部分，则这就否认了共相的独立性和逻辑先在性；而据柏拉图主义者的意见，这种独立性与先在性是每一共相所不可缺少的特性。如果光滑性在这张黑色桌子之内，它就不能又在那张红色桌子之内，因为红桌是在黑桌之外。如果 b 为 p 的一部分，而 t 在 p 之外，则 b 无法为 t 的一部分。我们认为，对于那堆描述“这张黑色桌子”的谓语而言，光滑性能够在其“内”或为其“一部分”，但是对于“这张黑色桌子”自身而言，光滑性不能自身在其内或为其一部分。这类在表面上的困难自然会消除，只要我们认识到：一个共相跟以它为谓语的种种个体发生着关系，犹如一根线或空间的一维跟以它为坐标的各点发生着关系一样。不同的点可以在同一根线之内，或可为同一根线的一部分，而不同的线可以在它们所通过的各点之内，或可为这些点的一部分。所以不同的桌子可以在如光滑性这样一种属性之内并且光滑性可以在每一张桌子之内，而不至于失去它在所含上的单一性，犹如一根具有某种斜度的线条在通过空间的各点时不至于失去它的单一性一样。同一个感觉张本很易于具有大堆不同的属性，犹如同一个点很易于具有 x_1、y_1、z_1、t_1 等线为其坐标一样。感觉张本在它们的种种共相“之内”或在种种性质“之内”如同它们在它们的种种时空“之内”一样。共相在个体之内不像苹果在盒子之内一样，不像小的空间在大的空间之内一样，而像全部时间在空间的每一个点之内一样，或像全部空间在时间的每一瞬刻之内一样。

简言之，当我们作出“这张黑色桌子是光滑的”这个判断时，

“是”所指的是发生于(1)一个位置和(2)该位置各种坐标中一个坐标这二者之间的同一关系或意涵关系。不管我们把意涵这种无对调性的关系说成是局部同一关系，或者把同一关系说成是有对调性的意涵关系，这都不关紧要。如果 $a>b$，则 $a=b+n$；如果 $a \geqq b$，并且 $b \geqq a$，则 $a=b$。

我之所以对于判断里系词所表示的同一关系，这样相当令人烦厌地分析它的意义，乃是由于近来对于亚里士多德式的逻辑有了两次的叛变。在这些叛变中，第一次是新黑格尔派唯心论者所
84 发动的，他们把“同一逻辑”当作毫无用处的东西，并认为它有种种毛病。第二次叛变是实在论派的符号逻辑学家所发动的，他们似乎认为我们这个世界在“属于”这一关系之外还有种种关系，而亚里士多德的逻辑跟这样一个世界是格格不入的。

唯心论者所提出的种种反对理由，其关键显然在于这个事实：一个判断，S 是 P，肯定同一性，却意涵多样性。如果 P 跟 S 没有差别，则 S 是 P 只不过是 S 为 S 的意思罢了。如果 P 跟 S 有差别，则 S 是 P 就是 S 不是 S 的意思。如果说 S 和 P 二而一时的意思果真跟说二者有差别时的意思一个样子，那么，我们确实收到了一份对亚里士多德式判断的致命控告，而急迫需要以一种完全不同的、比同一逻辑较不“静的”而较为“动的”逻辑去代替它。但若我们所提出的分析可以成立，又若 S 和 P 之间的多样性是所含性的，而二者之间的同一性是所指性的，则亚里士多德式的判断和同一逻辑就没有什么问题，犹如一种几何学承认多根不同的线条有可能在同一点上汇合而没有什么问题一样。布拉德利在《外表与实体》一书的第二章里提到了一块白糖；这块白糖可以又是甜的又是硬的，而

不至于在一方面减少甜性与硬性所具有的永久多样性，或在另一方面减少白糖自身在所指上的同一性。P_n 这一点之实实在在的单一性绝不会因为有了两根永不相同的 x_n 与 y_n 线条为坐标而遭到破坏。

第二次对亚里士多德主义的叛变是完全一群不同的人们所发动的，又为了完全不同的动机而发动的。亚里士多德式的形而上学为实体和偶性这对概念所支配；亚里士多德式的逻辑为主语和谓语这对概念所支配。人们所归咎于前者的种种罪过又放在后者身上来了；十个范畴或基本关系形式的发明人被人们说成是这样一种逻辑的颁布人：在这种逻辑内，除了固有这一种关系外，其他关系都没有被顾到。如果一个人写一本关于算学的书，则我们不应当批评他没有讨论到代数。如果一个人写了一本书讨论一切辞说形式所共有的种种关系，则我们几乎没有道理去怪他没有讨论到某些辞说形式所独有的种种关系。若 A 在 B 之西而 B 在 C 之西，则 A 在 C 之西；这事实是值得注意和重要的；但是这一点也不 85
跟这个事事相抵触："在 B 之西"是 A 的一个谓语，犹如"红色的"是"玫瑰花"的一个谓语一样。红色是一种简单属性，而在西面是一种空间关系；这一差别却对于二者都以谓语身份为主语所固有的这一个共同点没有什么影响。传统的形式逻辑，作为一种关于普遍性的谓语关系的研究来讲，绝不是关于种种空间关系或关于数目之补充性的和非一般性的研究所可排挤掉的或取而代之的。近代科学发现各种类型的外在数量关系是很有用处的东西；不管我们对于这些关系未被顾到这一事实能否恰当地把它归罪于亚里士多德式的**形而上学**，亚里士多德式的**逻辑**不管在它具有内

在有效性这一层面上，或者在它跟任何较不一般性的关系逻辑比起来具有逻辑先在性这一层面上，据我看来，确实都没有什么问题。[①]

可把每一个判断分析为一种同一关系，而这种关系发生于一个主语端和一个在关系上复杂的谓语端这二者之间；在这样做了之后，辞说到底是偏谓的或全谓的，那就要看主语端自身具有偏谓冠词还是全谓冠词而定。如果我说"有些物质的东西有吸引力"，或说"有些三角形的各角加起来等于两个直角"，则"有些物质的东西"和"有些三角形"这些主语端具有偏谓冠词，因而整个判断是偏谓的。如果我换种说法，说"一切物体有吸引力"，或说"一切三角形的各角加起来等于两个直角"，则我所说的是全谓的判断，因为"一切物体"和"一切三角形"这些主语端具有全谓冠词。我们知道，我们从来没有见过"一切三角形"或"一切物质的东西"，而只见过这些类别中每个类别的一些份子。我们如何以及根据什么从**一些**过渡到**一切**呢？[②]

关于三角形的话语是典型的数学辞说，既有全谓性，又有必然性，让我们先把它研究一下。大家都熟识这样画出来的一个几何
86 图形：从一角的尽头延长三角形的底线，再从该尽头画一条线平行于对面的那一边；这图形可以证明三角形的三个角等于这样画出

① 在本章的第一个附录里，我企图证明：传统的三段论法形式可以怎样被扩大，以使之可提供一个单一的格式或一种超级的三段论式，不仅为了可把种种类别之较一般性的包含关系与（亚里士多德对它们有兴趣的）排外关系表达出来，而且为了把（现今逻辑对它们有兴趣的）种种较不一般性的关系也表达出来。

② 请注意，我们在这里涉及两种类型的全谓辞说。关于物体吸引的辞说也许是真的，但不是必然的，而关于三角形的辞说不仅是真的而且是必然的。

来的三个角。三角形的各角和延长线所构成的各角，二者之相等好像只依靠欧几里得式平行线的种种性质以及图形的三边性，而不依靠各边的相对长度或绝对长度；既然这样，这就把“三角形各角之和”与“两个直角”这两个抽象概念或普遍概念之间的直接相等关系(即是不同所含在所指上的同一性)启示给我们了。共相在所指上的这种同一关系是实在的，这就是辞说全谓性和辞说必然性的泉源，又是二者的保证。在算学的种种简单概括里以及在算学归纳法的较复杂情况下，我们用同样的方式可推演出种种全谓的判断。我们告诉小孩，5 个珠子的一堆和 7 个珠子的一堆放在一起就构成 12 个珠子的一堆；当小孩对这一个具体的例子集中注意力时，他就看出相等关系显然不取决于各单位的具体材料，珠子、粉笔记号或者其他，而取决于所涉及的数目。换言之，他**看出** 7+5 自身和 12 自身是二而一的。在算学归纳法里，我们以符号 n 代表任何数目，不管多大或多小，继而证明一个命题若对 n 可以成立，则它对 $n+1$ 也可成立，从而得到较高等级之同样类型的概括。如果某一个命题在事实上对于某一数，比方说对于 5，可以成立，则从此可以推论：当 5 为 n 所代替时，这命题就对于在 5 以后的无穷数目中之任何一个都是可成立的。这样一来，我们可以说：在数学里我们能够从个别实例中推演出全谓辞说，方法是把发生于各实例中的相等关系抽取出来；而这种方法恰恰相同于那种由个别
端里得到普遍端的方法：把物体的性质从物体所发生的时间与空 87
间里抽取出来。

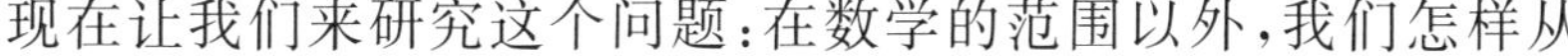

现在让我们来研究这个问题：在数学的范围以外，我们怎样从

个别的经验推演出全谓的辞说，如"一切物体都有吸引力"这一典型判断。比方说，我们看见一个苹果落到地上。苹果具有惯性或阻止任何东西使它改变速度的能力。如果它的速度是零，即若它在静止的状态时，则要使它的速度变为不是零，即使它动起来，那就必得对于它加上一些力量或花费一些力量。或者如果物体是以零以外的一种均匀速度在动着，则要增加或减少它运动的快慢程度，就必得把一些力量加在它身上。假定我们选定惯性（即对于改变速度的阻力）这一特征为"物质的东西"的决定属性，那么当我们看见园子里的苹果落到地上时，我们看到了吸引现象的一个具体例子，表示一件物质的东西被吸引了，即加速向另一物质的东西运动着。那么，如果我们已经形成了"物质的东西"与"吸引力"这些一般性概念，则我们对于一件特别的物质的东西和一次特别的吸引现象这二者之同一性，只要有过单独一次的观察（假定我们有了牛顿那种天才的话），那就足以使我们得到这样一个提示：不仅苹果、石头、地面上其他物件有吸引力，而且月亮、太阳、行星都有吸引力。这个提示表达于这句全谓判断里："一切物质的东西都有吸引力。"因为这个判断等于"物质性或惯性意涵着引力或互相吸引"这一辞说。从我们在种种个体之间所看见的同一关系里，我们可以通过抽象手续来形成我们在种种共相之间所设想的同一关系。形成这个全谓辞说的过程，至此为止，跟形成关于三角形的全谓命题是一样的。但有一点很值得注意的差别。数学里的全谓判断在其自身上就显得是自明的与必然的，或是可以从自明必然命题推演出来的。三角形各角加起来等于两个直角，对于这个辞说，我们

一旦知道我们可从两根平行线被第三根线交切后所构成各角之间 88
的种种关系里把它推演出来，我们即刻就觉得它是自明的与必然的。关于算学的命题，如 7＋5＝12，情况也是一样。但在“一切物体有吸引力”这个辞说或在“一切乌鸦都是黑的”这个辞说里，没有什么是自明的或必然的。就这两句判断而言，我们很容易把其中任何一句的矛盾辞说想象成是真的，因为主语与谓语之间的关系并不是自明的。在惯性和引力这二者之间，又在一方面乌鸦羽毛的黑色以及另一方面动物学所用以界说“乌鸦性”的种种形态特征与生理特征这两方面之间，我们无法看出任何必然关系来。我们之所以相信这些全谓辞说，不是因为它们是可从自明原理推演出来的，而是因为我们以一堆个别的经验为根据，通过归纳式的推论，使它们得到了或多或少的或然性。我们不曾观察到，也无法希望观察到一切的乌鸦；但是我们已经观察到好多好多只乌鸦并发现它们都是黑的，以致这一层（即羽毛的黑色来自这种鸟的种种决定性特征之一，或来自一些跟这些特征固定连在一起的东西）是有着非常非常大的或然量的。在关于物体吸引的例子里，我们的证据更加有力。这是因为我们在这里虽然也没有观察到“一切物体”，或者所观察到的远不到物体的一大半，可是我们所观察到的物体在每一个相干的方面都彼此不同，而只在物质性或惯性这一表示类属或具有决定性的特征上才全都相同。所以这一层，即惯性与引力或者有着因果关系或者都为同一个原因的效果，是有非常非常大的或然量的。倘若我们对于惯性与引力的真正性质知道得更多，则我们也许能看出其间的关系是必然的与自明的；但现有的知识太少，有鉴于此，人们称这种辞说为“偶然性的”；而作为偶

然性辞说来讲，它跟数学里的种种必然辞说是有区别的。[1]

89 必然辞说和偶然辞说之间的差别是很重要的，我们必得把它较为详尽地分析一下。必然的辞说可界说为这样一个辞说：其各端在所指上的同一性完全取决于各端的性质或本素。测验必然真理的传统标准是辞说的不可置信之性质，或照通常的错误说法，是

① 请注意，偶然类型的全谓辞说在其或然量的真理的大小上可以小到 0 而大到 1。我们对于实有的或想象的经验进行抽象，从而形成一个没有经验证实的，甚至和经验确实抵触的全谓判断。“一切树木都有树神住在里面”，“凡人皆完善”就是这种判断的例子。偶然判断的或然量到底是多少，这取决于归纳证明达到百分之几的完全性。我们已经知道，那可用以证明全谓必然判断的演绎手续，在于把判断里的两个端跟第三个端或中词联系起来。归纳的过程更加间接。我们用它来证明 S 与 P 两端发生因果关系或普遍地连在一起，进行的手续在于把跟我们假设相反的其他可能假设逐一地加以排除或推翻。那跟一现象 P 普遍地连在一起的东西必定在 P 出现的每一场合下都会出现；既然知道这一点，我们在任何一个有 P 出现的例子里把它的一切前件或伴生件（我们假设里的 S 当然得包括在内）全部列举出来。然后我们进行实验（最好是做实验）或等待自然变化而从事观察（如果有关的种种事实是我们所无力支配的话），以发现一些新的场合，并进行观察，看看那些跟我们假设相反的说法里所提到的东西（1）在 P 出现时并未出现（契合法），或者（2）在 P 未出现时反而出现了（差异法），或者（3）当 P 发生变化时始终不变（共变法），或者（4）由于其能量完全消耗在产生其他现象上面再无力产生 P 了（剩余法）。通过这些不同方法，我们指出一切相反假设里所提到的东西，除 S 以外，都说不上跟 P 有着普遍的或因果的关系。

但是我们这样建立的“凡 S 是 P”，绝不能达到百分之百的或然量。这是因为，如霍布豪斯在《知识论》一书里非常清楚地所说的那样，我们对于种种伴生件的分析总有可能并不完备，P 的真正原因总有可能不是 S 而是某一未被观察出来的 X。对于方才分析过的归纳手续，可用或称三段论式把它表示如下：

P 的原因或不变的伴生件是 S 或 A 或 B，也可能是 X。原因不是 A 或 B，因为四个方法之一个或多个已把它们排除了。

∴ 原因是 S，也可能是 X。这等于这个全谓辞说：

凡有了 S（或 X）出现的实例都是有了 P 出现的实例。

这里的看法认为一切归纳证明都是间接性的或排除性的。对这种看法的系统说明见本章第二个附录。

相反辞说的不可思议性。但是这个标准最终仍不能满足人们的要求，因为它不能使我们知道不可思议性是建立在各端的真正不相容性之上，还是仅仅由于我们受着种种主观限度的缘故。我们想起在地球那边通过地球中心而达到的地面的人们时，总免不了想起他们时候倾向于往下降落；这是一个例子，表示一种明显的必然性其实来自纯粹的主观联想：在这个例子里，我们把对于地面的压力那个观念和空间之内一个绝对不变的方向这个观念联系在一起。我们无法把几何学内的上与下跟我们对于地球引力的感觉不联系在一起；可是我们现在知道，关于**向下性**的感觉完全来自地球的吸引，而跟空间的任何固定方向毫不相干。因为在其他对于我 90
好像必然为真的辞说里也许会发生同样的错误，所以若是可能的话，则我们宜于寻求一个比仅仅感觉较不主观又较可靠的标准，来发现有无必然性。我们认为按照下面的方式来应用自相矛盾这个观念，则我们就有了这个新标准：**如果某一辞说的矛盾式是自相矛盾的话，则这证明该辞说是必然真的**。我们知道，单独一个具有简单端的辞说，其矛盾式只在一种情况下会自相矛盾；这种情况就是，原来的辞说具有 A 是 A 的形式。对它加以否认就意味着 A 不是 A；既然这是自相矛盾的，可见原来的辞说是必然真的。但是即使知道了我们可以证明“A 是 A”这种类型的判断是必然真的，我们也是白白高兴，毫无收获。所以我们必得承认：唯一能被证明为必然真而又可使我们大有收获的真理，是包含在一个辞说系统里面的必然真理。举例说明，如果 A 是 B 而 B 是 C，则我们准确地知道“A 是 C”是必然真的；这是由于“A 是 C”的矛盾式会跟前提发生矛盾。因为如果 A 不是 C，那么，既然 A 是 B，那就可推出

有些B不是C，而这就会跟我们所已假定的“B是C”这个前提发生矛盾。换言之，我们知道“A是B而B是C意涵A是C”这句复杂的辞说是必然的，因为对它加以否认或认为它不成立就会自相矛盾。这是很简单又很容易明白的，可是不是仅仅表示雷同意义的辞说，如“A是A”一样。

且让我们考虑一种并非完全这样简单的情形。康德十分肯定地认为，数学命题的必然性不可能仅仅来自矛盾原理。照他的说法，数学命题是综合性的而不是分析性的。谓语并不包含在主语的意义之内，而是一种新的、却仍必然跟主语连在一起的东西。一方面是纯粹综合性的判断，其谓语完全不是主语的一部分；一方面是纯粹分析性的判断，其谓语不是旁的而只是主语的一部分。康
91 德似乎没有想到在二者之间还有第三类的判断，如我们所正在研究的那些；而这类辞说的必然性乃是由于这一事实：我们如果肯定它是假的，则我们对于那些把它各端的意义界说出来的辞说，或者对于那些把各端间种种基本关系表达出来的公理性辞说或公设性辞说，不得不加以否认。我们可把这第三类的判断称为“复杂性兼分析性的”。关于必然的综合判断，康德最喜欢举的例子是7＋5＝12这个算学命题。我们现在拟证明，这个判断的必然性怎样可在把它和某些定义和某些公理合在一起时，通过矛盾原理而得到证明。

（一）我们将假定我们已知道两个简单而无法界说的观念：即关于单位(1)的观念以及关于加(＋)的观念。（二）我们拟把正的、实的、整的各数界说为下面这一系列的项目：1＝单位，2＝1加上了单位，3＝2加上了单位，4＝3加上了单位，如此类推以至无穷，

而每一项目主要不指旁的而只是前一个数目加上了单位。(三)我们拟承认下列各别被称为加法对调律和加法联合律这两条公理:(1)$A+B=B+A$;(2)$(A+B)+C=A+B+C=A+(B+C)$,式内A、B、C代表(一)、(二)、(三)条所界说的任何数目。现在我们把$7+5=12$证明如下:$7+5=7+1+4=8+4=8+1+3=9+1+2=10+2=10+1+1=11+1=12$。这个证明里的每一步骤都是一个"必然的"辞说;意思是说,其中任何一个辞说若被否认,则整个系统就会发生自相矛盾。照同样的方式,代数的、几何的或数学的其他任一部门里的种种较复杂命题都可得到证明。只要:第一,把种种简单的或无法加以界说的观念,包括各端与各关系在内,列举出来;第二,利用无法加以界说的观念来界说各类别的复杂对象;第三,遵循各公理或无法证明的辞说进行推论;我们假定,这些公理对于那些已被界说好了的类别是有效的。

关于必然性这个概念的种种问题,我们在这里所拟讨论的只剩下了一个,即关于**公理**的性质问题;公理是综合的**先验**辞说,而这种辞说由于它们的简单性,无法被分析为我们所谓复杂性兼分析性的类型。我们对于如$7+5=12$这样一个显然先验的判断,已 92
证明它具有复杂兼分析的性质;当然毫无疑问,这并不意味着每一个先验综合辞说都可被证明为一个仅仅复杂性兼分析性的辞说。比方说,有"黑是跟白相反的颜色"这样一个判断,它就不像可被分析为被一个辞说系统所意涵的辞说。照"先验"这个词的唯一恰当意义来讲,它是先验的,因为它好像把"黑"和"跟白相反的颜色"这两种本素之间的同一关系表达出来了,而这种同一关系并不依靠这些本素在任何特殊时空位置上的例证。真正的公理,如康德所

认为的那些作为数学基础和机械学基础的公理，在同样的意义上是先验的。它们是这样的一些同一关系：对于人们所发现有它们在内的那些时空背景，它们是无关的或不相干的。我们只能“*后验地*”发现它们；但一旦发现了它们，我们就可“*先验地*”肯定：无论我们在未来时间将在什么位置上经验到它们，它们对于那个位置都是有效的。这类辞说之所以具有“先验”性并不是由于它们对于“心灵”有所依靠，如康德所认为的那样，而是由于它们显然对于任何特殊的日期与地点都没有关系。

关于公理，(1)我们可以认为它们之所以被我们选择，仅仅是因为我们可用它们来证明某些定理；就它们自身而言，它们不需要被人们，也无法被人们确定为真或为假。这就是“公理即公设”的看法。(2)我们可以认为，我们能够看出它们把种种共相（作为共相而言）之间的一种关系表达出来了，而这种关系并不依靠任何在时间内或在空间内的存在者。(3)我们可以认为，它们是通过归纳法从经验里证明出来的，它们跟其他归纳不同的地方，只在于那些启示它们和证实它们的经验有着不同的范围。

席勒博士以及现今大多数的数学家主张第一种看法。这种看法容许人们非常自由地建立各种纯粹的概念系统，但它对现有这个世界并未提供任何结论。第二种看法是最自然的和最令人满意的；但上面已说过，它有一个弱点：即那显得是各共相间必要关系
93 的东西可以是纯粹主观的，并且之所以这样乃是由于我们对于一向被人们连在一起的东西未能把它分开来的缘故。第三种看法从它自身而言不像可以把种种公理的必然性质解释清楚；但是它是我们所可稳当接受的看法，因为知识里种种最重要的原理是那些

能应用于现有世界的原理;并且,任何被人们认为是公理的辞说远远未能免去发生错误的可能性,以至它不能轻视经验对它的证实。这三种看法确实不是互相排斥的。如果我们认为,真正的公理是一堆辞说所预先假定之最终的或无法证明的辞说;又认为它们确实表达种种关系而这些关系建立在它们各端的内在性质的基础上,从而使人们不可能想象它们是假的;又认为它们总被经验所证实而从来未被经验所推翻:如果同时承认这些,则我们也不至于前后自相矛盾。

我们现在知道了普遍概念是怎样起源的,又知道了把它们种种关系表达出来的种种必然判断是怎样得来的与发生效力的。关于理性论与经验论之间的冲突,只剩下它的第二个和较为客观的方面要加以讨论;这方面所涉及的问题不是我们怎样得到种种普遍端和全谓辞说,而是这些端和辞说在本体论上具有什么身份,以及它们对于我们这个存在界适用到什么程度。

附录一

超级三段论式:把形式逻辑的各种三段论式归并为一般关系逻辑的一些特殊格式。

我们已经知道,如果两个类别彼此意涵,则它们是同一的;又知道不管我们把意涵界说为局部的同一,或把同一界说为互相意涵或有对调性的意涵,这都仅仅是方便不方便的问题。但我宁可选择前一种定义,而这正是由于在许多情况下,我们的推论过程涉及意涵以外的种种关系。例如我可跟着德摩根说,“这是动物的

头，因为它是马的头，而马是动物”，或说“约翰是詹姆斯的侄儿，因
94 为他是彼得的儿子，而彼得是詹姆斯的兄弟”，这些有这种情况的例子里所使用的推论形式，可称之为三段论式；如同一切其他例子中的推论形式（式内两端通过第三个端的关系而彼此发生关系）都可这样称呼一样。可把任何一个三段论式用符号表示如下：

$$M = R_2 P$$

$$\underline{S = R_1 M}$$

$$S = R_1 R_2 P$$

$$\text{当 } R_1 R_2 = R_3 \text{ 时，则 } S = R_3 P$$

结论是这样得来的：以出现于第一前提即大前提内的中词 M 之价值，代入第二前提即小前提里去，然后若可能的话，把 $R_1 R_2$ 这个复合关系，简化为一种新的关系 R_3。

我们现在拟说明亚里士多德的三段论式，在归并为我们的概括三段论式之后，怎样显得仅仅是一堆隶属于关系三段论式的重要格式。

亚里士多德正确地识别出，任一辞说在它的其他种种关系之外，总还包括下列四种中这种或那种发生于主语端和谓语端之间的主要关系：

S 全部被包括在 P 之内，即 A 式：一切 S 是 P。

表示 S 是 P 里面的一个例子，或一个意涵者，或一个小类。

S 至少局部被包括在 P 之内，即 I 式：有些 S 是 P。

表示 S 是 P 里面一个小类所属的另一个大类，或另所意涵的东西。

S 全部被排除在 P 之外，即 E 式：没有 S 是 P。

表示S是“非P”里面的一个小类，或一个意涵者。

S至少局部被排除在P之外，即O式：有些S不是P。

表示S是“非P”里面一个小类所属的另一大类，或另所意涵的东西。

我们将用$R_{\vee}$代表（小类）属于（大类），又用$R_{\wedge}$代表（大类）包括（小类）。那么，A式辞说，一切S是P，可写为$S=R_{\vee}P$或为$P=R_{\wedge}S$，因为S若属于P则P包括S。

我们将用$R_{\wedge\vee}$代表（某类）局部属于（另类），而这等于（别类） 95
包括（某类）内一小类。这关系可顺可逆，即有对调性，所以I式辞说，有些S是P，可写为$S=R_{\wedge\vee}P$或$P=R_{\wedge\vee}S$。

我们将用$-P$和$-S$代表非P（P以外者）和非S（S以外者）。又将用$R_{\vee-}$代表（某类）属于（另类）以外者。这关系可顺可逆，即有对调性。所以E式辞说，没有S是P，可写为$S=R_{\vee}-P$或$P=R_{\vee}-S$。

我们将用$R_{\wedge\vee}-$代表（某类）局部属于（另类）以外者，或代表（某类）包括（另类）以外者之内的一小类。这样，O式辞说有些S不是P可写为$S=R_{\wedge\vee}-P$或$-P=R_{\wedge\vee}S$。全有全无律告诉我们，凡对于大类所可肯定或否定的、就可对丁该大类内各小类加以肯定或否定。就是说：

(1) 关系$R_{\vee}$与$R_{\wedge}$有传达性，因而$R_{\vee\vee}=R_{\vee}$，并且$R_{\wedge\wedge}=R_{\wedge}$。这表示，属于大类内的一小类＝属于该大类，并且包括小类所属的大类＝包括该小类。

(2) $R-_{\wedge}=R_{\vee}-$，表示（某类）不包含（另类）＝（某类）属于（另类）以外者

由此可推论出：$R-_{\vee}=R_{\wedge}-$，就是说在某类内一小类以外者包括某类自身以外者。

我们承认下列辞说为公理：Ⅰ. 全有全无定律，照方才所解释的；Ⅱ. 排中律，我们将把它解释为：在任何一物以外者之外者就是该物自身，或为$--M=M$；Ⅲ. 等值代替律，它的意思是说：凡对于一物发生任何关系者就对于该物等值物发生同样的关系。那就是说，如果 $M=R_2P$，又如果 $S=R_1M$，则 $S=R_1R_2P$。遵照上面所述关于符号上和原理上的合并的说明，我们很容易证明：亚里士多德式的三段论式是超级三段论式（或一般关系三段论式）的一些特殊格式；超级三段论式的形式如下：

$$\begin{array}{l} M=R_2P \\ \underline{S=R_1M} \\ \therefore S=R_1R_2P \\ \therefore S=R_3P \end{array}$$

96　举例说明如下：

中词第一位各式

AAA 式

$$\begin{array}{l} \text{一切 M 是 P} \\ \underline{\text{一切 S 是 M}} \\ \text{一切 S 是 P} \end{array} = \begin{array}{l} M=R_{\vee}P \\ \underline{S=R_{\vee}M} \\ S=R_{\vee\vee}P \\ S=R_{\vee}P \end{array}$$

EAE 式

$$\begin{array}{l} \text{没有 M 是 P} \\ \underline{\text{一切 S 是 M}} \\ \text{没有 S 是 P} \end{array} = \begin{array}{l} M=R_{\vee}-P \\ \underline{S=R_{\vee}M} \\ S=R_{\vee\vee}-P \\ S=R_{\vee}-P \end{array}$$

AII 式

$$\frac{\begin{array}{l}\text{一切 M 是 P}\\ \text{有些 S 是 M}\end{array}}{\text{有些 S 是 P}}=\frac{\begin{array}{l}M=R_{\vee}P\\ S=R_{\wedge\vee}M\end{array}}{S=R_{\wedge\vee\vee}P}$$
$$S=R_{\wedge\vee}P$$

EIO 式

$$\frac{\begin{array}{l}\text{没有 M 是 P}\\ \text{有些 S 是 M}\end{array}}{\text{有些 S 不是 P}}=\frac{\begin{array}{l}M=R_{\vee}-P\\ S=R_{\wedge\vee}M\end{array}}{S=R_{\wedge\vee\vee}-P}$$
$$S=R_{\wedge\vee}-P$$

中词第二位各式

EAE 式

$$\frac{\begin{array}{l}\text{没有 P 是 M}\\ \text{一切 S 是 M}\end{array}}{\text{没有 S 是 P}}=\frac{\begin{array}{l}M=R_{\vee}-P\\ S=R_{\vee}M\end{array}}{S=R_{\vee\vee}-P}$$
$$S=R_{\vee}-P$$

AEE 式

$$\frac{\begin{array}{l}\text{一切 P 是 M}\\ \text{没有 S 是 M}\end{array}}{\text{没有 S 是 P}}=\frac{\begin{array}{l}M=R_{\wedge}P\\ S=R_{\vee}-M\end{array}}{S=R_{\vee}-_{\wedge}P}$$
$$S=R_{\vee\vee}-P$$
$$S=R_{\vee}-P$$

EIO 式

$$\frac{\begin{array}{l}\text{没有 P 是 M}\\ \text{有些 S 是 M}\end{array}}{\text{有些 S 不是 M}}=\frac{\begin{array}{l}M=R_{\vee}-P\\ S=R_{\wedge\vee}M\end{array}}{S=R_{\wedge\vee\vee}-P}$$
$$S=R_{\wedge\vee}-P$$

AOO 式

97

$$\frac{\begin{array}{c}\text{一切 P 是 M}\\ \text{有些 S 不是 M}\end{array}}{\text{有些 S 不是 P}}=\frac{\begin{array}{l}M=R_{\wedge}P\\ S=R_{\wedge\vee}-M\end{array}}{\begin{array}{l}S=R_{\wedge\vee}-_{\wedge}P\\ S=R_{\wedge\vee\vee}-P\\ S=R_{\wedge\vee}-P\end{array}}$$

中词第三位各式

AAI 式

$$\frac{\begin{array}{c}\text{一切 M 是 P}\\ \text{一切 M 是 S}\end{array}}{\text{有些 S 是 P}}=\frac{\begin{array}{l}M=R_{\vee}P\\ S=R_{\wedge}M\end{array}}{S=R_{\wedge\vee}P}$$

AII 式

$$\frac{\begin{array}{c}\text{一切 M 是 P}\\ \text{有些 M 是 S}\end{array}}{\text{有些 S 是 P}}=\frac{\begin{array}{l}M=R_{\vee}P\\ S=R_{\wedge\vee}M\end{array}}{\begin{array}{l}S=R_{\wedge\vee\vee}P\\ S=R_{\wedge\vee}P\end{array}}$$

IAI 式

$$\frac{\begin{array}{c}\text{有些 M 是 P}\\ \text{一切 M 是 S}\end{array}}{\text{有些 S 是 P}}=\frac{\begin{array}{l}M=R_{\wedge\vee}P\\ S=R_{\wedge}M\end{array}}{\begin{array}{l}S=R_{\wedge\wedge\vee}P\\ S=R_{\wedge\vee}P\end{array}}$$

EAO 式

$$\frac{\begin{array}{c}\text{没有 M 是 P}\\ \text{一切 M 是 P}\end{array}}{\text{有些 S 不是 P}}=\frac{\begin{array}{l}M=R_{\vee}-P\\ S=R_{\wedge}M\end{array}}{S=R_{\wedge\vee}-P}$$

OAO 式

$$\frac{\begin{array}{c}\text{有些 M 不是 P}\\ \text{一切 M 是 S}\end{array}}{\text{有些 S 不是 P}}=\frac{\begin{array}{l}M=R_{\wedge\vee}-P\\ S=R_{\wedge}M\end{array}}{\begin{array}{l}S=R_{\wedge\wedge\vee}-P\\ S=R_{\wedge\vee}-P\end{array}}$$

EIO 式

$$\frac{\begin{array}{c}\text{没有 M 是 P}\\ \text{有些 M 是 S}\end{array}}{\text{有些 S 不是 P}}=\frac{\begin{array}{l}M=R_{\vee}-P\\ S=R_{\wedge\vee}M\end{array}}{\begin{array}{l}S=R_{\wedge\vee\vee}-P\\ S=R_{\wedge\vee}-P\end{array}}$$

中词第四位各式 98

AAI 式

$$\frac{\begin{array}{c}\text{一切 P 是 M}\\ \text{一切 M 是 S}\end{array}}{\text{有些 S 是 P}}=\frac{\begin{array}{l}M=R_{\wedge}P\\ S=R_{\wedge}M\end{array}}{\begin{array}{l}S=R_{\wedge\wedge}P\\ S=R_{\wedge}P\\ \vee S=P\end{array}}$$

AEE 式

$$\frac{\begin{array}{c}\text{一切 P 是 M}\\ \text{没有 M 是 S}\end{array}}{\text{没有 S 是 P}}=\frac{\begin{array}{l}M=R_{\wedge}P\\ S=R_{\vee}-M\end{array}}{\begin{array}{l}S=R_{\vee}-_{\wedge}P\\ S=R_{\vee\vee}-P\\ S=R_{\vee}-P\end{array}}$$

IAI 式

$$\frac{\begin{array}{c}\text{有些 P 是 M}\\ \text{一切 M 是 S}\end{array}}{\text{有些 S 是 P}}=\frac{\begin{array}{l}M=R_{\wedge\vee}P\\ S=R_{\wedge}M\end{array}}{\begin{array}{l}S=R_{\wedge\wedge\vee}P\\ S=R_{\wedge\vee}P\end{array}}$$

EAO 式

$$\frac{\begin{array}{c}\text{没有 P 是 M}\\ \text{一切 M 是 S}\end{array}}{\text{有些 S 不是 P}}=\frac{\begin{array}{l}M=R_{\vee}-P\\ S=R_{\wedge}M\end{array}}{S=R_{\wedge\vee}-P}$$

EIO 式

$$
\begin{array}{l} \text{没有 P 是 M} \\ \text{有些 M 是 S} \\ \hline \text{有些 S 不是 P} \end{array}
=
\begin{array}{l} M=R_{\vee}-P \\ S=R_{\wedge\vee}M \\ \hline S=R_{\wedge\vee\vee}-P \\ S=R_{\wedge\vee}-P \end{array}
$$

从上面的推演可以看出，亚里士多德式的三段论式的所有各式，处理全部包括与局部包括以及全部排外与局部排外的，都只是一般性关系逻辑的一个特殊格式；又可看出，既然这样，就可用我们的超级三段论式把各式表达出来，以便在知道任何两个类别个别对于第三个类别（或中词）的任何关系之后，就可推出该两类彼此之间的关系来。

一般性的形式逻辑只有一种，但是合并起来而有用处的关系有多少类型，则专门的形式逻辑就有多少种。人们在经验里发现亚里
99 士多德式的三段论式的种种规则，以便合并一种特别式样的关系。为了合并任何其他式样的关系，我们需要发现一些类似的规则。

附录二

论归纳的性质[①]。

任何一个辞说可以得到两种证明。我们可以提出种种直接意涵它的前提；或可提出种种间接意涵它的前提，因为这些前提意涵着这辞说的矛盾式是不能成立的。在归纳推理里，我们把经验所供给的种种偏谓辞说提出来做前提，以证明全谓辞说。形式逻辑

---

①　此文曾在 1905 年在剑桥召开的美国哲学联合会年会上宣读过。原载《哲学与心理学杂志》第三卷，第十一期，蒙该刊编辑同意转载于此。

告诉我们，偏谓辞说的价值在于它能证明那跟它发生矛盾关系的全谓辞说不能成立，而不在于它能证明那跟它发生上差关系的全谓辞说可以成立。我们自然而然地会认为，若把经验作为关于种种个体的知识来讲，则其在供给证据方面的功用是对于一些全谓辞说加以反驳，而不是对于一些全谓辞说加以证明；又自然而然地会认为，如果一个全谓结论要以经验为据而得到证明，则这种证明一定建立在驳倒或淘汰这结论以外各种可能这个基础上。我在这里所拟指出的是：归纳法在事实上就是也总是这样的一种间接推论，并且既然这样我们就可用一个具有否定式小前提的选言推论把它表达出来。

把归纳法看作一种淘汰的手续，这当然不是什么新颖的事。穆勒的各归纳法之所以有效，乃是因为它们虽未明文提出却包含了淘汰的原则在里面。在近代逻辑学家中姑且举霍布豪斯与艾金斯二人为例，他们明确地承认了这个原则，并按这个观点去处理归纳法的种种问题；霍布豪斯尤其这样。但是据我所知，还没有任何人曾经企图把归纳法在它的一切方面都跟通称为“引申荒谬涵义法”的那种间接推论等同起来；我觉得有两种理由使这种企图值得
·试。第一，因为从这个观点看来，各种归纳方法不会显得是一堆 100
彼此不相连的原则，而是一个有机体系或系统；整个系统对于每个归纳问题都是适用的；在这个系统内，每一原则有它自己的作用与优点，从而对于列在它以前各原则的种种缺点有所弥补。第二，因为这种把归纳看作间接推论的说法，对于怎样从个体得到共相的一般性问题，有着新的启发。

我认为现在仍然流行的归纳学说具有种种困难；且让我们首

先把这些困难的一部分研究一下，当作我们对这个问题提出积极性讨论以前的引论。作为一种直接推论来讲，归纳可分为两种：完全的与不完全的。在完全归纳法里，我们这样进行推论：既然这些A是B，又既然这些A是所有的A，所以一切A都是B。显而易见，所谓完全归纳法只在一种条件下才是可能的；这种条件是：构成这个类别的个体，其总数是有限的。这样，我们用这种方法能证明一年的所有月份都没有三十二天，或能证明园子里所有的花都是香的；但不能证明一切物体都有引力，或一切人都是寿命有限的。后面两句辞说是真正的全谓辞说，它们所涉及的类别包括无穷数的分子，而经验所接触到的绝不能超过分子总数的极小一部分。人们有时把不完全归纳法看作完全归纳法的退化方式；在这种方法里，我们根据一个类别之微乎其微的一部分在人们的观察里呈现了某种属性这一点，就大胆地断定整个类别具有那种属性。归纳方法或法则就是这样的原则，它们告诉我们在什么时候可以和在什么时候不可以从事这种在归纳上的跳跃。

有一种情况，特别有可能使我们怀疑把归纳法当作完全归纳法退化方式的办法根本上有毛病。在这种方法里，被观察到的正面例子实际上有多少，以及这个数目跟总数的比例有多大，这都跟归纳所具有的有效程度丝毫无关。一方面，完全归纳法在本质上是数量性的，它所要依靠的，正如它在事实上所依靠了的，是对于
101 某一类别的所有分子进行观察。在另一方面，那指导我们怎样进行所谓不完全归纳法的种种法则在本质上是性质性的，而并非不足够的数量性，如我们所可能设想的那样。这就是说，比方要为一切物体有引力这个归纳性概括来寻找证据，我们的问题绝不是去

观察全部所有的，或刚刚过半数的，甚至为数不太多的物质东西。我们在我们所能控制的几个例子里，设法通过差异法，尤其通过契合法，把物体里一切可能产生引力的特征逐一加以淘汰，而只剩下广度与惯性这两个特征；并且以这番淘汰过程为根据，毫不怀疑地做出结论，说一件物质东西，仅仅因为它是物质东西，就有引力（因而一切物质东西都会有引力）。

我们知道，一方面是完全归纳法这种所谓基本典型三段式所表现的归纳理论，一方面是穆勒各种法则所表现的归纳实践，二者之间是有矛盾的。我们既已简略地研究了这种矛盾，现在就可以来看看怎样一旦把归纳当作在本质上属于，并且完完全全属于间接类型的推论，则这种矛盾就可以消除了。

每个归纳问题间接地涉及关于因果关系的断定，而通常的归纳问题直接地涉及这种断定。有了一种现象发生，我们为了某种理由对它感兴趣；我们即刻在它的各前件与各后件之中去寻找种种跟它发生因果关系的现象。因果关系可界说为在两种现象之间普遍无例外的一起出现、一起不出现、一起变化；那么我们必得把下列两条当作一切归纳法的基本假设：(1)每一事迹有一前件和一后件，并跟二者发生因果关系或普遍地发生关系；(2)我们借助于现有知觉和过去知识，就能把这些可能的因果关系举列出来。且令 M 代表一种现象，其因果关系是我们所要发现的，又令 A 代表一种前件现象或后件现象，而它根据我们的猜想或暂时假设跟 M 有因果关系，并且在事实上也果然有这种关系。于是我们可把 M 对 A 的种种可能因果关系分为五类。这个分类可用或称辞说的形式简略地表达出来，而这个辞说就是典型归纳三段式的大前提。

这样，我们就能够说：

M的原因或效果或者是（1）我们以X来代表的一种现象，而
102 它对于A只有偶然或暂时的关系；或者是（2）我们以B、C或D来代表的一种现象，而它跟A经常地，却不是不可分割地联在一起；或者是（3）我们以AB，AC，或AD来代表的一种复杂现象，而A是它里面不可缺少的一部分；或者是（4）我们以a来代表的一种现象，而它是A的一个方面、一个阶段或一种程度；或者是（5）A自身。简单枚举、差异、契合、共变这四种归纳方法把经验所供给的各种类型的偏谓否定辞说表达出来；这样，这些辞说就是归纳三段式里的复杂小前提，并且其作用在于把大前提内所举列的各种相反可能逐一加以否认或逐一加以淘汰而只保留下来一种。而结论当然是对于唯一未被淘汰的可能加以无条件的肯定。现在我将企图指出这些归纳方法之中的每一种怎样特别适宜于淘汰这些相反可能中的某一种，并指出这种淘汰作用是这些方法所能做到的并确实做到了的唯一作用。那么，首先为了淘汰A和M的仅仅偶然有关这种可能性，我们使用简单枚举法。我们注意M跟A一起出现的频率；我们又估计二者若完全不相干则会有多大的频率；然后把这两种频率比较一下。如果前一种频率远远超过后一种，则我们可以认为现象的一起出现并非仅仅偶然的。至于为了淘汰偶然有关这一假设到底需要**多少次**的观察，这严格要看有关事件各别独立发生的或然量相乘起来有多大的积。

既已用简单枚举法把偶然有关这个假设淘汰了，我们接着使用差异法以淘汰这种可能：即跟M发生因果关系的不是A，而是跟A经常连在一起的一些前件与后件。比方说，我们发现一些例

子，而在这些例子里，当 M 不出现时，B、C、D 同时出现或陆续出现。这些观察的结果可以用偏谓否定辞说的形式表示如下：一些有 B、C、D 出现的例子不是有 M 出现的例子。而这就意味着我们已淘汰了下面这句表示因果关系的全谓肯定辞说：凡有 B、C 或 D 出现的例子都是有 M 出现的例子。

现在假定在 M 不出现时也未看见现象 A 的出现，因而 A 未被淘汰。那么就必得应用契合法以决定 M 跟 AB、AC 或 AD 这样 103
的现象（而 A 只是这现象的一部分）是否不发生因果关系；这是因为差异法的弱点在于它只能证明 A 至少是 M 的原因或效果之一部分，而不能证明 A 是这个原因或效果的全部分。我们通过契合法观察到：B、C、D 在 M 和 A 二者都出现时可以同时不出现，或陆续的不出现。这又把 B、C、D 淘汰了，但这同时也淘汰了这种可能：A 需要跟 B、C、D 联合在一起才能跟 M 发生因果关系。

我们现在已经证明：M 或者跟 A 发生因果关系，或者跟 A 的一个方面（我们称之为 a）发生因果关系。为了淘汰这第四种可能，我们使用归纳法则中最后而且最有力的一个法则，即使用共变法。如果我们发现 M 与 A 完全彼此相连地发生变化，则我们知道 A 的每一方面或程度，而不是 a 这种样子的某一特别方面，都跟 M 的每一方面或程度发生因果关系。如果我们相反地发现 A 并不依照任何方式跟着 M 一起变化，则我们就证明了 M 的真正原因或效果是 a 而不是 A 自身。或者在另一情况下，如果我们发现 M 不直接跟着 A 一起变化，而跟着 A 的某一作用一起变化，则我们就可以得到这个结论：M 的原因或效果是有 a 出现时的 A。

这样说来，归纳三段式里的全谓肯定结论，在任何情况下，都是一种陆续淘汰过程的结果:在或称式大前提里作为假设而被提出的各不同全谓辞说,通过经验所供给种种偏谓否定辞说的作用,陆续被淘汰而只剩下了一个。如我们所已看到的,归纳法中的每一种都适宜于淘汰各相反可能中的某一种。

对于尚未被提到的两种方法,剩余法与契合差异兼用法,我们现在要说几句话。剩余法明明确确也是一种淘汰法;但是它几乎不够资格跟其他方法列在一起;这是因为只有当各前件与后件是物质数量或能力数量时,它才是适用的;这是因为在任何其他情况下,我们都不能应用这样一个因果观,说原因的力量在产生某一效
104 果时就用尽无余了。至于契合差异兼用法竟然在普通教本内仍被人们提起、这个事实恰好说明:(1)逻辑学家对于归纳法的纯粹淘汰性质还没加以承认,以及(2)不加以承认就会有什么结果。这种方法要我们对于那些关于现象及其假定原因的同时不出现,收集尽量多的不同实例,以做契合法的补充。我们知道,我们很容易证明:现象及其原因同时都不出现的例子,就它们自身来讲,对于证明因果关系完全没有价值。如果我们在研究保护关税是否是国家繁荣的原因这个问题时,我们不会把爱克斯光的产生或十四行诗体的结构举出来作证据,可是这些乃是保护关税和国家繁荣同时都未出现的不同例子,从而完全符合契合差异兼用法里那些已由穆勒加以规定的、杰文斯加以符号化的条件。在这样一种研究中,我们所实在要寻求的总是这样的例子:在其中,不是仅仅假定原因没有出现,而是假定原因以外的其他可能原因已经出现,但效果并不出现,因而这些以外的可能原因被淘汰了。在通常用符号表示出来的差异法里,是通过单独一对例子来做到这一层的;在这对例

子里，对于A、B、C之后有M出现的情况和B、C之后没有M出现的情况进行了比较。但是通过个别零星例子，或通过一连串的例子，同样可以做到这一层，只要第一例内单单有B，第二例内有C，第三例内有D，如此等等，而各例内都不见有M出现。那么，所谓契合差异兼用法，照正确的解释来讲，并不是旁的而只是把这两种方法联合起来应用，即把每一种方法陆续应用于多个不同的例子，而不把二者同时应用于单独一对例子。既然这样，它就不够资格作为一种独立的法则了。

在本文的开始，我已说过，我认为若把归纳法跟间接类型的推论或“引申荒谬涵义法”等同起来则有两种好处：(1)各归纳法被统一起来了；(2)把从个体得到共相的一般性问题放在一种新的观点下。对于第一种好处，我已把我所想得到的话都说出来了；在结束本文之前，我愿意再对于第二种好处加以说明。

105

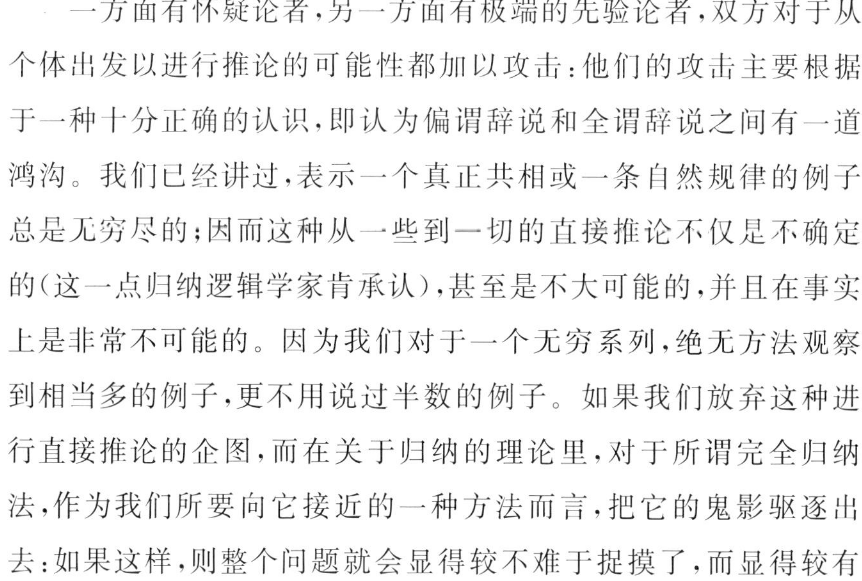

一方面有怀疑论者，另一方面有极端的先验论者，双方对于从个体出发以进行推论的可能性都加以攻击：他们的攻击主要根据于一种十分正确的认识，即认为偏谓辞说和全谓辞说之间有一道鸿沟。我们已经讲过，表示一个真正共相或一条自然规律的例子总是无穷尽的；因而这种从一些到一切的直接推论不仅是不确定的（这一点归纳逻辑学家肯承认），甚至是不大可能的，并且在事实上是非常不可能的。因为我们对于一个无穷系列，绝无方法观察到相当多的例子，更不用说过半数的例子。如果我们放弃这种进行直接推论的企图，而在关于归纳的理论里，对于所谓完全归纳法，作为我们所要向它接近的一种方法而言，把它的鬼影驱逐出去：如果这样，则整个问题就会显得较不难于捉摸了，而显得较有希望被澄清了。因为经验上的证据，表现于种种偏谓辞说的形式的，对于直接证明上差辞说是毫无价值的；但这个证据完全能够推翻矛盾辞说，从而把一种假设，作为未被淘汰而最适宜于成立的假设，间接地树立起来。当然这不是说：由于我们对这个问题仅仅放弃外延看法而采取内涵看法，我们对于那些从经验里得来的概括，就把它们的不确定性消除了。而这只是说：从我们的观点看来，我们可以更清楚地看出为什么在测定任何归纳结论的或然性时，我们所根据的乃是原先的可能不同结论有多少个，以及把这些结论分开、列出、淘汰的工作容易到什么程度，而不是被观察到的实例有多少个。

第四章　理性论与经验论的各种方法(续) 106

共相在本体论里的身份以及全谓必然辞说在宇宙论上的意义。

理性论与经验论之间的争辩,其涉及主观方面的地方自然分为两部分:(一)关于普遍概念在心理上怎样发生的问题,以及(二)关于全谓必然判断,尤其关于那些必然的、自明的、有别于仅仅偶然性的全谓必然判断,在逻辑上怎样发生效力的问题。对于每一个问题的说法,在事实上有三种可辨别得清楚的类型:(1)极端经验论,认为普遍概念可还原为个别知觉,必然判断可还原为偶然判断;(2)极端理性论,认为个别的与偶然的东西可还原为普遍的与必然的东西;(3)二元论或折中说,即我们在大体上已为之辩护的主张,它认为共相和个体这两种,以及必然性和(至少据我们现在所知)偶然性这两种都真正地出现在经验里。争辩所涉及客观方面的地方,本章所要讨论的,可以同样地分为:(一)关于共相在本体论里身份的问题;以及(二)关于全谓必然辞说在宇宙论上意义的问题。而对于每个问题的解决办法也有上述的三个类型。(1)极端的经验论者主张,我们这个世界完全是个体所构成的,而一切规律与关系都可还原为偶然辞 107

说。(2)极端的理性论者提出相反的主张，认为个体不是旁的而只是共相的集合体，而一切规律与关系(在理论上)可还原为必然的、自明的辞说。(3)主张折中说或二元论者承认个体与共相这两种以及必然性自然规律和偶然性自然规律这两种都是实在的。

我们将先研究共相在本体上身份的问题，并企图建立下列这些结论：

(1)共相为个别物体和个别事件的属性，但共相的潜存先于且不依靠于事件的实存。(2)共相的这种独立潜存并不意味着：共相必得在时间上和空间内跟个体一起存在。(3)这也不意味着：共相仅仅是作为思想而存在心灵内的。(4)共相的集合体自身不足以构成一件个别的存在物体。

第一节　共相在本体论里的身份

1. 共相具有独立的、客观的潜存。共相在逻辑上是先于个体的，因为性质和位置各别构成个体的所含与所指，而在性质和位置所组成的集合里，共相是一个因素或部分；而各部分总先于它们所构成的整体。我们在描述桌子一类的个别物体时，说它具有硬度、光滑性、圆形等等。这些属性若不早在那儿等待被物体所具有，那桌子怎能具有它们呢？使用经院学派哲学家的术语，我们可以说一种物体的存在预先假定有了该物体的性质或“本素”;或者可说一件物体的实有性预先假定有了该物的可能性。有这一层可做佐证:我们能够提出某一物体是否存在的问题。当着一个人询问,“在我挖井的地点下面有没有泉水呢?”,没有人会指责他是在询问一个没有意义的问题。这点不仅是有意义 108 的,而且是有重要意义的。如果对这个问题的正面答案可以成立,这意味着“泉水”这个名词所含的一堆属性在挖井地点的下面已经得到了实现或找到了例证。如果反面的答案可以成立,这就意味着这些属性在地下的那一部分还未得到实现或还未找到例证。这样说来,不管对这个问题的哪一种答案可以成立,问题的意义就意涵了或预先假定了这番认识:所指的一堆属性,就其自身并对其自身来讲,在本体论里具有**潜存**的身份。简言之,任何一件可被讨论的对象都是一件**某种东西**(仅仅可能的东西是可被讨论的),因而一件仅仅可能的东西是一件**某种东西**,即是一件潜存的东西。

2. **共相自身是不存在的**。人们关于柏拉图的这种学说有着一种误会,我们要当心预防。不管个体做了或没有做共相的实例,共相的潜存跟个体并不相干;我们却绝不能认为这就等于说:共相是作为另外一种样子的个体而存在的。我们必不能认为空间充满着种种抽象的属性和种种不附于物体的本素或可能,而这些是像鬼怪一样,在四处隐匿着,我们看不见它们,但也许对于超人类的存在者或对于脱离了身体的人类灵魂,它们是可作为个体而被认识的。人们对于柏拉图的学说之所以会有这种误会,一部分要由柏拉图自己负责;这是因为他热心于强调共相的独立性,因而有时用了一些比喻，而照字面来讲这些比喻就使得共相变为一种新的个体。[①]

我们可把个体和共相之间的关系比作旋涡和周围水流之间的
109 关系。每个旋涡被水所围，但不是每一堆水围着一个旋涡。所以每件个体是共相的例证，虽然绝不是每个共相都在一种个体内得到了例证。确实在时空里存在着的东西，对于全部可设想的东西来讲，犹如一堆小岛对于它们所露出于其上的汪洋大海一样。比人类较低的各种动物，其心灵活动不能超过像区区小岛一样的实有**存在**界。用理智的眼光去默想与欣赏那像汪洋大海一样的理想**潜存**界，则只有人类才能做得到。

3. **共相不是主观性的**。我们已经知道，不应当把共相的独立存在误解为共相是作为一种新的个体而存在的。但是我们也同样地要防备一种相反的误解，把共相当作纯主观的状态，认为它依靠心灵而存在，离开心灵就不能有任何意义或实有性。我们已经提过，共相作为形成个体的部分或构成因素来讲，在逻辑上先于共相所形成的整体，而把共相放在心灵里面就怎样也无法解释共相在

---

① 亚里士多德对于柏拉图学说的种种批评，其中之一就建立在这种误会之上。他宣称如果在属于一个类别的各别分子之外，比方说在属于人类的许许多多个人之外，我们照柏拉图的样子假定还有一个抽象的、普遍的“人”，那么，我们就不能避免下面这个问题：具体的人们和这个抽象而普遍的“人”具有哪些共同的属性呢？他说：为了回答这个问题，我们就要假定有着第三种人类，一种更为抽象的“万物之灵”，并且构成他的因素限于个别人们和普遍“人”二者所共同具有的种种属性。

但是这等于问：“动物”和“黑色动物”之间，或 A 和 AB 之间，有什么共同的地方。对问题的回答并不是什么第三种东西，如 X 之类，而就是 A 自身。个体并不是一种跟共相分开的东西，而仅仅是在时空中跟一个指定位置**合在一起**或从之得到**例证**的共相而已。任何一个 AB 都是 A 的例子，虽然不是每一个 A 都是 AB 的例子；我们用柏拉图的术语就可以说：恰恰一样，每件个体“参加”到共相里去，但不能反过来说，每个共相参加到一件个别的存在者里面去。

逻辑上的这种先在性。事物的各方面不是心灵所创造的,而是心灵通过抽象或辨别力所发现的。呈现于个别物体内的普遍性质是无法被设想的,除非这种性质早在那儿等待人们去设想它。如果共相只在心灵里才是真实的,则个别物体就不能是共相所构成的,或者共相就不能作为属性而为个别物体所具有,而个别物体就会跟共相分开地存在着。但是这是不可思议的。如果圆形这种属性仅是主观的,则圆形物体无法是客观实在的东西。若要替共相在性质上为主观的或心灵的这种说法找理由,则唯一的途径就是把包含共相的实存个体也认为是主观性的,就是把任何被知觉的东西都认为只在知觉者的心灵中才是实在的。照着同样的推理方式,我们可以得到这个论断:我们无法把事物的种种普遍属性看作是仅仅作为一个绝对心灵里或神圣心灵里的状态才存在的,除非我们甘愿承认种种个别物体只在神圣心灵里才是实在的。总之,那些普遍而抽象的东西,柏拉图称之为“理念”的东西,跟物体的种种内涵方面是完全一样地客观的;我们关于“理念”的 110
知识就是通过对于这些内涵方面的集中注意而得来的;并且虽然没有一个共相以整体的方式存在于空间或时间之内,可是共相能够在时空里交切,而这些交切点就是存在界里那些充满属性的个体。

4. **共相不足以构成实有个体的整个存在**。理想境界既充满又超过个别存在境界,柏拉图式的理性论者有权利相信理想界具有客观的实在性;至今为止,我们一直在替这种权利辩护。现在产生这样一个问题:我们能够再进一步,来把具体存在界自身当作这个理想界的一部分吗?极端的理性论者对这个问题会作出正面的

回答。他会要我们把一件个别物体，如一匹马，看作**不是旁的而仅仅是**一堆共相的集合。

位置上的时间因素与空间因素被我们认为是那使类别里的个别分子跟类别概念有所区别的东西；极端的理性论者却把这些因素当作另外一些共相。极端的经验论者不满足于肯定个体的实在性，并且进而肯定：我们所谓的共相本身并不是旁的而只是个体，只是名称或字眼而已；恰恰一样，极端的理性论者肯定共相不仅是实在的，而且肯定共相是唯一的实在以及个体不是旁的而只是一堆共相的集合。柏拉图自己远不主张这种看法。他相信：我们在其中生活的个别物体界不仅预先假定有种种共相或抽象属性，而且预先假定有一种力量或意志使共相在时间空间可得到例证。那使个体跟共相有所不同的另外东西就是在时间空间内的位置。既然凡在时间空间内占有位置的东西都有发生变化与互相作用的能力，所以我们可以把个体境界界说成为一个变化的、动力的系统，而这个系统跟种种不变理想与永恒真理这个广大无边的、包罗万象的境界迥然有别。换句话来说，存在不是这样一种新的**属性**，把它加到一个可能对象的种种其他属性上去就可使那对象变为实在的东西。相反，存在是一种**关系**，表示一件东西对于全部其他东西
111 的相互作用或时空联系。一块实在的现洋并不具有不见于一块仅仅可能现洋或理想现洋里的任何属性。二者之间的差异在关系上或在外在性上，而不在性质上或在内在性上。实在的现洋可以用来还清我的债务，或可以在我的口袋内磨破一个洞。想象中的现洋，不管在我心中或旁人心中有着多么鲜明的形象，却做不到这两

件事情中的任何一件。此外,实在的现洋在每一瞬刻都占有空间的某一特别部分,而仅仅理想的现洋根本就不在空间之内,说它不存在即等于说它不在任何地方。当我们做梦醒了或把小说看完了时,我们认为梦里或小说里的事物与情节是不存在的;这并不仅仅因为或主要因为梦与小说有着任何内部不一致处或任何荒唐的地方,而是因为我们无法把它们配合到清醒时那较大的经验体系的时间与空间里去。我们通过对于物体内在性质的研究绝不能知道该物果真存在与否。一个错觉或幻想也许在它自身跟任何真实知觉是一样客观的,我们只有把它对于在它以外各物的种种关系断定一下,才能知道它跟全部其他东西是否交相作用,因而在时空系统内是否占有一个真正的位置。仅仅理想性的对象被人们称为主观的或心灵的东西,因为这种对象只能对于想到它的那个人的心灵发生作用。但确实存在的物体不仅影响那在意识着它的心灵,而且也影响一切其他东西。极端的理性论者认为可把个体还原为共相,把现实的东西还原为理想的东西,对于这种说法我们必得加以否认。

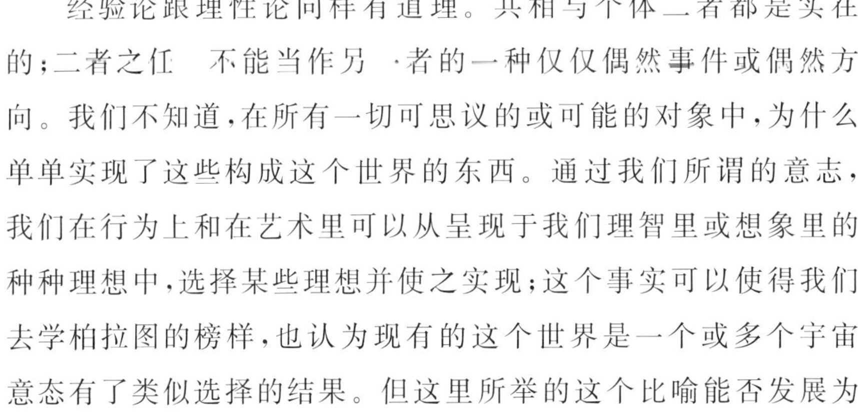

经验论跟理性论同样有道理。共相与个体二者都是实在的;二者之任 不能当作另 ·者的一种仅仅偶然事件或偶然方向。我们不知道,在所有一切可思议的或可能的对象中,为什么单单实现了这些构成这个世界的东西。通过我们所谓的意志,我们在行为上和在艺术里可以从呈现于我们理智里或想象里的种种理想中,选择某些理想并使之实现;这个事实可以使得我们去学柏拉图的榜样,也认为现有的这个世界是一个或多个宇宙意态有了类似选择的结果。但这里所举的这个比喻能否发展为 112

一个有任何价值的假设,这至少在目前是我们所不得不搁置而不加以讨论的。

第二节 全谓必然辞说在宇宙论上的意义

自然规律究竟是必然的,还是偶然的呢?

在上章的末了,我们已指出过:事物间的种种联系,如表示于种种辞说中的,似乎可分为两类:(a)必然的或不可避免的联系,它们是自明的,而我们甚至不能把它们想象为假的;以及(b)偶然的或仅仅在事实上的联系,而我们很容易把它们想象为假的。表面上明显的偶然辞说表示于这类的辞说,如"有些方形的东西是红色的"、"一切物质东西都有引力"、"我们对于某种颜色或声音的知觉是在以太里或空气里某种数量的振动所产生的"、"圆形尚未能被化为方形"。表面上明显的必然关系表示于这类的辞说,如"7+5=12"、"平面三角形的各角加起来等于两个直角"、"黑是跟白相反的颜色"、"如果人们住在地球的那面,则他们会落下去"。我们又指出过,必然辞说,我们所无法把它设想为假的,乃从下面这个事实得到它们的必然性:就是各端间的关系直接依靠或间接依靠各端所涵种种属性的内在性质,而不依靠任何跟各端相合或相连的东西。我们另外又注意到,在表面显得有必然性,有时是靠不住的(例如关于人们似乎不可能住在地球那面的例子);因而对于明显必然的辞说,只有当我们能证明我们如果假定它们不成立就会引起自相矛盾的时候,我们才能确实证明它们真正地有了必然性。可是经验论者认为,一切关系都真正属于偶然类型,认为必然性仅仅是一

种主观的感觉，并且认为许多明显必然的辞说，例如人们似乎不可能住在地球那面这一辞说，在得到较多的知识之后，变为不但缺少 113
必然性，而且在事实上都不成立了。理性论者相反地倾向于相信：种种显得是仅仅偶然的辞说其实是必然的，并且随着我们知识的增加，这种必然性越加会显示出来。恰如经验论者举出地球那面无法住人的例子以说明必然性之虚妄无据一样，理性论者举出圆形有可能化为方形这种信仰为例以说明偶然性的虚妄无据，因为我们现在知道把圆形化为方形这个意思跟种种自明的数学规律是不能并立的。经验论者把这个世界想象为一堆毫无道理可讲的事实，它们仅仅碰巧是它们现在的样子，彼此照着某些方式共同存在着。他对于持有相反说法的人们的主张进行攻击，他的根据是：一切由种种貌似的必然辞说所构成的系统，充其量也没有对称性，或者也只有假设性与相对性。

理性论者不把宇宙想象为一堆毫无道理可讲的事实，而把它想象为一个内部互相联结的体系，其中一切因素所以有了它们现有的样子，又所以发生了现已发生的关系，都是根据于绝对必然性的。他并可照下列三种不同方式之一替他的学说进行辩护；我们将称这些方式为数学式的、目的论式的和辩证法式的。

在关于这番争论的叙述里，我们将对于三种不同类型的、在宇宙论上的理性论，逐一加以研究；又将对于经验论者所用以反驳的两种论证，即对那种认为任何形式的理性论都具有终极性的说法加以反驳的论证，逐一加以研究。最后我们将提一些意见，表示要对理性论和经验论的各种达到真理方法；怎样加以一般性的评价和调整。

1. 宇宙论上理性论的三个类型或方法

A. 数学式或毕达哥拉斯式的理性论

数学知识是我们所具有知识之中最完全的，它似乎呈现一种完全合乎理性论的性质或必然的性质。例如自然级数就是这样一个系统，其中的各项目在彼此之间呈现那样一种完全的互相依靠，
114 以致每一项目能够通过它对任何其他项目的关系而得到完全准确的断定。例如 $9=7+2=3\times3=15-6=\frac{45,000}{5,000}$。或用最概括的方式来讲：如果 m 和 n 代表级数里任何两个项目，而 f_r 代表某种类型的算学关系，那么，具有 $m=f_r(n)$ 形式的方程式总是可以成立的。

关于空间和时间的情况，跟对于数目的情况是一样的。空间的各不同部分是那样地彼此有关系，以致任何一部分可通过它对任何其他部分的关系而彼此表达出来，并且除非所有其他部分都已存在则任何一部分就不能存在。我无法设想整个的空间可以没有各部分而存在着；我若不预先假定整个的空间也就无法想到空间的各不同部分。我没有法子不承认：欧几里得式三维空间的全部是无穷数的立方英里所构成的。这些立方英里就是空间的部分。这些空间部分的总和就等于整个空间。但从另一方面讲，这也同样是真的：每一个立方英里，或空间的其他部分，必有它的位置，即是说，必在它所构成的那空间之某一地方。说它有一个位置就是承认有它就必先有整个空间。

时间与数目跟空间一样地属于必然体系，对于这一点我们有了下面的认识就可明白；这认识是：时间的每一段也在时间内有个

位置,因而有它就必先有整个的时间;并且每个数目在它的基数性或数量之外,还有它的顺序性或**位置**,根据前者它是数目体系里的一**部分**,根据后者它意涵整个数目体系是实在的。

我们知道,空间、时间、数目不仅对于我们种种理智机能的运用是几乎完全的材料,这三者也是事物界的最基本条件。一切的东西,从其具有空间性、时间性、数量性而言,就必得遵守这几种存在形式之合乎理性论的特征或逻辑上必然的特征。所以我们可以自然而然地这样认为:具体、较复杂的关系体系也具有较简单、较基本体系所具有的彻底合理性。我们在许多情况下不能发现这种 115
合理性,但这个事实并不证明它是没有的。数目与空间的各种不同性质,现在为人们所知道的,是数学家与几何学家经过长期劳动而发现的;但一旦被发现之后,人们就认识它们一向具有必然的性质或合乎理性论的性质。甚至在今天,数学体系的许多特征,其必然性还不明显。为什么素数照它们实有的分布发生,这还未得到解释;但是谁也不怀疑其中必定有一个道理,而这个道理一经确定以后,就会使素数的分布显得是必然的与合理的,像(比方说)10的先后各幂之分布一样。又如,我们上面已提过,人们从前以为圆形可化为方形;只是在把 $\pi=3.1416\cdots\cdots$ 这个超越数的性质完全明白之后,人们才发现"化圆为方"的意思跟数目的种种自明规律是不能并立的。"圆形尚未被化为方形",这句话在从前显得是一句仅仅偶然真理;现在它被下面这句必然真理所取代了:"圆形无法被化为方形"。甚至于"7+5=12"这一类必然真理的简单例子并不对于每个人都是必然地自明的。如果有一个年轻的儿童,已知道5、7、12、+、=的意义,而他的知识使他在具体经验中遇见这

些数字与关系时，能够把它们辨别清楚，则他也许仍然不明白为什么 7+5 必得等于 12。他也许根据他数学老师的权威而接受这个等式，也许把它当作一件毫无道理可讲的事实，如同纸张的白色一样。

理性论者现在这样申辩：有鉴于空间、数目这一类的基本存在形式具有完全的合理性，我们就有了充分的理由来相信：一切其他形式与关系呈现着同样的明晰性、必然性、统一性，如果我们的知识有了充分增长的话。试以颜色系列来做例子。我们在这里所能看出的合理性远不及在上述各种形式里所能看出的。我们无法把种种颜色当作其彼此之间的函数作用，如同我们能把数目这样看待一样。假定有了对于黑色的经验，我们无法预知将有绿色这样一种颜色。然而甚至在颜色系列里也有某些合理因素。黑色和白
116 色之间的对立关系跟+2 和−2 之间的关系是同样自明的和必要的。又如，红色通过一系列的粉红可以极其简单地一步一步连续变为白色；这些事实暗示这种可能性：对于比我们肉眼较为完善的眼睛，颜色系列所可能具有的逻辑统一性或连续性就会等于，或甚至大于声音系列所具有的。最后，理性论者可以抱着这种希望：在逻辑上互相依赖的种种关系也许不总限于单独一个体系或连续体里的各因素，而可以扩大到一种程度，表示不同连续体之间有着必然的联系。解析几何这门科学指出许多在空间与数目之间的这种关系，而爱因斯坦的相对论意味着时间和空间的互相依赖。

对于种种一般性的数量式关系以及性质式关系，如我们方才所已提及的那些，光证明它们具有必然的与自明的特征，还不能满足彻底的理性论者。他根据因果律指出：个别事件之间的同时存

在关系和先后出现关系为同样类型的必然性所支配。在任何时候或在任何地方发生的任何事情都是它自身以外的另一种东西所断定的;既然每种个别事件被看作一种因果律的特殊例子,种种因果律自身就被看作种种更加高级的或更加普遍的规律的特殊例子,要一直等到这些高低层次的因果律,据理性论者说,登峰造极于单独一个普遍原理或必然原理为止,而这个原理的真实是自明的和永恒的。例如有许多心理学家把心理过程当作生命过程的特殊类型,并希望把心理规律还原为生物规律;许多生物学家在他们那方面又企图以胶质化学来解释生命过程;而化学家自己对于把他们的种种规律还原为更加广泛的电力学规律也会表示欢迎。物理学里处处出现数学;它在热心的理性论者心中引起了这番信念:物理学内现在尚无法还原为较简单因素的常数,如关于引力和关于光速的种种常数,也许是几何原理,甚至数学原理所断定的。果真这样,则我们对于支配存在界的整个规律系统,可证明它是数学里种 117
种不存在的(或抽象的)永恒真理之必然后果或自明后果。

毕达哥拉斯派的哲学家好像为这类性质的某种理想所感动了,他们建立了最早的,并且也许最伟大的理性论学派。他们对他们的学说用了这个奇怪的说法表达出来:万事万物归根结底就是数目,数目是唯一实在的东西,并且万物之间的一切规律或关系可还原为数目关系。科学的迈步前进曾使这个大胆的臆测被证实到这种程度:即人们在许多情况下已成功地把物体种种不可再分析的不同属性,跟一系列可以互相度量的齐一数量联系起来了。例如辐射热能与光线,当只作为知觉属性看待时,它们是完全两样的;但在跟电磁振动的频率联系起来时,则得到一种代替性的齐一性

（同类性）。物体的种种固体形式与液体形式，对于知觉来讲，是不同的属性，其不同之处不可再还原为较简单的共同东西。分子在结构上只有空间上和数量上的差别，而这些形式在跟一堆分子联系起来之后，就同样地变为可互相度量的东西了。数量在有些形式下，如同魔术里的一根线一样，把经验里那些像许多珠子一样的不同属性串起来。但是项圈上的珠子仍是珠子，而种种属性，甚至在科学把它们跟种种体积形式与运动形式成功地联系在一起时，仍然保持它们的独特性。所以，毕达哥拉斯式理性论远远未得到证实。[①]

B. 目的论式或安瑟姆式的理性论

我们所谓目的论式的理性论把精神上的完善或良善这个原理当作万有的泉源；并认为一件东西，恰恰就其性质和存在可被证明是来自至善所具有的本质来讲，是在理智上可被理解的。这种类型的理性论，其最出名的发展是所谓关于上帝存在的本体论证。

118 这一论证是安瑟姆所创立的，可把它陈述如下：**我们可把上帝界说为一位具有一切可能完善的存在者。这样一位存在者是实有的还是仅仅理想的呢？是实有的，因为存在就是一种完善；一位不存在的神没有一位存在的神那样完善；一样东西因被实现而在善性上有了增加。相信上帝不存在就像相信方形是圆的，因为不存在的上帝是自身矛盾的词语；这词语所指的是这样一位存在者：一方面**

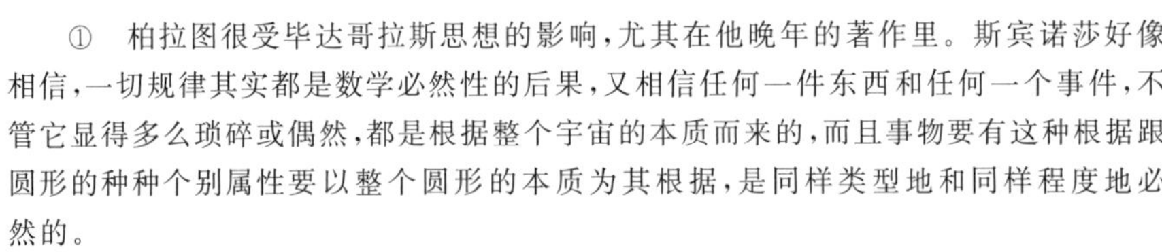

① 柏拉图很受毕达哥拉斯思想的影响，尤其在他晚年的著作里。斯宾诺莎好像相信，一切规律其实都是数学必然性的后果，又相信任何一件东西和任何一个事件，不管它显得多么琐碎或偶然，都是根据整个宇宙的本质而来的，而且事物要有这种根据跟圆形的种种个别属性要以整个圆形的本质为其根据，是同样类型地和同样程度地必然的。

(照定义)他是百分之百完善的,但同时(因不存在)又有不完善之处。所以,上帝存在,并且他的存在不需要经验上的任何证明;当我们用上帝这个名称时,我们心中有一个观念或一种意义,而从这个观念或意义的本质自身就可必然地推出他的存在来。这个论证的主要缺点已被康德发现了;就是我们所已提到过的那个错误,把存在仅仅当作一种另外的属性。肯定存在是一种完善的这个前提是不能成立的。一个存在的神并不比一个不存在的神具有较多的完善性。一个包括上帝在内的世界确实比一个不包括他在内的世界较为完善。但是存在是一件东西对于全部其他东西的一种关系。若要使得这个论证可以成立,就必得证明:(1)一个完善的存在者比一个不完善的存在者在较大程度上能跟全部其他存在者互相一致或同时可能;(2)这样的互相一致或同时不能即等于在时间空间里的存在。这两句含糊而深奥的辞说没有一句曾被谁证明了;目的论式的理性论者企图使用本体论证以消灭理想界与现实界的二元性,这二元性却依然存在如故。

C. 辩证法式或黑格尔式的理性论

理性论式的宇宙论,其第三种分明的类型是黑格尔所创立的。在黑格尔系统里占统治地位的概念是:思想的每个对象意涵有一个对立面作为对象自身之真正的、分不开的一方面。一件东西的真正本质总是三重的。首先是它所呈现的样子,其次是这样子的对立面,第三是头两面综合的结果。对立面具有同一性,这个原理 119
在黑格尔的前驱者(费希特与谢林)的手中已得到某种程度的发展。就关于道德行为的经验而言,这个原理显得最为言之成理似的,在这种经验里,至善不是天真无知,既不知罪恶是什么又没有做坏事的引诱，而是善心克服了做坏事的引诱。这样，在一种意义上，善好像跟它的对立面连在一起，并且只通过跟对立面连在一起才可体现它的真正意义。黑格尔把对立面相结合的原理称为“否定”原则。从种种简单概念可以发展出种种复杂的思想对象，方法是把两个对立的观念照一种方式合在一起，以得出第三个观念，既不同于二者又在意义上比二者丰富。黑格尔称这种方法为“辩证过程”。

黑格尔认为：以我们种种概念中最一般性的和最抽象的概念，即以纯有，为起点，辩证法可使我们得到一连串越来越具体的概念。首先，逻辑里的一切概念与规律会现出来；其次，关于物质的种种概念与规律会现出来；第三，人生和人类历史里的种种规律与理想会通过这种辩证过程而发展出来。仅仅是因为我们有限的心灵有着种种限制，所以我们不能把思想的创造工作进行到这样一个程度：即做到把我们周围种种个别物体和事件的存在都推演出来。在古今中外的理性论者之中，黑格尔既是最富有创造性的又是最为彻底的。他最富有创造性的地方在于：他认为万有都被一种似非而是的和自相矛盾的精神所推动，而这种看法使得他去发明一种新的逻辑，跟通常建立在一致原则上的逻辑针锋相对。他之所以是最彻底的理性论者，是因为他把他的否定原则和他的辩证过程应该在经验的每一部门，从而把哲学的所有部分合成为一个十分完整的体系。

黑格尔式理性论的主要弱点就是**否定**原则。在一个系列里，如在冷热系列、黑白系列里，只有那些处于尽头的项目，才有确定
120 的对立面。但是对于如温热、灰色、天空、纸张一类项目，就没有确定的对立面。企图把一样东西跟它的对立面合在一起而“先验”地产生或通过纯思以产生一个新的概念，这通常是徒劳无功的事。

当黑格尔显得好像成功地推演出了或演绎出了一个新的概念时，我们可以仿照詹姆斯的样子，疑心黑格尔其实是偷偷地从经验中取了这样一个对象或一种属性，而它跟两个对立面有些相像的地方，因而人们认为它来自这两个对立面的综合。如果我们以“有”与“无”的对立为例，则我们在“变化”或“变成”的过程中可以发现正面观念和反面观念的混合。(变成过程牵涉到从无变到有，从已经是变到尚未是。)但是除非我们对于我们所谓的变化有过经验，否则我们可以很稳当地说：我们即使把有与无两个观念合在一起，也绝不能在其中发现变化。辩证法式理性论的最后一个十分严重的困难在于它倾向于把思想过程同思想里各对象的种种过程混为一谈。我对于白色的思想引起我对于黑色的思想，我对于一个很好人的思想引起我对于一个很坏人的思想；但是我们根据对比来把观念联系起来的这些例子，对于下面这些客观方面的问题丝毫没有关系；这个问题是：做好人对于做坏人会牵涉到什么程度，或者有了白色对于有了黑色会牵涉到什么程度。

2. 宇宙论上经验论方面的两个特别论证

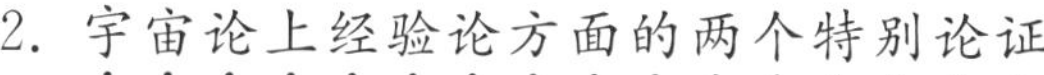

理性论认为万有是个大体系，其中的所有因素必然地联结在一起。经验论者反对这种一元论的倾向，而对于自然界采取多元论的看法；他认为，宇宙不是一个体系，而是种种不同的、独立的因素的堆积或集合。这些因素不是通过任何在因果上或逻辑上的内在必然性而彼此相连的。它们碰巧在彼此之间发生某些表示同时存在和先后发生的关系。去发现这些联系以及去描述这些因素并加以分类，就是科学的整个任务和唯一任务。经验论认为理性论甚至在它所看中的纯共相界里，都没有任何权利自称为一种终极的学说；并提出两个特别的论证来做理由；让我们现在来把这些论证研究一下。

121 **A. 以共相间种种关系的偶然性与不对称性为根据的经验论论证**

红与圆这两种属性是抽象的共相；但是在它们之间没有任何固定的或必然的意涵关系或排外关系，因为这两种属性中任何一种的出现绝不断定另一种一定会出现或一定不会出现。用数学的术语讲，它们是独立的变因，而任何辞说，表达它们在一件东西里面的同一或同时出现者，都是偶然性的。甚至在纯数量界里，都很容易找到一些例子，其中有独立的变因以及由之而生的偶然性关系。空间的三维就是这样的独立变因。一物的长度并不断定它的宽度，而长度和宽度合起来也并不断定它的深度。不同维上的什么价值会合在一起，这完全是偶然的事情，因为一个维上的任何价值可跟其他一个维上或同时跟其他两个维上的任何价值随便合在一起。经验论者最后这样辩驳：理性论者所提出而认为是必然的辞说，有许多(若不是大多数的话)是不能把主语和宾语的地位加以调动的，即没有对调性的。这就是说，关系的必然性只是单方向的必然性。例如两边相等三角形的各角加起来必然地等于两个直角，但是具有这一特征的图形却不必然地是两边相等的三角形；又如 3 的自乘积必然是奇数，可是奇数并不必然是 3 的自乘积。

我们要注意，这些反驳理性论的论证，其根据不是我们仅仅未能达到理性论的理想(这番失败很可能是由于我们现有的知识不够)，而是我们对于共相之间种种不同的、意义不明确的关系有了确实的知识；而这番知识明显地证明：并不是每个抽象属性对于任何其他一个抽象属性，至少在时间-空间联系这一层上，或在被一

件物体所固有这一层上,都发生了确定的或必然的关系。对于这个认为有多个独立变因的论证,理性论者甚至只求局部答辩也只有一条路可走:即在平常的分析逻辑之外加上一种综合逻辑,并把这种逻辑建立在某些创造性的原则上,例如黑格尔的“否定”原则,而这种原则可把种种在表面上彼此独立的共相显示为彼此之间的 122
互相作用。但一直到现在,这种企图还没有成功。

B. 以共相间种种关系的相对性或假设性为根据的经验论论证

经验论者认为,甚至那些显得有必然性的辞说都总是假设性的或相对性的;为了支持这个反驳理性论的论证,他首先提出:这些辞说,在它们被应用于存在界的时候,明显地并且直接地是假设性的;其次提出:就在它们未被应用于存在界的时候,也可被证明是间接地假设性的,因为它们的有效性取决于某些公设,而这些公设是我们所可自由假定或自由否认的。

没有任何判断,确确实实没有任何全谓判断,意涵它各端的存在。当我说:“所有三角形的各角加起来必然等于两个直角”,我的意思是说“如果有一个三角形存在,则它的各角加起来必然等于两个直角”。但是“所有三角形”,甚至任何一个三角形到底存在还是不存在,这可以是一个尚待解决的问题。既然存在总是偶然性的,所以经验论者要求我们承认一切所谓必然真理的相对性或假设性。

对于经验论者的这番争辩,我们可以承认它的积极方面,而不承认它的消极方面;也就是说,这是确定的:对于任一必然的真理,可用一句涉及存在的假定辞说把它表达出来;但是这同样是确定的:每一句这样的假定辞说,其真理来自一句涉及共相的肯定辞说或绝对辞说。除非三角形这个名词所含有的一堆共相包括着或意涵着跟两个直角相等这属性，否则我们绝不能说“如果有一个三角形存在，则它的各角加起来等于两个直角”。“如果 2 件东西加到 3 件东西上去则结果必为 5”，这句辞说预先假定了“2＋3＝5”这个命题。或一般地来说，任何必然的、具体的假定辞说，即具有“若 A 为 B 则 C 就为 D”这种形式的辞说，都意涵着一个必然的全谓肯定辞说，其形式如下：“A 和 B 之间的意涵关系意涵着 C 和 D 之间的
123 意涵关系”。简言之，存在是偶然性的，这个事实并不证明共相之间的种种必然关系是偶然性的。这个问题的主要意义在于人们所公认的这样主张：**数学不是关于存在的科学**。这就是说，作为一种关于必然真理的科学来讲，数学有一种长处，即它所具有的有效性跟它所涉及种种对象中任何一种的存在与否毫不相干；据同理，它同时有一种短处，即它关于存在界不能告诉我们任何肯定的或**正面**的东西。换言之，数学具有“出自特性的缺点”。它能告诉我们什么不存在，可是不能告诉我们什么存在。它能肯定地对我们说，世界上没有任何一个欧几里得式的、物质的圆形，其圆周跟它的直径是可以互相度量的；但是它不知道，也没有必要去知道，物质的圆形这样一件东西到底存在没有。

经验论者不满足于证明一切关于实存的必然辞说都是仅仅假设性的；他还要以同样的方式来证明一切关于潜存的辞说同样是假设性的。而且奇怪得很，他可以走到数学——必然性的堡垒——自身里去寻找材料，来支持他的说法。为了明白这一点，我们必得记住：今天的数学家跟以前的数学家对于公理的看法不相同了。早期的数学家把种种做几何基础或代数基础的原理看作自然界之客观真实的和自身明显的规律。近代的数学家倾向于“公

理为公设”的见解；倾向于认为公理不是存在界所必得遵循的最后真理，而只是数学游戏里的一些规则，因而认为它们像任何其他游戏里的规则一样，是游戏人员所制定的，任何时候游戏人员商量好了就可把它们宣布作废或加以修改。[①]

---

①　这个观点好像是下面这种样子发展出来的。欧几里得有一条公理，说通过指定一线以外的任何一点只能对该线画出一根平行线来；许多几何学家觉得这条公理可从欧几里得几何的其他公理推演出来。但是所有这样的企图都失败了；并且最后发现之所以失败的原因在于这样一个事实：可以不假定欧几里得的平行公理为真而建立两种完全内部一致的崭新几何学。新几何学中之一种(罗巴切夫斯基几何学)不要欧几里得关于单独一根平行线的公理！而代之以这样一个公理：通过指定一线以外的一点对该线可画出无穷数的平行线来。其中另一种(黎曼几何学)代之以这样一个公理：连一 124
根这样的平行线都画不出来。人们指责新几何学家是以怪僻议论来代替自明真理，因为我们所经验到的空间是欧几里得式的而不是罗巴切夫斯基式或黎曼式的；在被指责时，新几何家很客气地耸一耸肩头，并说作为数学家而言，他们的任务不是去发现实有事物的种种规律。他们要发展的是种种内部一致的公理系统，而这些公理是在逻辑上可从他们所选定的任何一堆假设演绎出来的。黎曼几何学，或罗巴切夫斯基几何学，或欧几里得几何学，**在数学上**到底哪种是“真的”，他们认为这是一个无意义的问题。至于这些理想空间之中到底哪一种跟我们所经验到的空间最相符合，这个问题确实具有意义；但是它远在数学(作为数学而言)所应当研究的范围之外。

要几何学以存在界为参照是一件跟几何学不相干而且有妨害的事。在几何学使自身摆脱这种参照的同时，代数学里，有了一种差不多类似的发展。我们拟在许多例子中取两个来说一下。在我们所熟悉的数目系统里，$a\times b=b\times a$，而 $a\times a=a^2$，式内的 a 与 b 可代表任一数目。但是汉密尔顿把上述公理中的第一条抛弃了，而代之以这个显然怪僻的式子：$a\times b=-b\times a$，从而发展出一个内部一致的定理系统，他称之为“四元数”系统。布尔以 $a\times a=a$ 这一辞说代替上述的第二条公理，从而发展出另外一个同样内部一致的，并被称为“逻辑代数”的系统。这是因为在一个这样产生出来的系统内，其各因素在有了种种方程式合在一起时所起的作用，碰巧跟形式逻辑里种种一般性的端与类，在有了种种辞说与三段论式合在一起时所起的作用完全一样。这两种新系统对于普遍代数学的关系犹如新几何学对于普通几何学的关系一样。如果认为毕达哥拉斯在代数学里所起的作用稍微有些像欧几里得在几何学里的作用，则我们可以按照我们把黎曼与罗巴切夫斯基的理想系统称为“非欧几里得几何学”之同样意义，来把汉密尔顿和布尔的理想系统称为“非毕达哥拉斯代数学”。

从这个观点看来，一切数学定理都变为假设性的或偶然性的了，意思是说，它们的有效性取决于此：我们接受了某些公设，而这些公设就其自身而言既不是真的也不是假的。对于经验论者要证明必然性为假设性的这第二种企图，理性论者所能提出的答辩是跟他对于第一种企图的答辩一样的。“如果某些辞说被选定为公理，则某些其他辞说，作为定理而言，必定可被推演出来”；这句假定辞说预先假定了这句肯定辞说：“在被讨论之列的种种公理，合在一起，必然地意涵或涉及种种有关的定理。”这是一条客观的真理，而它的有效性跟我们选择或不选择这些特别公理这个事实完全不相干。近代数学家似乎可以自由地**创造**种种代数系统和几何系统，如同一位艺术家画一张图画，或如一位戏剧家编一个剧本一样；但这种表面上的创造自由其实只是**选择**的自由。当数学家把
125 注意力集中在某些辞说关系上，并且看出了它们的种种含义时，他使他自己相信，他**制造**了一条新的真理。恰恰一样，当我们注意到知觉对象种种属性之一，并离开它在存在界的体现而对它自身加以思想时，我们倾向于认为我们**创造**了一个共相。但是我们绝不能看出一种属性，除非它早就在那里等待人们去看出它。黎曼与罗巴切夫斯基不能创造他们的非欧几里得几何学，犹如哥伦布不能创造美洲一样。共相界以及它所包含的多种意涵系统在任何意义上都不是武断的，或不确定的，或有伸缩性的。它们等待学者去发现它们，犹如地下的金子等待矿工去开采它一样。一切类型的几何学和一切类型的代数学都属于这种意涵系统；如果数学家愿意离开具体的实在界而走到较宽阔的抽象潜存界去探研，那让我们祝贺他大大成功。但当他把他的种种发现满载而归时，则让我

们不要巧言奉承,说这些是他的创造。真理从来不被创造;真理只被发现,一部分通过各感官,一部分通过理智。一句在被发现之前不是真的辞说再也不会因为被发现就变成真的。创造不是制造可能性,而是把它们落实。各种事实或各种实存的东西可以是被发现或被创造的,但是各种意义或各种潜存的东西只能被发现。尽管理性论者的这番答辩是有道理的,我们必得承认,新的数学虽然不能去掉必然性,它却的确证实了经验论者的这样一个信仰:即甚至在抽象共相的境界里也有多个独立的变因。种种不同的、彼此不一致的几何系统具有某些共同的公理,这个事实证明这些公理是彼此不相干的,或者不互相意涵的,即证明它们彼此间的关系是偶然性的而不是必然性的。换言之,一个数学系统里的必然性是(好比说)垂直式的而不是水平式的。在整个一堆公理和由之推演出来的种种定理之间,是有必然性的;在各条公理自身之间,甚至在任何一条公理和从整堆公理所推演出的定理之间,则没有必然

性。一条公理不能意涵一条定理,犹如一个大类不能意涵它里面 126
各小类中的任一指定小类一样,或如一堆共相不能担保它们在具有时间性的存在界里可得到例证一样。

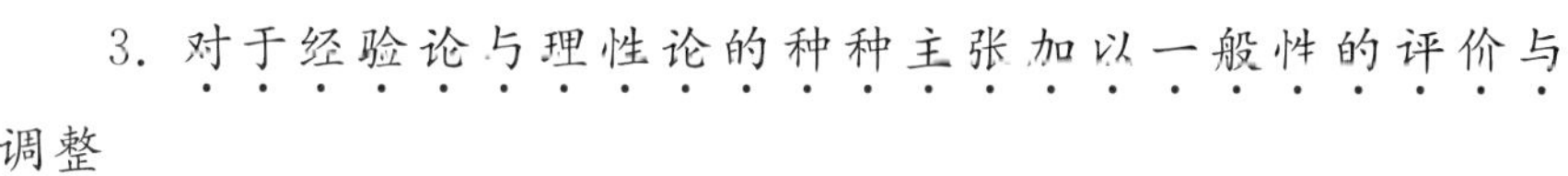

3. 对于经验论与理性论的种种主张加以一般性的评价与调整

我们对于理性论者与经验论者之间的争辩,在前章和本章里曾把它涉及主观方面和客观方面的地方,分别讨论过了。关于主观方面的或心理学上的问题,我们看出了:普遍概念以及表达概念之间各种关系的必然辞说,真正跟各别知觉以及把知觉联系起来的偶然辞说一样呈现在经验中。关于客观方面的或本体论上的问

题，我们看出了：共相以及共相之间的必然关系具有客观的实在性，而这种实在性跟理解它们的心灵，以及跟那些为它们的例证之特别场合都毫不相干。这两种实在界之间的关系可用这样一句话来表示：共相所构成的理想系统对于个体所组成的存在系统而言，既是内在的又是超越的。理性论者肯定，每一件个体包含着并预先假定了种种共相；又肯定，每一句偶然辞说包含着并预先假定了种种必然辞说；在这两重肯定上他是对的。但是经验论者的两重否认也是对的：他否认个体可完全还原为共相，他又否认偶然辞说可以完全还原为必然辞说。我们可把这个世界比作一种织物，其经线代表必然性，其纬线代表偶然的东西。每一根经线代表一系列在逻辑上必然的，并可通过演绎法来发现的意涵关系；但是这些经线有多少根，属于哪种类型，又在实有存在界里怎样跟纬线有条理地交织在一起，或像乱麻一样地纠缠在一起，那是完全偶然的事情，只有通过观察与归纳才能知道清楚的。简言之，理性论与经验论是发现真理之相辅相成的标准；任何一种不能取代另一种；任何一个不能否认另一个。当在实际经验与逻辑思考之间显得有着冲突，如曾经往往这样显得一样，我们可以肯定地认为，这种冲突或
127 矛盾不是由于两个真理标准中的任何一个有什么缺点，而只是由于我们单独滥用了这个或那个标准，或者同时滥用了两个标准。经验论的作用在于对任何一堆具体事实加以分析，并把这番分析所意涵的种种全谓辞说发现出来。理性论的作用在于对任何一堆抽象辞说加以综合，并通过演绎把这番综合所意涵的种种个别辞说发现出来。经验论从“内涵”的而不从“外延”的观点去看待事物，因而是分析性的；而理性论是综合性的。经验论

从具体的和个别的东西出发而达到抽象的和普遍的东西,理性论从抽象的和普遍的东西出发而达到具体的和个别的东西。经验论者的种种归纳跟已成立了的种种理论可以符合也可以不符合。理性论者的种种演绎跟已观察到的种种事实可以符合也可以不符合。

纯经验论提供了不相联系的一堆一堆自然规律,而这些规律建立在观察者所碰巧注意到的任何一堆事实上。对于纯经验论者会发生这样一种最严重的危险:即可能有种种错误与矛盾隐藏在他的各种不同的又孤立的主张里而未被检查和发现出来。纯理性论提供了一些关于意涵关系的逻辑系统或数学系统,而这些系统也许跟存在界的种种事实完全不相干。对于纯理性论者会发生这样一些最严重的危险:即(1)他也许把一种关于必然性的仅仅主观感觉误认为一种客观真理(例如理性论者曾认为地球那面的生命为不可思议,因而否认这种生命);以及(2)他也许因爱好次序而牺牲真理以求对称性,并且对于自然界的杂乱无章和五花八门加以简化,以适合他自己所选定了的框框或公式(例如人们曾以完全圆形才配得上描述天体运行的曲线为理由,不肯接受那为了证明行星轨道为椭圆形而提出的经验性证据)。如果两种方法联合起来了,则经验论者可以提供事实所意涵的种种辞说;而理性论者可以不再在整个的可能界里武断地选择他所看中了的任何东西,而可以把经验论者所新近发现的种种辞说,跟已经成立了的种种辞说合并起来,并从这番新与旧的合并中,一般性与个别性的合并中,
去推演出种种结论来。然后轮到经验论者通过实地观察以对他的 128
伙伴所已演绎出来的种种假设性辞说加以证实。经验论者也可以

不再随便从事漫无头绪的、没有系统计划的观察;他对于他所将调查的种种事实的相对重要性将有一种体会,并根据这种体会来使他的观察与实验有所着重:在乱七八糟一大堆经验事实中着重一些部分,即显得多半会对于种种已经成立的规律加以证实或反驳有所扩充或修改的那些部分。此外,经验论与理性论不仅可以积极地彼此帮助,而且也可以互相检查彼此的种种错误。为了明了这一点,我们必得注意到在归纳式兼演绎式的循环程序中有着四个阶段:(1)得到一些初步的经验使问题明确起来,并想出一种好像最有希望的假设;(2)把新假设跟事先所已承认的种种旧原理合并起来;(3)从这番合并中推出种种假设性结论;(4)用另外的经验来证实这些结论。所以任何时候,我们从种种来自经验的前提按照逻辑的方法推演出一句辞说,而这句辞说竟然被经验所推翻,则这一定由于下列四种错误的来源中的一种或多种。这四种错误的来源分别跟方才提出的四个阶段相对应:(1)引起问题的经验是不真实的;(2)在已承认的种种理论中有一种或多种不能成立;或者跟旧理论合在一起而构成演绎前提的新假设不能成立;(3)演绎手续上有毛病;(4)最后在所谓以另外经验去证实结论的手续上出了毛病。

研究存在界的科学,其初期在通常情况下,主要是归纳性的。如果各事实来自一个新的领域,则根据这些事实而得出的假设跟已经成立了的其他知识在性质上不会是充分一致的。气象学、心理学这一类的科学几乎完全是归纳性的,因为它们各自所研究的材料是多样性的。但当研究的领域被扩大了,种种假设就得到了较高程度的一般性时,它们彼此之间就发生联系,又跟其他科学里的种种理论发生联系，从而演绎的机会就多起来。生物学（就其跟化学有关系而言）和化学（就其跟物理学有关系而言）是科学发展至第二阶段的例子；在这一阶段里，各门科学通过它们的互相联系 129
而彼此补充。到了最后，纯机械学这样的一门科学已跟数学交织到这样一种程度，以至它主要是演绎性的。从这个观点看来，我们可以把各门科学在初期各自分开而到最后彼此相连的现象比作森林里的树木，树木还小时，它们彼此隔开，随着它们的成长，它们分出较多的树枝，而这些树枝彼此接近起来；一直到了最后，当树木完全长大了，树枝彼此交织而组成空中的一个绿网，使这些树木俨然合成为一个单一系统。可是一株一株的树在有些情况下可以是由邻近的树木的种子长成的，也可以是从邻近的树木所折断的枝条上长出来的；恰恰相同，有着一些例子，表示一门新的科学并不曾独立地发生，而是从一门性质相近的科学里分出来的，或从两门或多门科学之结合里发展起来的。

我们现在可以更清楚地看出：在科学知识的发展中，数学为什么那样非常非常重要。数目、时间、空间以及那把空间对时间的比例表示出来的速度等等数学概念，构成各种内部一致的系统，而在这些系统里几乎可有无穷无尽的演绎。所以每门科学自然地并本能地企图把它的种种无连续性的、无法互相度量的属性，还原为种种有连续性的、可以互相度量的数量范畴。一门科学能把它所研究的种种现象，跟质量和能量的种种形式联系起来到什么程度，则在这个限度内，它可变为演绎性的科学，又能跟其他科学有益地联合起来。如果因为有了非欧几里得几何学和非毕达哥拉斯代数学这种在想象上的异想天开，我们就认为数学仅仅是不负责任的理性论者的游戏场所，那就确实大错特错了。倒可以把在科学发展上那种强大有力的科目，比作货币在经济制度发展上的作用。一旦在市面上有货币流通，则以物易物的笨办法就会让位给买进卖出的办法。可以为各种各样的货物的每一件，规定一个照通货计算的价格，这样，一切的价值就得到了一个共同的分母。恰恰一样，数量是一个共同的分母或一种通货，使其他本来不能互相度量的自然物体可以还原为它；而数学式的演绎手续自身变为在方法
130 上未曾破产的一切科学的交易所了。

经验论与理性论合起来可使关于获得真理的、归纳式兼演绎式的循环程序达到完善；我们关于这种达到完善的方式与范围既已知道了一些情况，我们就必得当心，以免这两种方法的紧密联合会使它们之间的区别被模糊了。只要还有一些领域里的事实没有得到归纳式的分析，又没有从中找出规律来，则我们仍需要具有经验论类型脑子的人们来从事该项工作。只要还有种种规律尚未被吸收到公认原理的一般系统里去，则我们仍需要具有理性论类型脑子的人们来从事该项工作。恰恰像动物的有机体需要两套器官一样，一套为获得食物，一套为消化食物与吸收营养，科学这一个有机体也有同样的需要。经验论者为科学获得食物，而理性论者消化食物并吸收营养。如果没有种种新的事实和规律作为食物，科学就会因饥饿而死亡；但若不能把种种规律吸收到它的系统里去，科学就会因不消化而死亡。如果科学要同时避免食物不足与消化不良的话，则科学必得注意它拥有经验论者又拥有理性论者，拥有观察家又拥有数学家。

正由于有这两种方法可有机地联系起来以互相印证彼此的真

理并互相检查彼此的错误,各门自然科学所组成的系统才变为人类精神方面最可感动人们的事业。权威主义和神秘主义不管单独或合起来,都不曾产生任何这样结结实实的、互相配合的、丰富多彩的一堆真理,如经验论与理性论的联合方法所已产生了的一样。

131

第五章　实用主义的方法

引论与小史

在1878年1月份的《通俗科学月刊》里，登了皮尔士所写的一篇文章，标题为《怎样把我们的观念弄清楚》。皮尔士是因对于符号逻辑与一般哲学有过创造性的贡献而出名的；在这篇文章里他提出一种新的方法，来确定概念与判断的意义；这种方法他先称为“实用主义”，再后来改称为“重实主义”以别于种种新形式的实用哲学。据他说，观念的真正意义在于它的种种具体结果，尤其在于它对人类行动上的种种实际后果。在方才提及的文章里，他把他的原则表达如下：“关于我们的概念对象，想想我们认为它会具有些什么样的、可能有实际意义的效果。我们对于这些效果的观念就是我们对于那对象的整个观念。”

值得我们注意：皮尔士提出他的实用原则，不是把它当作确定观念或辞说是否**真假**的标准，而是把它当作确定观念或辞说有什么**意义**的标准。他把他的看法跟莱布尼茨对于什么构成观念的清楚明晰性的看法对立起来。据皮尔士说，为了明了一种思想的意义，光把它跟其他观念辨别清楚是不够的，而分析它的逻辑本素是没有必要的。那又是必要又是充足的条件，在于去发现它的一切实有效果以及它的一切可能效果。人们可以询问：这样把辞说的意义跟辞说的效果等同起来，是否不会使辞说自身没有了意义。

但是对于我们眼前的宗旨而言，把皮尔士和后来实用主义者之间的差别指点出来，反较妥当些。皮尔士以实际后果来界说和发现 132
意义，而后来的实用主义者以实际后果的满意性来界说和发现真理。我想正是杜威教授，指出了这一点：詹姆斯所特具的慷慨性情使他把他从皮尔士所得到的启发估计过高，而把他自己在实用主义上的创造估计过低。但是不管后果怎样被使用，后果确实就意味着一个向前看的态度；而向前看的态度就启发一种在意志上的或意志主义式的求善兴趣。而这又转而提示，因相信一句辞说而可得到的良好后果就是那句辞说所以为真的标志；甚至于提示，真的东西就是令人满意的东西。但是对于皮尔士自己，如在他的那些标题为《逻辑科学举例》的一系列论文中的另外几篇文章里所提出的，证实信仰的正当方法是跟后果是好是坏丝毫无关的，而完全在于使用观察与实验，并在于使用关于或然性的理论作为补充。下面这段话可以说明他在认识论上对于真理意义有着什么看法，又可说明他在逻辑理论上对于我们证实我们的信仰，认为应该怎样办；从这方面着想，这段话是值得注意的：

“若有一种意见注定会得到一切研究人员的最后同意，则它就是我们所谓的真理，并且这种意见所指的对象就是实在的东西。”这句话是从上面所提到的那篇文章里引来的，可能显得带有些主观的味道；但我们若从那一系列《逻辑科学举例》论文里的较前面的一篇文章取出一段话来，并以之为参数来解释这句话，则我们可以看出信仰上的“注定同意”是要通过种种纯客观的因素而得来的。我这儿所指的文章发表于 1877 年 11 月份的《通俗科学月刊》，有意义的那段话原文如下：“所以为了消除我们的种种怀疑，我们必得寻求一个方法;通过这个方法,使我们的种种信仰不至于为任何属于人的东西所产生,而产生信仰的东西只会为外在的一些固定东西,为我们思想对之不产生任何效果的一些东西。……这种东西必得是对每一个人都产生或都可以产生效果的一些东西。虽然个人的情况不同到什么程度则这些效果必然不同到什么
133 程度,可是这种方法一定要能使每人所得的最后结论全都相同。科学的方法就是这样的。它的基本假设若用较熟悉的话语说出来就是:世上有种种实在的东西,其种种特征跟我们对于它们的意见丝毫不相干;这些实在的东西按照种种恒常的规律影响我们的各种感官。虽然我们的种种感觉跟我们对于物体的种种关系是同样地各式各样,可是我们利用知觉的种种规律就能通过推论手续来确定事物真正是怎样的。而任何一个人对于有关事物若有了充分的经验与理解,就会得到唯一的真实结论。”

在我们中间有许多人觉得实用主义沾染上了主观主义与相对主义;有鉴于此,似乎值得援引这段比较长的话来证明至少这个运动的创造人充分承认了实在论式的知识论。

皮尔士之新颖而有趣的主张在1898年以前似乎很少引起人们的注意;那一年詹姆斯在加利福尼亚大学哲学学会演说,把这个主张发展为一种新的形式。这次演说之后,他接着发表多篇文章,阐明实用主义的各方面;1907年他的《实用主义》一书出版;这本书和接着出版的《真理的意义》一书合起来把实用主义,照詹姆斯所主张的样子,相当完备地表达出来了。

当詹姆斯正在研究皮尔士的原则并将它发展为一个多方面的哲学主张时,杜威教授已经在形成一种知识论,从而间接地在形成

一种逻辑的、科学的、被他称为“工具主义”的方法。杜威的工具主义是以他在逻辑上的兴趣，而不是以他在生物上的兴趣为动机的；虽然这样，他是从发生学和进化论的观点来看待认识的作用。现代的生物学家把像眼睛和肠胃这类纯粹物理性的器官，看作种种有利变易的结果，而这些变易是通过天然淘汰的过程而发展出来和保存下来的。恰恰一样，工具主义者把记忆力和想象力这一类的心理机能，看作是种种适应环境的工具。这种进化论观点已经 134
有安吉尔把它应用在他的《心理学》里；比这早些，詹姆斯也提出过这种观点。见于他的《心理学简短教程》第 4 页的这段话里：“心理生活主要是目的性的；这就是说，……我们各种不同的感觉方式与思维方式之所以发展为现有的样子，乃是由于这些方式对于形成我们对于外界的种种**反应**有着功用。总起来讲，近来对于心理学有贡献的各种公式没有几个比得上斯宾诺莎的公式：那就是，心理生活的功用与肉体生活的功用是二而一的，二者都在于调整内在关系以适应外在关系。……**那么心理生活主要地并根本地是为那种具有保持生存作用的行为服务的**。”（着重标点为本书作者所加）

据我的意见，杜威教授的哲学里最有趣的部分在于他把这个进化论式生物学的观点不仅应用于狭义的心理学，而且还应用于逻辑上、伦理学上、教育方法上种种较广泛的问题。如果人类理智是因为对付有机体在实际方面与生物方面的种种需要而发生的，那么一种理智过程有着多大的价值，就要看它对于满足那产生它的需要有着多大的具体效率而定。工具主义者不把逻辑看作一堆绝对的、永久的规律，任何判断若不遵守它们就会被人们指斥为假的；而把逻辑当作一堆可变动的、可伸缩的规则，它们是在生命的

种种危急事件中起源的和结束的。它们的唯一作用在于引领人们,以使人们的思想在对付人们所面临种种不同问题时会有效力。工具主义者不把真理当作一种自身可成立的目的,不把它当作跟种种不变原理发生纯理论的、抽象的契合,而把它当作对环境有了成功适应的一种方式。这样,杜威教授独立地发展了一种方法论,而它跟詹姆斯对于皮尔士原则加以发挥而得到的方法论是十分相像的。①

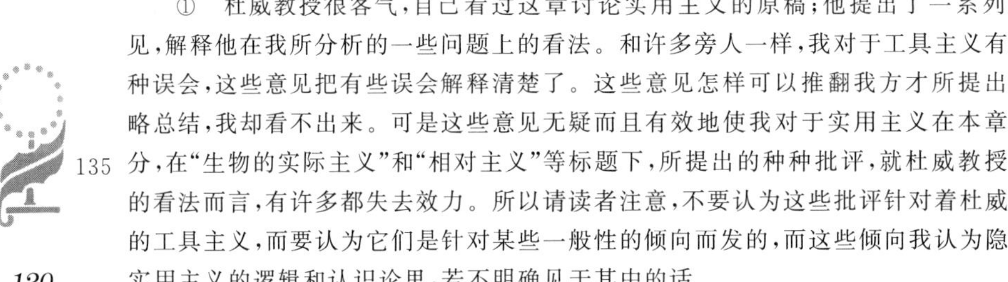

①　杜威教授很客气,自己看过这章讨论实用主义的原稿;他提出了一系列的意见,解释他在我所分析的一些问题上的看法。和许多旁人一样,我对于工具主义有着种种误会,这些意见把有些误会解释清楚了。这些意见怎样可以推翻我方才所提出的简略总结,我却看不出来。可是这些意见无疑而且有效地使我对于实用主义在本章后部
135 分,在“生物的实际主义”和“相对主义”等标题下,所提出的种种批评,就杜威教授自己的看法而言,有许多都失去效力。所以请读者注意,不要认为这些批评针对着杜威教授的工具主义,而要认为它们是针对某些一般性的倾向而发的,而这些倾向我认为隐含在实用主义的逻辑和认识论里,若不明确见于其中的话。

我的同事在他对我讨论实用主义的意见中,强调了下面这几个要点:

1.“工具主义的哲学,如在《逻辑理论研究》一书里所提出的,出自这样一种动机,即要对康德以后的逻辑学家的著作,如洛采的、鲍桑葵的、布拉德利的,采取批判的态度。这种哲学的目的在于证明:我们并不需要假定思想具有思想题材所要遵守的种种先验形式;在于证明:逻辑的种种形式和结构其实是在思索过程和实验过程内部的一些区别。”

2.“我从来没有主张过一切需要是实际性的,我仅仅主张过任何需要没有行动就无法得到满足。那些起先具有实际性的需要是我们各种需要的根源,但是智慧的发展改变了我们的需要,以致我们现在有审美方面的、科学方面的以及道德方面的种种需要。”

3.“我从来没说过思想是为着行动的缘故而存在的。相反地,思想乃是为着种种个别后果,种种直接价值的缘故而存在的。我所曾经坚持过的是与此很不相同的一点,即思想以及关于存在的认识,作为达到种种直接的、非实际性的后果的局部作用来讲,一定会牵涉到行动。”

4.“工具主义认为智慧是在后果上获得好处的唯一可靠方法,它怎能照你所讲的意义变为反理智主义的呢?有一些理论,在我看来,把知识跟知识的种种联系,经验上的以及形而上学上的联系,隔开来了。只对于这些理论来讲,工具主义才是反理智主义的。”

当詹姆斯和杜威在发展他们各别形式的实用主义时，牛津大学的席勒，詹姆斯的朋友和追随者，正在建立一种被他自己称为“人本主义”的学说，这种学说可当作实用主义的第三种形式。在布拉德利的领导下，绝对唯心论的哲学已在牛津大学变为占统治地位的思想形态；有一拨哲学家不满意这种哲学，而席勒是其中的一个。据绝对唯心主义者说，我们所看到的世界并不是实在的世界，而只是表象的世界。真正的实在——绝对——是一个单一的、永久的经验系统，而在这个系统里我们的种种概念和理想都被超越了和改变了。从这个观点来看，人类生命和人类的种种兴趣不过是宇宙生命的残缺片段而已。席勒的人本主义主要是对这种哲学的一种抗议；像大多数的抗议一样，它和它所反对的哲学是针锋相对的。在这方面值得注意：詹姆斯和杜威二人的实用主义也大都以反抗绝对唯心主义为动机。在哈佛大学，罗伊斯教授独立地发展了一种一元论；这种一元论在詹姆斯方面引起了强烈但却始 136
终是善意的反对；詹姆斯深信没有任何一元论式的系统能充分顾到我们可接触的世界的丰富多彩和变易无常。而杜威教授对于那位德国哲学家（洛采）所为之辩护的这种绝对唯心主义，感到并表示了同样的不满意。绝对主义轻视人类而抬高宇宙。人本主义轻视宇宙而抬高人类。唯心主义认为我们的生活仅仅是绝对生活的残片；据席勒说，这种绝对生活是种幻觉。宇宙不是一，而是多；不是永恒的，而是有时间性的；不是绝对的，而是相对的。实在界不在人类经验之上和之外。万物实际上的样子，恰恰就是万物在人类经验里的样子。一方面是席勒博士对于绝对主义的抗议，另一方面是那为了达到知识并为了对知识给予评价的实用主义，我们可以问，这两方面之间，到底有着什么联系呢？对这个问题的答案

见于席勒的这种说法：在种种表面上为纯理智式的程序里，意志与情绪其实起着作用。我们想些什么，我们信些什么，这取决于我们的种种兴趣和愿望，而且取决的程度比我们所假想的更大，我们的兴趣甚至决定我们看见什么和听到什么。如果一件东西有多个方面，我们的注意力所强调的并使之对于我们变为实在的东西，乃是跟我们利害有关的那些方面。所以我们所接触的世界，其种种形式与关系不能够当作是一个由种种物质力量所组成的无人性系统，或一个由种种绝对永恒观念所组成的超人性系统，从外面所加诸我们身上的；而应该当作我们祖先的和我们自己的种种持久偏好、兴趣、需要所产生的结果。人们所知觉的世界是一个人本化了的世界，即是一个经过人类企望、人类意志润色了和塑形了的世界。席勒告诉我们要对于这个事实加以承认并为之欢喜。如果一种理论符合人类需要，则在这个限度内它是一种真的理论。如果种种已被公认的自然规律乃由于它们曾经适合了人类需要而为人们所接受和承认，那么，一个满足需要或满足企望的新理论会跟这些规律彼此一致，这是很可能的。简言之，我们必得根据实用主义的标准，看一种理论在实际生活里有什么价值，来判断它的真假。

137 由此可知，詹姆斯、杜威、席勒三个人，每人都从一个不同的角度来看问题，却都得出了实际上一致的结论。从詹姆斯和席勒看来，思想或认识是为了行动而存在的，不是自身作为一个目的而存在的。从所有三人看来，决定判断真假的不应当是一种抽象标准，如要求判断跟事实一致或为事实副本这一类的标准，而应当是一种具体标准，可用来决定判断对于它所由以发生的那些需要有些什么实际用处。三人之间有了这种一般性的契合，在此之外，是否有着还较根本的差异，尤其在杜威与席勒二人的说法之间，倒是一个问题。因为在一方面，他们二人都同意这一点，说人类经验是人类种种需要和环境之间一种适应性的互相作用；但在另一方面，杜威着重环境，把它当作支配这种互相作用的因素，而席勒所着重的好像是那按照自己种种需要而改变环境的人类性格。所以杜威的实用主义，其一般倾向是自然主义式的和生物学式的；而席勒好像更同情唯心主义的哲学家以及所谓的意志主义者，这些人认为在我们自己精神生活里起作用的那些目的性力量正在形成和指导这个世界。詹姆斯在这个问题上的看法不容易确定。他好像既同情杜威之左翼的自然主义，又同情席勒之右翼的、唯心论式的意志主义，而没有明确地表示态度。

在居于领导地位的实用主义者之间有着这些互相抵触的形而上学倾向；有鉴于此，似乎宜于在这番简略历史叙述之后接着来分别陈述他们的著作。但是由于我们所要讨论的是作为一种方法论来讲的实用主义，而不是实用主义对于自然的各种不同看法，所以我拟即刻研究某些基本观点；我认为这些观点是大多数实用主义者所共有的，并认为它们合在一起就可说明实用主义运动的真正意义与重要作用。我所指的观点有三个，将分别称之为“未来主义”、“实际主义”和“相对主义”。

第一节　作为未来主义的实用主义 138

可把理性主义和权威主义说成这样的方法：它们根据信仰对于**过去**已经成立了的见证或公理是否符合，来断定信仰是否可以成立。可照类似方式把经验论和神秘主义说成这样的方法：它们根据信仰对于当前的**现有**经验，外在的或内在的，是否符合，来检验信仰是真是假。实用主义却根据信仰在**未来**所将引起的种种后果，来检验信仰是真是假。某一信仰或某一理论对于未来有什么好处呢？它能够做到什么呢？它怎样能帮助我们支配我们的环境呢？当实用主义者对于一种理念下判断时，他就要提出这些问题。如果因相信和利用某一理论而引起的种种后果是良好的，则我们将以这一层当作这个理论的真实性的标志。如果相反，某一理论是一种会引起种种不良后果的假设，则这个标志表示它是假的。最后，如果某一理论对于相信它的人们，在生活上没有丝毫关系，则可把它看作是无意义的。不管某种理论对于全部已经成立了的真理符合到多大的程度，或对于现有的实体是多么好的一种副本，除非它能引起种种实在的具体结果，而这些结果对使用这个理论的人们在未来会有好处，则我们仍然不能恰当地把它看作是真的。因为实用主义着重认识过程向前看的方面，所以我认为把实用主义称为哲学里的未来主义，是适宜的。

实用主义所表示的未来主义态度绝不限于有关逻辑与形而上学的理论。它是急进派、改革家以及一切为社会进步而努力的人们所采取的态度。这种态度对于民主制度以及在自由人民的生活里尤其重要。因为不管过去是多么光辉，过去是有限的一段时间，又不是我们能力所可改变的；而至于未来，不管它是多么不定，它到底是无限的时间，又是我们意志所可左右的。当基德在上一个世代以前发表他的《进化与利他主义》一书时，人们觉得书中所宣
139 布的社会福音是奇异而荒唐的。因为基德相信：一个种类在进化

阶层上的地位高低应当以这种类的成员对于未来所表示的关怀程度而定。他宣传每一世代亟须也有义务替以后世世代代谋幸福，并认为这是生物进化的教训。我们曾经对自己说了好听的话，说我们至少在西方世界已摆脱了对祖先的崇拜，我们觉得这个活跃欢乐的现在相当不错；但是对于因信一种“为后世谋幸福的宗教”而非有不可的种种责任，则几乎不准备把它们负担起来。可是自基德的书问世以来，未来主义有了非常大的进展。尼采的哲学是我们所已经熟悉了的，而未来主义是这种哲学的精髓。比这还更晚些，柏格森的哲学反映了未来主义的精神，由于它生动地着重了进化过程的创造性质。这个运动的始祖是尼采，这个运动在美洲的主要宣传者是基德；但柏格森是这个运动最近的预言家，他和实用主义者同是当前未来主义运动的领导人物。

未来主义态度不仅在种种哲学理论里有实例，而且在各种具体社会运动中也有实例。优生学运动就是它的一种明显表现。人们懊悔我们浪费了许多自然资源，因而发起各种保存资源的运动，这又是一种表现。人们对于保险大有兴趣，又对于预防药剂开始有了兴趣，这可作为另一个实例。人们鼓励我们为了修改我们的宪法和为了废除我们祖先所立的种种法典，要采取较简易的手续，这是未来主义日益发展的再一种表现。甚至法学家们，虽然他们自然而然地并不可避免地会为人们要遵循前例而辩护，也在开始考虑我们有无可能性，把法律的制定和执行弄得较因事制宜些。在英国有韦尔斯大力鼓吹，说我们有义务为未来作出严肃而系统的预告；我们几乎可以认为韦尔斯还希望对于中学和大学的历史课程，用“预告”课程来补充，要不是来代替的话。最后，在未来主义这些个别表现之外，还可举出这个事实：人们对于古老事物和古老观念越来越漠不关心了。

如果我们离开社会生活的这些现象，而转到理论科学的领域里来，那我们关于未来主义的态度可找到更多的证据。人们一向
140 承认科学假设必得满足三个标准：即(1)它必得解释目前的种种事实，曾引起问题的种种事实；(2)它必得不跟已有的知识相抵触，并且可能的话必得只利用“真实原因”，即利用在目前情况以外已被独立证实的种种原理或概念；(3)它必得为进一步的知识开辟道路，并且容许在新情况下得到实验上的证实与应用。[①]

虽然人们一般地承认这三个标准，人们对于它们却未同样地加以着重。就在眼前，人们日益倾向于着重第三个标准，或着重未

① 有时有这种情况，一个假设只满足这些标准的一个或两个而不能同时满足三个；于是在方法上发生了种种有趣的问题。勒萨基解释引力的假设是一个不能满足第二个标准的例子。他假定空间各处都充满着超尘世性的分子或细微的粒子，它们以非常快的速度向四面八方推进。任何一件物质东西都要全身受到它们的不断轰炸；而任何两件东西会在某种限度内互相遮盖，以致分子使它们分开的冲击小于使它们靠拢的冲击；结果它们彼此接近起来，接近的力量跟它们的体积成正比，又跟它们之间的距离成反比——而这就是关于引力的公式。对于这个巧妙的假设，主要的(虽然不是唯一的)反对理由在于它对于假设性的分子缺少独立的证据，这些分子不是“真实原因”，而只是“临时想出的解释”，所以这种说法不能成立的或然性非常的大。

关于犯了相反毛病的，即不能满足第三个标准的假设，可以把生物学里那至少具有较粗糙形式的活力论为例，这种理论为了企图解释鸡蛋发展为小鸡的过程，就假定鸡蛋内有一种东西，类似那要变为小鸡的明确意图。这样一个假设满足头两种要求，意思是说它在某种程度上把这番过程解释清楚了，并且是说它使用了一个“真实原因”或一个像意图这类被公认了的原理。但是它违反了良好假设的第三种要求，因为那认为鸡蛋或种子仿佛具有意识的这一假设得不到进一步的证实，而不能引起新的知识。的确，活力论这一假设不仅使人们毫无收获，而且确实有害；这是由于这种假设好像使生物学家可躲避责任，不必再去把每种生机过程里所涉及的实有物理性因素寻找出来。而生物学是单单通过在这种因素上的发现，才获得真正进步的。

来主义式的要求——要求一个假设能使人们将有很多的收获。如果一个假设可望扩充知识，则它可得到大家的注意和重视。现代商店的经理选择和提拔雇员，不大根据他们的门第与容貌，而更根据他们为商人牟利的能力；恰恰一样，现代的科学家评定一个假 141
设，就不大看它跟科学传统符合得怎样，而更看它对于引起科学上的丰收有着多大的希望。奇怪得很，这种实用主义式的态度，上面所已提过，在数学里最为突出，而数学自很久以来都是最固定和最肯定的科学。现代的数学家对于一个新原理不再问他是否符合已被公认的真理，甚至不问它是否符合经验的任何方面。他对于新原理的兴趣以它是否可望引起种种有意义结果而定。前一章已提及种种非欧几里得的几何学和有些较新式的代数，可把它们的怪僻"公理"来做例子。此外，在物理学和化学里，我们也可找到关于这种实用主义态度的有趣表现。物理学家可以说："我不相信有以太这样的东西，但是我认为以太是一种对于工作有用处的假设，是一种对于扩充有关物理现象的知识有用处之工具，因而我承认它在这种意义上是真的。"许多化学家对于原子论采取了同样的看法。他们不把原子当作任何实在物体的副本，而把它当作一种对于扩充有关实有化学现象的知识很有用处之手段。甚至在神学里也受到了这种实用主义或未来主义的影响。人们对于教条和仪典，越来越把它们所具有的主要意义(若不是唯一意义的话)放在它们所产生的种种后果上。

我们还可举出许多别的例子，但是这些已足以说明：实用主义，作为未来主义而言，怎样渗透了我们现时的社会生活以及理智生活。一种哲学的伟大性在某种限度内是跟它代表当代精神的程

度成比例的；从这个标准来衡量实用主义，它是一个真正伟大和有意义的运动。但是完全只用未来主义的态度去对付生活与科学是含有某些明显缺点的，我们现在来把这些缺点研究一下。

首先让我们提一提当前种种社会运动里的未来主义精神；在这方面我们即刻可以说，在这些运动中，甚至最新颖和最革命者都
142 是深刻地并明显地为历史所推动了和指导了的。马克思式的社会主义本身就建立在一种历史哲学上，即在所谓唯物论的或经济的历史观上；不管这种解释是真的还是假的，对于研究过去的那番热忱，如它所号召的和所需要的，不下于任何保守主义者所可希望的。一切为了未来的合理计划必得建立在关于过去的知识上，企图割断对过去的联系而凭空创造出一个未来，这跟企图脱离记忆而使用想象，是同样荒谬的。我们可替它做计划的唯一未来应当是一种对于种种已有因素、已有情况的新安排和新调整。如果一种新社会制度建立在对于现有习俗与现有制度之修改上，而不建立在革命与破坏的基础上，则一般地讲，它成功的机会可大些。在社会的发展和有机体的成长之间有着真正类似的地方。在有些情况下，一种“民俗”或社会习惯会变为积极地有害有毒，类似政治团体内的毒瘤或死肉一样。在这种情况下就必须邀请革命家或医治社会的外科医生来。但在大多数的情况下，一个有毛病的制度，同一个有疾病的身体一样，通过服药比通过开刀可医治得更成功些。

据我的意思，在学校里极端推行选修制的倾向可当作过分着重未来主义的例子。听由一个小学生自由学习什么科目或听由他不学习任何科目，这简直是把他的社会遗产剥夺去了。在他不知道从什么东西里去选择以前，他就无法作出合理的选择。如果我

们要使一位野蛮人变为文明人，我们不应当让他离开他的森林而直接把他赤裸裸地送到一个百货公司里去，听由他自己去选择他所高兴穿的任何衣服。儿童在理智方面和文化方面是赤裸裸空无所有；离开我们的教导，他所知道的唯一生活式样就是那建立在本能式的"森林"生活上的。为什么我们要借"个性"和"自我实现"的名义，让他把人类通过长期试验而获得的一切东西重复一遍呢？在教育儿童时要把一切强制规定都去掉，我们再说一遍，这仅仅是把儿童所应得的社会遗产剥夺去了。

现在让我来对于未来主义，作为考验科学假设的方法而言，提出一些反对它的理由。实用主义式的未来主义者告诉我们说：一个假设是真是假，主要取决于它将引起些什么后果，而不取决于它把现有实体临摹得怎样逼真，也不取决于它跟过去被公认的种种原理符合到什么程度；这种未来主义者并且举出在科学研究程序上的许多例子来支持他的论点。对于这种式样的未来主义有两个主要的反对理由，一个着重有关现在的要求，一个着重有关过去的要求。研究科学的人无疑地可有自由，不使用前驱者的方法而采取任何会引起丰富后果的概念或理论；尽管这样，绝大多数这样的理论确实仍然是过去被公认的种种原理之修改。社会改革的纲领若没有任何历史根据，则几乎准定会（虽然不绝对准定会）遭到失败；恰恰一样，如果一个假设跟已有的大堆科学规律相违背，或退一步讲，仅仅跟这些规律不相关联，则它几乎注定了会毫无结果。当然，问题越加新颖，则理论越加有充分理由来跟过去决裂。但一般来讲，科学的稳步前进乃是由于对于过去种种成就的利用和扩充。在这里如同在学校里的选修制一样，问题主要是哪种办法更

加经济。为什么不顾及已经学会了的东西呢？有人提出一个计划要做一架会永远动着的机器；他并觉得正统派的科学家很不公平，不让这个计划经过实践检验，看它会有什么成就，便加以拒绝。但不这样做就会浪费时间，就会把以前已做过的再重新做一遍。如能量守恒这样一个原理经过一次又一次的证实，并在许多不同的研究领域里被应用得有效果，那么它不能成立的或然量，又有个跟它矛盾的新原理反可成立之或然量，就都小得几乎不值得我们对它加以考虑。当然，在科学里如同在社会问题上一样，人们信任现成办法的正确性可以是错误的，也许需要一个真正的革命理论或运动。但若其他情况相同，则已为过去经验所考验了的种种原理总具有较大的或然量。

对于未来主义所用以估计科学假设的标准，还有第二个反对
144 理由；这个反对理由建立在一种往往被实用主义者忽视了的真理上。**一个好的假设所以对于未来会产生丰富的结果，总有一个理由，而这个理由就在于它跟实在界的现有结构符合**。实用主义者往往说得好像当他们指出了一个假设可引起好结果的时候，他们就把所有要说的东西都说出来了。他们觉得没有必要去问为什么结果会是好的。在他们看来，一种理论就像一把钥匙。它把将来这扇门打开，它把隐藏着的种种事实显示给我们。犹如能开锁的就是好钥匙，所以能帮助我们在将来得到新发现的就是好的或真的理论。但是钥匙所以能开锁，这不是乱碰的，而是由于它自身的结构跟锁的结构符合。道理完全一样，一种理论所以能引起种种新发现，这是由于它跟种种事实自身符合。这不是说，我们在试验一个理论之前，必得一直等待，等到我们看见这个理论可把现有的

种种事实陈述出来时才进行试验。除了通过理论的种种结果之外，还要通过任何其他方式来测验理论或钥匙，这是非常不方便的，有时候是不可能的。只是当我们得到结果之后，我们就应该承认其中的理由。我们对于未来的热心不该使我们看不见这个事实：未来乃是而且必是建立于现在之上的。实用主义者为了对付这个反对理由，也许会举出天文学里的托勒密学说和化学里的原子理论这一类的例子，并且会说，前一学说我们现在知道不符合事实，但是它在过去有过用处。而且若没有较有力量的哥白尼学说，它仍然会有用处。至于原子理论，一方面也许有些化学家相信这种理论是假的，意思是说他们认为原子并不是实有存在的副本；另一方面，很少人，若有任何人的话，会否认这种理论是真的，意思是说很少人会否认这种理论由于引起种种有价值的后果，因而按实用主义的说法便是有用处的：关于这个理论，难道承认这些不就够了吗？对于我们替实用主义者所提出的这番辩护，我们可以答复如下：一种理论跟实有界符合到什么程度或把它临摹得多么逼真，这不取决于这种理论里的各端或各属性跟实有界的各端或各属性相像不相像，而取决于这种理论里的种种关系跟事实之间的种种关系相像不相像。让我们举例来说明。假定以 X、Y、Z、W 代表真的事实，又以 R_1、R_2、R_3 代表这些事实之间的关系。假定关于这些真事实的一种理论含有 A、B、C、D 等端和 R_1、R_2、R_3 等关系。145
在这种情况下，不管 A 和 X、B 和 Y、C 和 Z、D 和 W 在内在性质上有着多大的差别，只要 A、B、C、D 之间跟 X、Y、Z、W 之间有着同样的关系，那这个理论就是真的。即是说，如果 XR_1Y、XR_2Z、XR_3W 代表客观的实有情况，则 AR_1B、AR_2C、AR_3D 就会是关于这种实

有情况的一个真的理论或可靠副本。换言之，构成有意义的真理的东西乃是关系上的而不是在属性上的相像或同一。我们知道，托勒密学说是按照行星运动对于地面上观察者所呈现的样子来描述它的，而哥白尼学说是按照行星确实运行的样子（或者你愿意换个说法的话，是按照行星运行对于恒星上观察者所呈现的样子）来描述它的；那么在这两种学说之间有着很大程度之逐一相应的关系或关系上的相像。我们并可以说，托勒密学说所以有过用处，乃是由于它有跟哥白尼学说相像和跟事实符合的地方。

至于原子论，我们可以满怀信心地肯定：不管物质原子这类的东西确实存在与否，只要原子论对我们处理种种事实有用到什么程度，则在实有界发生的种种关系就跟人们所认为在原子之间发生的种种关系相同到什么程度。一般地讲，如果多个表面上互相矛盾的理论对于我们处理实有事物都有用处，则从此不能推论实有界是武断性的，或是不确定的，从此也不能推论关于实有的描述只在实用主义的意义上才是真的，而在任何其他意义上都是假的。这类理论的功用始终不是在它们彼此之间，或在它们和事实之间，有着什么性质上的差异，而是在它们彼此之间，或在它们和事实之间，有着关系上的相像或有着彼此相应的关系。

作为未来主义的实用主义，我们已把它的正面理由以及反对理由说出来了。在批评家把这种主义的种种缺点暴露以后，它还剩下多大的重要性和固定的价值呢？我认为还剩下很多很多；我认为哲学在实用主义者的手里得到了固定的修改和补充；我又认为未来主义的精神，在社会运动中的和在抽象理论上的，将会长期保持下去。

社会问题上的保守派劝人们要记住，种种为了未来的计划必得建立在关于过去的知识上，要记住社会的种种制度是逐渐长成 146
的，要记住一般地讲，进化优于革命而建设优于破坏；所有这些劝告都不过是些老生常谈罢了，不能真正把实用主义吓倒。实用主义者会说，可以用尽方法去研究过去，但不要本着古董家的精神，为了过去本身而爱好过去起见去研究它，而要本着未来的观点，为了过去可对未来提供各种教训起见去研究它。未来主义不至于消灭历史，未来主义反可使历史复活，方法是本着这种要利用过去以形成未来的愿望而着重历史的瞻前性和选择性。此外，实用主义者可以适当地顾及已有的秩序，可以适当地尊重历时久远的习惯与风俗，可是他的这番尊重是经过思考的和自觉的，而不是盲目的和反射性的。仅仅年代古老不是好处，犹如仅仅新颖不是好处一样。只要一种制度所由以成长和得以持续的种种条件依然未变，则保守主义者认为年代古老对这种制度有利的想法是正确的，并且想推翻这种制度的急进派人士反有责任提出他所以要推翻它的理由。但若条件已变，变得也许跟当时形成风俗的原有条件正相反了，则情形就整个反过来了。现在要提出理由的反倒是保守派的人士，他们必得说明为什么不要用种种新的适应办法来对付新的社会条件。可以日本的封建制度为例。这种制度在一个特殊的东方环境里成长了，并维持了数百年之久；但当日本被西化之后，原来使这种制度在旧环境里的存在有着充分理由的各种道理，正是要求把它消灭和促成它消灭的道理。再以英国废除国立教会的问题为例。只要英国大多数人相信同样的宗教，则教会由政府津贴，又由政府管理，当然说得过去。但如在威尔斯地方一样，条件

已变，大多数人已脱离了国立教，则再用国家的税收来维持国立教，就变得毫无道理了。在事实上，人民要求废除国立教，也达到了目的。

147 对于未来主义在教育上的应用，我们批评了它过分看重选修制，又倾向于借用发展个性的名义来采取完全放任的政策；但是未来主义者毕竟完全可以认为我们的批评不公平。他可以承认我们宜于强迫儿童去熟悉文化上和科学上种种最重要的成就，却仍然坚持我们要本着实用主义的精神来进行这种教育：即不是把这种教育当作一个自身可以成立的目的而进行它，而是把它当作最好和最明显的手段而进行它，使儿童可用智慧来选择那些适宜于他个人需要的课目。再说，我们对于作为一种科学方法的未来主义提出过种种批评；我认为这些反对理由虽然十分有力，却绝不是对它的致命伤。科学家怀着感激的心情对待种种久经公认的原理与理论，又觉得有责任要使他的种种新假设符合于旧原理与理论；而断定这种感激和责任的标准不是旧理论的年代多么古老，而是旧理论所根据的证据被认为多么可靠。如果发现了一些跟旧证据冲突的新证据，则在假设上标新立异是有充分理由的；这跟当那些产生旧风俗的条件不再存在时，新的社会适应就有了充分理由，是一样的道理。如 X 射线和镭这一类现象也许需要这样的新假设：它们跟在未有这些新发现以前被人们正确认为有权威的种种理论是不同的，甚至是冲突的。一旦有了种种新的发现，则原来对于已被公认的各种理论的有利之处就不再有了。最后，我们说过，未来主义者没有认识到：一种理论之所以会产生种种好的结果，是由于这种理论跟现有的种种铁一般的事实符合；据我看来，这个反对理由

可以成立。然而就是对于这种批评，也可以来这样回答，说在许多情况下，对于一种理论跟现有事实符合与否加以测验的唯一办法，在于对于这种理论所将引起的种种后果加以注意。简言之，信仰的种种后果虽然不构成信仰的真理性，却可启示信仰的真理性；在这个限度内，未来主义作为一种逻辑方法是有效的。后果是信仰的“认识根据”，虽然绝不是它的“存在根据”。

第二节　作为实际主义的实用主义 148

实用主义的原理，我们已经提过，表达在这句话里：一种理论的真理性取决于它种种后果在实际上的价值。若在这句话里着重“后果”这词语，则实用主义是那种一般性的、广泛流行性的倾向或态度，我们方才曾在**未来主义**这个标题下已讨论过了。但若把重点放在“实际的”这个词语上，实用主义的说法就有了另外一种面貌与性质，而可称为**实际主义**。在这种形式下，它特别适用于逻辑方法上的种种问题。虽然为了叙述清楚起见，值得我们对实用主义的这两个方面分别加以研究，我们在辨别它们时却一定不要忘记它们彼此之间的紧密关系。在时间里只有未来的部分是我们通过行动所能影响的，因而一切实际上的利害必定使我们采取一种朝向将来而不回顾过去的态度。

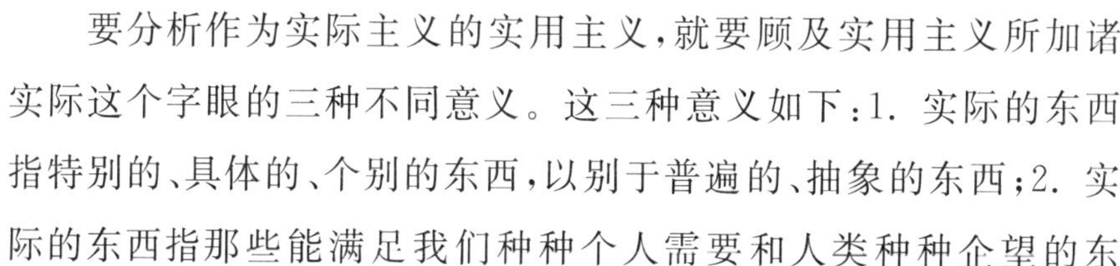

要分析作为实际主义的实用主义，就要顾及实用主义所加诸实际这个字眼的三种不同意义。这三种意义如下：1. 实际的东西指特别的、具体的、个别的东西，以别于普遍的、抽象的东西；2. 实际的东西指那些能满足我们种种个人需要和人类种种企望的东

西，以别于仅仅符合一种假设的、非个人性的、纯粹理智式的、关于真理的理想；3. 实际的东西指那些能生物式地并有效地支配环境和控制情况的东西，以别于仅仅启发或满足纯理论好奇心的东西。跟“实际的”这个字眼的这三种意义相应的三种学说倾向，可称为“经验的实际主义”、“人本的实际主义”和“生物的实际主义”。让我们逐一加以研究。

1. **经验的实际主义**

具体的、特殊的、个别的东西对于哲学的重大意义已为实用主
149 义的所有大师，尤其为詹姆斯教授和杜威教授强调过了。在詹姆斯教授的著作里，这可当作一个把两种东西联系起来的环节；这两种东西，一种是实用主义的方法论学说，另一种是现象主义的本体论学说，即詹姆斯晚年所系统阐述并称之为**彻底经验论**的那种学说。照这种意义来讲，实际主义确实在实际上跟唯名论式的经验论是二而一的；这是因为它要我们把真理性建立在知觉的种种个别事实上，而不建立在理性的种种抽象普遍原理上。在以前各章我们对经验论的逻辑及其大对头——理性论——的逻辑，已加以充分的研究。所以这里仅仅提一下在什么意义上，实用主义自认为它可以包括较老的理论，把老理论作为它自身的方法之一个方面。我们现在就来研究实用主义的那些较新颖的、较特别的意义。

2. **人本的实际主义**

“实用”这个名词所具有的三种意义，其第二种在某种限度内见于詹姆斯教授那种多方面的实用主义里；据我看来，它并且是席勒博士实用主义里的最主要倾向；而在杜威教授工具主义式的实用主义里，则几乎看不见它。詹姆斯所著《信仰的意志》这篇出名

的论文是这种主张的一个渊源。在这篇论文里，他为下列主张作了辩护：若有两句不能并立的辞说，无法根据通常的证据加以判断，则对于其中那句更符合我们愿望又更可促进我们幸福的辞说，我们应该加以信仰。据我的意见，席勒博士的实用人本主义在很多地方是这种理论的推广和概括化。辞说的真理性取决于它种种后果的实际价值，而“实际价值”是指那种能满足我们种种个人需要的东西。我认为在这第二种形式或人本主义形式的实际主义方面，有三个主要论证，我们要逐一加以研究。

第一种论证建立在“信仰的意志”这种主张上；根据这种主张，如果有利于两句不能并立的辞说之通常证据恰恰一面半斤一面八两，则我们在这种情况下就面临一个进退两难的场合，或者承认二 150 辞说之一为真，或者抱着怀疑的态度而不采取任何行动。但不采取行动往往比采取错误行动更为有害，所以把一个并不确定对的辞说认为是确定对的，这往往是正确的办法。我们在上文已有机会提过，罗素在他对实用主义的批评里曾经指出这种进退两难其实是假的。科学家可以对于一种假设进行测验，看它是真是假，而同时不要假装相信或真使自己相信：这假设具有比证据所容许的还要大的或然性。我们大家都经过了这种场合，在其中我们不得不冒险一下或孤注一掷，即不得不把我们所坦白认为只有极小或然性的前提作为根据而采取行动。老老实实的怀疑态度绝不至于导致行动上的瘫痪状态。

在人本实际主义方面的第二个论证建立在我们怎样得到结论的实有程序上。所有的实用主义者，特别突出地是席勒博士，使我们注意到：我们的种种情绪与愿望，种种根深蒂固的兴趣以及种种

由遗传得来的性情，在多大的程度上对于决定我们的信仰起了作用。如果在仅仅抽象而无人性的好奇心以外不再借助一种什么东西，则人们始终不会去寻求任何结果，并且结果也肯定无法寻求得到。我们的偏见与兴趣出现于我们探求真理的过程中又渗透到这个过程的各部分；既然无法否认这个事实，那为什么不坦白而无遗憾地承认它呢？为什么不把必要当作德行呢？较老的逻辑学家寻求一种跟心理学不相干的逻辑，寻求种种跟个人好恶不相干的证明法则；那为什么不承认他们是在捕风捉影呢？

把实用主义的这种申辩跟其他指出个人成见多么影响理智的出名说法加以比较，是件有趣的事。希腊哲学家色诺芬尼说过，如果狗与牛能有关于神灵的观念，则它们一定会把神灵说成是理想化了的狗或牛。他想通过这个比喻来对当时一些学者的一种倾向表示承认又表示抗议，这种倾向是要照人们的面貌来制造神灵，并将人类的种种弱点与过恶加诸神灵。约在色诺芬尼之后二千年，

151 培根出自同样的动机，对于种种“偶像”或影响人们寻求真理的成见，提出了他的著名分类。培根说，阻碍我们的不仅有把人类种种特征加诸世界的倾向（部落偶像），而且有我们个人性情上的怪僻地方（洞穴偶像），和过去留下来的传统（剧院偶像），最后还有我们对于群众意见和对于表达意见的语言之太过分了的敏感（市场偶像）。哲学家提出这些事实，以说明推理者的种种好恶对于推理有着多么大的影响；在这些事实之外，我们可以把日常知识与法律习惯对于下面这种原则的承认，作为另外的佐证；这种原则是：一位法官若对于诉讼人之一的胜诉有着个人利害上的关系，则他就不够资格秉公据理来裁判这场官司。从这些例子里可以看出，人本

主义方面这第二个论证的新颖之处,不在它的前提而在它的结论。
人人都承认我们的利害影响我们的信仰,但只有人本主义者才认
为这个条件对于达到真理乃是一种帮助而不是一种阻碍。在人本
主义者看来,真理性是具有人类性的或个人性的一种什么东西。
而他对于那要抛弃以人拟物的偏向和要消除个人的差异之企图,
既不承认它有益,又不承认它可能。人们作出种种努力,如上面所
提到的,以使那些要凭证据来下判断的人好抛弃自己的成见;据我
看来,这充分证明了人本主义者的看法不能成立,又证明了在一般
情况下,抛弃成见是一件该做的事。要证明这些努力在许多情况
下是成功的,并证明去摆脱在情绪上的偏向既有可能性又是该做
的事,还有许多例子,这些例子表示人们竟有那种诚实性,作出了
确实违反自己利益和违反自己成见的判决。对于那种使我们相信
我们所愿相信的东西的冲动,我们的确很少时候能够把它遏制下
去;但是我们一旦承认我们有了成见,就可使成见没有害处。对于
成见如同对于错觉一样:在我们对它们已有了解之后,它们可以仍
然存在,但是它们再没有欺骗的能力了。对于一根局部浸在水里
的棍子,我无法使它不显得弯曲,但一旦这种错觉的性质弄清楚了
以后,我就能够设法抵消假表象的作用。如果我对于某一特别宗 152
教主张或政治主张有着强烈的偏好,则我若对于这种偏好之确实
存在加以承认,又对于反对者所提出的证据特别加以注意,就可使
这种偏好失去再把我引入歧途的能力。因为对于任何存心正直的
人而言,明确承认自己的偏见就完全足以使他彻底地公正无私,只
有在偏见没有被承认的时候,我们的种种同情和种种恶感才能对
于我们的判断发生恶劣的影响。

支持人本主义式实用主义的第三个论证建立在这一事实上：我们在理智上或在认识上的种种过程是跟所谓在意志上的种种过程具有同样真正的活动性和宗旨性的。既然衡量意志的成功，要以达到目的时所伴生的种种满足感为准，所以人们认为衡量真理就要以结论所给予我们的满足程度为准。这样一来，真与善之间的差别可以看作是人为的。在这里，我们又可以承认这个论证的前提而不承认它的结论。我们可以欣然地承认，智慧是动性的而不是静性的，又承认真理有大部分不是我们生下来就有的，或强加于我们身上的，而是我们通过努力而获得的。我们必得在意识川流里去把真理钓出来，在感觉经验的丛林里去把真理猎取来。寻求真理和得到真理，如同寻求和得到我们所愿有的东西一样，可当作这样一种过程：它从个人和环境之间的一种不安定的状态进入一种平衡的状态。但我认为，在求“真”时所追求的平衡状态和求“善”时所追求的平衡状态属于相反的两个类型。

我们可使自己跟环境处于平衡状态的这两种相反办法，在事实上类似我们可以对付鞋子的两种办法：我们可企图不使鞋子改变形状，并且如有必要把脚缠小，一直等脚能适合鞋子时为止（这比方寻求真）；或者我们不变动脚的形状而把鞋子楦大，一直等鞋子适合脚时为止（这比方寻求善）。

就物体能满足我们的愿望与需要而言，我们认为物体具有善这种属性；就观念与判断跟实体符合而言，即就它们所肯定的东西确为事实而言，我们认为观念与判断具有真这种属性。当我们要
153 得到美善时，我们企图把实有的东西变为理想的东西，使环境适合我们的愿望。但当我们要得到真理时，我们却抱了一个相反的目

的，即要使我们的观念与判断符合实有事物；求真理的人企图使他的脑子变为一面明镜，以便镜子可把事实准确地反映出来而不受希望或恐惧的歪曲。寻求知识要有最积极的活动，这完全对。实验科学工作者不满足于被动地观察自然，他会对于环境加以改变与控制，以便他可发现他所求的真理。但是所有这些改变对于他的主要工作而言是严格次要性的和工具性的。他们的实际活动只是一种手段，使他在理智上的好奇心可以得到较好的满足。不管寻求真理有时候必得进行活动，不管寻求美善有时候没有活动也足够了，在这两种情况下，那发生于个人和环境之间的适应或平衡是不同而相反的。

总之，人本主义者，为了要在对于理智和好奇心的满足（而这是真理）以及对于情绪和愿望的满足（而这是美善）二者之间，取消它们的区别，就强调说，二者都是"满足"，就强调说，"理智是跟意志一样动性的"，又强调说，真的东西（被看作只是"在信仰上的美善"）是个人跟环境的一种平衡或和谐，而一切有意的活动都以在某种形式上达到这种平衡为目的；可是这些理由都是不充足的。

在某种限度内我们能够按照我们种种愿望去改造实有事物，能把自然界的过程形成得可适合我们种种需要。但是这个世界里的万事万物绝大部分超过我们的改造能力，虽然并不超过我们的知识能力。一方面我们有所已知道为真实的、但不能被认为也不该被认为是美善的各种东西，另一方面我们有所能认为也该认为是美善的、但据我们所知并不是真实的东西。前者数目之多，只有后者可以和之相比。硬闭着眼睛，无视存在界的这一悲惨方面，又学人本实用主义的样子，坚持说真与善必定息息相关，这种看法，

又有坏处，又无济于事，犹如它毫无根据一样。我们改造世界的主要希望在于我们有勇气来明确认识事实和理想之间的差别，认识
154 我们所发现为真实者和我们所希望为真实者这两方面之间的区别。以人拟物式的或人本主义式的乐观主义会容许我们**假装相信**或**决心相信**这一层：即一种能满足我们心愿的理论比一种不能这样满足的理论，有着成为真理的较大或然性。以这种乐观主义来自欺欺人，绝没有任何好处。

我们记得，作为实际主义的实用主义可分为三种主张：经验的实际主义、人本的实际主义、生物的实际主义。现在只剩下其中的第三种要加以讨论。[①]

3. 生物的实际主义

生物的实际主义本身是一种具有两个方面的说法。首先，它主张这个纯心理学上的学说：不管从种类发展上着想也好，从种类中每一个人的个人发展上来讲也好，我们的思想是从实际生活中种种需要与危机里发展出来的。其次，它主张这个局部属于逻辑又局部属于伦理学的学说：思想的标准和目的在于思想对于保持与扩充实际生活的功用。这第二个方面讨论思想的效力和价值，并在很大程度上建立在讨论思想起源的第一个方面上。

在叔本华所著《世界作为意志和观念》一书里（哈尔登与肯普

① 我在下文将对于实用主义哲学的一个方面，即对于我称之为生物实际主义的方面，加以说明和批评。我请读者在阅读这部分之前，把本书边码第134页的脚注再看一下。其中有杜威教授的一段话，对于我所讨论的各种观点提出了明确的反对意见。

生物的实际主义并不是工具主义，可是我忍不住有这种想法：即这种实际主义可认为是从杜威教授的学说里自然而然地，如果非正式地，发展出来的；这有些像苏联的共产主义可认为是从早期社会主义者的各种学说里所发展出来的情况一样。

出版社，第 4 版，第 199 页）有这么一段话："因而一般地讲，理性的以及仅仅感觉的知识，原来都是从意志自身发展出来的，又被作为一种仅仅工具和作为支持个人和支持种族的一种手段而属于其较高级客观化形式的本质，并且恰如身体上的、原先注定为意志服务的、原先注定为达到意志种种目的而存在的任何器官一样，几乎自始至终是完全要为意志服务的。关于所有的禽兽是这样的，关于几乎所有的人类也是这样的。"如果我们在这段话里抛弃叔本华的唯一宇宙意志以及这种意志要进行自我实现这个错得令人痛心的目的，而代之以种种具体的生物，并且设想这些生物处于它们种种需要和愿望暂时彼此冲突又跟环境冲突的各种场合里：如果这样，155
则我们就可以认为这段话把包含在实际主义第三种形式或生物形式里的发生心理学说，差强人意地提出来了。在种种愿望由于过分复杂而不再能即刻得到自然的满足时，知识和思想就出现了，并且通过天然淘汰的手续，又作为对于适应环境的新工具和有用工具而被保持下来了。①

这种关于思想起源和思想演化的理论，可以当作断定思想真假的新标准吗？我承认我实在看不出来：在我们知道一种工具有用时，这番知识本身怎能对于如何使用这种工具的问题有所启发。斧头应该怎样用法，这不取决于人们为了用斧而造斧的事实，而取

① 这种关于思想起源的看法，我认为很有道理，但是这种看法忽略了环境的这种作用：它使我们不顾、有时甚至直接违反我们的种种需要和愿望，而不得不对于环境本身以及它的种种个别特征加以注意。真理在有些时候是我们主动求得的，但在另一些时候是从外面加在我们身上的。这种看法又忽略了这一层：见于人类的和见于有些动物的好奇心是本能性的，并且很有可能从开始起就离开实际需要而起作用，而不完全为这种需要服务。

决于我们所要砍伐的木头具有什么性质。又如对于一种光学的工具，不管是一双肉眼或是一架望远镜，应当怎样用它，这完全决定于光线的各种规律。我们的需要与愿望确实告诉我们在**什么地方**和在**什么时候**去使用我们的各种工具，但是**怎样用法**则总取决于我们把工具使用在它身上的对象具有什么性质。尽管承认思想是作为扫除障碍（有碍于我们种种愿望者）的一种手段而发生的，怎样扫除障碍仍是思想自身的事。说真理的标准在于满足一种在认知上的需要，就等于说用斧头最好的方法是“斧头式地”去用它。思想有用处，这是因为如果我们对于其他场合有些知识，则我们对于当前的场合可以适应得较好些。如果先把未来的场合想个明白，则我们能更有把握地满足那些场合里的种种需要。但是我们所愿意思想的东西，其客观性质从来是而且永久是决定我们对这
156 个东西应当怎样进行思想的唯一线索。如果我要在其中想出办法的场合有关我各种欲望与希望之间的冲突，则我思想的功用当然决定于我对于这些欲望与希望的性质有多少知识。如果要在对于具体的场合进行思想，则我的种种判断是真是假，要看这次判断跟这些场合的特征符合到什么程度而定。如果我要想些抽象的东西，如空间的或数目的特性，则我的种种观念是真是假，完全要看空间或数目具有些什么特性才能决定。

人们假借实用主义的名义，对于理智论式逻辑的“抽象性”发表过许多意见；我假定抽象性所指的就是这一点：这种逻辑倾向于忘记任何给定的思想活动总是指向一个给定的场合，又在其进行程序上为这个场合的特征所左右；从而又倾向于忘记“一般性”思想这样一种东西是没有的。但若有任何人假借实用主义的名义而

“一般性地”对待欲望需要或活动，我们至少有同样的理由对他提出同样的警告。我们的种种信仰和判断，作为工具而论，所以具有这种特别的、所谓**真理性**的价值，不是由于它们满足了种种“一般性的需要”，而只是由于它们满足了这种特别的、所谓**认识上**的需要。而这种需要，上文已提过，在于使个人那相对地变动的思想对于环境那相对地不变动的结构达到一种恰当的适应。跟求真理有关的是一种十分具体的需要或兴趣，而不是什么一般性的需要：这层道理也是实用主义者，在把他们关于有效性这个实际主义标准应用到种种具体场合时，所自己承认的。这一点可从反面又可从正面看得出来。如果父母相信其子女具有高贵的品格，则这种信仰可引起某种程度的安慰；实用主义者会拒绝以安慰的程度为根据，来决定这一信仰是真是假。他们会这样说：观念为了可以成立而必有的效率，必定是跟观念的意义有关的效率，而不是仅仅会引起幸福的效率。这一事实从反正说明了这一点。

他们学说的同一方面正面地见于《我们怎样思想》这一本书里。这本书是关于工具主义方法论的一种简略陈述。个人把思想 157
作为工具来使用，并通过这番使用来解决一个认识问题或对付一个场合。杜威在那本书里把这个过程的各个步骤举列出来了。这个过程只在这一种意义上才是“实际的”，即它是暂时性的和实验性的，亦即它具有再错再试法的性质。但是这种活动所朝向的**目标**并不是实际的，因为它所求的乃是一个关于客观事实之明朗化了的认识。思想家的实际性，在意义上不同于道德家的实际性。思想家企图看见事物的真相，而不企图改变事物，使之变为它们本来所不是但应该是的样子。我认为生物类型的实际主义者有着这

种见解：即思想的实际性仅仅是指思想为认识上种种具体需要而服务的意思；如果我没有错的话，则我们不能认为这种主张有什么贡献或提出了一种断定真理的新标准。我的种种批评可用下列两难式辞说简略总括出来：有人认为我们若把真理解释为满足需要，则我们就得到了一种新的逻辑标准，这种说法或者是无害的明显道理，或者是有害的怪僻议论。因为等待得到满足的种种需要或者是认识性的，或者是非认识性的。在前种情况下我们若说这些需要得到了满足即是我们达到了真理，则我们说出了一句显而易见但无所启发的话；而在后种情况下，我们若肯定非认识性的种种需要得到了满足即是我们达到了真理，则我们作出了一个重要但显然不成立的肯定。

生物的实际主义没有贡献一种新的逻辑标准，这不等于说这种学说没有价值或没有创造性。这种学说强调思想过程的实验性质；它又警告人们不要求助于种种响亮好听的概括，而以之来代替那种引起认知反应的场合所需要的具体解答；这番强调和这种警告使它成为一种又新颖又站得住脚的学说。

对于作为一种思想方法论的生物实际主义，我们不拟继续讨论下去；且让我们现在来讨论这种主义能否如它自己所认为的那样，决定思想兴趣的范围。

如果思想起源于实际需要，为什么实际需要不能选择思想的题材以及控制它的应用呢？

对于这种要想限制认知兴趣范围的提议，我们可以提出这个反对它的论证：即在演化的过程中有着许多例子，表示种种器官或
158 工具在失去原来作用与机能之后还继续发展。使原先存在的需要

得到满足之器官，几乎每个都引起了种种新的需要；只有通过对于器官的新使用方法才能满足这些新的需要。在社会演化的过程中，人们所曾创造的种种制度大都终于改选了人们自己。如果我们能证明艺术与宗教，比方说，具有一种纯实际性的起源，则这并不表示其后来的作用主要是，或者应该主要是，实际性的。思想习惯的出现使人变为新的存在者，变为进行思想的人，而不再是只顾实用的人。那种要知道世界具有什么性质的理论好奇心，从它原来浸没于其中的实际需要里解放出来了。人类不再仅仅有着求生存的需要，又有了求知识的需要。在开始时，人们是为了可以有东西吃而进行思想；现在已演化到这种程度：人们是为了可以进行思想而吃东西。我的意思是说：人类生活最特别的地方在于把身体的种种物质需要放到次要地位，而把理智上、审美上、精神上全部企望的满足提到首要地位。如果我们认为一种机能的用处与宗旨为那些原先引起它的种种动机所限制了，则这跟进化的方向和意义正相违背。在人类历史上或个人生活中，思想是作为解决种种很具体、很实际问题的工具而最初出现的；如果以此为据而否认种种抽象问题或种种关于宇宙性质的问题自有其合法的地位，则这等于以我们的手指原先是为了我们原始祖先对付森林里种种需要而发展出来的东西为理由，来否认我们有权利使用手指来握笔杆或玩乐器。

实际主义者在心理学方面的理论，大都是真的；至少是饶有兴趣的；它把我们种种范畴在历史上的发展阐明得特别清楚。它强调思想过程的实验性质；过分理性论化了的心理学把一切形式的人类经验，看作那种能够“一般地”起着作用的原始心灵或超越自

我之混乱的或衰退的产物；对于这种心理学，实际主义提出了迫切需要的纠正。

不仅作为关于发生心理学的一种理论来讲，甚至作为关于逻
159 辑程序的一种理论来讲，生物实际主义这种主张是有价值的；其价值在于它被人们用来**积极地补充**，而不**消极地代替**那种寻求真理的兴趣。培根高唱人们要利用知识，我们应当响应他的号召；但我们不要付出这样的代价，即忘记为着知识本身而爱好知识和享受知识。

第三节　作为相对主义的实用主义

实用主义的第三个主要方面或倾向，因为没有更好的名字，我称之为相对主义。跟未来主义和实际主义一样，这种倾向以某种方式或多或少地表现于一切自称为实用主义者的言论里。未来主义的意义主要在理学上、教育上、社会哲学上，而实际主义的意义在它的三个方面全都主要在发生心理学上，以及在什么是达到真理的正当标准这个问题上。可是相对主义不同于实用哲学的其他部分，它主要涉及认识论，即涉及方法论里的这样一个部分：它不讨论我们怎样或应当怎样去求知识或真理的问题，而讨论我们在得到知识或真理之后应该怎样对知识的意义加以解释的问题。如在引论里所已指出的，关于真理意义的问题，其关键在于知识对象跟那知道这些对象的心灵到底发生什么关系。对于认识论里各种问题的系统讨论要留到本书的第二部分。但因为实用主义的实际主义式逻辑跟它的相对主义式认识论有着密切关系，我们把二者

合在一起来讨论似乎是最好的办法。这种不大正常的讨论步骤还有这个理由：认识论上的相对主义者自高自大地认为他对于真理意义的解释具有那么大的优越性，以至它可使一切对于认识问题的传统答案全都显得勉强或失去意义。这种自高自大的态度被相对主义者发展得那样厉害，以致他甚至不愿用认识论这个通名来称呼他那特殊种类的认识论。他要把他的主张当作整个认识论的 160
代替品，而不当作认识论的一部分，又把它当作一种手段，借以逃避在知者和对象的关系上所牵涉到的整个一套迷难。

如果我们把实用主义这种相对论式的认识论当作是从它那实际主义式逻辑里发展出来的，则这是了解这种认识论最好的方法。所以在对于真理意义的相对论看法提出批评之前，我拟先谈一谈这种看法是怎样从实际主义者对于达到真理方法与测验真理方法的看法里面发展出来的。让我们首先记住，在实用主义开始的各种发展中至少有一种是把进化生物学应用在心理学[1]领域里的企图。结果就对于心理过程有了詹姆斯所谓的“目的论”的解释。如果对于心理生活的每方面都从目的论的观点加以解释，把它作为一种动性的，并以满足个人种种需要为宗旨的过程，那么，很自然地就会再进一步，来把那种要在认知上达到满足的逻辑兴趣作为一个小项，隶属于那种要在实际上达到满足的伦理兴趣这个大项之下。

我们知道，实用主义的几位创始人是看重经验的，他们自然而然地对于穆勒的伦理功用主义深表同情；所以他们把逻辑与伦理

① 请参看本书第 134 页所引的詹姆斯的《心理学》中的那段话。

学联系在一起的意思就是要用功用主义的便利原则来对于逻辑价值或真理性加以解释的意思。如果道德上善的东西就是在行为上便利的或满意的东西,则逻辑上真的东西也就是在信仰上便利的或满意的东西。犹如伦理学上的功用主义就是对于美善采取相对主义看法的意思,所以实用主义把功用主义推广到逻辑上去就是对于真理采取相对主义看法的意思。詹姆斯把他的《实用主义》一书献给穆勒以做纪念,这正是以美妙而明确的方式把新哲学的使命反映出来了。有种看法把美善当作绝对的并跟个人种种常变愿望不相干的东西,功用主义者已经推翻了那种看法。有种看法把真理当作绝对的并跟个人种种常变信仰不相干的东西,实用主义者想要推翻这种看法。那种认为有独立的美善之绝对论式看法,功用主义者已经加以放弃,并代之以这种相对主义的看法:凡可满
161 足愿望的东西,就可使人满足这层来讲,都是美善的。对于真理的绝对论式看法,实用主义将要加以放弃,并代之以这种相对主义的看法:凡可满足个人信仰的东西,就可使人满足这层来讲,都是真实的。人们指责功用主义者,说他们的学说会在伦理学上引起完全的无政府状态,而功用主义者反驳说:至高的善就是对于最多数人的种种愿望最为满意的东西。恰恰一样,人们指责实用主义者,说他们的学说会在逻辑上引起完全的无政府状态,而实用主义者则反驳说:至高的真理就是对于最多数人的种种信仰最为满意的东西。**每种主义的精髓都在于否认善的东西和真的东西可以离开个人的各种兴趣而具有任何绝对的内容。**

各派哲学家近年来有种风气,惯于就功用主义者主张一种多少带些人为性的快乐论式心理学这一方面来提出批评。但在着重

经验的这些批评者之中很少有人(若有任何人的话)会否认功用主义对于道德科学的整个领域作出过非常重大的贡献。人们曾经耗费了那样多的精神力量,来奉行那些已跟人们实有需要不再相干的抽象行为规则或原则,以至我们确实需要一种新的指导原则,而这种新原则会把那些已陈旧不堪的清规戒律以及徒然响亮好听的标语扫除得干干净净,并号召一切爱好美善的人们全心全意来奉行而且只奉行那些可增加人类福利的措施。主张这种新原则的人们以在满足人类需要上的效率为唯一标准,来衡量任何的以及一切的道德律;而为了替这种最高理想服务,他们毫不迟疑地征用了一切系统知识,物理学的或心理学的。他们的目的,简单讲,是要使伦理学变成一种科学,是要去掉情绪上和辩证上种种无结果的竞争,而代之以智慧上种种合作性的、实验性的方法。

我们知道,功用主义这个伟大的澄清运动,其继承人就是今天的实用主义者。除非我们记住他们在伦理上的相对主义是从边沁与穆勒继承下来的,否则我们对于他们在认识论上的相对主义就不能把它的优点与弱点估计得恰当。所有的实用主义者都是广义的功用主义者;并且因为他们在价值论上的相对主义有用处又可成立,他们以及他们的朋友们就假定他们在知识论上的相对主义 162
同样地有用处又可成立。我确定地认为,这样把相对主义从关于善的领域推广到关于真的领域,正是实用主义今天所以成功的主要原因。我同样确定地认为,实用主义的这个主张,即价值的相对性以及真理的相对性,实在是不能成立的,尽管它在表面上显得有道理。在表面上之所以显得有道理,是因为适用于各道德科学与社会科学的种种方法,跟适用于其他科学的种种方法好像相同,在

许多情况下二者也确实相同。实用主义的大师们在法律、教育、政治经济的改革等范围内确有贡献并非常值得钦佩，由于他们使各种程序与方法较有了伸缩性，较有了效率，又较适用于当前的种种具体问题，所以人们自然而然地认为他们的各原理在其他范围内也会同样地有效。如果那种认为在伦理上可欲的或善的东西不能离开个人之看法果已有了益处，那么，这种认为认识上可欲的或真的东西同样不能离开个人之看法，为什么不会同样有益处呢？但是这样把善与真等同起来的办法，在表面上好像有道理，其实不能成立，因为真与善之间有着上文所已提过的那层深奥的差异。我们只能把我们的坚信重申一遍：个人与环境间的适应是在认识上求真兴趣的目标；而在这番适应里，环境是主要的、独立的变因，个人的种种观念和判断是次要的，并且它们的有效性要看它们是否符合客观的事实而定。相反地，在意志上求善兴趣的目标虽然也是个人与环境间的适应，但在这番适应里，个人的种种愿望与情绪是主要的、独立的变因，环境是次要的，并且它们的美善性要看它们是否符合个人的需要而定。在认识上的、关于真理的平衡状态是以宇宙为中心的并且是绝对的，而在意志上的，关于美善上的平衡状态是以人类为中心的并且是相对的。因为有了这种差别，我们如果把一件对于一个人真正是好而不仅仅表面上是好的东西，看作或许对于另一个人真正是坏的，而不仅仅表面上是坏的，则这
163 是可言之成理的伦理学。为了同样的理由，我们如果把一件对于一个人真正是真的，而不仅仅表面上是真的东西，看作或许对于另一个人真正是假的，而不仅仅表面上是假的，则这是完全不通的逻辑。只有当观念符合客观事实时，观念才是**真的**；而只有当事实符

合主观需要时，事实才是**好的**。

在解释实用主义者的相对主义怎样从他们的实际主义发展出来时，我们陈述并批评了那支持这种相对主义的第一个和主要的论证：即一方面是对于人们种种信仰在认识上的满足，另一方面是对于人们种种需要在意志上的满足，这两方面之间有着表面上的相像。后种满足是不能离开个人的，人们从此就错误地推论：前种满足同样是不能离开个人的。因而又推论：实用主义可按照功利主义对于**善**那个概念已经加以阐明的同样方式，来阐明**真**这个概念。

在跟功利主义这番所谓契合之外，我相信有三种另外的原因，促成了实用主义式相对主义的发展：(1)它跟进化论有着明显的联系，(2)它跟怀疑态度有着明显的联系，(3)“真理”这个名词有着模棱两可的意思。让我们逐一加以研究。

进化论曾使我们知道宇宙里充满变化到了什么程度；甚至于显得最固定的东西，例如星辰、海洋、山脉以及动植物的种类，都处于变化的过程中。人类的种种制度和信仰，一度显得永恒不变，现在都经过了修改。我们很自然地会认为，一切存在事物都要遭受的这种演化的过程，可推广到逻辑意义的领域里来；因而我们倾向于把真理系统不会变化的这种看法当作一种来自达尔文前期的遗物。可是把变化这个概念从生物领域推广到逻辑领域尽管是很自然的事，这种推广却绝对没有充足的理由，并且只会引起混乱。首先，除非变化过程里的各个项目始终固定，否则变化自身就没有任何意义。我无法说一个人从少年变到老人，或说一个种类从猿类变到人类，除非人们认为“少年”、“老人”、“猿类”、“人类”这些名词 164
保持着它们的意义而不改变。对于各逻辑项目可以成立的东西，

对于表达各项目间种种关系的各种辞说也同样地可以成立。如果“在1900年以前的一万万万年之内大地一直是球形的”这句辞说在此刻是真的,则它将永久是真的;不然的话它就会失去一切意义而不成为一句辞说。也许大地在明天就会从球形变为盘形,但这并不改变上面这句辞说的真理性。简言之,这些格言——对于一人真则对人人都真,在一个时候真则永远都真——不仅对于一切抽象的辞说或关于不存在事物的辞说可以适用,而且对于所有其他辞说,只要它们所肯定的事实在时间上和空间上被彻底地确定得毫无模棱两可之处,也可以适用。只在种种物理过程里以及在我们由之以认识物理过程的种种心理过程里,才有着变化。但在这些过程和它们所启示的逻辑关系之间,隔开了一道鸿沟,而这是任何变化所不能越过的。

让我们现在来讨论三个有助于散布相对主义的原因中之第二个,即相对主义跟怀疑论的关系。在这方面,相对主义式实用主义者的论证可较强有力些。我们可想象他对我们这样说:“你们谈起有一种绝对的真理,跟任何人对它的信仰或对它的知识都不相干。那么,就假定果然有了这样一种真理,我们也无法达到它;或者至少是这样的:即使我们达到了它,那我们仍然无法知道它是这种绝对真理。就真理而言,我们所能知道的只是我们所已相信的某些东西。每人用真理这个好听的名字来称呼他自己的信仰;他认为真理可作为一个绝对的标准,在称呼旁人的种种意见时则用诸如‘表面真理’或‘主观信仰’这样一种不恭维的名称。因而我们实用主义者老实承认人类天性上的这一缺点,并很坦白地说:没有任何值得用朱笔加圈的真理,没有任何绝对的、非个人性的客观真理,甚至我们自己所有的也不是这种真理；而且又说，不管我们愿意不愿意，在信仰上我们必得以信仰中的最好者为满足。我们仍可按照这种主观性的意义来使用真理这个名词，而且正是在这种意义上，真理是因人而异的，又是有变易的。”

实用主义者的这番答复，其唯一的毛病是，这等于在实际上承认了：他的主张之相对主义特征，在去掉模棱两可的意义之后，就会变为纯粹的怀疑主义。因为怀疑论者所主张的正是：具有客观 165
意义的真理是人们用尽一切方法都不能达到的。在实用主义式相对主义和怀疑论之间，唯一的差别是：前种学说按照一种纯主观的意义来使用“真理”这个名字，而这种意义跟其他方法论所采取的意义不相同。彻底的怀疑论者跟相对主义者一样，认为我们具有种种信仰并偏好自己的信仰而不重视旁人的信仰；但是彻底的怀疑论者不把这些被偏好的信仰称为“真理”，借以在字面上给予自己一些毫无根据的安慰。他把“真理”这个名词只用在客观实体身上，而认为这种实体乃是我们知识所无法达到的。到底他在方法问题上采取这种悲观和消极的态度是对或是错，我们要到下一章加以讨论。

认识论上的相对主义之所以大受欢迎的第三种理由可陈述如下：一切真理都依靠个人，或都是局部为个人所创造的。所以真理是无法跟个人分开的，并是跟个人发生相对关系的；既然这样，真理就随着人们的变化而变化。这段有关相对主义的话牵涉到两种意义，而这两种意义取决于我们所给予真理这个名字的两种意义。“真理”可指(1)凡被信仰的东西，或指(2)凡是真实的或为事实的东西。如果按照第一种或主观的意义来解释真理这个名词，则这个认为真理会有变化的相对主义原理就变为明显的道理，因为这个原理的意思不过是说：**随着人们心灵的变化，人们的信仰发生变化**。如果按照第二种或客观的意义来解释，则相对主义就不再是明显的道理，而变为怪僻的议论了，因为在这种意义上它所指的是：**随着人们心灵的变化，世上的种种事实和实体发生变化**。我们可用下面这个例子来说明其间的差别："'大地是平的'这句话对古时的人们是明显的道理；'大地是圆的'这句话对于我们是已被证明了的真理。古人的真理不是我们的真理。所以真理是相对的，是有变化的，对某人是真的东西对另外一个人可以是假的。"这几句话听起来好像没有什么问题，我们听过后可以对之不提出任何非难，因为我们假定了：在这里是按照其主观的意义而用"真理"这个名词的，是把这个名词当作信仰的同义词。人们的信仰各不相
166 同，一个人可相信另一个人所不相信的东西，这都是明显的道理；就大地的形状而言，人们的信仰先后不同，这是人人皆知的事实。古时的人们相信大地是平的，我们相信它是圆的。如果上面所引那段话的说话人是按照"真理"这个名词的客观意义来使用它，则我们可以认为他在地质学上或在逻辑上信口雌黄。如果他的意思是说大地的平形在古时为真理（即为事实），又说大地的圆形在近代为真理（即为事实），则我们可以假定他曾相信大地的形状在地质上发生了一种了不得的变化，从平形变为圆形。如果他一方面仍采取"真理"这个名词的客观意义，而另一方面又否认他曾有意于说出上述那样荒谬的地质说法，则我们就要假定他犯了一种更加荒谬的逻辑毛病：即认为大地的形状可以同时是平的又是圆的。

这样一来，可知实用主义关于真理的相对主义式说法，是由于

有了模棱两可的意义才显得好像有些道理。在这种模棱两可的意义未被揭发之前,明显的道理和怪僻的议论互相掩饰,并且合起来使得这好像是一种新颖而重要的发现。恰恰按照这同样的方式,一块在白色薄纸下面的黑色纸壳,从上看去会显得是一片灰色。但我们若从侧旁看过去,则灰色的效果就会消失,而只见黑白二色。所以,一旦我们把“真理”这个名词的模棱两可的意义弄清楚了,而坚持相对主义式实用主义者只能按照其中一种意义来用这个名词,那我们就只看见一种怪僻议论和一种明显道理胡乱凑合在一起。怪僻的议论是:种种事实取决于相信这些事实的人们。明显的道理是:我们对于事实的种种信仰是先后不同而有变化的。倘若这里选的例子还没有能使读者满意,我建议读者自己想些例子,使这些例子差不多可以表示“真理在变”或表示“对甲真而对乙假”的情况,然后对于例子里各辞说所牵涉到的各种意义加以分析,看看是否略加分析就可把例子里所涉及的“真理”之模棱两可意义或双重意义揭发出来。

对于实用主义的相对主义认识论,我们拟分析至此为止;但在结束之前,我愿意使大家注意到一种真正的危机,这种危机威胁着 167
哲学的研究和教学,并且通过我们所已讨论的这种学说之继续散布,变得更加严重了。

现在有着某类型的“时髦”学生,他们认为正大光明的怀疑论所必有的谦逊态度是不可容忍的。这些学生很热心,很专心,并不故意不诚恳,对于大哲学家们所已提出种种有关实体和知识的问题,会去钻研一个时期。他们尽了最大的努力,可是他们搞糊涂了。他们不同意贝克莱和康德的种种唯心论式结论,但又不能驳倒这些结论所根据的推论。近代学者,如德里施和柏格森,从活力论的角度对于流行的科学自然主义提出种种批评,他们因而怄气不安;可是他们缺少自然科学上的基本知识,对于这些批评连一种暂时性的评价都提不出来。在这些学生之中,那些搞得较糊涂而又不讲原则的人处于这种境地时,就会不可避免地争先恐后接受任何办法,不管办法多么空洞浅陋,只要办法能把他们的失败,即使对于他们自己,隐藏起来就好,只要办法能使他对于过去的伟大哲学家有了一种优越感就够了。这是一种更严重的危险:相对主义式的实用主义恰好可被利用来满足这种需要。因为在相对主义者看来(他隐蔽地提示着:“真理”不是旁的而只是我们在信仰上所能达到的最好东西),关于客观实体的一切问题都是“人为的”。如果在人类的种种愿望与信仰之外没有任何客观实体,那么,对于传统哲学的各种问题就没有加以过问的必要了。这就会引诱庸俗的人们为了掩盖他们的无能,而夸张地说:他们所未能解决的种种困难问题不是“真正的”问题,而是“过时的”、“辩证式的”琐碎小节,是一个实际时代中的实际人们所不必过问的。像寓言里的狼一样,如果我们得不到葡萄,则我们为了顾自己的面子就可说葡萄是酸的。

作为方法论上一种学说来讲的实用主义,我们现在已经陈述完了。我们已经略述过它怎样起源于皮尔士的原则,怎样在詹姆斯、杜威、席勒手上得到发展;我们又逐一地讨论了它的三个主要
168 方面:(一)未来主义;(二)实际主义(这方面又分 1. 经验的、2. 人本的、3. 生物的三种方式);以及(三)相对主义。在实用主义的这三个方面之中,未来主义的价值远在其他两个方面之上。若人们

在科学上与文化上以瞻前的态度来代替顾后的态度，则在人类社会里将要发生翻天覆地的变化确实难以估计。我们当然不能把这种对于未来的兴趣单独归功于实用主义。在实用主义以前，未来主义表现于尼采的哲学。在实用主义之后，不过和它没有什么关系，未来主义又表现于柏格森的哲学。此外，在那些对于官方哲学家的言论表示漠不关心的活动领域里，未来主义发生了影响。上面已经提过，未来主义这种广泛的精神，如同实用主义自身一样，是进化论所引起的。进化论告诉我们把事物看作变化与成长过程中的东西。人们对这种看法的最初体会充满着悲哀的情绪。人们最初只看到进化过程的消极方面。进化过程把我们的黄金时代、我们的圣贤祖先，以及各种不同的神话式光荣，一切民族和一切国家通过某一种或另一种方式所加诸它们的过去的，通通剥夺去了。我们每人心中的原始贵族性使我们痛惜进化论者降低了人类的起源。仅仅到了近来，人们才不再像重视门第的贵族一样，把有过蛮人做祖先当作一件可耻的事，而像相信民主制的人一样，把可能有超人做后代当作足以自豪的事。并且，现代人们这种摆脱过去的努力，其精神跟以前各次革命运动的精神不同，尤其跟法国革命的精神不同；不同地方在于近代这番努力充满一种生物学的和一种历史学的精神。这番努力是意志主义式的，而不是理性论式的，它既是建设性的，又是破坏性的。未来主义不仅仅反对过去；未来主义甚至不是 18 世纪的那种主张：即要以理性之神来代替一切较次等的偶像，以及把自己的乌托邦强加于未来的世世代代。未来主义是较积极而较不教条式的、较具有实验精神而较不具有形而上学精神的一种主张，其目的在于使人们对于在未来时间将要发生

的任何事故全都有个准备。虽然这个运动不是实用主义引起的，实用主义曾以专门的哲学形式把这个运动的特征和本质表示出来了。

169 至于作为实际主义的实用主义，我们也发现它的三种形式都反映了某种现代趋势，尤其反映了那些出现于美国的现代趋势。作为经验论的实际主义表现于广大群众的要求中：人们要求具体事实而不要求抽象原理，要求专家的专门知识而不要求陈旧的普通教养。实际主义式的人本主义（虽然往往跟实际主义式的经验论在有些地方彼此抵触）也表现于通常人们的要求中：人们要求在经济学这一类的学科里对于个人需要和对于人类情绪给予较广泛的承认，又要求对于物质界采取一种比自然科学种种冷酷判断所许可者较为近于直觉的、较为近于情感的看法。至于照第三种意义或生物意义来讲的实用主义式实际主义，它最好的例子有这两种运动：首先，人们要求功用教育而不要求形式教育；其次，人们日益觉得，我们应当抛弃为真理而求真理这种陈旧的、默念式的理想，而代之以培根式的知识理想，即把知识当作在实际上控制物质条件的工具。

在关于未来主义与实际主义的这些表现之外，实用主义在相对主义方面的主张也体现于当前的各种运动中。现今的社会沾染了功用主义的精神，并认为自身处于一个过渡的阶段。我们在上文已经说过，这种认为真理是可变和因人而异的看法正适宜于这种社会。此外，实用主义者把理论知识降低为一种产生种种实际结果的工具，还跟那种把一切真理的本质看作是相对的看法十分适合。

有着一种反理智主义的一般性态度十分流行于现今的社会哲学里；在结束本章时，让我们把实用主义，尤其实用主义的相对主义，跟这种态度相同的某些地方指点出来。很早很早以前，特拉西马库斯说过：公理只是较强有力者的利益。自特拉西马库斯起一直到尼采、马克思或弗洛伊德等的最近门徒为止，存在着一种马基雅弗利式的传统，主张政治上的“实在论”而反对自由主义。拥护这种传统的人们，其特点在于他们具有这两种态度：(1)一种是消极的，看透了人性，认为人类没有不顾私利而追求道德理想的能 170
力；(2)一种是积极的，对于种种真正推动人们动作之具体的、涉及利益的动机，采取一种愤世嫉俗但仍算健全的好奇心。这些政治上的实在论者并不承认：人们之所以假仁假义，正表示仁义有号召力。他们也未看出：如果广大群众对于种种理想没有真正的和有效的敏感，则群众的领袖就不可能用宣布高尚理想的办法来掩盖他们的自私自利。除非一般地讲，真正的公理，作为一种理想而言，在人们心中确实有着号召力，否则向人们宣称自己行为合乎公理，这对于较强有力者又有什么利益呢？

人们在口头上所承认的种种社会行动理想曾被人们滥用；我们的政治“实在论者”以此为理由就不承认这些理想有效。这样做了之后，他们就觉得他们已达到一个“超过善恶”的观点，而这个词语对于他们如同对于尼采一样，仅仅是描写自私自利的字眼，不管这是褒义还是贬义。既然人类行为没有了种种在逻辑上的或在道德上的**理由**，而只有着种种在物理上的和心理上的**原因**，他们就着手去发现这些原因到底是什么。这种本着愤世嫉俗的动机去寻求在社会演化过程里种种非理性的因素，得到的收获大得令人痛心。

霍布斯、巴克尔、马克思、尼采、弗洛伊德，加上自然科学领域一大批研究者的帮助，一次接着一次地发现了：人不像是有理性的动物，会根据原则来安排生活，而只像一只复杂的动物，受着种种反射的这样或那样驱使，而这些反射即构成他所美其名曰为“意志”的东西。至于人的“理性”，它只有为着行动辩护或对既成事实加以追认这种无关紧要的附属作用。

逻辑上和伦理上的过程都有一种心理上的机构；关于这种心理机构的知识是令人难过又不易体会的。在知道行动的种种原因之后还要继续相信行动的各种理由，这说得最轻也是难以办到的事。早些时候有过两次典型性的抗议，抗议错误地解释人们对于有关自己机构的发现；鉴于反理智主义者在目前之进攻，把这些抗议回忆一下会对我们有些帮助。

这些抗议中，头一种就是赫胥黎在《进化与伦理学》一书里所敲过的警钟。他警告我们不要树立大自然作为道德权威的泉源，
171 来代替旧有的超自然。理想的正义，其意义并不受实有强权的影响；即使我们处于大自然的严重威胁之下，我们仍要对于人类精神的种种价值有着坚强的信仰。因为不管我们发现大自然是多么盲目或多么残忍，大自然及其种种规律除了是我们在实现我们目的时将被使用的工具外，是在道德上毫无关系的东西。这个宣言，说道德价值并不依靠物质存在以得到人们的认可，虽然出于一位机械主义者的手笔，却在内容的智慧上与文字的美妙上完全像柏拉图写作的一样。

具有同样意义的第二种抗议见于詹姆斯的一篇论文里，论文的标题是《反射动作和唯神论》。当时流行着一种倾向，对于种种精神上的强烈经验，仅仅因为人们发现它们具有某些生理上的经常伴生现象，就看不起它们。詹姆斯对这种倾向表示抗议。如果我们感觉一种宗教情绪时，消化系统或生殖系统有些失常，则我们绝不能采取这种解释，认为有关宗教的东西可归并为有关消化或生殖的东西。换言之，衡量一种经验的价值要以它的种种内在性优点为准，而不去理会它有什么肉体上的伴生现象。现今的反理智主义潮流并不像赫胥黎著作出版时一样，是以人类有着物质起源这种发现为根据的，也不像詹姆斯论文发表时一样，是以人类情绪有着生理上的伴生现象这种发现为根据的。这种潮流乃广泛地从历史、人种学、社会学的进展中得到了新的力量。人们发现我们文化里，如艺术、宗教等等里，有许多为我们所最珍贵的因素都有卑下的起源；这在反理智主义者的心中产生了**发生论**的这种近代错谬；这种错谬看法根据道德理想的历史起源来估计它们，甚至于仅仅因为它们是有起源的，就把它们的价值整个加以抹杀。这是自然主义式的、实用主义式的、文不对题的论调；虽然它表现在一种新的形式里，却跟自然主义者赫胥黎和实用主义者詹姆斯所向之抗议的东西并不两样。大自然对于勇敢和仁爱无所偏好，但这不是我们对这些美德可以少重视些的理由。我们最高的种种情绪受着我们血管和汗孔所发生种种变化的影响。但这丝毫也不减少这些情绪的价值。关于我们在理论上的、不涉及利害关系的种种态度有着什么在实际上的、涉及利害关系的起源，我们得到一大堆新的历史材料，这也同样地不应该使我们对**这些态度**的价值表示 172
怀疑。我们的种种价值是怎样的就是怎样的，不管它们有了什么物质环境，什么生理条件，什么历史起源。

实用主义式的相对主义否认逻辑的有效性,又把对于心理上发生经过的新兴趣来代替对于客观真假的旧兴趣;我们知道,在这番否认和代替里,实用主义对于在新政治社会学派里占统治地位的反理智主义,准确地并以哲学的专门术语把它反映出来了。把信仰的发生经过跟它的真理性混淆起来,把美德的发生经过跟它的价值混淆起来,这样做在道德方面有危险,犹如这样做在理智方面是错误的一样。在理论上,这样做就是有意地并系统地否认我们对于种种理想有着不涉及利害关系的信仰,而这种信仰,不管以前多么不完全地见诸实践,一直是使得人类所以伟大的精神动力。在政治纲领上,这样做就是维护较强有力者的利益,就是否认民主制度,就是把实行阶级专政,不管"红色的"或"白色的",当作我们所要达到的目标。在战术上,这样做就是以子弹来代替选票,以"直接行动"和无耻地使用武力来代替代议程序上的种种办法,代替人们从痛苦经验中所获得的种种办法。如果我们关于人类文化的起源有了新的知识,我们就得放弃人类文化对之最有意义的那种东西以作代价,那么,这就变成人类历史上最亏本的一次交易了。

当前的急务在于回到18世纪之革命的理想主义。但回到理性时代并不需要我们放弃智慧时代已把我们教会的东西。

我们知道,把现代对于文化起源和人类机构的普遍兴趣明白清晰地反映在哲学里,这是实用主义为自己所提出的任务。如果实用主义利用这些兴趣来代替人们对于客观真理的尊崇,则实用主义会成为对于人生的一种咒骂和灾害;如果相反地,它利用这些新兴趣作为工具来实现人生的种种理想,那么,它可以跟种种最伟大的哲学系统并驾齐驱。

第六章　怀疑论的方法 173

在这些关于逻辑的理论里，怀疑论是具有消极性质的一种。只有按照我们说无政府主义是一种政治理论，或说无神论是一种神学的这种意义来讲，我们才能说怀疑论本身是一种逻辑方法。简言之，怀疑论者否认在五种得到观念和证明信仰的方法之中，有任何一种，或五种合在一起，可使我们得到真正的知识。

人们所曾用以支持怀疑论的四种主要论证，可照威伯尔的说法，称之为：（一）历史论证，（二）辩证论证，（三）生理论证，（四）心理论证。让我们依次加以论述。

第一节　历史论证

怀疑论方面的**历史论证**建立在这些事实上：一来，人们在任何方面所曾提出的意见，没有几种不在某些时候曾被某些人所怀疑或否认；二来，关于一切在哲学上或在根本上重要的问题，历史告诉我们在那些被认为是专家的人之中，以及在一般人们之中，有着难以数尽的不同信仰。这确实是真的：哲学里有一种根本的对立，发生于唯物论的或自然主义的见解和唯心论的或精神主义的见解之间；而哲学上的这种主要对立可把大多数较小的分歧包括进去，又在某种程度上对于我们引论里已列举各主要哲学研究类型的每

174 一类型都可适用。这同样是真的：这些相反的倾向，以及各种不同类型的折中主张，在哲学史上自始至终相持不下。在初期的哲学思想里，唯物论和唯心论的例子各别有德谟克利特和柏拉图的学说；在今天，二者的例子各别有海克尔和罗伊斯的学说。所以怀疑论者指出这种在哲学家之间无法结束的斗争，并把它作为一种历史论证，来证明他们的这种主张：宇宙之谜是无法解开的。到底物质以及它的种种机械规律应当被看作是主要的东西，还是相反地，那堆具有目的性的经验，即我们所称为精神的经验，应当被认为在万有之中列居第一位；或者到底这两种说法都可以当作，或两种都不可以当作形而上学上最终的东西：怀疑论者说，这些都是永远无法解决的问题。

对于这第一个或历史的论证可有两种答复。

1. 虽然唯物论态度和唯心论态度世世代代相持不下，可是随着时间的推进，种种对立的学说在自身的内在力量上，又在对于彼此的赏识上，都一般地有了收获。在每种学说里又有着一大堆正面的而跟另一学说并不格格不入的东西。现代的唯物论者（或自然主义者，照他自己所乐用的称呼）对于实在界的物质方面比以前知道得更多，并且比以前任何时候都更能恰当地加以评价；虽然最后的解决尚未确定，他的学说的一大部分已被公认为真的。他也较有资格来对于主张相反学说的人们给予恰当的评价，对于现代的唯心论者，以及各折中学派的人，也可说同样的话。哲学的历史可比作为一个螺旋体，基层宽大，每高一层则较小一点，最后收敛在一点上；每一个旋转的周围象征各种不同类型的世界观，而整个螺旋的向上方向象征历史上的先后次序。[①]

2. 为了答复怀疑论方面的历史论证，不仅可以指出：各种相反类型的学说，其日益增长的综合性质使它们之间的对抗性日益 175
减少；并且还可指出：有许多一度无望解决的问题确实被解决了。这番进展使我们有权利希望：尚未被解决的各问题在后来研究者的手里可以迎刃而解。的确，哲学所处的境遇其实并不完全像在表面上的那样恶劣，因为如詹姆斯所已指出的，一个哲学问题在得到解决之后就不叫做哲学问题，而过渡到科学的领域里了。简言之，历史的发展只能使怀疑论者有根据说“有所不知”，不能使他有根据说“无法知道”。

第二节　辩证论证

有利于怀疑论的**辩证论证**建立在被人们肯定过的这个事实上：即虽然按照逻辑的必然道理来讲，一对互相矛盾辞说之中必有一句是真的，可是就许多（如果不是一切的话）关于实体最终性质的问题而言，我们的选择似乎只限于两种说法，而这两种虽然互相矛盾，却必得认为都是假的。在这些被称为“二律相反”的情况下，我们的思想在作了通盘的考察之后，似乎不得不承认：问题的解决在逻辑上是不可能的。人们提出过许多个隐谜或二律相反，我拟

① 在唯物论与唯心论这两种相反的态度之外，确实还有两种主要类型介于二者之中：(1)二元论，认为物质和精神二者都是实在的；(2)现象论，认为只有个别经验之川流才存在着，而物质和精神被认为仅仅是想象力的产品，既无用处又不真实。

从中选择一个，好让我们来仔细研究一下；所选的是最出名的一个，并完全可以代表全部的隐谜。

没有任何东西比**运动**更加真实，可是有人认为我们可以证明物体的运动是不可能的。据说这是因为运动所经过的路线是无穷数的间隔所构成的，而我们无法设想一系列无穷步骤可在一段有限时间内完成得了。所以，一方面感觉告诉我们运动是真实的，而另一方面理智告诉我们它是不真实的；要否认感觉吧，这是无稽之谈，要否认理性吧，这是无理发蛮，可是我们又想不出第三种可能来。

这个隐谜是古代希腊哲学家芝诺提出的。芝诺虽然没有利用

176 他的各种隐谜来证明怀疑论，这些隐谜都可以这样利用，在事实上也被别的哲学家这样利用了。诡辩者高尔吉亚就把他的怀疑论建立在芝诺的隐谜上，而英国哲学家汉密尔顿把他的不可知论建立在一些在本质上等于康德所提各种二律相反的论证上。实体的绝对性质（即不受限制性）表现在我们的经验里，高尔吉亚和汉密尔顿二人都认为它是根本上和确定地不可知的。

对于这种二律相反式的局面，如芝诺关于运动之谜所牵涉到的，在事实上可有四种看法，而这些是在逻辑上可以采取的看法，并且的确有人已经采取了它们。首先是怀疑论者的看法，认为理智和感觉之间的冲突无法调和，从而证明实体的本质是不可被知的，这种消极的态度只是绝望的呼声，要是积极的解决办法全都不能成立，它才可以成立。积极的解决办法有三种：(1)神秘主义者的解决办法，芝诺自己所采取的，为理智辩护而牺牲感觉；(2)实用主义者的解决办法，柏格森所采取的，为感觉辩护而牺牲理智；

(3)常识的解决办法，它的一种形式是我们将为之辩护的；据之，我们可以证明逻辑与经验之间的表面冲突，可以通过对于那种引起这种冲突的局面加以新的分析而被消除。只有在逐一研究了这些积极解决办法之后，我们才能恰当地评论怀疑论者对于这些解决办法的全部否认。

1. **神秘主义者的解决办法**。芝诺认为，运动现象把逻辑推论与感觉经验之间的冲突清清楚楚地表示出来了。我们知道，从平常人看来，理智与感觉是两种同样可靠并彼此调协的知识泉源。但是在芝诺看来，二者既不彼此调协又没有同样的可靠性。不调协：因为据经验的启示，运动是事实，而据理智的启示，运动不可能。不同样可靠：因为据芝诺说，理智所具的权威是自身明显的，而感觉性的经验只配得上人们的蔑视。由此可知：任何时候感觉经验不幸竟跟理智有了冲突，感觉经验就该即刻让步。据芝诺的意见，不仅关于运动的问题有这种情况，而且关于多样性或众多性 177
的问题也有；所以要把众多性和运动都看作是虚幻的或不真实的。既然我们所谓的大自然处处充满着运动与多样性，由此可知：整个大自然都是不真实的，或都是“无”。在芝诺看来，真正的实体是“有”，它是唯一的、永恒的存在，没有任何变化或多样性，因而是不可言状的、超越一切经验的。芝诺认为他在运动现象中发现了种种矛盾；他解决这些矛盾的办法就是简单地把运动，从而把整个感觉世界，作为不实在的东西而加以抛弃。

2. **实用主义者的解决办法**。法国哲学家柏格森从这个貌似双难论证的相反一面来着手解决。如果感觉与理智冲突，正是理智必得低头。柏格森不认为运动不实在而加以否认，反而认为逻辑不成立而加以否认。据这位哲学家说，理智是一种工具，它是从生命之力演化出来的，为了它好控制自然界那个具有较少生动性而具有较多静止性的方面。把它应用在这个目的上，理智有着惊人的效果；但若我们企图用它来表达生命自身的本质，甚至表达物质的动力方面，则它就不胜任了。运动是人们可经验到的，但它抗拒并超越逻辑上的分析；它的这番抗拒和超越，正证明它具有最终的、不可再分析的实在性。

我们知道，在芝诺和柏格森的这两种相反解决办法之间，平常人实在没有什么可选择的。跟着芝诺来否认感觉的实在性，或者跟着柏格森来否认理智的有效性，几乎是同样令人头痛的事。上面提过，一种做法是无稽之谈，一种做法是无理发蛮。骤然一看，柏格森所肯定的一面似乎较为可取；因为人们对于逻辑没有对于感觉那样熟悉，所以对于放弃逻辑不至于那样大吃一惊。但是我认为，人们只在表面上宁愿做无理的事而不愿采取无稽的举动。如果一个普通的人被这个运动之谜所困，而一定要在芝诺与柏格森之间选择一个，则他可能说他宁愿承认逻辑无效；但是他的意思多半是：把逻辑应用在这个问题上的时候，恐怕发生了他所不能发现的一种毛病，而不是逻辑自身有着什么毛病。为了好把这个双难论证更明白地表达出来，我们可以问他：他若非选择不可的话，

178 到底他将对于经验里的方形和圆形加以否认呢，还是对于无法理解之“方的圆形”或“圆的方形”加以承认呢？如果我们这样做，我相信后种选择对他会跟前种选择对他完全一样地讨厌。难怪怀疑论者宣称，在这种情况下，唯一正当的态度就是怀疑态度，唯一确定的事实就是：实体的本质确实是不可被知的。

3. **常识的解决办法**。我们不能否认：一个运动物体所经过的

空间可分为无穷数的部分，因而运动自身的问题就牵涉到要把一系列无穷步骤逐一走完的问题。我们也不能，像人们有时所暗示的那样，认为运动的连续性对于必须经过的间隔数目之无穷性，会有任何缓和作用。一里路是空间的一段直线距离，而这段距离是$\frac{1}{2}$里加$\frac{1}{4}$里，加$\frac{1}{8}$里，加$\frac{1}{16}$里……这样一直加到无穷的总和。关于一寸地，情况也一样糟糕。在事实上，任何距离，不管多么短，都充满了无穷数的部分，而任何要想走完这段距离的人或东西必得经过每一个部分。如果一件东西以匀速运动着，比方说，一秒钟走一尺远，则在任何一个有限数目的秒数之后，它将走完同样一个有限数目的尺数。若要走完无穷数的尺数，则需要无穷数的秒数。简言之，若要完成任何运动，就必定要有跟空间间隔一样多的时间间隔。换言之，运动好像就是各空间距离和各时间瞬刻之间的逐一

171

相应，或数目相等。由此可以推论，若要回答芝诺的问题，即若要说明跑得飞快的阿喀琉斯在追走得很慢的乌龟时，怎样能在有限的一段时间内，把介于地和乌龟之间那无穷数的一节一节路程全都走完，那么，我们只要这样指出就够了；阿喀琉斯所可支配的一段有限时间包含着无穷数的瞬刻，其数目等于他所必走完的空间间隔。如果把芝诺的隐谜这样提出来，则用一会儿的思考就可使我们想出答案。因为，像亚里士多德在《物理学》一书里所已指出的，在追乌龟过程中所逝去的所谓一段有限时间，其实跟这番运动所经过的空间，是完全一样地可无穷分割的。不管被指定的时间单位是多么短，我们知道一百年、一小时或一秒钟都可分割为这个单位的一个$\frac{1}{2}$、一个$\frac{1}{4}$、一个$\frac{1}{8}$，一个$\frac{1}{16}$……以至于无穷尽，并且也

就是这些无穷项目所构成的。如果感觉告诉我们有一物体在一秒钟的时间内可走一里的距离，则我们可以对于这一秒钟，恰恰跟我们能对于这一里路一样，加以无穷尽的分割。因为对付任何一段有限空间所包含的无穷部分会令人头痛，我们可把一段有限时间所包含的同样起着作用的无穷部分当作有效的止痛药。问题所以显得严重，乃是因为我们只记得有着无穷数无穷小的距离要全部走完，而忘记也有同样无穷数无穷小的绵延，通过它们一刹那一刹那的逝去，可资任何运动物体的支配。

关于这个谜的这种简单破解法也许会遭到这种反驳：这不过是把在一段时间之内物体可能或不可能向前推进的问题，变为时间自身可能或不可能向前推进的问题。如所谓“有着无穷数的绵延可资运动物体的支配”和“时间的逝去”都是具有循环论证性质的词句；这是因为，据人们说，要设想无穷数的瞬刻怎能逐一逝去，跟要了解无穷数的距离怎能全部走完，是同样困难的。

对于这番反驳，我认为可以这样回答：要设想一段时间的无穷分割性，跟要设想一段空间的无穷分割性来比，并不更加困难；至于所谓要了解时间怎样或为什么能逝去就会有困难，这种困难并不见得比要了解空间怎样或为什么能展开而会遭到的困难更加严重些。空间可被分为无穷数展开着的部分，这是空间的自明本质。时间可被分为无穷数会逝去的部分，这是时间的同样自明本质。前者被认为是显而易见的，那为什么反对后者呢？反驳者说，时间在向前推进，因而使运动之谜在这里重新出现；他这样说是不恰当的。时间的逝去并不是运动，而是运动的条件。若要设想时间在推进，则必得设想有另外一种较基本的“时间”，以便时间可在其中或通过它以推进。这会跟下面的设想是同样地无意义和徒劳的：即要求有另外一种较基本的“空间”，以便空间可在其中展开。

简言之，我们必定要重说一遍：感觉所启示的物体运动之所以在表面上显得难以理解，乃是由于人们不假思索就随便认为在有限的一段时间内不能走完无穷数的一节一节距离。一旦我们认识 180
到有限的一段时间跟有限的一段空间是同样可以无穷分割的，那么，芝诺式的二律相反就不再是坚不可破的了，而理性分析就跟感觉经验恢复了正常的和谐。一切运动所都要求的条件是：在一系列的空间间隔和一系列的时间间隔之间有着逐一相应的关系。而时间自身的本质正为一切运动提供了这种条件。

人们现在通常以**点**和**瞬**的相关关系来界说运动，在上面所提出的分析里尚未谈到它们。每段空间所包含的无穷点不是广度的构成因素。距离或绵延之真正有意义的、充足的构成因素并不是无穷数的点或瞬，而是各点之间那些无穷数的并排关系或广度间隔，或者是各瞬之间那些无穷数的陆续关系或绵延间隔。而运动就是这些**间隔**之间的逐一相应，而并不，像通常所认为的那样，是替这些间隔做界限的点和瞬的逐一相应。

用各间隔而不用各间隔的首尾两端来做空间连续体或时间连续体的因素有一种好处，即：间隔在其无穷的数目上是跟点和瞬（每两点与两瞬之间都有一个间隔）一样多的，可是间隔又具有点与瞬所没有的一种特征，即**间隔跟它们作为部分而所构成的整体是成比例的**。Γ（加玛）个无穷数的点远不能构成一寸，犹如远不能构成一里一样；可是一里路之 Γ 个无穷数的“无穷数分之一”是以构成一里,犹如一寸之Γ个无穷数的“无穷数分之一”是以构成一寸一样。对于一里或一时进行的无穷的分割,其将逼近的极限不是一点或一瞬,而是一里的“无穷数分之一”或一时的“无穷数分之一”。属于一里或一时的极限性因素跟属于一寸或一秒的极限性因素有着恰当的差别,犹如这些极限性因素所各别构成的整体有着恰当的差别一样。相反地,点和瞬不仅毫无希望构成任何广度或绵延,而且更加不足以把一段空间或时间跟另外一段区别清楚。一里所包含的各点,比方说,跟一寸所包含的各点,是同样类
181 型的,又是同样多少的。如果我们假设一种不可能的情况,认为点式与瞬式的因素是唯一的因素,则在一段和另一段具体空间或时间之间就不会有任何差别了。①

在这里所提出的关于时空因素关系性的假设,具有(好比说)一箭三雕的好处。首先,它所提供的因素不像点与瞬一样,而真正足以构成我们在具体经验中所知觉的远近和久暂。其次,它所提供的因素是以(而点与瞬则不足以)把远与近和把久与暂区别清楚。第三,这样把运动看作基层并排关系和基层陆续关系之间(而不在各点与各瞬之间)的逐一相应,就会把运动从一处移到另一处这种不可缺少的特性归还给运动。可是现今的正统数学家对于运动提出了一种新伊利亚学派的看法,来同常识对立起来,而把运动看作物体之仅仅静止地先后占据一系列位置,使物体自身没有真

① 作者有一篇文章,标题《二律相反》,刊于《观念史研究》一书中,哥伦比亚大学出版社,1918年出版。该文对于时空因素的关系性怎样适用于二律相反的一般问题,以及芝诺飞箭之谜这个特别问题,作了较详尽的说明。读者可以参考。

正地**从**一个位置移**到**另一个位置上去。

芝诺的谜是问飞快的阿喀琉斯怎样能够追上慢行的乌龟，或用较不生动但较概括的方式来说，是问任何运动物体怎样能够在一段有限时间内走完一系列无穷的步数；这个问题有着历史上的以及内在性的兴趣。但是我们之所以为它花上这么长的篇幅，乃是由于这个事实：它完全可代表一大堆的谜和二律相反，而这些是神秘主义者和实用主义者，但主要是怀疑论者，所曾用来替他们各别方法作辩护的。它最可以代表我们所谓怀疑论方面的辩证论证，因为它把在理智与经验之间，在一方面我们根据逻辑就一定要相信的和另方面我们根据感觉就不得不相信的这两方面之间，所存在的一种无望解决的冲突表现得最好。倘若这番冲突真像在表面上那样无法调和，则怀疑论者主张事物的真正本质不可被知，就主张对了。因为人类知识的整个系统建立在这一条假设之上：即种种概念性的逻辑规律适用于知觉性的事实界。理智主义的两派 182
都承认这个假设，经验论者的承认不亚于理性论者的。如果这个假设竟被证明是假的，那么，我们就不得不在这三者之中选择一种：或者选择**神秘主义**，它就是理性论把自己跟经验对立起来会有的结果；或者选择**实用主义**，它就是经验论把自己跟逻辑对立起来会有的结果；或者选择**怀疑论**，它否认一切方法，不管是理智主义式的还是反理智主义式的，因为它认为理智与经验二者之任一遭受了失败，就是二者共同遭受了失败。而在这样一种危机之中，由于有着较中立或较消极的立场，怀疑论者是会占上风的。既然这样，那么指出运动并不牵涉到感觉与理性之间的冲突，又指出在这个典型的例子里那种替怀疑论撑腰的辩证论证站不住脚，这是有着非常重大意义的。

最后,如果读者不满意我们对于这个谜的破解办法,或者怀疑我们对于其他隐谜或二律相反可以找到破解办法(对于这些办法的研究,我们在这里不得不从略),那么,请读者记住:一来,问题未被解决不能证明问题无法解决;二来,即使芝诺的谜和康德的二律相反所涉及的关于实体的各方面,仍未被人们知道,由此也绝不能推论,怀疑论者相信实体自身无法被知是相信对了。

第三节　生理论证

哲学家在哲学思想一切部门里的意见,从最初到现在一直都有分歧而不一致。我们已提过,怀疑论就指出这种情况来为他的主张辩护。在这个历史论证之外,他加上一个辩证论证;这个论证所根据的是一些在表面上无望解决的矛盾和无望破解的谜,而这些矛盾和谜是人的思想在企图深入到事物的本质里去和企图说明运动与无穷性这类基本概念时,所会遭遇到的。但比诉讼历史或诉讼辩证还较有力量又为人们所较熟悉的一个论证,就是我们所
183 即将讨论的这一个。这个论证以我们在关于知觉的物理条件和生理条件上所得到的知识作它的根据。而它的力量来自这个事实:在空间发生于知觉者以外的事物,要通过一种过程才能变成知觉者经验的对象,而过程的间接性达到令人失望的程度。过程的间接性绝不是骤然一看就明显的。我们主要的、自然的态度是无条件地相信知觉的有效和感觉的可靠。“事物显得怎样就是怎样”;一件东西若要为我所知觉,那好像只需要那件东西存在,以及我的

眼睛和其他感官在起作用，并向着那件东西就足够了。这种场合的实际情况却完全不是这样的。人们天真地认为知觉具有直接性，又认为知觉具备有效性；这种天真信仰的毫无根据，我们能那样有说服力地加以证明，以至谁肯花些工夫把证据研究一下，他就不可能仍然不被说服。

让我们研究一下这个典型而又熟悉的例子，看看知觉者怎样通过视觉来观看一件离他有些距离的东西。假定所看的东西是太阳。观看太阳的整个过程一点也没有把种种关于太阳发生的条件启示出来。可是我们知道，太阳离我们约有九千万英里远；又知道太阳从它那热到极度的球面上发出一个复杂系列的磁电波动，而这些波动在空间要经过约八分钟才达到我们的眼睛。这些波动被眼珠折射，而在眼膜上集中为一焦点。眼膜上的影像于是在视觉神经的末端上产生某种机械的、化学的或电力的效果，而这种效果沿着神经传递到大脑，最后传到大脑里面所谓脑后叶的那部分。在大脑皮质的视觉区内这样被引起的激动又受到脑内其他种种过程的影响；到这时候，也只有到这时候，才发生我们所谓**对太阳的知觉**。在这种有意识的知觉经验发生之时，同时有着或者接着有着各种神经力量沿着那些从脑子到各肌肉或各腺的运动神经纤维而向外流出。这些外传的力流在身体上产生某些动作；其中值得注意的是那些适应性的动作：它们发生在这番刺激原先所
由以进入身体的那个感官之上，它们在刺激愉快时使它延长下去 184
或加强起来，又在刺激不愉快时拒绝接受它或减弱它的力量。我们知道，有各种不同的物质过程和生理过程，它们构成我们为了看见太阳而必备的条件，其中有一种，虽然它确实只是这个连续的、

在正常情况下不会间断的过程中之短短一段,却自身对于我们有关太阳的经验是必要而又充足的决定因素。我所指的就是大脑那种感觉性兼运动性的状态。脑子的那种状态通常是那刺激着眼睛的日光所引起的;但如果有了一种完全处于在身体之内的原因引起了它(如在做梦时或疯狂时,就差不多是这样的),则它仍然会使我们有着关于太阳的知觉。在这种情况下,种种不在身体之外的物件会被觉得好像存在于身体之外。反过来说,如果这种必有的状态未被引起,则其他因素就是出现了也不会对于我们的经验产生任何效果。最后,不仅有知觉时就普遍地有这种大脑状态,没有知觉时就普遍地没有它;而且任何时候它在性质上或强度上有了变化,我们那时候的知觉在性质上或强度上也跟着变化。

这种感觉性兼运动性的大脑状态是对于看见太阳又必要又充足的唯一条件;那一系列引起这种状态的效果是确实存在的太阳所产生的;这种状态和太阳之间的关系,让我们现在更加仔细地研究一下。如果我们以 Oe 代表外在的物件,在这个例子里代表太阳,又以 Ob 代表那为 Oe 所最后产生的、并为我们由之以知觉 Oe 之客观性的脑子状态,那么,我们确实可以说 Oe 依靠 Ob,或为 Ob 的一种作用。写成符号,$Ob=f(Oe)$。但是我们一定也得认识:Ob 这种脑子状态所依靠的或以之为转移的还有(1)光波所经过的媒介(m),(2)为光波所影响的眼睛或感官(s),以及(3)感觉力流所必得经过的神经纤维与脑子(b)。那么,我们可把脑子状态对于一切这些条件的依靠,表示为这个公式:$Ob=f(Oe,m,s,b)$,公式中
185 的 m、s、b 是独立的变因,而变因中的任何一个可以在其他因素的不变情况下单独变动,但其中的任何一个不可能自己有了变动而

不会影响这个过程的最后阶段——Ob 这个非独立性的因素。我们知道，怀疑论者根据这些事实来进行辩论，说我们绝不能有把握地知道：Ob 所引起的经验跟外物是否相像；外物是这个经验的一种原因，但只是许多原因中的一种。对于我而言，太阳显得色黄形圆而占着天空的某一位置。我有什么保证，使我能说所指定的黄色、圆形、位置，真正是外在原因的特征，而不是媒介（m）（日光必得经过它）或不是感官（s）和脑子（b）（在我们有知觉之前，这些必然先受到影响）所产生的效果呢？简言之，太阳自身跟太阳所呈现的样子在颜色上、形状上、位置上可以完全不相同。

对于怀疑论方面的这种生理论证，可有三种回答。且让我把它们逐一讨论一下。

1. 现象论者的回答。现象论式的相对主义，作为实用主义的一种形式来讲，我们在前一章已经熟悉了。我们在那里看出：相对主义者倾向于把真的东西跟人们所信的东西，至少跟在信仰方面最好的东西，等同起来。从把真的跟所信的等同起来的做法，到把实在的东西跟被人们经验的东西等同起来的做法，不过是短短一步之遥。现象论者回答怀疑论的证论，正是从这第二种等同上着手的。怀疑论者向人们挑战，要人们解释：既然我们仅仅通过知觉的种种复杂媒介与器官才能有所经验，那我们怎样能够知道物自体的本质呢？现象论者对此大胆地回答：并没有什么物自体，有的只是种种跟我们经验发生了关系的物体。并没有什么“实体”隐藏在感觉性表象的帷幕后面；物体的表象就是它们的真实面目。怀疑论者为了我们不能知道旁的而只能知道表象而悲伤，这跟为了没有旁的穿而只有衣服穿，没有旁的吃而只有食物吃而悲伤，是一样地蠢得好笑。假设你对于一件物体，在可能遇到它的任何关系上或场合里，都知道它会有什么形状、声音和气味，那你难道对它还要知道什么较多的东西吗？难道还会有什么较多的东西可被知道吗？

186 怀疑论者对于现象论者这番回答，能承认几多呢？据我看来，他可承认一半。他必得承认表象是实在的，但他不需要承认表象是实在东西的全部。物体的一系列复杂效果是我们对于这些效果的知识所必须依靠的；姑且承认物体具有它们自己的本质，而这个本质的样子是跟这些效果的发生或不发生都不相干的那种样子。虽然这样，除非我们能另外对物体本质**对于我们**所呈现的表象有一番知识，以便配合起来，那种去求得关于本质**自身**的知识，也是一种比较没有什么价值的企图。种种感觉经验（有关物体具有什么形状、感觉、声音、气味和滋味的经验）直接地把关于表象的知识启示出来。当代确实有些实用主义者，对于这种关于物体属性的直接启示，根本不承认它是知识。这些人把这些启示仅仅说成是**材料**，而认为只有在超过这些当前知觉的范围而开始进行预料或改造时，我们才有了知识。这些哲学家说，知识的每个例子都是判断的例子，而判断或者是真的或者是假的；又说感觉性的知觉是一种天然的事迹，像狂风暴雨一样，而根本不是判断。事实上，我认为我们很容易证明：每种知觉，除了启示某堆属性之外，确实还指向它自身以外，并含有一种预料性的判断，而这种判断使这种知觉，即使按照所要求的意义来讲，具有认识的性质。（一根直棍局部放在水内就显得是弯的；对于这么一根棍子的知觉也有预料作用，它预告我们：弯曲这触觉属性和其他属性在事后会在我们看见

棍子现在所占着的地方呈现出来。这种期望是会落空的，落空就发生了错误。关于伊索寓言里的狗，情况也一样。狗看见它所咬着的骨头在水中的反映，就去咬骨头的影子，反而失掉真骨头。）我们能使自己不根据这些假的表象而采取行动，因而使得这些表象在实际上没有害处；但我们在通常情况下不能铲除这些表象。这样说来，若有人说知觉本身从来不欺骗人们，只是以知觉为根据的推论才会发生错误，则我们不妨同意，但要加上这样一个条件：从来不曾有过，将来也绝不会有任何一种知觉，能够对于眼前这瞬刻 187
以外的事不附带作出某种程度的推论来。从这个观点看来，到底我们当说“感觉有着种种错误”还是当说“那跟感觉分不开的推论有着种种错误”，就成为纯粹字面上的问题，不值得继续加以研究了。在这两种情况的任何一种之下，我们必得承认：这些即刻的或不知不觉的知觉推论，其所有的种种错误独自成为一类，跟有意推论或间接推论所有者迥然不同。

但撇开知觉的这个推论方面不谈（在这方面免不了会发生误会），我认为现象论者的下列主张是十分正确的：即感觉就其为感觉而言就是实体，并且物体各种属性所直接呈现在知觉里的表象就是知识。这也许是唯一从来不会发生错误的知识。认为我正在受着的苦痛是牙齿所产生的，这种看法也许是错误的。但是我正在受着苦痛，而这苦痛显得好像是牙痛，这个事实就不可能是错误。认为我所梦见的东西是实在的，这几乎一定是错了。但我的做梦本身是一件实在的事，这不可能是假的。那么，现象论者总能有话回答怀疑论者，说至少有某些东西被我们知道了并被知道得绝对地确定，而这些东西就是在我们清醒时每一当前瞬刻呈现着的种种属性。(不把"知识"这个名词应用在一切知识中最确定的知识上,这不过是一种在用名词上的暂时歪风。)物体这种瞬刻性的、相对性的表象,对于它的知识是值得我们具有的知识,这可从一个缺乏这种知识的例子里看得出来。一个天生的盲人能够学会光学,并能够知道太阳发出种种可被人们看见的光波,而这些光波在频率上可从每秒钟 400 万亿次变动到 760 万亿次。他又可以知道这些振动率在刺激了一只正常眼睛时,会使我们经验到种种特别的属性,而这些属性跟声音和滋味的差别就好像声音和滋味彼此之间的差别一样;并知道这些特殊属性被人们称为**红的**、**黄的**、**绿的**、**蓝的**、**紫的**。天生盲人所获得的一切这类知识都是值得具有的,并且不是所有的人,甚至不是一切视觉正常的人,所已有的;但是这对于天生盲人,在他不知这些特殊属性是什么样子这一点上,未能也无法能有所帮助。对于这些颜色本身,他是不**熟悉的**。在

188 他关于各种颜色的物理本质之概念知识之外,他无论怎样想办法,也无法知道这些颜色**是什么样子**,无法体会平常人所称为"红的"东西到底是怎样一种的感觉经验。我们只有通过知觉才能达到那种关于实体的、无法以他物代替的亲切知识;我认为人人对于这种知识是有着强烈渴望的。我们虽然完全承认间接的、概念式的知识大有价值,我们却不自愿地满足于只有这种知识。

简言之,现象论者对于我们关于表象的知识加以强调,这是对的,而怀疑论者对之加以抛弃则是不对的。但在另一方面,现象论者不仅认为唯有表象是实在的,而且认为表象构成实体的全部,又认为知道了种种表象就是把一切可被知的东西全都知道了;在这种时候他就讲得太过分了。怀疑论者仍然可以认为物自体在物体

表象之外还有什么本质的这个问题是具有正当的意义的，又认为我们人人都愿意知道物体的内在本质是什么。物自体的本质是实在的，可是这种本质并不是不可度量地不同于它的种种表象，因而是我们知识所无望达到的。我们可认为这种本质是它种种表象中最核心的、最有特权的一种，也就是说，本质是物体对于它自身所呈现的表象。比方说，我心中有一种思想，并通过各种动作以使旁人猜中它，如同在玩某种猜字谜的游戏里一样；我的种种动作对于在一起玩的某一个人会有一种意义，对于另一个人会有另一种意义，对于第三个人会有第三种意义，如此等等。但在各人对于我心中所有的意思之种种准确的或不大准确的印象后面，存在着那种意思自身，即原来思想对于我自己的那种意思。这样设想的物自体，我们根据其本质便可推出：在任何指定的情况下有两种可能方式去明了它的本质。(1)一种方式是去直接地和绝对地**变成**这种本质（每个人是照这种亲切方式知道他自己种种状态的，但这样也只能知道他自己的种种状态）；(2)另一种方式是间接的或大约的方式，在各种变动不定的表象中去断定单独一个不变的因素。因为物件的表象不是旁的，而只是物件通过它对于知觉者的作用所产生的效果。除非物体作用所必经的媒介对效果有了干扰，否则物体的同样效果总表示同样原因的再现；既然这样，我们就可以对 189
于同一个原因各次不同的效果（由于媒介各次不同）进行比较，从而消除各媒介的影响而越来越知道原因的本质。物体的种种表象式外在性质越加完全不同，则我们越加能够接近物体的内在本质。要弄明白我们超出仅仅表象知识的范围、怎样去达到这番进展，最好是把科学家对于怀疑论方面那个生理论证的回答研究一下。

2. **科学家的回答**。怀疑论者争辩说，像太阳这一类的物体，它在颜色上、形状上、位置上的实有情况有可能不同于它呈现于人们知觉里的样子；这点科学家表示同意。但是科学家对于这些可能，既不跟怀疑论者一样悲观地表示绝望，也不跟现象论者一样乐观地不理会它们。科学家试图研究这些表象，以便把种种物理媒介和生理媒介（物体要通过它们出现）所产生的种种属性与物体自身的种种属性辨别清楚。科学家发现，太阳或任何其他物件在表面上的大小是以它的真正大小以及它的距离为转移的；既已使用视差法确定了它的距离，又既已测定了太阳影像的大小，他于是利用他的光学知识来估计物体的实在大小，因为物体在一定的距离会投出一定大小的影像。既然这样知道了太阳的真正大小，他就不再在乎太阳在知觉里显得小如茶杯或大如脸盆。他进而着手测定太阳的方位角。如同关于表面上的大小一样，他发现表面上的位置也是几个变因的函数作用：(*a*)空气的折射；(*b*)观察者与太阳的距离；(*c*)光线的速度；(*d*)地球旋转的速度；以及(*e*)另外一个因素，这个因素跟观察者与太阳的关系不相干，可称之为太阳的客观位置，或太阳相对于恒星的位置。

空气的折射能力可用经验方法加以测定和如数扣除；光线的速度已经测定了；太阳离地球的距离已经知道了；地球旋转的角速度使太阳显得每昼夜绕地球一次，这种角速度也已经知道了。假定空气折射对于太阳表面位置的细微影响已如数扣除，我们就可
190 根据太阳的距离和光线的速度，来估计光线从太阳到地球所需要的时间。这时间大约是 8 分钟。于是知道，我们用肉眼所看到的太阳情况已经过了 8 分钟了；任何时刻呈现于我们知觉里的太阳

其实不是在知觉发生这一时刻的太阳，而是 8 分钟以前的太阳。我们知道，在 8 分钟以前，太阳位于它现有位置的东面，相差的距离恰是地球旋转在 8 分钟内所经过的角距离。既然地球在 24 小时内旋转 360 度，它在 8 分钟内旋转 360 度的 1/180，即旋转 2 度。所以若不把因折射而产生的光行差算进去，则太阳在任何时刻的真正位置是在它当时表面位置的西面 2 度上。①

我们其次要来断定太阳的客观形状。在直接的知觉里，又在我们间接通过镜子里或照片上的影像来看时，太阳显得是一个圆形的盘子。我们知道，有各种不同的形状可在平面上投射出圆形的影像。圆形盘子本身，如果光线对它的方向是垂直的，可投射出这样一个影像；一个椭圆形的盘子，若斜着放得跟光线的方向成一个适当的角度，也会放出一个圆形的阴影；一个椭圆球体会这样；最后，一个球体也会这样。在知觉里呈现圆形并不决定太阳的实在形状到底是这些可能之中的哪一种。但是一来，我们看出地球 191

① 太阳影响地球，在通过光线之外还通过引力（显著地在潮汐的现象上），而引力的传递被人们（或曾被人们）认为是刹那性的；既然这样，我们可以观察任何时刻的潮汐情况，把月亮的影响如数扣除，从而测定太阳在那时刻对于地球的真正位置。附近地面对于耳内三半规管里液体以及身体其他部分液体在引力上所产生的影响，比远远的太阳所产生的要大得多，以致我们的不够灵敏的感官不能直接觉出太阳对身体内部的潮汐作用。但若不是有了这个纯粹实际上的阻碍，则没有任何理论上的困难，使我们不能通过一种“引力感”，来看出太阳上面当时所发生的、但通过肉眼却要在发生了 8 分钟之后才能看到的种种事迹。那么，在那种通过视觉上的知觉和这种通过引力感的想象知觉之间会有一种关系，而这种关系会类似那种在视觉与听觉之间的熟悉关系：对于几百码以外的事迹，我们先看见它而后听见它，如有樵夫在河谷那边坡上砍柴，我们在听见斧头砍声的数秒钟之前就已看见了斧头的起落。

这种利用引力作用以确定天体位置的能力，是不是能够破解物理学里“相对论”的各种隐谜，这要留给物理学家自己去解决。

一年到头绕着太阳转动;二来,地球的轴心跟地球轨道的平面成一斜角;三来,太阳的影像却总是圆形的;这些事实除了跟认为太阳具有球体形状的说法之外,跟假设太阳具有其他可能形状的任何说法都不相容。因而人们就推论太阳的真正形状是球体式的,就把这种看法**当作可使太阳的一系列表象彼此不发生冲突的唯一办法**。

现在只剩下太阳的颜色要加以断定。在我们的知觉里,太阳显得色黄;它离开它与我们的关系,自身具有什么颜色呢?关于这个问题,科学家首先发现的是这样一个事实:种种波动,或令我们看见光线的电磁振动,具有不同的频度,而对于每一种颜色有一种一定的频度和它相应。这些振动率跟光线所照射的平面,又跟这些振动所经过的距离,都不相干;它们来自一种发光物体,这种发光物体的表面上有原子在振动,而它们只是这些原子振动的函数作用。所以毫无疑问:颜色属性的波动基础是那些显得有颜色的物体的一种客观性质或内在性质。在我们所选定的这个关于太阳的例子里,情况较为复杂,这是由于日光含有一切振动率,而这些振动率在经过空间时受到这种媒介的性质和密度的影响。为了避开这番复杂情况,且让我们研究一个简单的例子,如青草之类;这类东西几乎只呈现一种颜色,并且离开知觉者的距离是那样近,以至介于二者之间的空气对于光波不至于发生什么值得注意的效果。我们知道,青草的表面上所具有振动率跟射到我们眼膜的光线所具有的是相同的;既然这样,是否我们能够由此推论,青色自身属于草呢?还是我们必得相信,青色这种属性其实只属于那种受了视觉神经影响和脑质影响之后的刺激力量呢?要在这两种相

反的答案之间断定真假,不是容易的事。怀疑论者对此就有某种程度的洋洋得意。因为关于颜色,以及对于声音和种种其他非数量性的属性或所谓次要的属性,怀疑论者都可以宣称:我们不知道 192
物体自身所具有的种种属性跟它们所呈现于经验里的样子到底相同到什么程度。但有两层考虑可以使这个生理论证的锋芒受些挫折。首先,次要属性离开它们与知觉者的关系还是不是物体的属性,这个问题从实际常识的观点看来是无关紧要的;其次,从自然科学的观点看来也是无关紧要的。

首先,这个问题从常识看来之所以无关紧要,乃是因为我们只对于物体的表象,即只对于物体从各方面所会影响我们的方式,感兴趣。比方说,一杯冰淇淋是否具有一种属性而这种属性相同于我们在尝到冰淇淋时所得到的愉快感,我们对此毫不关心。冰淇淋能在我们舌头上产生那种感觉,这就足以使我们有充分理由来说它是可口的;若在这点之外还有另外的要求,那就等于去探求这种美味之私有性质,而我们只问好吃不好吃,对于美味的私有性质是不感任何兴趣的。对于一种食品的可口与不可口,情况是这样的,对于一件物体的颜色,如青草或太阳的颜色,情况也是这样的。倘若在平常的距离上,对于平常的眼睛,一件物体引起了青色或黄色的经验,则我们就把这个当作唯一和充分的根据,认为那件物体具有青色或黄色的属性。

其次,种种次要属性离开它们与我们各感官的关系时是否具有客观的实在性,这个问题对于普通的自然科学之所以无关紧要,乃是由于:物质东西的运动完全取决于种种纯数量性的属性,如大小、形状、距离、体积、速度等,而物体所可能具有的其他属性,如颜

色、声音、气味等，却完全不起作用，或只是一些“赘象”罢了。

这个问题虽然对于科学和常识无关紧要，却在形而上学上值得相当的注意；它并不是不可解决的，只是由于缺乏经验上的某些材料而未被解决，可是这些材料是我们所可随时得到的。例如，倘若我们准确地知道刺激的能量，在从以太或空气这种物理媒介过渡到感觉神经和脑子这些生理媒介时，会发生什么变化，那么，我们对于颜色与声音这些特别属性在物体自身内的样子以及这些特
193 别属性所呈现于知觉里的样子，就可估计二者之间有着多大程度的差别。我们脑子里的能量是我们感觉青色的直接条件；如果这种能量跟发光物体所发射出的光波在性质上完全相同，则我们没有理由怀疑青色本身就是那显得色青的东西之一种内在属性。骤然一想，好像很不可能是这样的，因为视觉神经的这种媒介跟把刺激从物体传到眼睛的那种以太媒介，是十分不同的。但是也许是：刺激由于从身体以外媒介传到身体以内媒介而发生的差别，不是通常所设想的那样大。虽然在神经纤维里的传递速度比光速慢得无从计算，却有某些证据，可证明那种跟颜色相关的振动率从物体传到脑子时并不发生什么变化。①

但是不管是不是这样的，这个问题在任何意义上都不是超经验性的，因为科学已用了种种经验方法，使我们知道物体的主要的

① 要知道一些有利于这种可能性的证据，读者可参看萨姆纳博士关于比目鱼的实验报告（《比目鱼对于各种环境的适应》见《实验动物学杂志》10 卷 4 期），以及皮特金教授对这篇报告的评语（见《新实在论》一书，第 397 页及以后诸页）。比目鱼能够把它所见的图形在它的皮肤上复制出来，这好像可以证明这一系列的能量在通过曲曲折折的中央神经系统时并没有发生什么变化。

或数量性的属性，跟物体在知觉里呈现的种种属性，相像到什么程度。那么物体的种种次要属性跟那些显得为物体所具有的属性到底相像到什么程度，我们只需要把上述种种经验方法加以推广就可弄得清楚。

总结一下，怀疑论者不相信知觉的真实性，物理学家对这种怀疑的回答是要我们这样做：对于种种感觉材料进行比较，并通过这番比较来测定知觉机构所引起的种种错误与歪曲，从而对于客观自然界得到一种看法，而这种看法至少在数量方面有几近于确定性的或然性。

3. **逻辑学家的回答**。对于怀疑论所可提出的三种典型回答，其最后一种属于纯粹逻辑的性质。我们可向怀疑论者指出，由于他的结论跟结论所根据的前提彼此矛盾，他的论证就变成了笑话。194
他的结论是，知识是没有效的；而他的前提却肯定：把间接而复杂的知觉机构指示出来的那部分知识是有效的。这就是说，提出生理论证的怀疑论者以假定有以太、空气、神经、脑子等的存在为他的出发点；他应用这些媒介来证明任何一种知觉可以歪曲它的对象，他最终得到这样一个结论：一切建立在知觉之上的知识都是可疑的。他应当进一步再说，他的论证所根据的种种物理概念与生理概念同样是可疑的，从而使他自己毫无立足的余地。怀疑论者在逻辑上的毛病不限于支持怀疑论的这个生理论证，虽然这个毛病在这里比在其他地方都较明显与厉害。如果我们把这种情况加以概括，则可以这样说：要证明一句辞说可疑，唯一办法是假定有其他不可疑的辞说；由此可以推论，任何要证明怀疑者主张的企图，一定会自相矛盾。这个“逻辑学家的回答”并不反驳怀疑论者

的结论，而只反驳他所用以支持他结论的种种积极论证。这个回答没有使他的主张被推翻，而只使他的主张未被证明。也许这仍然是可思议的：即怀疑论者的关于**一切皆不可知**的断言，虽然所有对之有利的论证都不能成立，确实是正确的。

我们的讨论已经表明，怀疑论者从生理论证出发而得到的结论不是各前提所保证的结论，并且有三种攻击这个结论的特别方法，我们称之为现象论者的回答，科学家的回答和逻辑学家的回答。

现象论者的回答表明：即使我们对于物体的知识限于对物体外表或对物体效果的知识，这种知识仍是确实有价值的。科学家的回答昭示：我们怎能利用这种关于效果的好知识，来求得关于那些产生效果的原因的更好知识，并要利用许多知觉所提供的全部
195 材料去消除任一知觉里的错误或歪曲。最后，逻辑学家的回答指出这样一个事实：除非假定另外一些辞说是真的，否则就不能认为任一辞说已被证明为假；所以支持怀疑论的生理论证，由于它诉诸知觉的物理规律与生理规律之真实性，以证明一切真理都不可达到，就犯了自相矛盾的毛病。

我们现在要讨论怀疑论四个证明中的最后一个，亦即被我们称之为“心理论证”的证明。

第四节　心理论证

我们现在所要讨论的，怀疑论的这个论证，在其所肯定的内容上，具有比已讨论过的三个论证中任何一个更根本的性质和更广

泛的意义。它像生理论证一样，否认我们能够在直接经验的材料以外知道什么东西；但是它对于要超越自己的企图，强调其在时间方面的种种困难，而不强调其在空间方面的。生理论证满足于指出这一点：对于**在空间内位于我们以外**的物体，要知道其真正性质是有困难的。现在这个论证则提出这种质问：既然知觉发生于时间的一瞬刻，难道对于**这瞬刻以外**的任何东西，我们有权利相信它吗？这个论证认为，此刻以后一小时或此刻以前一小时的事就好像银河的性质一样，是我们所无法知道的。心理学上的怀疑论者不承认**记忆**的有效性和**预料**的有效性，使我们变为当前一刹那的俘虏，对于未来的事情一点也不知道。

在分析这番对知识可能性的最广泛攻击时，我们最好先研究一下在记忆的有效性和预料的有效性之间，到底有没有什么根本差别。

初看起来，在过去之不可及性和未来之不可及性之间，似乎有着显著的差别。记忆力在最清楚的时候，把那种显然是关于我们自己过去的直接经验的东西告诉我们；在这种时候伴生的确定感跟感觉正在发生时伴生的确定感可以是一样的大。可是对于未来的预料，从来不表现得这样确定或这样直接。它总具有间接的性 196
质，而不具有直接的性质。记忆里的错误就像幻想一样；而预料上的错误被认为是估计上的错误。虽有这种差别，记忆的错误确实是有的。我们所时常听到的或想象的种种事迹，即使从来不曾发生过，也可得到那种亲切的和熟悉的味道，使我们把它们算作“记得的”事迹。即使是所谓“主要记忆”，即关于最近事迹的记忆，也可能发生错误；例如我们在听钟声时，觉得钟打了几下，而实际上

打的次数可以是比此刻觉得的多一两下或少一两下。简言之，在我们有所肯定这时刻以外的时刻所发生的事情，对其任何肯定都可能是错误的。

心理学上的怀疑论者却大都不把他的主要论证建立在记忆经验的偶尔错误上。关于推论未来这个更为宽广的领域，是他所更乐于研究的。

所以我们将先研究心理论证的这个方面，事后再回到因记忆有错误而引起的种种问题。

那么姑且让我们假定：怀疑论者肯向我们承认，关于过去的种种记忆是准确的；但他要质问我们有什么权利越过已被经验事物的范围，而对于未来有所肯定。我们将怎样回答他呢？例如我们相信水在今后继续可以灭火以及物体在今后继续有引力，并且我们是以经验为根据才这样相信。怀疑论者提醒我们：我们只对于昨天的水与火有过经验，因而关于明天的水与火的任何肯定就不可能是以经验为根据的。我们可以这样回答：过去经验已经证明了现象之间的某些次序是恒常不变的，又证明了物体互相吸引和水可灭火是这些不变关系的例子。我们称之为自然规律，并且我们的一切计划与动作，最眼前的和最琐细的，以及最长久的和最远
197 大的，都建立在这些规律在未来仍然有效这种假定的基础上。这种假定说，人们所发现种种在过去一直不变的关系，到了未来会同样地一直不变，这就是**自然齐一性**的假设。我们一定要当心，不要把这种假设解释为对于变动的否认。它不向我们说，未来将在一切方面都类似过去，它其实明确地为变动留了余地，因为它不仅向我们说，人们在过去所发现为固定的或因果性的种种关系将继续

是固定的或因果性的，而且又说，人们在过去所发现为变动的或偶然性的种种关系将继续是变动的或偶然性的。这样说来，若在玩桥牌时我希望我后来所将拿到的牌会跟我在过去已拿过的牌不一个样子，则这种希望真正是以我对于"自然齐一性"的信仰为根据的；这犹如我若相信物体的引力作用在未来不会跟在过去两样，则这一相信是以自然齐一性为根据一样。

这样说也许就把自然齐一性的意义与重要性足够地说出来了，但这样说仍不足以回答怀疑论者。因为他并不曾否认，作为一切归纳和一切合理行动的根据来讲，这个原理是非常重要的。相反地，他承认这个原理，甚至把它强调为我们推测未来的唯一根据。他所质问的不是它的重要性，而是它的有效性。我们有什么理由假定它将继续是真的呢？姑且承认种种自然规律在过去有恒定性，为什么它们不能变易而在明天就不再有恒定性呢？

对于怀疑论者这番最后的攻击，人们提出过两种回答，但据我看来，这两种回答都不能使人满意。第一种回答是逻辑学家兼哲学家穆勒提出的。穆勒说，自然齐一性自身是过去经验所证明的。他指出，现在属于过去的一切，曾经一度是属于未来的，所以未来的种种事物并不是什么新鲜的东西，而是常常被人们所经验过的，并且它们跟它们过去相类似的地方也被人们注意到了；他又指出，我们现在若对于未来有什么话说，则我们不过是对于我们所已熟悉的某些东西说了些话而已。怀疑论者提醒我们，这是一种循环论证，从而对于穆勒的论证给予一个简短的反驳。穆勒做了这样一个假定：因为未来在过去跟过去相像，所以未来将继续跟过去相像。

198 如果大自然有齐一性，则它继续会有齐一性，但是到底它有没有，这点正是我们所要证明的。我们所已经验过的未来并不包括我们现在所面临的未来；我们不能根据旧的未来来推论新的未来，或根据这样一个事实，即自然齐一性至今为止被人们发现是真实的，就得出这样一个结论：自然齐一性在未来仍然会被发现是真实的。

怀疑论者不相信大自然的种种规律将继续有效。企图对付这种怀疑的第二种说法，其根据是我们所已讨论过的一种意见，这种意见是：如果我们要有任何行动的话，信仰是重要的，甚至是必要的，可把这个论证这样陈述出来：凡对于行动有必要的信仰都是真的。对于自然齐一性的信仰是对于行动有必要的，所以它是真的，我们可以承认第二句前提，即小前提；但是大前提很可疑，如果不假的话。我们有着许多例子。表示一种行动预先假定了一种不真的信仰。例如，一个囚犯，除非他相信他有成功的机会，否则就绝不会去计划怎样逃走。可是守监狱的人也许一直在注意他的动作，结果使他在任何时候都没有机会的成功。又例如，在地震发生之前，不疑心会发生地震的居民相信大地将继续平静，并以这一信仰为他各种行动的根据。人们的这一信仰绝不能阻止地震发生，一旦地震发生，这一信仰便被推翻。除非我相信我可活着把这篇文章写完，否则我就不会开始来写它，可是我可能随时受到伤害。这足以说明，一种信仰对于行动有必要的这个事实并不使这种信仰变为真的；又说明：自然齐一这个原理在理论上不能因为它是实践所不可缺少的原理，就可以成立。我们可以板起面孔，向怀疑论者询问，是否他认真地期望我们因为他的种种论证的缘故就放弃

对于自然齐一性的信仰，或者是否他自己也容许他的逻辑来削弱他的信仰；如果这样问，则他会反斥我们讲到问题以外去了。他既不愿意，也不希望削弱我们对于未来的信仰；他只想说明：这种信仰（他跟我们一样有它）纯粹是表示信心，而这种表示**在生物学上和心理学上是必要的**，但丝毫没有**逻辑上的根据**。他会说，让我们尽管相信；但是作为哲学家而言，让我们要有足够的坦白与虚心， 199
来对于整个这套常识期望或科学预告，就其以自然齐一这种假定为根据而言，承认它不建立在理智之上而建立在意志与信心之上。而且有许多人，在自尊心上初次受到打击之后，会觉得信心和本能毕竟不是一种坏的人生之道。但是对于纯粹的生活是够好的东西，难道对于科学和哲学是真正够好的吗？

可是还有一种对怀疑论的心理论证进行辩驳的方法，我们尚未试过，而在无条件投降之前值得对它加以研究。它是以某种对因果关系和或然律的解释为根据的，我们可从下面这些考虑着手来研究它：

在物件之间有两种可能类型的联系：依靠的即因果的联系，以及独立的即偶然的联系。因果关系是这样一种关系：其中之一端“影响”、“强制”或“决定”其中的另一端。这样一种关系，如果有的话，跟发生关系的物体所处的特别时间与地点完全不相干。它只跟物体的本质有关，而跟物体在时空系统内的特别位置没有关系。

在这里并没有肯定这种关系是有的，而只肯定它所指的是什么；这点很值得注意。因果关系也许跟龙凤或跟美人鱼一样地不实在，也许纯粹是人们所想象的产物；但是恰如我们对于人头马身的勇士和人身鱼尾的仙女是什么意思完全清楚一样，我们对于因果关系式强制作用有着完全清楚的概念。哲学家休谟对于因果概念的实在性或有效性曾予以最成功的攻击，但连他自己也十分清楚这个概念的意思；要是他不清楚的话，他的攻击本身就毫无意义了。并且在因果关系之外，我们还设想种种具有偶然性的关系。偶然关系跟因果关系正相反，如果有两件事迹，并且其中的一件在本质上没有任何东西可以使或可以强制另一件也发生，则我们称它们为彼此独立的；当它们发生在一起时，我们称它们的联系是偶
200 然的。只要我们继续相信它们乃是彼此独立的，尽管在我们思想里它们总在一起，我们就会继续称它们的联系为偶然的。我们这个世界的种种关系无疑地显得又有因果的又有偶然的。它们可以是它们所显出的样子，或者可以全都是偶然的，或者全都是因果的。无疑地有着许多关系，起先显得是因果的，而后来被人们断定为偶然的。所以对于许多具有原始时代想法和脑子简单的人，在物件以及物件名称之间，好像有着一种内在的、半因果性的联系。在“称猪为猪，完全正确”这句话里，以及在人们对于天文学家怎样会发现星辰名称的这种疑问里，这点得到了一种滑稽性的例证。此外，许多被认为有迷信的人若遇见两件使人惊奇或富有刺激性的事迹，如在打破一面镜子之后或在桌子上坐了 13 个人之后接着有人死亡，他们就深刻地觉得它们之间有着因果关系。经过仔细思索，我们确实认为这类联系是偶然的，而我们把仅仅一先一后当作一因一果的推论称为“实然则必然”的谬论。关于必然关系的这些感觉是那样地不可靠，又那样时常地被证明为假，以至甚至在我们大家全都强烈地有着这种感觉的情况下(如在使用筋力之后、运动就接着发生)，要相信它们都不稳当。我们肯承认所有这些感觉

可以是虚幻的。我们却也同样地肯承认相反的可能；如果我们可当作证据的东西全部只限于那种关于必然性的感觉或外表，则我们不得不认为这个问题没有得到解决，而把它搁起来。

可是我们有一个间接的方法来加以测验。如果A与B二事迹之间的联系真正是因果的，则除非有了某种起着相反作用的原因出现，第二事迹一定会在第一事迹之后接着发生。为了避免这些起着相反作用的原因会使情况更加复杂起见，我们可把原因界说为**一种产生事迹而未受阻碍的倾向**；如果这样，则我们可以说：在任何时候，原因发生之后效果接着发生。让我们记住这一点，再让我们看看如果联系是偶然的而不是因果的，则会有什么情况。在这里，两件事迹同时发生的平均频率就等于这些事迹分别发生的频率之乘积。所以，如果投镍币时正面朝上的平均频率为$\frac{1}{2}$，则两个独立而相同的镍币同时正面朝上的平均频率是$\frac{1}{2}\times\frac{1}{2}=\frac{1}{4}$。如果掷骰子得六点的平均频率为$\frac{1}{6}$，而从一副扑克牌里抽出一张红心的平均频率是$\frac{1}{4}$，则同时抽到一张红心又掷到六点的平均频率是$\frac{1}{4}\times\frac{1}{6}=\frac{1}{24}$。而这种偶然联系会接连发生两次的平均频率是$\left(\frac{1}{24}\right)^2$；接连发生三次的为$\left(\frac{1}{24}\right)^3$；接连发生$n$次的为$\left(\frac{1}{24}\right)^n$。我们知道，得到六点的平均频率所以是$\frac{1}{6}$的理由，在于有五种可能情况可使骰子落下时不是六点朝上，而有一种情况可使它落下时是六

点朝上,一方面是一件事迹在一定条件下可以发生的各种方式,一方面是它可以发生加上它不可以发生的各种方式,二者的比例就叫作这个事迹的或然量(或然性)。这个分数可用符号写为$\frac{h}{h+\bar{h}}$,在式中 h 代表事迹可以发生的各种方式,而 $\bar{h}$ 代表它不发生的各种方式。显然,一件事迹的或然量总在 0 与 1 之间,因为做分子的整数不能小于 1,而做分母的整数不能比分子更小。当然,在这个定义里,我们假定各单位自身的机会是相等的,又假定没有任何理由会使一种发生(或不发生)的机会大于另一种。

根据或然性的意义,如上面所界说的,如果一件事迹发生的或然量是$\frac{1}{m}$,则显然它不发生的或然量是 $1-\frac{1}{m}$。既然事迹的联系必为因果的或为偶然的,则这番联系为因果的或然量就是把它为偶然的或然量从 1 减去后的差数。这样,或然原则虽然主要为测量种种偶然联系用的,即为测量种种独立事迹的联系用的,却有这样一种特别作用:它能使我们把一系列联系所以为因果联系而不为偶然联系的或然量测量出来。换言之,或然性的规律也是一种可以衡量它自身对于指定材料适用到什么程度的标准。在我们指出
202 或然原则的这一个特征怎样可使我们回答怀疑论者对于自然齐一性的攻击之前,我愿举一两个简单例子来说明怎样应用或然原则。

假定我们,比方说,跟一个熟人玩牌,但这位熟人是否诚实,我们不大知道。我们观察到,轮到他发牌时他就拿到可赢分数的大牌。我们就会想到这个问题:发牌和得大牌之间的联系是因果的还是偶然的呢?如果偶然联系——老老实实的运气——重复发生

的或然量有了减少，则因果关系或舞弊的或然量就有了增加。倘若这二事同时发生的次数充分地多，则熟人虽有诚实的名声，我们也要断定事非出于无因。又比方说，有人请我们去测验一位读心术家的本领；方法是由我们先想好一件东西，如想好一张牌，然后请他说出是哪一张。如果在他的和我们的心灵之间没有任何因果关系，则他会想到我们所想的同一张牌，只有$\frac{1}{52}$的或然量，倘若我们不想单独一张牌，而一连想十张、二十张、三十张，则没有因果关系而他能猜中的或然量将是$\left(\frac{1}{52}\right)^{10}$、$\left(\frac{1}{52}\right)^{20}$、$\left(\frac{1}{52}\right)^{30}$，他若猜中，则最怀疑的观察者也会被迫承认其间多半有了因果关系。到了什么地步才肯作出这番承认，这决定于个人对于正被研究的这种因果关系是否存在这一层，事先有多大的成见。例如就传心术而言，大多数心理学家对之那样坚强地不相信，以至若要他们衡量可能量，则他们多半会说：一个心灵要通过各感官以外的途径而对于另一个心灵产生因果性的影响，其或然量不到万万万分之一。对于有了这种成见的人，必得有一连串明显的传心现象发生，而且这些现象，作为仅仅偶然联系而言，在发生以前的或然量小丁万万万分之一，才能使他信服。

当然我们必得记住：多件事迹的任何特殊凑合，其在发生以前的或然量小到什么程度，要看这凑合的复杂性而定；既然这样，要用以证明因果关系的事迹凑合，不但必得在发生以前具有很少的或然量，而且必得是这样的：即因果关系万一存在的话，则这种凑合就不可避免地会发生。所以玩桥牌时要得到十三张同花的牌，203

其在发生前的或然量并不比人们所实得的任何一手牌之原有或然量更小。总在发生着的正是或然量很少的事情。但是发牌的人可以有一种动机，因而可有一种可能的原因，故意把一手具有特别意义的牌发给自己，这里所谓的特别意义是指多得大牌或者满足事先的预料或事先的指定；既然这样，发牌人果真得到这样一手牌时，我们就可以很有把握地肯定这不是偶然的巧合。普通的一手牌，虽然或然量同样地小，却被认为是单碰运气，因为它跟任何先存的、可能作为产生它的原因的期望或愿望没有密切的关系。

事迹的一再先后发生被人们称为自然规律；这些一再发生使人们相信怀疑论者所怀疑的自然齐一性。现在且让我们把我们的原理应用于这些先后发生上。水把火灭熄了；火把水溶化了；物体互相吸引着。这些联系是偶然性的呢还是因果性的呢？怀疑论者宣称它们是偶然性的，又宣称我们因而没有任何合理的根据来相信它们在未来会继续再现。我们承认他也许是对的；我们完全可以设想：大自然这样合乎规则地并且一而再再而三地“发”给我们的这些先后发生，也许只表示我们有了一阵好手气罢了，因而随时可以改变。我们一方面承认这是可能的，却同时认为我们有权利去设想相反的假设是同样可能的；这相反假设是：大自然**也许**在玩着做了暗号的纸牌或装了铅心的骰子，并且自然界的每一个事迹，不管它发生在什么时候和什么地方，**也许**具有一种力量（作为“原因”），可引起或强制另一件事迹（作为“效果”）的发生。这两种假设跟我们所知的各种事实都没有冲突。没有一种假设可得到绝对确定的证实。在它们之间进行抉择的唯一而且充分的办法，就是弄清楚哪一种有着较大的或然量。我们在其他任何情况下，涉及事迹的一再联系到底具有偶然性或因果性这个问题时，知道应该使用什么方法来断定或然量。在现在这种情况下，我们认为有权利使用同样的方法来进行断定。一种联系具有偶然性的或然量减少了，它具有因果性的或然量就随之增加。让我们以水灭火为例，如果有一个世界，它里面没有因果性的强制关系，则在那里将水浇在火上而火在当时就会灭熄的或然量有多大呢？且让我们假定这样一种联系的或然量为$\frac{1}{2}$，即有利于它发生和不利于它发生的机 204
会恰恰相等。（这是一种很宽的假设，因为这等于说：火在任何时刻继续烧下去的机会和不再烧下去的机会一样多，因而浇在火上的水碰到火在熄灭的机会和碰到火不在熄灭的机会同样多。）那么，水浇火上这一事迹和火熄灭这一事迹的偶然联在一起，其或然性为$\frac{1}{2}$。这番联系若是偶然的话，则它接连发生两次的或然量为$\frac{1}{4}$，接连三次的为$\left(\frac{1}{2}\right)^3$，接连$n$次的为$\left(\frac{1}{2}\right)^n$。我们知道，事实是这样：我们所看见在浇水之后火接着（全部或局部）熄灭的情况，其次数不下于千千万万；而第二事迹不在第一事迹之后接着发生的情况，一次都没有见过。所以由此可以推论：这些时常重复的先后发生出自偶然的或然量（即由于完全碰巧的或然量，若以一个镍币来比，即正面朝上接连发生了千千万万次的或然量）是那样小，以至我们简直可以不去理会它；因而相反的情况，即这些经常重复发生的联系表示：在种种不是彼此内在地不相干的事迹之间有着一种真正的因果关系，其或然量是那样大，以至为了实际上的种种目

的，它就等于确定性。关于水可灭火的规律是这样，关于数不尽的一大堆其他规律也是这样。这些规律所表现种种不变的、一再重复的先后发生，其为种种内在地不相干事迹之间的偶然联系，只有无穷小的或然量。我们反对怀疑论者的主张，证明了宇宙内充满真正的因果关系，又证明了我们对于自然齐一性在未来会跟在过去一样成立这一层附带有了保障；我们的证明确实还没达到确定性，却有了非常非常大的或然量。

对于这种企图使用机会率法则以断定世界是否充满偶然性的办法，怀疑论者可能会提出两种反对理由。

他也许会提出来说，或然规律是从我们对于自然界个别部分的经验而得来的，因而不能用以断定其他尚未被我们经验到的部分的构造，更不能用以断定整个宇宙的构造。我们对此可以这样
205 回答：或然规律跟任何逻辑规律或数学规律一样，不依靠我们经验里的个别事实。且让我假定有任何两件东西或事迹。关于其存在的或然量，我们绝对不知道。令$\frac{1}{x}$为其中一件之或然量，令$\frac{1}{y}$为另一件的；那么这两件想象的事迹，其同时为真实的或然量是$\frac{1}{x}\times\frac{1}{y}$，而这比$\frac{1}{x}$或$\frac{1}{y}$都小，不管 x 和 y 这两个整数是多么大小。比方问，在织女星这个恒星上有无一个住有生物的行星，我们对于这种情况的或然量，一点概念都没有，但是我们却仍然确实地知道，那个恒星有着两个同时住有生物的行星，其或然量小于两个行星中至少有一个住有生物的或然量。照相同的样子可以证明：若有两个事迹，我们对于它们一无所知，只知其一比另一较复杂，则我们

知道那较复杂事迹发生的或然量一定较小。这就是说，若有事迹(A)包含 X、Y、Z 三个因素，又有事迹(B)仅仅包含 X 这一因素，则事迹(A)的或然量比事迹(B)的或然量小。

怀疑论者关于我们的论证所可提出的第二种反对理由，根据于这样一个事实："总在发生着的正是或然量很小的事情。"它又根据于这样一个事实：从一个场合对于一切其他场合之种种具体而详尽的关系上来讲，其在发生以前的或然量实在小得可怜。由此可以推论：世上各种事迹的任何可能凑合，跟任何其他凑合都有着同样多或同样少的或然量；因而分析到最后，我们如果假设有一个自然界或世界，它的结构使它到某一时刻为止，即到现在为止，伪装得完全好像有着齐一性和因果规律一样，可是从这一刻以后就完全变了，变成乱七八糟(这种情况的可能发生正是怀疑论者所相信的)，那么，这样一个世界跟在事迹的无穷其他可能安排中之任何一种，在本质上有着同样大的或然量。这个反对理由本来可以成立，要不是为了这一点：即这个反对理由没有考虑到在事迹的全部偶然安排之外(而其中的任一安排不比任何另一安排有着较大的或然量)，还有一种相反的可能，即**万事有因有果**，而这种可能跟
万事胡乱凑合的可能，具有同样大的或然量。我们这个世界，就已 206
观察到的情况而言，跟万事真正有因有果时所应该有的世界恰恰一模一样：这个事实使一种被怀疑论者所忽视的可能得到无穷大的或然量。这里的情形类似上述玩桥牌的情形：我们完全不知道那位熟人诚实与否，而他没有例外地次次使他得到十三张同花的牌。我们一定指责他舞了弊，而他可能在回答时指出：一手拿到十三张同花牌的或然量固然极其微小，但并不小于一手拿到事先被

指定任何十三张牌的或然量。这种回答不足以说服我们,正由于这种回答没有顾到在千千万万具有同样或然量的偶然凑合之外,还有这样一种带阴险性的可能,即在那位熟人要想得到满手同花牌的兴趣和他怎样操纵发牌之间有着因果关系。而这种被忽视了的可能,不管我们在平时认为它有多么小的或然量。在这种接连不断拿到满手同花牌的情况下,就得到无穷大的或然量了。只有预先假定上述因果关系绝对不可能发生,我们才能认为这番答辩可以成立;而在玩牌时,这样一种预先假定绝不会有充分的根据,因为总有可能发生这种因果关系,不管它发生的或然量是多么小。关于自然界呈现齐一性的问题,情况也是一样的。简言之,我们所用以反驳怀疑论的整个论证到底能否成立,取决于我们的这种意见是否成立;这种意见是:自然界里有因有果,并且在未来保证会继续表现齐一性,这至少是可能的,因而是可作为一种假设而被讨论的。因为如果你承认这种假设有任何可能性的话,则由于经验里有种种事迹合乎规则地并一而再再而三地联系在一起这个缘故,你会不得不承认它有着无穷大的或然量。

大家记得在开始陈述怀疑论方面的心理论证时,我们把怀疑论者对于记忆力有效的攻击叙述过了。我们认为有权利希望自然齐一性在将来还会继续有效,怀疑论者对于这一点提出了较严重的质问,我们那时说了要先考虑这番质问之后再来回答那番攻击。我们现在准备好了,可以回到记忆的问题上来,我们在方才讨论预告未来的问题时曾为或然原理进行辩护,我们拟根据这个原理来研究记忆问题。

我们拟首先向怀疑论者承认,我们发现记忆有时错误;又承认，当前经验以外的任何东西既然都不绝对确定，则下面两种情况至少是可能的，或是可被抽象地加以思议的：一来，我们的一切记 207 忆全都错了；二来，所谓我们自己过去的生活，在我们经验里的，加上一切跟这种生活有关的东西，换言之，整个的世界，也许根本是一场大梦，而我们随时可从梦中清醒过来。我们承认这种**可能性**，现在要问它有多大的**或然量**呢？

怀疑论者必定相信，这场大梦发生和不发生的机会是一半一半，或至少无法被证明不是一半一半。我们将设法指出：情况恰恰相反，这场大梦的发生可被证明只有极其微小程度的或不值得加以理会的或然量。且让我们研究下列这个例子：一位法官听取若干证人的报告，他们根据记忆，说他们看见了某一事件。我们将假定这些证人是没有成见的，即没有说谎的动机；并且（还更要紧）假定他们是**彼此独立的**，意思是说，没有任何一个证人在提出见证时或在把他将作为见证而提出来的见解加以确定时，跟任何另一证人通过消息，或受到其他任何证人的任何影响。再让我们为了将就怀疑论者，假定这些证人虽然没有成见又彼此未通消息，却每人有$\frac{3}{4}$的机会发生错误，或者由于故意要欺骗，或者纯粹是由于记错了。如果证人的人数是10，则他们全都为一件从未发生过的事情，独立地而又同时提出证明的或然量就是$\left(\frac{3}{4}\right)^{10}=\frac{58949}{1048576}=\frac{1}{17}$弱。因而十个证人之中至少有一人把真实情说出的或然量是$1-\frac{1}{17}$或$\frac{16}{17}$，而这可勉强说是几近于确定性了。如果人数不是10而是20，则我们可有大得更多的或然量，可把他们的记忆**有着客观事实**

为根据的这个说法来解释他们所以不期而同。又如果不是证人作证，而是有了若干物证，彼此不期而同地证实同一件事实，则这件事实的或然量也可照同样的方法来断定。如果人证物证很多很多，则不管个别人证或物证是多么没有力量或不可靠，那都没有什么关系，这是因为有关事件真正已发生过的或然量表示于这个公
208 式内：即 $1-\left(\frac{1}{m}\right)^n$，式中 $\frac{1}{m}$ 代表任一人证或物证可能欺骗或错误的或然量，而 n 代表人证物证的数目。非常明显，不管 m 的值的大小，只要 n 很大，则 $\left(\frac{1}{m}\right)^n$ 这个分数接近于0；因而整个公式的价值就接于1，而这就表示了确定性。现在，如果我们离开法院以及它里面的人证物证，而改以我们经验在任一时刻的全部内容为对象，则我们发现这种情况：一个人在当前一刻以外的、通过记忆力所知道的世界，其实在性为千千万万个因素所意涵了。倘若我们所记忆的世界是实在的，则所有这些被我们经验到的材料都有了意思和意义。如果相反，它是虚幻的，则我们不得不设想：千头万绪的情况有了一种几乎不可相信的凑合，而这些情况虽然彼此独立，可是那样神秘地串通在一起，以至它们所构成的冒牌世界跟**万一**我们所记忆的世界真存在时**应该**有的情形完全一模一样。

关于我们用以反驳怀疑论者的原理，最后可举一个简单的例子，来表示它不仅适用于心理论证，而且还适用于生理论证。且让我们假定，我对于一个物质对象，如一条蛇，有一种视觉上的印象；很可能我所经验的这一对象不是真实的，即是一种幻觉。为了测

验这种可能性，我以触觉上、听觉上、嗅觉上的印象来补充视觉上的经验；换言之，我摸蛇的身体，又听蛇的声音和嗅蛇的气味。至此仍然还可能这些经验并没有客观的根据，而我在所有这四种感觉上都同时发生了幻觉。为了测验这种可能性，我邀请我的朋友们来帮忙，并且假定他们证实了我的经验。到现在却仍可表示怀疑，说我和朋友全都不期而同地在四种感觉上有了错乱。我们可以再想办法来消除这种怀疑，或者邀请更多的证人，或者使用间接方法，如试试这条蛇是否吃东西，或者是否照得出像来，或在其他方面跟一条真正存在的蛇一样动作。无论这一类的测验进行了多少次，我们总还可以抽象地设想：这些不同的、互相印证的经验是各自为独立的原因所产生的，设想所谓的这条蛇，只存在于我们的经验里。但在这些测验还未进行到一半以前，发生错误这种可能的或然量已经变得无限的小，而我们就会认为我们已经在实际上证明了有一条真正的蛇存在着，并且以此作为我们各种不同经验的唯一充足解释。照完全相同的方法，我们可以证明别人的存在并把它证明得无法再可合情合理加以怀疑的程度。我们无法直接经验到别人心灵的存在，我们对于它们没有绝对把握；但是他们的全部行动形成一个具有“收敛的”系列，跟我们一直在讨论的类型完全一样；摆在我们面前的两种相反可能是：(1)别人的心灵真正存在，它们类似我们心灵到他们的行动类似我们的行动的程度；(2)种种独立的或偶然的因素神秘地凑合在一起，并且完全假装得有着这些心灵所应有的种种效果。在这两种相反的可能性之间，第一种的或然量大大超过第二种的。

209

结　　论

怀疑论者认为知识的五种泉源中没有一种是以为人们的信仰提供合理的根据；他们用以支持这种消极主张的四种主要论证，我们现在已经讨论完了。我们的结论是，历史论证、辩证论证、生理论证以及心理论证确实证明：人类思想无法在任何研究领域里达到绝对的确定性。一面是极端反对怀疑论的人们，如康德所谓“武断论者”，所主张的这种**确定性**；另一方面是怀疑论者所主张的这种**完全怀疑**而漠不关心的状态；在二者之间，有着一个**或然**境界。针对历史论证与辩证论证而言，我们主张一种谦虚的乐观看法，认为关于种种东西只是**有所不知**，以别于怀疑论者的绝望看法，认为一切东西**无法被知**。与此相同，针对生理论证和心理论证而言，我们这样主张：常识和自然科学所主张的主要信仰系统，如以大自然具有齐一性这一层为根据的，以及以个人的种种不同知觉确

210 实有着单独一套物质东西为其基础这一层为根据的，具有非常大的或然量。一个给定系统的或然量的真理到底有多大，那取决于该系统内有多少个因素，以及这些因素“收敛”到或互相印证到什么程度。[①]

---

① 对于以经验为根据的推论系统，有种种方法可测验其或然量。关于这些方法较详细的讨论，读者可参看霍布豪斯的《知识论》一书中第二编；那部书对于怎样消除错误的问题作了一番研究，本书作者从中得到不少的益处。

第七章　各方法的初步联合和总联合 211

这六种逻辑方法或理论，我们已分开加以讨论；它们绝不是互相排斥的；可是我们对于它们的讨论，至今为止，大都强调它们的种种差异。所以值得我们花一章的篇幅来把各方法怎样已被人们个别联合起来的一些式样研究一下。这番对于各种联合式样的讨论也许可使我们想出各逻辑方法之间的一种真正的总联合；通过这番总联合，每个原来对其他理论相持不下的理论不再认为自己垄断一切真理，我们将各别给予这些理论以一种独特的作用，和一种固定的评价，而使各敌对理论的作用和评价绝不是不相容的。这就是说，要有一种安排，在其下各方法不再大事攻击彼此的优点，而和和气气补充彼此的缺点。为了表明任何一种方法怎样能跟一切其他方法全部联合起来，我们只要每次讨论两个方法而一对一对讨论下去。

第一节　方法间的初步联合

1. **权威主义和神秘主义**。在讨论权威主义的那章里，我们已把这种方法跟神秘主义联合的方式讲述过了。大多数权威主义者，在替他们的主张寻求哲学上的根据时，都觉得有需要来把最后的权威指出来；否则就会变成一个证人的权威依靠另一个人的权 212

威，而这另一个人又从第三个人那里得到他的知识，这样类推下去，以至无穷。我们已经看出，这条权威链锁的最后一环或最后基础，往往是一种传说的神示、灵感，或关于要证明的真理的超感性的直觉。

2. 权威主义和理性论。在基督教神学家（不管天主教的还是新教的）所写的著作里，我们往往发现，可以说几乎普遍地发现，有某些主要的辞说被这些作者根据权威而当作教条；他们又以教条为前提，并按照纯理性论式的方式由之推出很长的一连串结论来。确实往往是这样的：经院派学者企图在次要事宜上进行过分精细和严格的推论，以赎他们仅仅根据信仰就接受各前提时在理智方面所犯的对不起良心的罪过。

3. 权威主义和经验论。把经验跟权威主义联合起来的可能性是十分明显的，只要说一两句话就可以。各种方法中没有一种在具体的有关物质的事实这方面搜集材料时，轻视各感官而不去使用它们。我们时常发现，那些要严格遵照权威以接受宗教信条的人，在其他事宜上反属于所谓“硬心脏”的类型，这种类型的人看不起直觉和抽象推论，而要为他们的信仰求得经验上的证明。

4. 权威主义和实用主义。实际类型的人们不大用得着进行理性分析；实用主义和权威主义的联合正合他们的脾胃。他们将根据权威来接受某些基本信条，而根据实际上的功用来接受较具体的、较次要的信仰。确实，他们往往根据实用主义的标准来为接受权威这种办法本身进行辩护。从过去大人物手里取得现成的人生哲学，对于非理智类型的人们来讲，比自己开动脑筋而想出一种人生观来，是更加容易和更加满意的。

我们还必须记住，权威主义和实用主义二者在性质上都是反理智主义的，因而自然而然地可以联合在一起。二者对于纯粹的理智，作为达到真理的工具而论，都采取怀疑的态度。二者把思想不当作一种自身可以成立的目的，而当作求生的工具而已。 213

另外有一种因素，使这些方法可以联合在一起：即为了指导实际生活的种种规则，大都具有权威的性质。我们的伦理学的内容大部分就是这些规则；它们不是个人想出来的，而是在个人童年时传授给他的。他根据父母和老师们的权威而接受它们，他的这番接受使他在料理实际事宜上很有效率。往往也有这样一种情况发生：任何东西若倾向于动摇这种对权威的信任，则它会同时倾向于破坏动作习惯，以及减低效率。

在这些促使权威主义和实用主义联合起来的一般理由以外，另有某些有关宗教信仰的特别考虑，产生了同样的结果。例如，对于大多数人来说，关于上帝存在和灵魂不朽的信仰，不仅是根据权威，而且也根据下述这个实用上的理由是可以接受的：这些信仰增加了信仰者的幸福与勇气。对于这些信仰似乎用权威主义和实用主义的种种方法来证明，比用理智和经验的种种方法来证明更要容易些。

5. **权威主义和怀疑论**。虽然怀疑论反对方法论上的一切学说，但由于怀疑论通常是企图通过理智分析以解决各种哲学问题而未能成功的结果，所以怀疑论者往往觉得他自己对于各种非理智主义式方法的反对，不如他对于理性论或经验论的反对那样厉害。为了要有行动，通常必要先有某种式样的信仰。彻底怀疑论所引起的瘫痪性怀疑无法推行到哲学家的书房以外。怀疑论者既然未能得到一个信仰系统，也许就忍不住向旁人讨求或窃取一个信仰系统，以便不至于根本无法活下去。所以自然而然地并时常地发生这样一种情况：一个哲学家忽然从极端的怀疑论转到极端的武断论，从对于经过推理的一切结论采取批判和不信任的态度，
214 忽然变为对于各种轻视理性根据的主张不加批判就接受下来。表示怀疑论和权威主义这样联合的突出例子有圣奥古斯丁、纽曼红衣主教和贝尔福勋爵。这些哲学家里面的每个人都认为怀疑论着实难以忍受，因为认为接受权威主义是一种必要的和有充分理由的逃难安身办法，而这样把它接受下来。怀疑的结论通常会引起失败感，这使得这番转变更容易又更自然。既然已经不能凭着自己的能力来树立一种积极的信仰系统，哲学上的怀疑论者可以变得充分地虚心下气，甘愿对于那些自认有着较大成功的人所持的种种信仰，以感激的心情把它们接受下来。

6. **神秘主义和理性论**。这种联合比所讨论过的几种都较少见。沉没于直觉和情绪的神秘主义者，对于理性论者所依赖的那些抽象演绎推理手续，通常是敌视的。这两种方法如果有任何共同点的话，则它表现在理性论者对于他的种种基本原理所采取的态度上。只有偶尔一两次，这些原理才能为自身作证明，即是说，要证明它们为假的，就已经证明它们是真的了。（比方说，笛卡尔就是用这种方法证明他的基本原理："我思故我存"；要怀疑自己的存在就已经证明自己存在了。）在通常情况下，理性论者的各种公理是根据某些类似直觉的经验而接受下来的。要设想它们为假是不可能的；这种感觉以及它们的自明性是它们的保证。但是这种在态度上的共同点为下面这个事实所削弱了：神秘论者所根据直

觉而接受的各种辞说通常涉及具体的、特殊的事物，而理性论者的各种基本原理是共相之间的抽象关系。

神秘主义和理性论的第二个共同点在于它们都反对经验论。在讨论芝诺之谜对于怀疑论方面辩证论证的关系时，我们有机会看到：我们极端违反感性经验的证据而进行理性论式的推论，怎样便会倾向于使我们所得到的宇宙观，跟神秘主义者所有的没有什么差别。芝诺仅仅根据运动之显然不合逻辑的、自相矛盾的性质而不承认运动是实在的；但芝诺一旦否认了运动的实在性就同时 215
否认了整个感觉界的实在性，而跑到永恒不变和独一无二的“实有”里去寻安身之处。这个纯净的“实有”界，虽然是通过理性论式的手续得来的，却跟神秘主义者在直觉里所启示的境界在很大程度上具有相同的性质。伊利亚学派哲学家从“实有”里剥去了感性经验里的一切属性，以致没有留下任何东西使理智的种种范畴可以应用于它。实体在被人们变为超感性的东西时，就变为超理性的东西了。

这两种方法间的另外一种联合形式表现于如新柏拉图主义这类的哲学系统，其中神秘主义者的直觉方法被**放在**理性论式演绎方法**之上**。新柏拉图主义者不把世界看作反理性的；他们相反地强调大部分实体的合理性。只有绝对实体之最内在的核心才具有一种甚至为理智所不能了解的、因而需要通过直觉来赏识的本质。在斯宾诺莎那极端理智主义式的哲学里，据一些人说，甚至在柏拉图本人的哲学里，已有了这种倾向，即以神秘的直觉来补充的理智的分析。

7. **神秘主义和经验论**。情感与情绪跟感官知觉具有相同类型的具体性，所以神秘主义者往往强调启示和洞见（如贞德以及有些中古圣徒所有过的）之鲜明性和半知觉性。在经验论者同这种类型的神秘主义者之间，唯一的区别在于：神秘主义者的洞见是他所亲身经验到的，而经验论者的知觉是许多观察者所共有的。换言之，如果一种神秘经验的客观性得到其他人的证明，则这种经验就具有实地观察所具有的确定性；并且反过来说，如果对于外物的平常知觉经验是唯独一个人所能够得到的，则它就失去它的经验性质，因而或被当作神秘的直觉，或被当作纯粹的幻想，看它被当作有效或无效而定。

在上述积极性的相同点之外，在经验论者和这种非理性论式神秘主义者之间还时常可以看出一种在消极方面接近的地方。一
216 方面，新柏拉图类型的神秘主义者诚然把他们的神秘主义跟理性论式的方法联合在一起；另一方面，大多数的神秘主义者倾向于对理性论式的手续表示厌烦。一般人相信直觉和理智是作用相反的官能，这种信仰有充分的事实根据。本着直觉和灵感来采取行动的人们多半对于具体的东西感兴趣，而对于抽象的考虑表示厌烦。我们时常看见所谓具有“艺术性情”的人们，既能通过直觉的闪光得出结论，又有能力对于种种经验事实进行准确而广泛的观察。经验论跟神秘主义这种最后的相同地方，用哲学上的术语来讲，可说成是对于经验的**直接**方面之共同爱好，而对于理智种种**介中性**的或间接性的范畴之共同讨厌和不信任。

8. **神秘主义和实用主义**。一般地讲，神秘主义者和实用主义者在他们对于世界的态度上是彼此根本相反的；因为神秘主义者是从内在的泉源，并且据他自己说，是从精神的泉源得出他的各种

结论，而实用主义者则根据外在动作与行为而得出他的各种结论。虽有这番明显不可调和的差别，我们在最近得到一个突出和有趣的例子，它把神秘主义和实用主义几乎完全混合在一起。我指的是柏格森的哲学。在他叙述科学的起源和发展时，甚至在叙述一切理性范畴的起源和发展时，柏格森显得是个彻底的实用主义者。据他说，思想作为一种实际上控制环境的工具，是从生命力演化出来的。我们进行思想，以便我们有饭吃；有理论是为了实践；有理智是为了意志；智慧被界说为制造工具的官能，即为生命将无生物做成工具以扩大自己的能力。人们认为理智具有这种功用性的起源和目的，这一点就被普通的实用主义者当作理智有效的标志。的确，真理和功用被看作在实际上是二而一的。但柏格森的看法完全两样。在他看来，思想的实用价值是思想真实性的障碍，而不是思想真理性的证实。为了明白实体的内在性质，我们要放弃理
智而依靠直觉。因为实体的本质是运动、变易、创新，而这些都是 217
跟理智格格不入的范畴。逻辑之所以成功，就是因为逻辑不理会实体之活生生的变化，而代之以一系列静止的形式或概念。对于实用主义和神秘主义的这番联合，柏格森自己看不出有什么不伦不类的地方。逻辑是有用处的但不真，直觉是真的但无用。各有它自己的根据，彼此并不冲突。

虽然柏格森的方法论是神秘主义和实用主义联合之最生动的例子，也还有旁的哲学家采取了差不多相同的态度。例如，布拉德利认为理智的分析把实体歪曲了，使实体失去它的统一性而分裂为一系列分开的端和关系。在理智上最主要的形式是判断，每一判断里有一个主语和一个谓语，而二者被一个系辞联系起来。构

成一门科学的一连串判断提供一种有用的、并且确实非有不可的代替品，以代替科学所描述的实体；但是连串所意涵的散开性（科学的用处正在于它）就把科学所研究对象的性质歪曲了。正是在情感态度上，而不是在思维态度上，实体的统一结构几乎完全显示出来。但我们要记住：布拉德利和柏格森一方面一致地认为实体的真相呈现在直觉里而不在思维里，另一方面对于实体的本质却有着不同的看法。在布拉德利看来，变易只是一种表象，而在柏格森看来，变易却是实体的精髓。

一方面是对于科学的实用看法，它认为科学那样有用地把它的对象描述了出来，另一方面是一种信仰，它认为科学歪曲了它所描述的东西；已去世的教授明斯特贝格，他的哲学为这种看法同这种信仰的联合提供了另外一个例子。这位学者相信，若要使得科学分析成功，不管是关于物理存在的分析还是关于心灵存在的分析，都应当从原子论方面来着手。但是他甚至还更肯定地相信，这两种存在的真正本质是一种非原子论式的统一。

在本书的作者看来，认为科学描述的实际功用跟科学的理论歪曲可以并行不悖，这种说法是站不住脚的。一种理论或一堆观念到底有无用处，通常要看观念间的种种关系跟事实间的种种关
218 系相应到什么程度而定。说有石油或黄金藏在某处地下，这假设若是真的，则它有用处，但若有关的事实跟关于这些事实的假设不相符合，则除非它偶然（或不相干地）有所收获，它就是没有用处的。那么，关于物质具有原子结构的假定之所以有了一定程度的功用，乃是由于这个假定具有一定程度的真理性，这点难道不是同样明白的吗？对于事物的假描述怎能使我们控制事物呢？在理智

上的控制取决于思想对于环境的适应，而这番适应总不外乎是心中各观念间的种种关系跟外界各物体间的种种关系之互相符合。所以，虽然关于实体的主要动力性质，柏格森也许说对了，可是实体必得有一个方面，在结构上跟那构成一门科学之一系列静止的端和关系是符合的才成。对于布拉德利先生和明斯特贝格教授的看法，我们可以同样地说：不管实体的种种属性被统一到怎样紧密的程度，这样一种超关系性的统一体，对于判断系统所表示的种种关系，至少必得能够符合到一种程度，以使这个判断系统能使人们成功地适应他们的环境才成。

但不管作者的这些反对理由能否成立，我们所已讨论的种种看法表示：对于有关理智作用的一种纯粹实用主义式的理论，用下面这样一种信仰来加以补充是可能的，若不是合法的话，这信仰是：实体的性质是那样一种性质，它使得人们只有通过直觉这种多少带些神秘性的活动才能领悟它。

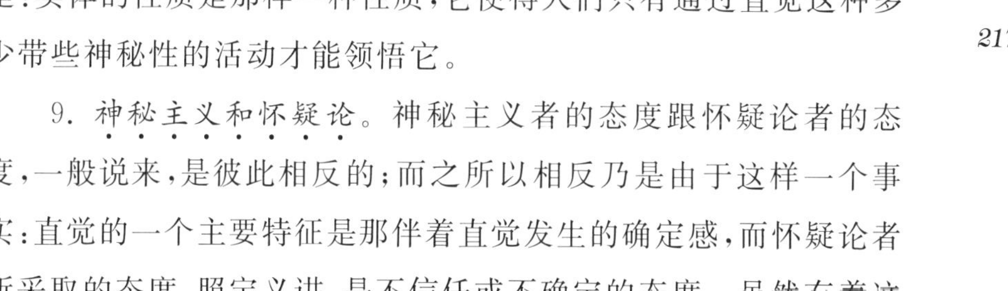

9. **神秘主义和怀疑论**。神秘主义者的态度跟怀疑论者的态度，一般说来，是彼此相反的；而之所以相反乃是由于这样一个事实：直觉的一个主要特征是那伴着直觉发生的确定感，而怀疑论者所采取的态度，照定义讲，是不信任或不确定的态度。虽然有着这种分歧，我们仍可找到一些例子，表示一个人兼有了这两种态度。比方就纽曼红衣主教来说，不仅他的权威主义，而且他的神秘主义在一部分作用上是他逃开理智上怀疑论以后的安身之处。在直觉里显得为确定的种种辞说，从仅仅理智的观点来看，只足以证明怀 219
疑论而已。此外，神秘主义态度和怀疑论态度，在未被用以对待同样的信条时，当然可以被同一个人用于对待不同的信条。神秘主

义者一方面对于上帝存在和灵魂不朽，比方说，可以有着一种直觉式的坚信；另一方面对于这些信仰的种种具体含义，仍然可以在很大程度上表示怀疑。上帝对于世界有什么关系呢？灵魂对于身体有什么关系，或死后怎样继续存在呢？在这些问题上，直觉也许没有向他提供什么材料。一方面是对于细节的怀疑，另一方面是关于一般性辞说的神秘确定感，前者跟后者绝不是不相容的。用普通一些的话来讲，在实在界的一个领域里有着神秘主义式的坚定信仰，这并不排斥在实在界的其他领域里有着怀疑主义式的彷徨犹豫。

10. 理性论和经验论。理性论方法和经验论方法的相同点在于二者都不是反理智主义式的；我们以前对二者的讨论足以表明它们不仅可以联合在一起，并且若要产生任何有价值结果的话，则非得联合在一起不可，而且要联合得可以互相补充。如康德说的，“概念没有知觉就是空洞的，而知觉没有概念就是盲目的。”演绎性的理智需要经验里种种具体的个别事物作为材料来在它们上面加工；反过来，感觉所启示的材料除非得到理智所启示种种关系的统一化和整体化，否则就会变成仅仅零乱的堆积。一门科学是否达到完善的地步，这一方面要看它所包括的经验事实有多少，另一方面要看这些事实被相互合理地联系到什么程度，才能决定。

11. 理性论和实用主义。实用主义者和理性论者通常是对头。实用主义的兴起大都由于要对某种类型的理性论表示抗议。固定的规则与规律被理性论者看得像生命一样珍贵，却被实用主义者咒骂得一文不值。如我们在讨论后一种方法时所企图说明的那样，实用主义在它三个方面的每个方面，作为实际主义、相对主

义、未来主义来讲，都强调具体以反对抽象，都强调个体以反对共
相，都强调暂时方便以反对万世不变，都强调活动以反对静止，都 220
强调未来的日新月异以反对过去的顽固不化。虽有这些意义远大的真正对立，人们发现这两种方法的合并不是不可能的。也许在庞加莱这种类型的数学家中就可得到最好的例子。庞加莱和他的门徒认为任何一堆事实在理论上可有无穷多的解释方法和统一方法，而其中没有一种方法能够认为自身比其他方法更有效。到底选择哪一种，这完全取决于**方便**与否这个实用性的因素。比方说，到底科学家要学奥斯特瓦尔德的样子呢，就是把原子论抛弃不要，把加之于运动的客观实在性同样地加之于一堆不可再分析的、特殊的能量类型，又把加之于惯性和形状的物理实在性同样地加之于一堆不可再分析的、特殊的或“次要的”属性（据我了解，这就是“能量派”物理学家和化学家的主意），还是科学家要遵循这个历史长久的办法呢，就是为了得到物理上、化学上的解释起见，把世界当作是一堆物质分子或物质原子所构成的，而认为这些分子、原子在体积和形状之外不具有旁的属性，又在实有运动和潜在运动之外不具有旁的能量，并且认为其他物质属性和其他变化形式不是客观的、物理的，而仅仅是意识里的主观表现。对于这个以及类似的问题，那些出自庞加莱门下的、兼为理性论者和实用主义者的学者会这样回答：要在这两种科学办法之间选择一种，这完全要看哪一种在实际上更加方便。我们可以设想，这两种理论使我们能解释现已被知的种种事实，又能预知它们因而控制未来经验里的种种事实。在这种意义上和在这种限度内，这两种理论都可以自认为有了客观有效性而不至于损害彼此。但是完全可以发生这样一

种情况:一种理论体系比另一种具有远为较大的简单性与雅致性,或远为较大的实用性与方便性,因而照实用主义的标准来讲就是较高级的体系。这种解决方法论上问题的办法,一方面使理性论的方法**在**任何系统**之内**有着莫大的权威,同时在另一方面使实用
221 主义者有全权决定到底要应用**哪一个**系统。我们在理论数学里发现实用主义方法和理性论方法这种联合的时候,甚至比在物理学和化学里还较多些。大家都承认,在几何、代数或逻辑代数这一类的科学里,有着许多公设系统可以对于正被研究的题材提供理性论式的和演绎式的解释。当人们选择一套公设而放弃另一套时,取舍的标准不过是实用上的方便罢了。

12. **理性论和怀疑论**。理性论方法和怀疑论方法有两种方式可以分工合作。第一种方式跟上段所讨论的理性论和实用主义的联合有些相像。理性论者可以承认,关于世界或关于世界的一部分,有着一堆彼此不同的假设,而从每一假设出发都可演绎出一个内部自相一致的、跟事实符合得相当好的辞说系统来。这些假设的内容也许使得彼此不能同真;我们对于它们不知怎样选择是好的时候就会表现出怀疑的态度。一个学哲学的人,比方说,在研究了如斯宾塞的那种唯物论以及黑格尔的那种唯心论之后,也许会觉得每一系统都解释了自然界的许多事实。就他所知,没有任何事实跟二者中的任一积极地格格不入。但他同时也许承认这两种系统不能同真,而他对于怎样进行取舍就处于完全怀疑的状态中。

理性论和怀疑论可以联合的第二种方式,可在那些自称为不可知论者(以别于怀疑论者)的哲学家的系统里找到例子。例如斯宾塞相信一切物理现象和心灵现象的基础是“绝对能力”,但他对

于这种绝对能力的性质表示完全不可知。对于现象自身的性质，以及对于那些把现象联系起来的种种规律，他却一点儿怀疑也没有。他树立了一个系统；这个系统虽被他称为是经验论式的，其实多半是理性论式的；在这个系统里，各式各样的事实照自然主义的 222
说法得到了他自己所认为满意的解释。按照差不多同样的方式，康德把宇宙分为两个境界。其中一个境界是可知的，可以得到理性论式的解释的。这就是**现象**界，实有经验和可能经验的境界。另一个是**真如**界，其中都是物自体，呈现着它们本来的面目，而不呈现着它们在我们感觉里的样子。真如界里的真理不是理智所能发现的；好像斯宾塞系统里的无条件的实体或绝对的实体一样，真如界被当作不可知的东西。一方面相信有可能把世界之相对性的、现象性的、表面性的各方面解释清楚，另一方面又不相信有可能把实体的绝对的、基本的性质知道清楚。几乎用不着说，这个把那种相信和这种不相信联合在一起的方法绝不限于斯宾塞和康德二人，而是哲学家当中一种很自然的和常有的态度；在英国有汉密尔顿和曼塞尔加以提倡和推广。

13. **经验论和实用主义**。在讨论实用主义的、我们称之为实际主义的方面时，我们看见实用主义者对于“实际的”这个词语给予了一种意义，从而使他们的主张在实际上跟普通的经验论没有什么区别。如果**实际的**东西只是指**具体的和个别的**，以别于抽象的和不可被经验的东西，那么，实用主义者的说法，即认为判断的真假取决于它对于实践有无用处，跟经验论者的说法，即认为判断的真假取决于它对于感性知觉是否符合，就是一样的意思。这两种逻辑方法于是在实际上变为二而一了；如果仍有任何使之不相

同的微细差别，则那是：实用主义者采取了一种比旧式的经验论者更为着重瞻前的态度，对于决定判断的有效性更强调判断对于未来经验的契合，而不强调它们对于现在经验与过去经验的契合。我认为那些曾对实用主义在哲学界的出现表示欢迎的、曾高呼实用主义为科学自身的方法的自然科学家，不过是把实用主义看作一种未来主义式的、功用主义式的经验论而已。而哲学上的实用主义者在他们这方面，即使他们对于实际这个词语，不按照我们所
223 曾讨论的狭义来加以解释，也觉得他们关于方法的理论不过是一种经过改良的经验论而已；在这种经验里，人类判断的实际作用和目的性作用得到了较多的重视，心灵的和世界的演化性质得到了较多的承认。并且在实用主义与经验论的这番貌似同一之外，在这里总有可能来使用一种联合办法；我们在讨论各种方法的联合时已提到经验里各领域的分化，而这种联合办法就是以这种分化为根据的。这就是说，同一个人可应用人本主义式实用主义的方法去解决社会和个人伦理学的领域中的种种问题，而同时在自然科学的领域里应用普通经验论的方法。

14. **经验论和怀疑论**。我们关于理性论和怀疑论的联合所说的话同样地适用于怀疑论和经验论的联合。同一个人可以相信经验论方法在某种限度之内足以对世界的性质提供令人满意的知识，但对于在限度之外的东西则变为一个怀疑论者。经验主义者确实经常认为：一方面我们对自然界个别事实的性质以及事实间种种先后发生和同时发生的关系，能够获得充分的知识，而另一方面我们永久无法发现这些事实的**为什么**以及**所以然**；因而认为那为感性知觉现象的基础的实体是不可知的，有些经验论者确实甚

至于提出极端的主张，认为经验方法对于感性经验领域里各种事宜所以有效的道理，正意味着这种方法或任何其他方法对于启示物自体的本质是不会有效的。

15. **实用主义和怀疑论**。把实用主义和怀疑论联合起来的可能性是很明显的。实用主义者甚至比经验论者还更加认为：可以得到解决的问题只限于具体事物和实际事物界的问题。这个境界以外的各种问题往往被实用主义者说成是人为的或毫无意义的。上帝的本质、灵魂的本质、世界的由来和归宿，这些对于实用主义式的哲学家是引不起兴趣的；这是由于我们对于这些问题所可给 224
予的各种不同答案在我们的具体行动上不能产生任何差异，而在人类行动上没有效果的任何辞说都被实用主义者认为是缺乏真正意义的。但在上述各问题上，实用主义者若被逼迫到充分的程度，则他通常会承认问题之所以含有他所谓的人为性，乃是由于我们对于问题无法用经验里的字眼来得到一种解答；这样我们可逼迫实用主义者承认（虽然他心中不情愿，有着满肚牢骚）：他对于形而上学上种种最终极性问题的态度就是怀疑论者的态度。我们已提过，他认为理智及其各范畴是在实际生活种种迫切需要中发生的，并认为这些范畴不是自身有价值和值得注意的，不过是为了促进我们种种利益和为了较有效率地控制我们环境的一些工具而已。但是关于理智的由来和目的虽有这种功利主义式的说法，实用主义者也不能否认：人类思想有可能提出种种问题，而对这些问题的答案将不是功用性的或实际性的。至于对待那些超经验性的答案，则实用主义者必得跟普通的怀疑论者处于同样的存疑状态中。

在各种逻辑方法理论中每次由两种理论联合的所有方式，我们现在已经研究完了。我希望这番相当令人厌烦的完全枚举已在这样一点上说服了读者：即这些方法分工合作的可能性，跟我们分别讨论每种方法时所已强调的种种差异和矛盾，是同样真实的。现在只剩下要指出：怎样可以把一切方法联合在一起而打成一片，以使在这个综合里各方法所特有的原理与作用可完整地被保持下来，而又使得这些方法可以互相补充和互相完成。

第二节　各方法的总联合

宇宙间的事事物物通常是根据它们的内在性质而分类的。但是我们眼前的兴趣不在于知道物体对于它们自身是什么样子，而
225 在于知道物体对于知者心灵的关系上是什么样子。从这个纯粹方法论的观点看来，我们有着充分理由来对于可知的事物，提出这个也许显得很勉强的区分，即将之分为下列五类或五个领域：

1. 把只可被我们自己以外的人们所知道的种种物件和事迹划为一个领域。2. 把(A)种种最终极性的、非工具性的价值以及(B)人们所认为最终极性的、不可言状的真理，合起来划为一个领域。3. 把种种可比量的、抽象的关系划为一个领域。4. 把种种个别事实和具体关系划为一个领域。5. 把个人行为和社会行为划为一个领域。

我的主张是：在实在界的上述五个领域的每个领域里，一切逻辑方法在某种限度内都是适用的。但在这种一般的应用性之外和之上，五种积极方法的每一种(照它们原被讨论时的次序)专门适用于五个领域中的一个（照方才排列的次序）。即是说，权威主义专门适用于第一领域；神秘主义专门适用于第二领域；理性论专门适用于第三领域；经验论专门适用于第四领域；而实用主义专门适用第五领域。至于具有消极性质的怀疑论方法，其作用在于使每一方法在它指定领域里不要那样武断自信，而要变得谦虚谨慎些。

1. 权威主义和第一领域。一个人在他自己所不能研究的事情上必得信任旁人；除非有理由使他疑心见证人有成见或没有能力，见证人的证据要跟他自己的证据受到同样的看待。第一领域的大部分是关于过去事情的，在这个领域内权威主义方法必定会占主要的地位。诚然，通常可用理性论方法以及经验论方法来证实或反驳见证人的直接证据，甚至对于已经过去而不可复返的事迹，可利用现在可被观察到的种种事实作间接证据，来加以证实或反驳。要是不使用最严格的科学步骤，历史学方面的伟大成就就绝不可能取得。但是历史学家的最后前提必得建立在除了历史学家自己以外的人们的证据上；对于一切不谋私利的权威，我们有充分 226
理由至少暂时表示信任，也不可避免地要这样信任。这样看来，权威主义的方法在各种方法的联合里可有一个固定的和荣誉的地位。

2. 神秘主义和第二领域。我们已经说过，第二领域包括两个十分不同的区域。有些评价性的判断和兴趣是简单而基本的，它们有别于那些合成而复杂的判断和兴趣，第一区域里尽是前种判断和兴趣的对象。若把直觉解释为直接的感觉，则直觉在这个区域里不仅是最适宜于供给消息的官能，而且是唯一的这种官能。我们可以把男女间的恋爱以及恋爱所根据的判断（表示对方可以信任），作为基本兴趣的一个例子。如果听凭人家的意见，或进行一番演绎推理和精打细算,或者冷酷无情地分析对方的外貌,或者考虑对方实际上会有多大用处,并通过这些方法去为自己找一个真正情人,则这是徒劳无功和荒谬绝伦的做法。为了找一个人来合伙经商,或挑一个人来管理家务,甚至为了选择只图方便而不顾爱情的配偶,为了所有这些,非神秘主义式的方法无疑地是适用的。但是谁也不能,或不愿意发生恋爱,除非心目中的人直接地并不可分析地打动了他的心弦或引起了他的思慕。换言之,发生恋爱的人,就其有了恋爱这一点而论,乃是而且必得总是一个神秘主义者。甚至在形成一种信仰,以之为根据来选择朋友时,直觉几乎也是不可缺少的,如同在选情人时一样。真正的友谊,其基础确实不是计较利害或贪图功用,而是感情相投和直接同情。关于艺术作品也可以这样说;对于艺术作品的主要欣赏,其根据不是种种可以在理智上加以分析的考虑。诚然,我们不是总肯对自己承认这一点。若有人问我们为什么相信但丁优于莎士比亚,或相信萧伯纳优于艾略特,则我们也许会装着诚恳的样子,把我们所喜欢的作者的种种优点列举出来,当作我们偏好的理由。但是这些理由对于我们的选择并不真正相干,同样不能说服问话的人;这里的情况
227 就好像一个情人可笑地企图提出种种论证,来证明他的女友的眉毛是举世无双地楚楚动人。对于兴趣的高级对象是这样,对于较低级的、较物质性的东西,如衣服、食品、游戏等,也是一样。为什么某种时装我们看了喜欢,为什么某种游戏我们玩了高兴,而旁的不高兴玩,为什么河鲱比蛋奶糕好吃得多,这些是我们只能通过直觉而不能通过其他方法来知道的东西。

　　这个领域的另一区域比方才讲过的区域远为有问题。我们把

这另一区域描述为一个假设性的境界，其中尽是种种不可言状的又被认为超感觉和超理智的实体。不可言状的东西是难以讨论的，因而不曾有过真正神秘主义者的经验的人们对于它的性质只能知道得很少。神秘主义者自己认为他们关于高级真理的直觉，至少跟理智和知觉的种种启示具有同样多的明晰性与确定性。既然我们无缘得到这种较高贵类型的直觉，我们怎能决定这一点？即决定：人们所宣称他们有过的种种启示到底是真正启示，还是仅仅错觉和幻想，它们由于有了那平常可使我们做梦的条件，有了那完全在身体内部发生的作用而被产生的。我们唯一的办法是对于不同神秘主义者所得到的种种启示，进行一番比较，并断定它们在彼此之间符合到什么程度，又跟我们通过各种非神秘主义式方法而知道的东西符合到什么程度；但是这是作者既没有时间又没有能力来担任的一项任务。在一个奇怪而有意义的论点上，几乎所有的伟大神秘主义者好像是意见一致的；这个论点是：世上的事事物物，包括人类心灵在内，彼此联合在一起，又跟万物的精髓联合在一起，联合成一种比知觉或思想所启示的任何一种统一都较密切和完全的统一；并且在欣赏或参加这种超验的统一时，会有一种绝非悟性所能了解而且充满着安静、欢乐、光明的感觉伴着发生。然而对于神秘主义者这种最高的、最特别的启示，犹如对于贞德和对于班扬所报告那种较具体的、较个别的经验一样，我们毫无根据足以断定它们到底是真正的启示，还是某一类型的思想错乱所特有的结果。我们在这个问题上不妨承认那句稳当的俗语：“有那么多烟的地方多半有一些火。”我们可以较大的信心来这样说：一切 228
秘密启示，当它们只涉及经验界和实际生活里不相干的各种事物

时，至少是没有害处的；虽然这样，当人们从它们推出种种理论含义以及实际后果，而这些又跟我们关于人生与世界的普通知识有冲突时，则它们可以变为非常危险的阻碍，影响我们在理智上和道德上的进步。基督教科学派也许是当代采用神秘主义方法最突出的例子，我们拟把上述评价应用于它，以使原来说得不大清楚的地方可以说得较具体些。

基督教科学派有一种积极的教训和一种消极的教训。在其积极教训方面，它告诉我们怎样去增加我们在心理上和身体上的康健，方法是采取一种具有貌似神秘性的默想态度，而在默想中占统治地位的思想即是：至善为主要的实体。在它的消极教训方面，它劝我们放弃各种恢复康健的方法。它不以发现了一种对付疾病的新方法为满足，坚持认为我们要放弃各种旧方法。它的积极教训没有害处，并在许多情况下确实产生了一定程度的好处；但是对于科学医术所供给种种减少痛苦和恢复康健的方法竟拒绝加以利用，这种愚蠢和危险的办法使那些好的结果远远得不偿失。我们在讨论这种方法的那一章里，曾经强调了“积极”神秘主义和“消极”神秘主义之间的区别；有鉴于这种区别，我们应该可以把任何或一切精神治疗者那带建设性的主张接受下来，而不至于同时要把他们对于其他医疗方法之破坏性的、捣乱性的各种攻击也接受下来。

总结一下：在这个包括基本兴趣以及超感性启示这两个区域的领域里，神秘主义乃是而且必得是占有崇高地位的思想；它是主要适用于这两个区域的唯一方法，但是我们不要认为这个事实就意味着：人们通过它所得到的种种结果总是可以成立的。根据同

情和直觉而作出的评价往往被证明为错误，而关于超自然界的种种启示绝不能保证它们自己可以成立。神秘主义的最大危险，我们已说过，至于它倾向于超出那适宜于它的领域，从而使它自己在 229
那些主要取决于，若不完全取决于，其他方法的各种事宜上，来跟这些方法分庭抗礼。但若把这些限制条件记在心里，则神秘主义可以在各种方法的联合里合法地得到一席地位。

3. **理性论和第三领域**。理性论的方法适用于种种抽象的、可比量的关系的领域，这在讨论理性论和经验论的各章里已详细地研究过了。有些关系，特别是数量关系，可以被联合起来，以产生各种属于同样一般性类型的新关系。这些关系链锁或关系体系就是数学，而数学里的进行程序主要地遵循着理性论式演绎的法则。但理性论的方法不仅适用于种种不跟事物结合的抽象关系，对于一堆一堆的具体事实，只要它们之间发生着可比量的关系，这种方法也就适用。换言之，在应用数学里，以及在一切具体科学里，只要被研究的材料可接受数量式的处理，演绎推理都是有用处的。

但是像其他方法一样，理性论若应用到它自己的领域以外去，则对于真理的探求就有危险；甚至在它自己的领域内，若它不肯接受经验论的印证，也会有危险。对于这种方法的主要滥用，如表现于思想史里面的，在于企图以“先验的”推理来代替实地的观察；例如人们认为行星的运动是天体的运动，认为天体的运动是完全的运动，又认为完全的运动是圆形的，并以这些为理由而推论行星的轨道必定是圆形的，而不是椭圆形的。如果有人想要研究物体的吸引关系或心身之间的关系，但要等待他对于这些关系已经用演绎方法推出一种令他满意的解释之后才来进行实地研究，则他也是在滥用理性论方法。寻求各种**解释**是可称赞的事，应当加以鼓励，但我们不应当容许这种寻求来妨碍我们寻求各种**描述**的工作。附加了这些条件之后，理性论方法可以在各种方法的联合里占有一个固定的席位。

230 4. **经验论和第四领域**。我们可以正确地把经验论方法当作一切方法中应用最广和最为可靠的方法。在个别事实和个别关系的领域里，它是唯一的适当方法；在普通情形下，它至少间接地，并作为一种检查错误的方法来讲，可适用于其他各领域内。权威主义者、神秘主义者、实用主义者，尤其理性论者尽可以让他们那些多少不大稳当的方法，通过感性知觉的高级检验而得到加强与印证。所以在各种方法的联合里，经验论占着最高的地位。

5. **实用主义和第五领域**。大家记得我们在讨论实用主义时得到一个一般性的结论，即是说：实用主义方法三种形式里的任何一种，即实际主义、相对主义、未来主义之任一，在应用于研究物质环境里种种客观事实和客观关系的性质时，不是确实地有效；但如同在功用主义的伦理学内一样，实用主义一旦被应用于人类行动的领域，则它就既是有效的又是非常有价值的。求善和求真的相反性质使这番双重判语有了根据。前面已经说明，在寻求真理时，问题在我们种种观念和信仰要怎样适应以及将就物理界的结构；若让我们对于科学问题上的解决被实际上的各种利害或者情绪上的爱憎所左右，则这是根本上违反科学真理的。但是如果反过来，我们的目的不是在理论上求得真理而是在实际中达到美善，则我们个人的种种兴趣就不再是不相干的和有歪曲作用的因素，而变为主要的和有控制作用的指南。因为“善”所指的就是那些满足任何倾向、愿望、能力的东西；而要达到美善的意思就是对于环境不断地加以彻底的改变，一直等到个人之外的实在界完全适应了个人之内的需要时为止。我们曾经申辩过：求真理者的态度乃是而且应该是以宇宙为中心的，而求美善者的态度乃是而且应该是以人类为中心的。体现了真理或体现了美善，都是个人和环境之间 231
达到了一种平衡状态的意思，但是这种平衡状态在求真时要个人将就了环境才算达到，而在求善时相反地要环境将就了个人才算达到。所以，关于自然界永恒规律的知识，从理论探究的角度看来，自身是一种目的，但从道德上努力或实际上努力的角度看来，这些规律可被看作我们所用以使得人生变为美善的工具。把上面已说过的话重复一遍，实用主义方法表现了伦理功用主义的态度，只就这一层来讲，实用主义方法才是有充分理由的；而这种态度不是旁的，乃是从纯粹方便的观点来看待一切道德律，乃是承认只有一条永恒不变的道德律——即每个人在他一生的任一时刻都要企图使他的行动能为全人类造最深厚和最广泛的幸福。这是伦理实用主义的绝对准则。不仅在安排个人生活时要遵循它，而且对待政治上、经济上、教育上、宗教上种种社会风俗和制度——而这些是个人生活的条件——的时候也要遵循它。若这样不超出自己的范围，则实用主义可在各种逻辑方法的最后联合中占到一个崇高的和固定的位置。

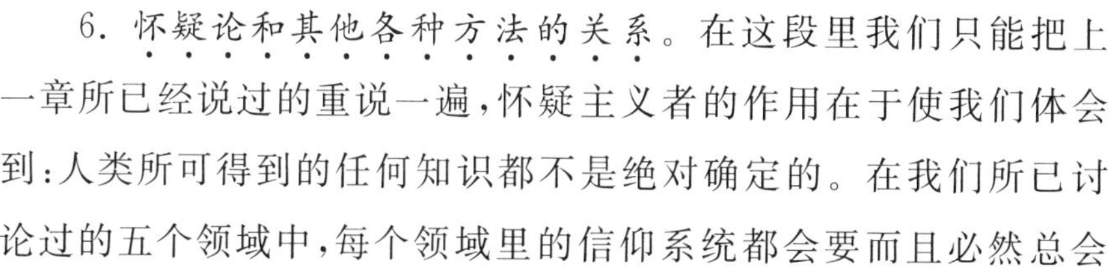

6. **怀疑论和其他各种方法的关系**。在这段里我们只能把上一章所已经说过的重说一遍，怀疑主义者的作用在于使我们体会到：人类所可得到的任何知识都不是绝对确定的。在我们所已讨论过的五个领域中，每个领域里的信仰系统都会要而且必然总会要经过修改的。即使有一个判断同时得到五种积极方法的证实,这判断也只从这番证实得到高度的或然性,而无法得到确定性。

要对于一切问题保持一定程度的存疑,这是难以做到的事,犹如这是很重要的事一样。我们有着遏制不住的倾向,要避开不确定性而使自己对于一种意见采取明确赞成或明确反对的态度;但是在证据不充足时暂时不去下判断,这跟在证据充足时去接受一
232 定的结论,至少是同样聪明的办法。并且前种态度需要较多的勇气;大多数的人对于解决一个理论问题,宁愿根据掷镍币的结果而决定,而不愿承认自己没有解决的能力。这种在理智上的虚荣心,甚至在怀疑论有用处的场合里,都说怀疑论不好;人们把理论上的暂时不下判断和实际上不采取行动,糊涂地混为一谈,而这又助长了这种虚荣心。冒着做错的危险而采取行动往往比完全没有行动更加好些。人们倾向于有一种认识,以为在进行每一动作之前必得先有确定的态度。可是这种认识是十分错误的。在上文已经提过,罗素在他批判《信仰的意志》一书时曾指出:我们为了试验一种理论的对错,并不需要先下决心去承认这种理论为真。当我们明确地知道一种假设不能成立的或然量甚至比它能成立的或然量还大时,我们仍可本着这种假设去进行试验。

哲学家之所以要以特别尊重的态度来对待怀疑论,还有另外一个原因。哲学本身是一切科学中最不确定的和成绩最差的一门;为了要实现它那崇高的、广泛的理想起见,哲学不得不付出这番代价。而哲学在过去往往表示不愿承认哲学结论的暂时性,往往以最夸张的口气,说哲学的方法比科学的方法更优越,从而企图把自身的种种缺点掩盖起来。人们往往在他们真正胜过人家的地

方表示谦虚，而在他们所显然缺少的美德上反而表示骄傲；既然这样，人们同样地会在他们那些最会引起认真怀疑的信仰上，特别倾向于用神示来做护身符，而认为自己得到了超自然的确定性。在哲学里之所以最需要怀疑论，恰恰是因为哲学家往往愿意做荒谬的事，在他们最薄弱的环节，即在他们种种结论没有确定性这一点上，吹嘘他们的坚强力量。“先验有效性”以及“超验必然性”是哲学家在他们自己方法上所乐于添加的好听术语。他们的成就比他们的自负差一大截，而这使平常的人不信任哲学家到了一种甚至超过实有根据的程度。如果我们能够用这个谦虚的词语“暂用的假设”，来代替神学家的“神示的教条”和哲学家的“超验的确定性”，则一大堆无必要的批评就可以免避了。如果这样，则甚至对于宇宙有所推测的人们所提出种种比较玄虚的结论，也会有人来耐烦地、同情地侧耳细听。

233

总结一下：怀疑论在这种消极方法的联合里是应该有地位的，把这种消极方法跟其他五种积极方法列在一起，可把它作为其中每种方法预防毛病的药剂，又作为一种经常的警钟，提醒人们，尤其提醒哲学家们，要记住人类官能的种种限度，又记住有采取容忍态度和存疑态度的必要。

结　　论

我们现在已经完成了我们工作的头一半，即把方法论里那研究逻辑哲学上种种问题的部分作了一番概述。按照逻辑较狭的意义来讲，它研究一堆规则，告诉我们怎样以已被接受的前提为起点，通过演绎或归纳，遵照规则以推出结论来。按照逻辑较广的意义来讲，它对于人类信仰的泉源，因而对于决定信仰真假的标准，作出一番哲学式的探究。我们对于逻辑未采取狭义的看法，而采取了广义的看法，把人们在这个问题上所主张过的六种不同的态度或不同的理论提了出来。我们称之为权威主义、神秘主义、理性论、经验论、实用主义和怀疑论，其中每种理论都企图把某一种知识泉源扩大而使之成为一种对于断定真理有决定性作用的方法。各种方法所各别由以发生的确定泉源是**见证**、**直觉**、**理智**、**知觉**、**实践**与**怀疑**。我们起先把各种理论逐一讨论，为的是强调它们的分歧。对于每种理论，我们花了一些工夫讨论那些通常跟它联在一起的本体论信仰和伦理学信仰，在这些分开的陈述和批评之后，我们在本章里进行了更加比较性的和综合性的讨论，并企图说明：(1)虽然各种不同逻辑理论之间有着分歧，它们在经过某些修改之
234 后却能在各种探研领域里彼此联合起来；(2)要真正解决逻辑方法论问题，就要把所有六种方法联合成为一个和谐的综合体系，并指定每种积极方法在实有哲学探究或可能哲学探究的一定领域里，要起着主要的作用，如果不是唯一作用的话。

第 二 编

解释知识的途径：认识论的三种方法

前　言 237

本编在认识论这个标题下所要研究的问题，发生在那由于任何一人对于任何对象有所认知而引起的场合里。发生在这种场合里的主要哲学问题是：这样被认知的对象能否离开它对知者的关系而仍保持它的存在和性质。显然，这个问题是无法通过直接经验而得到答案的；因为对于一个未被观察的对象，设想它的性质和存在情况能通过对它进行观察而加以断定，这是自相矛盾的。我们在物体被我们观察时研究它们有什么性质和运动，并只能根据这番研究的结果，去推测事物在未被我们观察时是个什么样子。

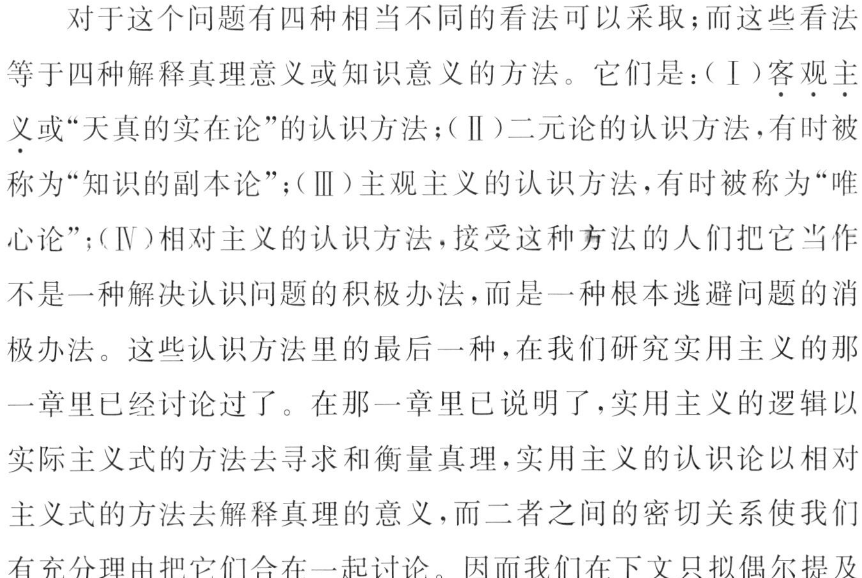

对于这个问题有四种相当不同的看法可以采取；而这些看法等于四种解释真理意义或知识意义的方法。它们是：（Ⅰ）客观主义或“天真的实在论”的认识方法；（Ⅱ）二元论的认识方法，有时被称为“知识的副本论”；（Ⅲ）主观主义的认识方法，有时被称为“唯心论”；（Ⅳ）相对主义的认识方法，接受这种方法的人们把它当作不是一种解决认识问题的积极办法，而是一种根本逃避问题的消极办法。这些认识方法里的最后一种，在我们研究实用主义的那一章里已经讨论过了。在那一章里已说明了，实用主义的逻辑以实际主义式的方法去寻求和衡量真理，实用主义的认识论以相对主义式的方法去解释真理的意义，而二者之间的密切关系使我们有充分理由把它们合在一起讨论。因而我们在下文只拟偶尔提及 238

相对主义的认识论，只拟在它变相出现于其他方法中的时候才提及它。

对于被知对象跟知者的关系加以解释的三种主要而积极的方法，我将依次讨论。我们将指出，极端客观主义或实在论的看法，通过一连串好似不可避免的步骤，就陷入了极端主观主义或唯心论。我们又将看出，为了从一种较倾向于实在论的看法过渡到一种倾向于唯心论式的看法，人们在每种情况下所提出的论证，都建立在唯独这个大假定上，而这个大假定就是："（选择上的）相对关系"涵有依靠的意思，并且因为每个被知对象都跟知者发生（选择上的）相对关系，所以它依靠着知者，而离开他的意识就无法独立存在。

在分别讨论了认识论的三个类型之后，我们将接着对于它们作一种比较的研究，并在这番研究中对于（选择上的）相对关系原理给予一种新的解释。本着这种新解释的精神，我们又将指出：对于认识论各方法中的每一种，都可加以修改与重述，以使它能保持它主要的和积极的意义，却又能跟它原来所反对的各种方法取得完全的调协。

第八章　客观主义的方法 239

客观主义或天真实在论有三种形式，彼此之间的区别充分明显又充分有意义，值得分别加以陈述；将称之为：（Ⅰ）极端的或原始的客观主义；（Ⅱ）温和的或常识的客观主义；（Ⅲ）相对主义的或新的客观主义。

第一节　极端的或原始的客观主义

对于有认识关系在其中发生的场合，最自然、最简单、最原始的解释就是把每一被经验的对象当作存在的，而且当作独立地存在着，并跟它被经验的这个事实毫不相干。一把椅子可以对一张桌子发生**近于**的关系，而不至于使它的存在取决于这种关系；恰恰一样，从这种最极端的实在论观点来看，任何对象可以跟一个人发生**被知**的关系，而不至于因此受到任何影响。“物体在离开我们时的样子跟物体在被我们经验时所呈现的样子完全相同”，这是儿童和野蛮人的看法。有些东西只在被我们知道时才存在，并只按照我们所知道的样子而存在着，这种看法是相当高度思索的结果。但是远在达到这种思索之前，人们已经把那些显然特殊的事迹，如出现于梦里或错觉里的，跟那些在人们清醒时为许多人所共有的 240 事迹，辨别清楚了。虚幻对象却未被原始实在论当作在**心中的**或主观的，而只被当作仅仅古怪的、不可靠的物质存在。儿童们不认为梦境是一个在他脑子里面的境界，而认为它是一个遥远的、奇异的境界，多少跟清醒生活的世界有些隔绝。关于儿童的梦境是这样，关于野蛮人的鬼域也是这样；而在鬼域中活动的人物大部分是野蛮人在梦里、幻想里、部落神话里所遇到的人物。

但在种族发展中和在个人发展中发生这样一个阶段，到了这个阶段时人们对于虚幻对象和普通物体进行较成熟的、较仔细的比较，从而使极端的或天真的实在论着实太难以立足。人们逐渐地发现：虚幻经验的内容缺少真实事物在彼此之间所特别具有的一致性，并随着有虚幻经验的人在个人情况上的变化而有所变化。

人们观察到了虚幻对象对于知者的这种相对关系；正是这种关系使人们得到这个结论：通过幻觉式错误而产生的种种对象，跟其他东西的差别在于这些对象完全位于人的脑子里面。这是天真实在论第二种形式或温和的形式，也就是常识的认识论。

第二节　温和的或常识的客观主义

常识对于认识问题的态度和看法似乎避免了野蛮人看法的离奇古怪，以及二元论哲学和主观主义哲学的巧言诡辩。常识态度一方面把一切虚幻的东西看作是仅仅主观的和完全脑内的，另一方面把一切在物理上为真实的东西看作是跟心灵不相干的，或外于心灵的，尽管这些东西直接地、即刻地呈现在心灵里。

这种说法非常风行，几乎为人人所接受；之所以这样，乃是由于这样一个事实：不实在的或虚幻的对象，其对于观察者的（选择

上的)相对关系在实际上重要得很，又被人人所注意到；可是**实在** 241
物体对于观察者的(选择上的)相对关系在实际上并不重要，而几乎未被人们所注意到。常识实在论在技术上的弱点就在于：我们对于我们经验里那些被公认为实在的物体，可以证明它们对于知者心灵所发生的(选择上的)相对关系，跟最离奇的梦境里的对象所发生的同样关系，在程度上一点也不两样。那么，(选择上的)相对关系若在后种情况下含有主观性的意思，则在前种情况下也同样地应有这种含义。

如果我们站在一位旁观者(或原观察者以外另一位观察者)的立场，并按照知识场合对于原观察者所呈现的情况来看这种场合，那么，在主张常识认识论这种经过修改的实在论之时所会遭遇的困难，也许就会更明白地为人们所看出。从这种立场出发，我们发现：旁人关于他自己经验到的事物的报道并不仅仅取决于或主要地取决于事物自身的性质(如呈现于我们经验中的样子)，而且还取决于或主要地取决于旁人所在的位置和他当时具有的一些条件。

试举例说明。如果我的邻居和我都看着同一件物质对象，如一把椅子或一座山，又如果我的邻居用手指按着他的眼珠，因而报告(从我看来一直未动的)那个对象在动着，则我们似乎不得不相信：他所经验到的对象不知怎样地取决于他的动作，并因为有了这动作就跟我所经验到的、又被我认为独立存在的那个对象有所不同。简言之，当我的邻居对于桌子椅子这类东西的经验(由于他改变了他的位置或做了动作)跟我的经验不相同时，我假定他经验里的种种对象只存在他的脑子里而不存在我们四周的空间里，从而把我们两人之间的分歧解释清楚。这样一来，人们就形成了这样一个概念，认为有一个“仅仅观念”界，或“意识状态”界，它依靠知者而存在，并跟这些观念或状态所符合得还准确或不大准确的种种实在东西是分开的。人们起先认为这些次要的或主观的对象只位于**旁人**的心中。我们发现我们的邻居只有通过外界对他所产生种种效果或影像，才能间接地认知外界；甚至在有了这种发现之后，我们还继续认为我们自己却可以直接地和真正地认知外界。
242 这种天真的、抬高自己的态度却无法长期持续下去。若有什么理由可使我们相信我们邻居所知觉到的是物体在内心的反映或副本，而不是物体自身，则**邻居**就会提出同样的理由，来证明我们在我们自己的心理状态之外，也对于任何东西没有直接的意识。

这样就发生了第二种主要类型的认识论，我们称之为“二元论”或“知识的副本论”。根据这种理论，世上的东西分为两个彼此排外的类别：一方面是心灵的种种内在或主观状态，心灵所直接知觉的；另一方面是外界的种种物体，我们通过间接推论认为它们是上述状态的原因。

但在研究这第二种用以解释知识的认识方法之前，我们要讨论天真实在论的第三种形式；这形式新近被人们提出，作为最后挣扎的手段，以使常识可以避免二元论的和主观论的种种矫揉造作之处。

第三节　相对主义的或新的客观主义

我们在以前曾有两次机会讨论一种一般性的主张，而现在所要研究的理论就是那种主张的一种变式。在讨论怀疑论的那一章里，我们发现有人反对那种用以支持怀疑论结论的“生理论证”，而提出“现象论”的说法，认为实体界只是“现象”或“经验内容”所构成的，又认为我们如果知道了物体在一切情况下会使我们得到什么形象和什么感觉，则我们就已经把可能被知的一切都知道了。又在我们讨论实用主义时，我们在“相对主义”这个标题下，研究了一种消极形式的认识论；据之，真的即是被相信的，二者没有分别，因而真理被认为是因知者而异的，不过是知者对于他自己当时所在的场合之一种适应而已。相对主义式客观主义跟实用主义式相对主义不同，其差别在于前者把相对原理只应用在知觉界的范围内，而不肯把它推广到这些现象之间种种概念性的关系上去。所以前者不肯像实用主义那样地否认我们离开任何信仰或判断还会有绝对的和客观的真理，前者满足于提出这种主张：即知觉的具体对象，其性质来自这些对象和知者之间所发生的种种关系。

至于相对主义式客观主义和现象论之间的联系，我们可以公平地说：一方面这两种理论都接受了按照上述狭义来讲的相对原理，另一方面新的客观主义和传统现象论不同，差别在前者用物理上的而非心理上的术语来解释知觉经验的相对性。

这一点是相对主义式客观主义所自认为这种主张所以出色的主要理由；为了说明这一点，让我们研究一下这种情况：从火车最后一节车厢的观望台上看去，平行的轨条显然逐渐合拢起来。原始的或极端的实在论者会认为这种合拢现象是外界的实在情况，跟观察者并不相干；温和的或常识的实在论者会认为它根本不是外界的实在情况，而是外界平行轨条在心中所产生的歪曲影像；相对主义式客观主义者却会这样争辩，说逐渐合拢的轨条跟平行的轨条本身是同样地“物理的”、“外界的”和“客观的”，不过这两套轨条的每一套因为周围的种种关系不同而不相同，而不是独立的或绝对的。同样两根轨条在一种关系网里是平行的，在另一种关系网里是逐渐合拢的，在再另外一种关系网里也许是逐渐散开的。并且整个的问题可用纯物理的（光学的）种种规律来解释，而不必借助于任何心理因素或心灵。如果以照相机来代替人的肉眼，结果会是类同的，若不完全相同的话。

反对新客观主义的人们可以不再提透视上的歪曲，而提幻梦或完全神经错乱，来证明这类经验的对象（除非作为意识状态）不是实在的东西；如果这样做，则相对主义者会回答说这种场合仍然完全在客观物理界的范围内。我们研究神经错乱者的脑子，不仅要顾到它对现在的关系，而且也要顾到属于物质界的、脑子曾跟之发生过互相作用的、并且构成我们所谓“记忆”或“统觉背景”的那些过去事迹。对于错乱的想象、显得存在于外界之种种不实在对

244 象，在那个特别的、高度复杂的系统内**确是**外在的，而这个系统除了包括病人血液和神经的现有不正常状态之外，还包括种种过去事迹在内。用专门术语来表示整个看法，我们可把相对主义说成是这样一种理论：它认为两种经验现象之间的种种关系绝不是仅仅**两端的**，而总是至少**三端的**；又认为好像是 ARB（A 对 B 发生某种关系）的简单情况，其实是（A-R-B）-R-C［在 C 这个关系网里 A 对 B 发生某种关系］的复杂情况，而在 C 这种关系网里的一个重要因素就是知者的脑子。

这种看法的第一个困难在于这个事实：同一物体在不同关系网里的不同表象总预先假定有单独一个主要的事迹系统，而每一

事迹在客观的时空中占有单独一个完全确定的位置；并且要通过这个单独的公共物理系统才能解释以及调和一大堆私人的、主观的透视景。那么，回到我们关于平行轨条的例子：在一根直线上的观察点有多少个，则轨条**在表面上的或在透视上的**逐渐合拢就有多少式样。但是虽有透视上的这些变化，轨道是按照它们为像平行的样子而**起作用的**。并且我们可把这整个系列仅仅在透视上的逐渐合拢，解释为两根真正平行轨条对于占着不同空间位置的知者所会产生的简单光学效果。

反对相对主义式客观主义者的第二种理由根据于这个事实：不管我们对于那些被加上“对我为真”或“在这个关系网里才真”这类字样的事实和关系，是不是总**应该**表示满意，我们却绝不会以此为满意。除非我们发觉自己被欺骗了，我们对于认知上的每个肯定，不管是最直接的知觉或是经过反复思索的判断，都自认为可以超越有它在其中的关系网，又可以对它的种种对象给予一种普遍而绝对的存在身份。比方说，假定有一个挨饿的人在肚皮饿得难过之外，还因在幻觉里看见一盘食物在他面前而更加苦痛；又假设有一位相对主义式的客观主义者，企图这样解释和安慰他，说面前的食物是完全“实在的”和“客观的”，而绝不是仅仅的“主观”状态。讲安慰话的人最后会承认：幻觉里的食物当然只存在于物理现象 245
中的视觉系统里，而不存在这些现象的嗅觉或触觉系统里。挨饿人对于所提出的这番安慰话语，据我猜想，会这样答复：使我苦痛的并不是我幻觉里的仅仅内容自身，那认为视觉内容不仅在视觉上有着客观性的说法才是使我加倍苦痛的原因。那种只因在幻觉里出现就被认为是“实在”的食物，根本不是**实在的**；视觉上的表象

可用物理上的字眼来解释清楚，这一点我不否认；但是这一点绝不能减少我在发现所谓实在并不包含可吃的意思在内时所感到的失望。简言之，我们认知的对象不仅仅是**可见的食物**，而且是**可见又可吃的食物**；而**那样一个**对象不存在于眼前。[①]

结　　论

我们对于认识论三种积极方法的第一种方法加以陈述并初步批判时，曾考虑了它三种不同形式的每一种。

我们曾看到这种方法的极端或原始说法具有这种优点：我们有一种本能的、即刻性的坚信，认为每一被经验的对象都是独立的实体，而这种说法、跟这种坚信是符合的。这种说法认为错误经验以及正确经验的种种对象，同样地始终存在于外界。它的弱点在于它未能估计到实在的东西和不实在的东西相差到什么程度，以及有着怎样的差别；又在于它没有顾到做梦和幻想的内容以及一切错觉和错谬的内容，都跟有关的知者发生相对关系。

246 客观主义第一种说法，其脆弱的地方，正是温和或常识说法得力的地方。常识的认识论明确地认识了虚幻经验的各对象跟知者

① 对于处理**不实在对象**以及避开这些对象对于认识论问题的决定性意义，通常的办法是把它们说成为“只是放错了地方的实在对象”或为“是实在的因素所构成的，只是因素发生在错误的关系网里。”这办法却易引起误会，又完全没有好处。幻觉里的蛇或人头马身的生物所以不实在，这跟种种感觉因素自身并不相干，而只跟因素间种种外在的和内在的关系相干。莎士比亚一首爱情短诗不同于英文字母的任何其他组合，一头狮子不同于一只老鼠，而其间的分别“仅仅”是同样一些因素间在关系上的分别。但是正是这种**关系性整体**的自身，发生着实在或不实在的问题。

发生(选择上的)相对关系;由于这番认识,它否认这些对象在心灵或意识之外有着任何地位。这就把幻想里那些乱七八糟的东西从物理界清除出去了;这就把成熟和幼稚之间以及文明和野蛮之间的差别表示出来了。常识的弱点,我们可以预料到,是在理论上而不是在实践上。温和的实在论者假定:对于知者的(选择上的)相对关系,自身就使我们有充分根据来把种种不实在的、被人们认为沾染了主观性的对象放逐到心灵之内去。如果他假定得对,则我们就没有了任何理由来反对二元论的或者主观主义的认识论。因为主张使用这些方法去解释知识关系的人们不难证明:正确经验里所谓实在的对象,不幸对于知者也同样地发生虚幻知觉里不实在对象所发生的相对关系。平常的人听到人家说我们在自己的心灵状态以外绝不能直接经验到任何东西,就会有着不安和不服的心情,但是他在理智上无法对这说法加以反驳。

主观主义第三种的并最近才出现的说法企图从两方面着手来拯救并复活天真实在论的认识论:一来,这种说法坦白地承认一切可被知觉的对象都跟知者发生相对关系;二来,它大胆地认为这种相对关系虽然意味着对象依靠知者,却仍容许我们对于实在的对象以及不实在的对象同样地给予物理性的客观身份。这种新说法认为一切错误乃由于对象是跟脑子发生关系而不是跟仅仅心灵或意识发生关系,并且认识到这样就有用物理学来把一切错误解释清楚的可能了;这是新说法的长处。我们可以推论有一个超个人的事迹系统,在其中,每一存在的成分都在时空里占着一个确定的位置。新说法一方面没有顾到这个被推出的系统和许多个人系统之间有着一种重要得了不得的差别;另一方面又没有注意到,为了

247 要调和以及解释关于感觉张本的一大堆个人透视系统，唯一的办法是以这些个人系统所预先假定的那个主要的、公有的系统作为坐标；这是新说法的短处。新客观主义还有第二个短处，即它未能认识：不管神经错乱者关于感觉张本的私人透视系统，在哪种意义上可称为"物理的"或"存在于外界的"，这个私人系统按照他本人的想法却不是物理的或存在于外界的。因为我们前不久已指出，错误之所以是错误乃是由于经验的种种内容意味着或自认为它们不仅属于个人暂时意识这个私人系统，而且属于人们所公认的那个实在系统，而这个实在系统并不依靠有关感觉张本的私人透视系统，而为这个系统内的每个和所有各个这种透视系统所意涵或预先假定。

客观主义的三种说法有了这些被我们陆续指出的弱点，这使我们有充分理由，对这种主义暂时停止讨论，等我们研究完了这种主义的两个大对头，二元论与主观主义，再来继续下去。

第九章　认识论上二元论的方法 248

我们即将研究的学说被称为二元论，因为它承认有两种截然不同的存在界：(1)感觉张本，它们直接地、即刻地呈现在我们意识里；(2)外在物体，它们是根据那些张本所推论出来而作为张本的原因的。人们称这学说为**认识论上二元论**，以使它有别于身心二元论。据身心二元论，个人的身体和心灵或者是在本质上或者是在存在上有区别的，或者是在本质上而且又在存在上都有区别的。认识论上二元论对于身心二元论的真假没有任何关系。认识论上二元论不涉及心灵对身体的关系或者观念对脑子的关系，而只涉及经验张本对于人们所认为产生这些张本的外物的关系。此外，它对于感觉张本的内在性质或者张本原因的内在性质，没有作出任何一种肯定来。它满足于它自身的这种主张：我们所知觉的东西在个数上或在存在上跟那种使得我们之所以对该东西有知觉的原因大有区别。至于这些知觉以及它们的各种原因具有什么内在性质，则认识论上二元论者可以在下列四种说法之中选择一种：(1)知觉及其原因，二者在性质上都是物理的，或物质的；换言之，知觉不过是脑子的或各个感官的状态罢了，因而就跟空气波动一样，具有真正的物理性质；凯斯博士在他所著《物理实在论》一书里主张这种说法；(2)知觉及其原因，二者在性质上都是心理的或精神的；斯特朗教授在其所著的《为什么心灵有身体》一书里提出了 249

这种看法；(3)感觉张本在性质上是心理的或精神的，而原因是物质的或物理的；认识论上二元论者通常相信（却不必相信）这种说法；(4)知觉是物理的而其原因是精神的或心理的。但是不管我们对于直接呈现于意识的种种表象以及被间接推论出来的种种原因，采取四种说法中哪一种去说明它们的性质，认识论上二元论自身，我们再说一遍，却只有这种意思：即感觉张本及其原因，无论它们具有什么内在性质，在个数上是分开的，即是说，可以各自独立存在并且各自独立变化。[①]

第一节　支持认识论上二元论的各论证

认识论上二元论这种学说有着长久光荣的历史；虽然我们将可看到它有某些严重而无法辩驳的反对它的理由，它却仍是自然科学又仍是常识或思想在进行工作时所通常采取的态度。这种说法为什么这样通行，跟它怎样发生是出自同样的一些原因的。(1)它以简便的方式处理错觉和错误问题。(2)它以同样简便的方式处理知觉上的相对性的问题，这个问题的发生乃是由于感觉张本好像取决于知觉的人占有什么空间位置和具有什么一般情况。(3)它以简便的方法从纯数量方面来解释客观世界，从而把那一大

① 我之所以花这么多篇幅来说明这些区别，乃是因为许多讨论认识论问题的作者表现了一种倾向，把认识论上二元论看作跟这种说法——知觉及其原因在性质上而不在个数上有区别——好像是二而一的，又假定一旦把性质上有区别的说法驳倒了就等于把认识上二元论自身驳倒了一样。我想起我的朋友霍尔特和皮特金在《新实在论》一书里所发表的文章特别犯了这种文不对题的毛病。

堆讨厌的、特殊的、不可比量的属性，如颜色、声音、气味之类，全都 250
抛到感觉张本或意识这个次要的境界里去。让我们对于这几层逐一加以讨论。

1. **二元论对于错误的解释**。从认识论上二元论者来看，感觉性的意识类似照相的软片或照面的镜子，身体以外的种种物体和事迹以影像的形式呈现或反映在它上面。软片或镜子不是总把产生印象的东西表示得很准确，因为影像是物体和反映媒介的共同产品。既为共同产品，影像就可(1)具有物体自身所不具有的属性，(2)缺少各物体确实所具有的属性，(3)所表示的在时空上的关系排列(即透视景)，跟物体自身所具有的不相同。这样一来，关于知觉的二元论或副本论就可把错误解释清楚，认为错误来自知者心灵或外界媒介(它介于心灵和各种观念的原因之间)所发生的歪曲影响。换言之，当且因为我们各观念跟它们各客观原因相符合，观念就是真的。当且因为它们跟客观原因并不契合，它们就是假的或错的。哥伦布相信欧洲的西面有陆地，这个观念的真在于它跟哥伦布心中以外的实在情况相符合。许多人相信大地是平的，地平这个观念的假在于它跟人们心中以外的实在情况不契合。从二元论的观点来看，一切可思议的东西可分为四类：第一，既存在于心内又存在于心外的东西，这就是**被知真理**类；第二，存在于个人心外而未被心内观念所反映出来的东西，这就是**未被知或可能真理**类；第三，只作为观念而存在于个人心中但在外界没有相应对象的东西，这就是**实有错误**类；第四，既不作为观念又不作为外物而存在的东西，这就是**未被知或可能错误**类。

二元论承认有两个不同类的错误：感觉上错误和理智上错

误。当物体在心中所产生的直接效果跟它原因不相应时，则会发
251 生感觉上的错误。例如当一根直棍局部浸入水中，它显得是根弯曲了或折断了的棍子。可是弯曲这一属性只出现于知觉里而不存在于棍子自身，因为这一属性是两种光波的合成效果，一种是通过水与空气两种媒介而达到眼睛，另一种是通过空气单独一种媒介而达到眼睛。

第二种或理智上的错误是这样发生的：感觉张本自身也许跟它们客观原因准确地相应，可是我们由之作出不正确的解释和推论。比方说，如果有人给我一根直棍看，又说他将把它投入水中，并且在我未注意时很快地换了一根弯棍又未浸入水中。我不知道情况变了，仍将推论那产生我知觉的原因是一根直棍，而这种推论是错误的。但往往有这种情况：理智会对于感觉上的错误加以纠正。再把弯棍的例子想一想。大多数人都知道这种假感觉表象的真正原因；所以这种错误虽然照旧发生，它为害的能力就被人们对于真实原因的知识所抵消了。有时候，这种通过理智上反应以改正假表象的习惯变成那样牢固，以至这种习惯变为知觉自身的一部分。我们的一种后天获得的、也许先天生成的能力，预先顾到**透视上**的歪曲作用，就可说明这一点。如果我们从一个斜的角度去看一张正方形的桌子，则直接的印象虽然是斜方形，桌子自身却在我们心中显得不是斜方形的而是正方形的。又比方说，若有个人离开我们向远处走，则视觉上的直接印象是一个对象在逐渐缩小；但在这里如同在透视的例子一样，假的感觉表象被一种已变为知觉经验自身一部分的推论所纠正了，而我们所知觉的并不是一个在距离上无变动而在大小上有变动的对象，而是一个在大小上无变动而在

距离上有变动的对象，像应该有的情况一样。这样，我们看出二元论对于各种不同形式的错误，提供了一种清楚而简单的解释。

2. **二元论对于知觉相对性的解释**。在本书第六章里讨论怀疑论方面生物论证的那部分，我们有机会对于知觉过程的机构加以分析，并看到：一件物体为了要为我们所知觉起见，必得发出某 252 种能量或引起某种运动，而这种能量或运动要经过物理媒介（以太或空气），并且在感官上激起一种特殊类型的变化。在这种变化之后接着有一种特别的神经流传递到脑子的各较高中心（神经流因为脑内其他情况的关系在这里发生了或多或少的改变），而在意识里产生知觉（作为其最后效果）以及适当的肌肉动作。知觉过程的机构既然有这种性质，我们可以推知：发出刺激的外物并不是知觉里所呈现者的最近决定因素。知觉唯一直接的和最近的原因乃是在脑子里最后被产生的那种状况。这样，这种状况到底怎样，这局部取决于那个发生能量的外物具有什么性质，局部取决于知者的脑子具有什么性质和在空间占着什么位置。所以我应该预料我们对于一定物体的种种知觉不仅随着对象的性质而变化，并且随着我们与那个对象的关系而变化。当我们从远处向一座山走近时，在变化中的山色并没有任何在山自身里的物理变化跟它符合；决定因素在于我们离山的远近上有了变化。

认识论上二元论者宣称，因为有了这种知觉上的相对性，我们应当承认那被知的对象是在知者身体之内，并且既然这样就跟它的外界原因在个数上是二而不是一。**如果两件物体可以各自独立地变化，则它们在个数上无法是二而一的**。一件所在的地方不是另一件所在的地方。在向山走去的例子里，我们看出知觉上的远近可离开山自身而独立地变化。同样地容易找到一些例子,表示身体以外各对象在它们那方面可以独立地变化而在对于它们的知觉里却没有任何相应的变化。比方说,我们在夜间天空无雾时所看见的繁星,其中也许有一些在我们看见它们之前好几年已经发生了根本的变化,甚至已经不存在了。此刻射入我们眼内的光波,从它们离开星体并开始在以太内长途跋涉时起到现在为止,已经
253 过了若干年月;这些年月里在繁星自身内也许发生了种种变化,但在我们知觉里并没有什么东西跟这些变化相应。这样,虽然我们的各知觉为身外各对象所产生,这种因果关系所具有的性质却是那样间接,以至其中的一端可以有了变化而另一端却没有相应的变化。

所以我们看出,这里的问题在相对性上,犹如上文的问题在错觉上一样。对于知觉错误和知觉的相对性有加以顾到的必要,而这种必要性导致了二元论的形成。

3. **二元论关于“次要属性”的学说**。呈现于我们经验里的各物理对象具有两种不同的属性或性能:数量的和非数量的。数量属性包括数目、位置、大小、形状、绵延、可动性以及惯性或积量,换言之,包括时间关系上、空间关系上以及时间兼空间关系上的各种形式。非数量属性包括颜色、声音、气味、滋味以及各种触觉(也许关于抵抗或关于力的感觉是例外)。在这两堆属性之间存在着三种重要的差别,我们要把它们搞清楚。

首先,让我们把本书第四章对于数与数字所论及的有些方面重提一下。各数量属性构成一个连续的和齐一的系列,其中任何一端可当作任何其他一端的函数而被表示出来。例如,数目 10 可表示为 $7+3$、$\frac{20}{2}$、$\sqrt{100}$ 等等。对于数目是这样,对于各时间关系

和空间关系也是这样：每一数量通过它跟同类各其他数量的比较，可以完全被确定下来。在另一方面，各非数量属性是不连续的、不齐一的、不可比量的，因而它们中间的任何一个都不能作为任何另一个的函数而被表示出来。举例说明，如果一个儿童已知 3 和 7 的意义，又已知加法的意义，则我对他把 7＋3 是什么说明了就可使他明白 10 的意义；但若他只知道蓝色与黄色，我永远不能通过对于两色的比较，使他明白绿色是什么。再比方说，一个人对于热
类属性可以产生光类属性以及相反情况的这些事实，也许完全熟 254
识，但他一点儿也不能想象这番变化是怎样或为什么发生的。可是他所涉及的如果不是热类属性和光类属性，而是各种长波和短波，则他很容易就能明白每一系统什么样子又为什么可以转变为另一系统。其次，一件物体的数量属性是通过许多不同感觉而启示出来的，但视觉和触觉把它们启示得最清楚；可是一定种类的非数量属性只是通过单独一种感觉而启示出来的。例如数目是通过所有五种感觉启示的；位置通过视觉和触觉；又在轻微的程度上通过听觉与嗅觉；形状与运动通过视觉与触觉。然而颜色则只有通过视觉才能被启示，声音只通过听觉；滋味、气味、软硬只各别通过舌头、鼻子、皮肤等感官。第三，某件物体的各数量属性除了可直接被观察之外，它们的存在还可通过它们对于其他物体的效果而得到间接的、实验上的证明；可是各非数量属性并不产生什么确定的效果，而它们的存在只能通过直接观察而被知。

在这两套属性之间的这三种差别，如方才所说明的，对于各种科学方法的发展，发生过有趣而重要的影响。亚里士多德关于自然界的看法风行于中世纪；在那时候，非数量属性被人们认为比数

量属性更重要。这多半是由于在我们自己的意识生活里，前种占着较显著的地位；于是人们以为自然界的各种过程是跟意识的各种过程类似的。但随着伽利略、笛卡尔，以及近代物理学其他创立人的出现，中世纪的拟人论让位给一种新的自然观，这种看法是机械论的而不是目的论的，是数量式的而不是性质式的。从这个新观点看来，各种物理对象的性质和运动被人们看作不取决于各种内在的力量，而取决于物体之间所存在着的各种外在关系或空间关系。结果，数量属性就被人们当作十分重要的或“主要的”东西，
255 而非数量属性被当作不能影响物体运动的东西，因而被当作“次要的”东西。态度改变的主要根据在于两套属性之间上述三种差别中的第一种。从可比量的、连续的、齐一的数量上来描述物理事实的办法，其用处远远超过从各种特别感觉的种种不可比量的、不连续的、不齐一的属性上来描述的办法。我们已经提到过，把从热类属性到光类属性的变化还原为从长波到短波的变化，这种办法对于人们了解这些现象大有帮助。把固体到液体再到气体的变化还原为一个分子系统在空间结构上的变化，这种办法也涉及同样的原理。把物质情况上的各种差异还原为运动式样上或在空间结构上的各种差异，就等于为几个分数求出共同的分母一样。在这以前是不可比量的和具有繁杂性的东西现在变为可比量的和具有齐一性的东西了。或者用另外一个比喻，在物质和能量的范围内把属性还原为数量，可比作原来只通过以货易货这种直接方法以使货物流通改变为现在采用了货币制度。各种商品，如食物、衣着、建筑材料等等，若每种有了用通货单位标明的价格，则变为非常宜于比量的东西了。人们可很容易地确定一种商品抵得多少其他商

品。近代科学是从各种数量关系上来描述物理界的一切事实的；这些数量关系因而起了共同分母或一般通货的作用。至于主要属性和次要属性之间的第二种差别，我们很容易看出，在于物体那些可通过几种感觉而被启示和证实的性能，比起任何只可通过一种感觉而被启示和证实的性能来，是远较优越的描述材料。第三，物体的性能如果有可能间接地通过它们对于其他物体的各种效果而被发现，则这种可能性使它们，作为描述材料而言，比那些非数量的属性确实较为可取；如我们所已看到的，除了它们在观察者的各 256
种特别感官上所产生的效果之外，非数量属性没有任何可被发现的效果。

到这里，读者也许会问，就承认有三种良好正确的理由，使科学家可以坚持对于世界要有一种纯数量的描述，这一切跟二元论式的认识论发生什么关系呢？我们可以很简单地把答案提出来。人们起先相信物体的非数量属性没有效果和用处，然后相信这些属性根本不是真正的客观属性，而仅仅是物体在观察者心中所产生的主观性效果，并且只存在于心中。从第一种信仰过渡到第二种信仰只有短短的又富有引诱性的一段路。二元论的说法使这种过渡成为可能，因为据这种说法，呈现于直接知觉里的各种对象位于知者之内，在任何意义上都跟它们在身外的原因在个数上不是二而一的。这样，次要的或非数量的属性就在物理原因行列里再无立足的余地；为了仅仅的礼貌起见（好比说），就得为它们找个安身之处；而还有什么办法比把心灵自身当作这种安身之处更自然呢？既然次要属性的效果不超出知者自己各种过程的范围，则妥当的办法是去设想它们在本质上是心理性的，并除此以外没有其他性质，因而对于心理学有兴趣而对物理学没有兴趣。①

257 这样，认识论上二元论就变为研究自然科学者所可接受的说法，因为这些研究者愿意把自然界还原为一个由体积和运动所构成的纯数量系统，而这种说法比其他两种认识论学说的任何一种都更能满足这种愿望。

第二节　反对二元论的各种理由

对于二元论的认识论有三种主要的反对理由，这三种合起来足以使大多数哲学家相信这种认识论不能成立，又相信我们需要以主观主义或认识上唯心主义来代替它。这些反对理由在性质上

① 为了说明这一点，让我们研究一下我们怎样断定物体的温度。我把手伸到一碗水里去而觉得水热。当然热性显得是水的一种属性，可是我无法准确地表示热性的程度。我可以称之为"一点点热"、"相当热"、"热得很"、"热得受不了"等等。缺乏准确性这一点本身就够不好，但测量温度的这种直接办法还有一个缺点，而从科学的眼光看来，这个缺点比上一缺点还更不好。我若请一位朋友来试一下，则他有一半一半的机会对于水的热度会提出一种不同的估计。我们没有办法在朋友与我之间决定到底谁"对"；因为他所描述为"热得很"的感觉，如果经我试了一下，会被描述为"相当热"，而只要我们继续考虑"热性"这种特别的、非数量的属性，我们就无法克服这些困难。但是如果假设我们并不企图通过热水在我们各种感官上的直接效果来测验水有多热，而假设我们承认热性这种次要属性既可以跟运动（物体的各个分子的运动）联系起来，又可还原为这种运动，从而可通过水的热性对于其他物体的效果而加以测定——如果这样的话，则通过热水对水银的效果，看它使水银膨胀多少以确定它的热度，就变为既可能又可取的办法了。于是我们把温度表放入水中，注意管内水银所升到的高度，这样我们就对于水的温度得到完全可令人满意的测定了。这种间接测量法所以令人满意，一来是因为它在数量上是精确的，二来是因为它是在客观上和在实验上可被证实的，意思是说，它跟观察者皮肤的敏感性这一类因素毫不相干。我们要牢牢记住：所以会有这些好处，完全是由于**物体各种主要的或数量的属性在各种其他物体上**，而不仅在**一种特别感官上，可以产生种种效果**。

和在力量上都不相同，但是它们的目的相同，即在于指出：那种认为经验以内各种感觉张本在经验以外有着各种原因的这种假定**既是没有用处的，又是不能成立的**。

据本书作者的意见，三种反对理由的头一种完全没有力量，第二种只在用以反对一种特别形式的认识二元论时才可成立，而第三种则确实可以把二元论，至少照通常所提出的样子，完全驳倒。让我们把这三种反对理由逐一讨论一下。

1\. **人们认为把感觉张本跟它们的原因比较是有困难的，第一种反对理由以这种困难为根据**。二元论者把真理界说为一种契合关系，而这种契合发生于一方面知者经验里的端和关系以及另一方面知者经验的原因里的端和关系这两方面之间。我们的观念若照着事实“临摹”，则它是真的，若不临摹，或临摹得不好，则它是假的。有一个会自然发生而不可避免的问题：即我们在被经验到的事实以及它们未被经验到的原因之间怎样去发现已经契合或还没有契合。一旦提出这个问题，则我们苦于无法得到答案。当且仅当我们能把一张照片跟原人原物进行比较，我们才能知道照片是好还是坏。同时看见照片和原人原物，我们就能判断照得像不像。258
要用这种方法来对于经验和经验的原因进行比较，从二元论的观点来看，这是不可能的，因为经验的原因，照二元论者说，是在经验以外的。

这种反对理由却并不像它似乎具有的那样，具有致命的力量。二元论者主张人们经验的张本是经验以外某些东西的效果；这种主张所根据的是这个事实：经验张本对于它们自身的发生和活动并不自身提供一种解释。每一个新的感觉是不速之客，闯入已经存在的那些感觉张本里来。假定说，我正在默想幽静的乡村风景，忽然有了发怒声音震动我的耳膜，并有棒子打到我的头上。在我此瞬刻以前的经验里找不出任何东西可以解释这些粗暴的打扰；这强有力地提醒了我：我住在一个比经验界更为广大的世界里。这个更广大的存在界连续不断地以种种新经验强加在我身上，而我正从这些新的经验推出它们各种原因的存在又推出各种原因的性质。比方说，我靠近一位砍柴人站着，我看见斧头落下时就同时听到斧头砍到木头的声音。如果我逐渐离得远些，看见斧落和听到砍声这两件事在时间上的间隔就越来越长。在这种知觉场合里，绝对没有任何东西可以解释这种场合里的这种变化。但是如果我假定我之所以听到声音乃是由于空气里有一种看不见的运动，而这些运动按照一定的速度从发音的物体传播到我的耳膜上，又假定这种速度比那同样看不见的光波之传播速度慢得很多，那么，视觉和听觉上的先后就变为完全可被解释的了。并且所得到的是这样的一种解释，它可使我利用关于未被经验到的声波和光波这个概念性假说，就能准确地知道：关于同一事迹的视觉和听觉，在跟事迹发生地隔了任何距离的一个地方，要相隔多久时间才会发生。简言之，对于我们的概念性假设，可凭着它能否证实那些以它为根据而被引起的期望来检验它的真或假。让我们再举一
259 例。人们一向认为某些物质的东西具有一种内在的倾向，不管这些东西在其运动的空气媒介对它有什么影响，都倾向于从地面向天上飞去。关于这种有积极作用的轻性或反引力的假设当然是纯粹的推论，即它是心中所思想到的而不是五官所知觉到的某种东西。为了解释我们对于所经验到的各种物体（如烟之类）的知觉起

见,人们就推论有一种原因(如反引力之类),这是很自然的,也是合理的;对于有限数目感觉张本,又在有限的程度内,这个假设已被经验所证实。但当人们可以观察到物体在真空中的运动时,则旧的假设就被证明为假的了;这是因为种种以旧情况为根据的期望未落实,而一个新的假设被证实了。新假设认为一切物质的东西,除非有外力的阻挠,如空气的、水的或其他媒介的压力,则无例外地倾向于向地面下落。因为这种以万有引力为根据的新假设,其所引起的各种在经验上的期望都被证实了,所以我们可以得出结论,说我们在这个问题上的种种观念是真的,并认为这一结论具有高度的或然性;换言之,我们的种种观念跟那些产生我们感觉印象的原因是符合的。为了说明我们可以检验观念和实体的契合,而不需要实体直接地进入我们的经验,最后还可举这样一个例子,即我们对于在他人心中的各种思想有过种种判断。我请一个人替我寄一封信出去。一会儿,他告诉我他已把信寄出去了。从他所说的话以及他说话时的诚实样子,我推论他在他心中觉得他自己说了实话。关于他心中在想什么的这个观念是一种推论而不是一种知觉。很少有人会认为,邻居心中各种思想和情感的存在,可以作为感觉张本而直接地被我们所经验到。邻居有什么行动,这能被我们经验得到;但是那发动并执行这个行动的意识,其存在只能被推论出来。再回到我们的例子,如果我们收到对我那封信的回信,则我的推论——受我委托替我交信的人心中想说真话——就得到了证实。如果相反地,我没有收到回信,并且发现原信仍在那位不诚实的送信人的衣袋里而尚未寄出,则我有理由提出这个结论:当他对我说他已把信寄出了时,他在心中有的一种思想不同于 260

他的话语和行动所表示的。在这两种中的任何一种情况下,我关于感觉张本原因的推论都经过了充分的检验,而且这并不需要我去完成那不可能完成的任务:即通过对于他人意识的一种传心术式的洞见而把那个原因直接观察到了。

我们可以下这样的断语:二元论式认识,不管人们将要看出它有什么其他缺点,却不为这个似是而非的反对理由所驳倒,这个反对理由是:一方面是经验里的种种效果,另一方面是这些效果在经验外的种种原因,我们在二者间不能发现到底有无契合。我们所不能直接观察到的,我们却能够间接地推论出来。

2. **科学认为知觉及其原因在属性上是两样的,第二种反对理由批判这种性质上的二元论**。我们应当指出,这个反对理由不是针对认识上二元论本身而发的;它所针对的是自然科学在它把物体的次要属性抛到主要属性界所不在的一个境界去时所采取的一种特殊形式的二元论。如果知觉的一切物理原因被看作完全是主要属性,那么,各次要属性,连同感性知觉的一切对象一道,必得被看作是具有非物质性的东西,因而那种在开始时仅仅认为感觉张本和所推出的物体在个数上为二而非一的假定,现在演变为(或退化为)这样一种完全不同的假定:张本和物体在性质上为二而非一。后一假定不是前一假定所必然意涵的,因而不是认识论上二元论的主要部分,对于这一层在本章开头一段里已充分地加以说明。但是由于这两种假定都被自然科学家在处理次要属性的各种问题时采用过,我认为有理由把它们合在一起来讨论。

这个反对理由的要点在这个事实上:除了感觉张本本身所供

给的材料之外，我们没有任何材料可以使我们用它来设想一个（据人们想）在性质上有别于我们感觉张本的物理世界。

据我所能看到的，主张二元论的科学家只有一种方法来对付
这个反对理由，而那就是放弃他的这样一个假定：构成感觉张本的
材料和构成我们知觉的种种物理原因的材料，属于不同的种类。
难道这种方法意味着要把次要属性放回到物理界去吗？我认为确 261
有这种含义。但这并不意味着我们将放弃这样一个理想：即对于
各种物理过程要采取纯数量的、纯机械的解释。当一个商人在他
所拟出售的各种货物上标明金钱价值时，这并不意味着货物本身
就再不是物质的东西，而变为仅仅主观性的东西了；价格对于货物
并不取而代之，而仅仅是把货物在通货上（可以说）的地位表明出
来了。但是货物虽然保持它们的特殊实在性，它们在市场上的**流**
通却取决于它们的**价格**。对于科学的各种对象，情况乃是也应该
是这种样子。物理学家以某种数目的以太振动来解释红光，以不
同数目的以太振动来解释紫光，又以各别有关的振动率来解释这
两种光线的关系和转变；当他这样做时，他并不需要假定各种属性
本身已经不再是物理的，而已变为仅仅主观性的或心灵性的。可
以很方便地认为这些属性不发生效力或是赘象，而不至于使它们
损失它们的客观身份。

认识上二元论有一种特别的说法，认为感觉张本不但在数量上而且在性质上跟那些被推出的原因是二而不是一；正确的科学方法把次要的或非数量的属性跟主要的或数量的属性**关联**起来。为了结束这番讨论，我们可以宣称：那种特别说法绝不是这种正确方法必有的含义。我们又可进一步宣称：若要假定有两个在性

质上不相同的境界，心灵性的感觉张本界和物理性的原因界，则这跟认为我们必得通过感觉张本界来设想原因界，似乎是不能并立的。

3. 二元论认为**所推论出的时空和所知觉的时空在数量上是二而非一**，第三种反对理由以**这种二元性为其批判对象**。我们所将讨论的这个反对理由适用于认识论上二元论本身。我们刚才看到，有一种引诱使科学家采取那种特别形式的二元论，把它作为一种手段以达到对于物理界的纯机械解释；对于这种形式，这种反对理由倒不大适用。

第三种反对理由的要点在这样一个事实上：**感觉张本的各种**
262 **物理原因能被安排进去的唯一时间和空间，就是感觉张本本身所占的时间和空间**。举例说明，我看见一张桌子在我面前。根据认识论上客观主义的说法（它是天真常识的说法），我就会认为我所看见的桌子跟那个产生我知觉的物理原因，在个数上是二而一的；换言之，我就会认为感觉张本本身是物质的东西，具有独立的存在，而这种存在跟它们在我们意识里的偶尔出现并不相干。但根据认识论上二元论，我对那张被看见的桌子就有着完全不同的态度。我认为，作为一种直接的感觉张本而言，它只是一种属于我自己的状态（不管我把“我自己”看作不朽的灵魂或看作仅仅物质的有机体），又认为既然这样，它离开我对于它的知觉过程就无法独立地存在。但是感觉张本怎样闯入我意识里的情况，使我体会到它是一种在我以外的原因所产生的效果。我很想把这个原因，称为“真正的桌子”，以别于那张内在的或被看见的桌子。这张“真正的桌子”当然只能被推论出来，而永远不能被经验到，因为照这种说法，自我只能经验到自己的种种状态。那么，被推论出的桌子所在的空间不同于所见的桌子所在的空间；因为个数上的二而非一不过是指不相同的时空位置而已。但是这个“真正的”空间能在什么地方呢？我所可能**设想**的唯一空间就是我所**知觉**的空间，亦即所见的桌子以及其他感觉张本所在的空间。这种知觉性空间当然是过于内在性的又过于主观性的，配不上有各种物理性东西在它里面存在。所以我要在它以外找一个适当地方，以便设想我所推论出的桌子可在里面有个位置。但是麻烦就在于我无法看到知觉性空间以外的地方去；我不可能**设想**有任何空间外于（不相连接的意思）我所知觉的空间。我所经验的空间包容我的身体、我所站的大地，以及望远镜所启示的最远恒星。认识论上二元论者告诉我，这种空间被仅仅感觉张本所占满了，因而是不够好的，即没有足够的外在性，以使真正桌子可以在它里面存在。但是不管是好还是
坏，它是唯一的空间，对我可能是具有任何意义的；如果物质桌子 263
不在它里面存在，则没有了任何可思议“地方”去让它存在。简言之，二元论者认为有一种被推论出的空间在被知觉的空间之外，我们看出这种看法丝毫没有任何意义。

认识论上二元论者对于真正时间的看法有着恰恰同样的致命困难。举例说明：我记得我在五分钟之前把我的铅笔削尖了。我的记忆是现在时间内的一件事实。记忆的对象或内容是某些模糊的、摇动的视觉属性，而这些属性在原来知觉经验里呈现得更加鲜明和确定；在这些感觉性特征之外，记忆内容还具有一堆关系上的和意义上的因素，而这些因素难于被描写得较为具体，但它们就是我在有着削铅笔的记忆经验时在我心中的对象。这种呈现于我心

中的内容就是感觉张本。据二元论的说法，它是我自己在现在时间内的一种状态，跟真正的削铅笔事迹相隔五分钟之久，在个数上跟那个事迹是二而不是一。这就是说，我记忆里的影像存在于现时；削铅笔的动作存在于五分钟以前，而这一动作不曾直接地为我所知，而是根据现时感觉张本（在时间上）的“外在”原因所推论出来的。这种真正外在事迹，据二元论说法，必得存在一个跟记忆影像或记忆知觉所在时间不相同的时间里；但是就发生这样一个问题：在我的感觉张本所在的时间之外，还有什么时间是可以思议的呢？对于五分钟时间的间隔，我有一种模糊的却不会错误的知觉（如果间隔是五秒钟，则我对它的意识就会十分清楚），而就所谓真正五分钟来讲，或就所谓在我所知觉时间以外或跟它不相连的那种时间来讲，我对它不可能给予任何意义。即使我所想的不是五分钟以前，而是五千年以前，除非我们认为我所想的也属于我的各种知觉所属的时间系列，则我所想的就丝毫没有意义了。简言之，二元论认为有一种被推论出的时间外于或超过被知觉的时间，我们看出，这种说法是毫无意义的；我们不得不承认：**我们感觉张本**
264 **的物理原因（据人们想）所在的那种时间和空间不可能是旁的而只能是感觉张本自身所在的这种时间和空间**。只有单独一种方式可使我们所记忆事迹的各种原因跟记忆里的各种感觉张本，在个数上是二而不是一，而这就是把这些原因安排在知觉所在的那种时间以外的另一种时间里；既然这样，我们可以断言：认识论上二元论者这种要对感觉张本及其原因维持个数上二元性的企图是完全不可能成功的。

我们所讨论过的三种反对认识论上二元论的理由，至少使一部分哲学家放弃这种学说而采取第三种对于知识关系的解释；这种解释通常被称为“唯心论”，但我们拟以较不带颂扬语气却意义较不模糊的“主观主义”这个名字来称呼它。我们现在就来讨论这种理论。

265 # 第十章　主观主义的方法

主观主义或认识论上唯心论可界说为这样一种信仰：它认为各种对象，尤其物质的东西，不能离开我们对于它们的意识而独立存在，因而整个实在界完全是有意识存在者及其种种状态所构成的。在对于主观主义各种主要形式的优缺点加以讨论之前，我们可照下述步骤把整个主义较为明白地提出来。我们将从事一种局部逻辑式的、局部历史式的叙述，溯逆主观主义原则的陆续各次应用；从那认为只有虚幻不实的对象依靠意识这第一阶段说起，一直到那认为整个宇宙离开个人自己的经验就不存在的唯我主义阶段为止。

第一节　主观主义的第一阶段：不实对象的主观性

主观主义的第一阶段是怎样发生的，在论客观主义那一章里已经提到。在具有天真想法的人们看来，经验的各种不同对象都显得可以离开观察者的意识而独立存在。在这些对象中，最先被哲学家剥夺了独立性并给予主观身份的东西，是那些发生在知觉**错误**和概念**错误**里的对象。例如我们看见有一个人向我走来，他在远处显得好像是我们的一个熟人。但走近之后再看，所谓熟人

原来是一个不相识的人。较早些那个经验的对象是我们友人史密 266
斯，他出现在一定的时候和一定的地点。较晚些这个经验的对象是另外一人，他占着史密斯（据我们起先的错误认识）所占了的时候和地点。较晚些这个经验被人们当作比那较早些的经验更加可靠；除非认为较早些经验的对象仅仅存在于我的意识内，那就看不出有什么办法可使那较早而不可靠的经验能跟这较晚的经验并立而无冲突。又例如我在患狂热病时看见一条蛇盘在我的床脚边。医院的护士肯定地对我说并没有这样一个对象在那里，我的朋友证实了她的话语，而我自己把手伸到蛇所显得在的地点去，也没有得到通常摸到蛇时所必有的触觉。在较早些的经验里我看见有蛇；在我朋友们多个人的经验里以及我自己较可靠的触觉经验里，却没有蛇的任何迹象；要调和这两种经验，容易而自然的办法是把那条虽然客观地呈现出来了的蛇，当作一种不曾存在于我身外空间的东西，简言之，即当作不是旁的而只是我自己意识的一个主观状态而已。

关于未睡觉时的知觉错误的情况是这样，关于睡觉时较为彻底的幻觉的情况也是这样。从儿童和野蛮人十分原始的认识论看来，梦境客观地存在着。但是不同的梦彼此冲突，又跟未睡觉时的经验冲突；这一事实使人们不得不放弃这样一种解释：做梦就是游魂于一个神秘的、隐隐约约的、不知怎样跟日常世界相隔绝的境界。由于梦中的对象像平常幻觉里的对象一样，好像直接随着有这种经验的自我而变化，因而依靠这个自我，所以我们不要多久就不得不认为这些对象只存在于我们的意识里。

概念错误的对象跟知觉错误的对象遭受着同样的命运。希腊人在蒙昧无知时认为有许多神灵住在奥林比斯山上，认为有种种假设性的物体，并用这些神灵和物体来补充与解释我们所经验到的世界；但是一旦人们体会到它们的不实在性，人们就把它们抛到意识状态的纯主观境界里。这样一来，人们认为心灵除了它所应有的思
267 想、情感、意志等活动之外，还有这样一种作用，即心灵是一个大垃圾箱，可装生活中一切不实在的对象。人们不再把自我仅仅看作一个有知觉活动的主动体，看作身体及其环境之间各种实在关系所构成的系统的焦点和中心，而把自我看作一种神秘的容器，可把在内部一致的实在界里无法找到地位的所有对象，全部放到它里面去。

第二节　主观主义的第二阶段：感觉张本，或直接被知觉各对象的主观性

在讨论认识论上二元论说法的那一章里，我们已把那个过程——外界种种实有对象怎样被移到意识主观状态界里来——在第二阶段的性质，充分讨论过了，我们在这里只需要重复这样一点：有一个主要理由使我们把感觉张本当作主观性的东西，并只把可被推论为经验的外在原因这一类的对象留下给身外的存在界。主要理由跟那使我们把幻梦主观化的主要理由是一样的，而这个理由即是：**我们在任何时刻会知觉到什么东西**，这直接地并主要地取决于我们自己身体的各种状态，而只间接地和次要地取决于身外的各种东西。这样，从我们眼前的观点看来，认识论上二元论的说法，照它最纯粹、最简单的形式来讲，就是主观主义演化中的第二个阶段。

第三节　主观主义的第三阶段:次要属性的主观性

本节所要研究的东西跟上节的一样,已在认识论上二元论的那一章里讨论过了。在那一章里,我们看到科学家们对于为物理界提出纯数量的解释自然而然地十分热心,并在这番情绪中上了 268
一种引诱的当;这种引诱是:把物体的一切非数量属性全部还原为意识状态,而这些状态是各种跟这些状态毫不相像的外在原因在知觉者身上所产生的。我们在这里不需要重复说明有什么理由使这样的一步显得是宜做的事,也不需要重复说明可提出什么理由来反对它。我们只要回忆这一点就够了:犹如主观主义的第二阶段可代表认识论上二元论较早和较纯的形式,主观主义的这第三个阶段可代表二元论说法较根本和较彻底的形式。

第四节　主观主义的第四阶段:主要属性的主观性

到了其发展之第四阶段,主观主义变为尖锐而分明了。认识论上二元论的世界已被丢开,现在已经不要两个境界:一个是主观感觉张本的境界,一个是这些张本在物理上、客观上种种原因的境界。我们已把存在界的一切事实归并到单独一个仅仅由意识存在者及其状态或观念所构成的境界。这是地道的主观主义:在经验以外不承认有任何实体。主张二元论的科学家把外界描述为一个由独立物质东西所构成的系统,主观主义者则把外界看作是一个由某些意识状态之间各种或多或少具有固定性和恒常性的关系所构成的系统。主观主义者所用以代替各种物理性对象的种种意识状态,自成一个特殊的类别,跟我们意识状态的其他部分,或多或少明确地划分开了。这些“物理性”的状态或经验,其不同于其他状态或经验的地方,在于它们显然是许多心灵所共有的东西,即在于它们是公共的、可被分享的经验。这样,我所**知觉**的桌子、椅子、山岳和恒星,以及我所**设想**的原子、电子和以太,都显得为我的心
269 灵以及旁人心灵所共有了的东西。虽然它们不存在于意识经验之外,我们却把它们跟苦痛、欢乐、仇恨、野心这一类的东西辨别得清清楚楚。这类东西是每一个人所私有的和独有的;而这些私有经验被称为“心理的”,以别于那些所谓公共的或物理的。当然,严格地讲,主观主义者必得把一切经验,至少把一切知觉经验当作私有的东西。从主观主义者来看,我所经验到的桌子跟你所经验到的桌子,在个数上不是也无法是二而一的;所以这样,恰恰因为他的主要论点在于:没有谁能在他自己的状态之外经验到任何其他对象。不同人们的各种状态是跟这些不同人们自己一样地不能二而一的。但是从主观主义的观点来看,我所见的桌子跟你所见的桌子,虽然无法在个数上是二而一的,可是由于这两张桌子在它们各别的经验系统里,占着类似的位置和起着类似的作用,可被当作是二而一的,因而可这样加以处理。至于牙痛以及企望这些东西,情况却完全不同,你我也许同时感到具有同样强度的牙痛,但我们再也不会想到把这些经验内容当作二而一的。我的牙痛在我经验野里所占的位置,跟你的牙痛在你的经验野里所占的位置,并没有类

似之处，各人的牙痛会呈现不同的变化过程。你的牙痛也许骤然变得剧烈起来，而我的也许始终不恶化。但若我们二人都在经验着我们所谓“同样的”桌子，则在我经验的内容里有了任何变化发生的话，比方说桌子被掴翻了，就会在你经验的内容里也同时发生一种完全类似并相应的变化。主观主义者正是靠了这类的考虑，才可证实他的论点：他使自己局限在一个唯独由意识存在者及其各种经验所构成的世界里，但他不必超过这种限制仍旧可以把心理对象以及物理对象这两个境界辨别清楚。

对于主观主义这个第四或确定阶段的一般特征，我们既已知道一些，现在就可以来研究有着哪些理由，使许多哲学家采取这种说法，而放弃那产生这种说法的认识二元论。 270

人们所以采取这种新说法的主要理由，确实就是那使人们以认识论上二元论去代替客观主义的同样理由。我们记得，那理由是在被经验的各种对象和经验者之间所发生的那种（选择上的）相对关系日益被人们注意到了。错觉和幻觉所以被放到主观的境界去，乃是由于它们显得是取决于自我或知者，而不取决于知者以外的物体。而人们对感觉张本或知觉对象给予一种主观身份的动机又在于这样一个事实：我们关于知觉的物理和心理机构越加知道得多，则我们越加承认我们在任何时刻所将知觉的东西直接地并主要地取决于那些发生于我们身体内的过程。也正是（选择上的）相对性这同一因素影响了科学家，使他们把次要属性当作意识的仅仅主观状态。一件物体到底会显得是绿的或红的，热的或冷的，在声音上低的或尖的，这也许间接地取决于知者身体以外的原因；但是这些经验的直接而最近的决定因素完全是知者脑内的一些状态。有鉴于所有这些考虑，难怪聪明伶俐的贝克莱主教，会想到把相对性这个标准应用到物体的主要或数量属性上去。经过洛克削减属性之后，物体内仍剩下的全部东西就是主要属性。贝克莱十分有根据地指出：我们对物体大小、形状、距离的知觉，以及对于它们软硬、轻重的知觉主要取决于知者的情况。物体的数量属性跟非数量属性对于知者同样真正地具有（选择上的）相对性；如果贝克莱的前驱者在断言（选择上的）相对性意涵着主观性这点上推论对了，则这些学者就在逻辑上不得不把他们的原则推广到经验的一切内容上去。这个结论是不可避免的，但它仍然使人们非常不安和非常惊骇，因为相信它就要否认物质界的独立存在。从今以
271 后，一切物质的东西，如原子、以太，甚至脑子自身都会为了这个理由而被降低到一种纯主观性存在的地位，如同次要属性所具有的地位一样。如果有人提出这个反对理由，说这种看法会把结结实实的地球变为像幻梦所由以构成的东西一样，因而是荒谬绝伦的，贝克莱有了一个预备好了的答复。他说，我们所意识的各观念或各状态可分为两类。第一类为我们身外的东西所产生的，它们构成自然界的物理秩序；第二类不仅是存在于我们心里的，而且是从我们心理活动里发生出来的，它们构成我们所谓的心理秩序。这第二类的观念是每个自我所私有的和独有的东西，它们缺少第一类或“物理的”观念所特有的那种恒常性和共同性。既然我们所能经验到的、关于原因的主动体的只有我们自己意志力量这唯独一种，所以我们必得假定：我们各种物理观念的原因是跟我们自己一样的意志，但比我们的意志在聪明上和力量上高得无穷无尽。这个无所不知和无所不能的存在者就是上帝；在贝克莱看来，构成这

个世界的是一系列有限的意识存在者,加上一个无限的意识存在者,而后者按照他自己的各种永恒规律,创造了那些被我们描述为物质世界的,并被我们误认为离开我们意识仍可独立存在的“物理”经验。关于人们对贝克莱的主观主义说法所提出的反对理由,即这种说法未能充分顾到物理对象和人类梦幻二者之间的明显分别,以及关于贝克莱对它的答复,我们就拟说到这里为止。

但是对于贝克莱的主观主义还有第二种反对理由,而它不是这样容易答复得了的。认识论上二元论者认为:我们感觉张本的最简单的、最可能的原因,就是那些至少在主要属性上跟感觉张本相像的物体。他认为:推论有一把独立存在的物质椅子作为我们经验的原因,这办法比推论有一个无限上帝作为原因的办法远较简单。一般地讲,人们发现原因跟效果是相像的,除非原因所要通过的媒介或许对原因的影响有所干扰。那么,为什么我们不假定:
在我们感觉张本及其原因之间的相像程度,跟水池内或镜子里的 272
反映以及产生这些反映的物体二者之间的相像程度,是一样的呢?对于这个反对理由,贝克莱提出了三种答复。

首先,我们已经提及过,他认为我们所知道的唯一原因就是意志,所以我们所必得假定那为我们感觉张本种种原因的东西,是我们自己以外的一个意志,而不是一个独立存在的物质世界。这种回答的困难在于:它最多只局部得到了事实的证明。即使承认在我们自己的每一种活动里都可发现我们所谓的“意志”或“努力”,但同样毫无疑问:在努力这个因素之外,还需要第二个因素或形式来决定效果的性质。仅仅意志自身或意识力自身是不确定的。二元论者最多只需要向贝克莱承认:我们必得假定有一种类似我们自己意志的力量，存在于我们从之得到我们感觉张本的那些物质东西里。

其次，贝克莱派的学者对于二元论者反对他看法的理由，用了这种说法来回答：即一切感觉属性既然如二元论者自己所承认的，是直接被知觉的意识状态，那么同样的这些属性因为这个缘故就不可能同时呈现于我们意识以外的物体里。换言之，这种说法认为一种属性如果可以形容一种意识状态的情况，则它就不可能形容任何意识状态以外者的情况；而这就好像是说，如果人们认为水池里的一个影像具有某种颜色和形状，则那产生这个影像的东西就不可能具有同样的或类似的颜色和形状。但是在不同数目的东西里看见种种相同的属性，这是最普通不过的事情。那么，为什么要说：如果我们认为黄色（比方说），在被我们知觉的时刻，是我们意识的一种状态，则它因此就不够资格做我们意识之外一种东西的属性呢？哈佛大学的佩里教授曾恰当地把这称为“排外个别性的谬误”。这样，我们可以说，主观论者对于二元论者的反对理由的

273 第二种回答是完全诡辩式的，整个不能成立。完全没有任何理由可使同样一堆属性不能一方面在主观的意识状态里得到例证，而同时在另一方面在一个独立存在的、又被人们推论为这些状态的最可能原因的物质界里，也得到例证。感觉如同任何其他东西一样，能够具有一个跟它在性质上相像的原因。

第三，贝克莱对于二元论者的反对理由提出了另外一种回答，而据作者看来，这种回答比已讨论过的两种之任一，都远较有力量。贝克莱及其学派的人们似乎相信二元论者所谓独立存在的物质东西充其量是毫无意思的，因为（好比说）**没有任何地方可以安**

放**它们**。在这一点上，他们对了，因为我们在批判二元论时已经提到，我们感觉张本的时间与空间是唯一对我们有任何确定意义的时间与空间。[①] 跟二元论者相反，主观主义者坚持说，科学或常识对它会发生兴趣的唯一时空界就是被经验的对象所在的时空界；他的这个说法是有确实根据的。我们没有办法走到这个时空界以外去。推论和设想可把感觉张本界扩大，并把它重新安排一下，但是永远不能超过它。如原子、以太这一类的概念性对象，要么是用以描述经验过程的仅仅速写公式，要么就是可能的感觉张本，具有（据人们的假定）它们所解释的那些知觉在性质上、程度上一样的存在。换言之，我们在知觉经验里所见到的种种颜色、声音、桌子、椅子以及恒星存在于一个时空界里，如果原子、电子存在的话，则它们必得存在于这同一个时空界里。

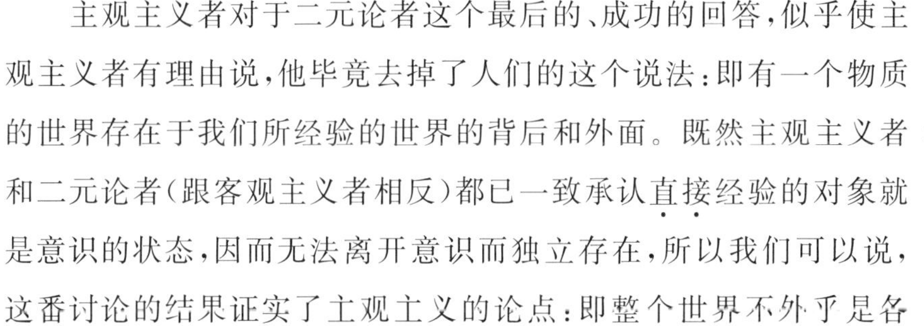

主观主义者对于二元论者这个最后的、成功的回答，似乎使主观主义者有理由说，他毕竟去掉了人们的这个说法：即有一个物质的世界存在于我们所经验的世界的背后和外面。既然主观主义者 274
和二元论者（跟客观主义者相反）都已一致承认**直接**经验的对象就是意识的状态，因而无法离开意识而独立存在，所以我们可以说，这番讨论的结果证实了主观主义的论点：即整个世界不外乎是各

① 当然不要把这里说的话理解为：我们对于各种概念性系统，如非欧几里得式的各种空间，或如四维的或较多维数的各种空间，否认它们是可能的。我们对于各种不实在的空间跟我们自己感觉张本的空间二者之间的关系，没有加以说明的责任。如果前者是不实在的，则它们只要各自内部一致就够了。在这方面，它们很像小说里或戏剧里各种情节（据人们的想象）发生于其中的那种时间和空间一样。认识论上二元论者的关于知觉事物的假设性原因，被他放在一种在我们感觉张本空间之外的空间里；不实在的空间在任何意义上不能跟这种空间相比。

意识存在者及其种种观念而已。

第五节　主观主义的第五阶段：时间、空间，以及自然界范畴和规律的主观性

对于贝克莱及其学派所代表的那种程度的主观主义，上一节已加以讨论。在这番讨论中，人们也许会觉得这个过程——把人们所谓独立存在的客观世界变为依靠意识而存在的主观世界——不可能向前推进了。但是这样的结论是完全错误的。贝克莱以及英国的主观主义者很谨慎，坚持把他们那个**存在即被知**的原理只应用于经验各种个别的**事实**和**关系**上，而不应用于那些将它们联系起来的**规律**或**关系**上去。自然界的秩序，即经验事实之种种先后发生、同时存在以及各种在因果上、逻辑上的关系，他们认为是可离开那些经验着它们的心灵而独立存在的。例如，那可被描述为“把柴放入火里”的事迹以及那可被描述为“冒烟和有灰烬”的事迹，每个都是一种意识状态，但是第二事迹恒常不变地发生在第一事迹之后，而这种先后关系并不是仅仅的意识状态，并且这种关系绝不依靠它的被知而存在。据贝克莱说，上帝把各种观念交给我们的**惯有程序**，它自身并不是一个观念。如果有人由于记忆力差
275 或其他能力差，对于他关于把柴放入火中的经验以及他关于事后看见冒烟和有灰烬的经验，竟然未注意到其间的先后关系，则先后发生这种情况仍然不折不扣地是实在的。为了把主观主义这种例外说法的性质讲清楚，贝克莱主张采用“理念”这个名称，来指不至于在过程中会把被知对象变为知者一种状态的那种知识。关于个

别物理对象的知识,贝克莱称之为**观念**,意思是说,被知的对象只是作为一种心理状态而存在着。但是对于我自己以外的心灵,或对于我的种种观念之间的关系,我可以有所认识或知识,而这种知识就是**理念**;我们方才说过,贝克莱认为这种理念式的知识是跟被知事物的独立存在没有冲突的。

如果我们不考虑休谟对于这个问题的特别看法,则我们就必得在康德及其学派的哲学里,去寻找主观主义向前发展的下一步骤。贝克莱打住的地方就是康德起头的地方,康德在他的出名著作《纯粹理性批判》一书里,从事证明:不仅我们世界的各端和各元素是主观性的,而且这些因素的一切形式和关系,至少其中一切可还原为**先验**必然知识者,也是主观性的。换言之,据康德的看法,心灵把它自己的各种综合形式加诸种种未经过组织、未经过联系的感觉上,而这些感觉是心灵从一个为人们所不知的、为人们所不可能知的、被康德称为"物自体"的泉源那里得来的。心灵所将之加诸感觉材料上的这些形式和关系被康德分为三组,而每组被他认为属于自我的一种特别官能。时间和空间是第一组的形式,康德认为它们属于感性官能。第二组被康德称为"范畴";共有十二个,包括经验界里这类基本关系形式,如单一与众多,数量的程度,实质与属性,原因与效果以及可能、现实和必然;这些范畴所属的官能被康德称为悟性。第三组的综合形式叫做"理念";它们所属的官能就是理性。经验的各实有对象、各可能对象,可按照三种意 276
义而被看作交织在一起,以构成一个被完成了的整体或宇宙;理念共有三个,它们就代表这三种意义。由于具有了这三套综合形式,人类心灵可当作"自然界的立法者"。因为自然界各种规律不是旁

的而只是心灵各种规律（好比说）被扩充了，又投射到外界去了，而这个外界对于那把形式赋予给它的意识，显然是完全独立的。所以当科学家对于几何学和机械学所向他启示的各种统一性与调和性表示惊奇时，他不过是对于他自己主观性质的各种统一性与调和性所表现的客观形式，从前没有认识清楚而已。所谓超越唯心论的世界观就是这样的。康德兴高采烈地把这说成是哲学里面的哥白尼式革命，因为老的看法认为心灵被动地接受自然界的各种规律，新的看法认为自然界从心灵得到各种规律，而康德相信这种由老看法到新看法的改变，跟哥白尼由不以地球而以太阳为行星系统中心的改变在革命性质上是相类似的。

我们的目的主要不在叙述历史；所以我们对于康德所提出的那番在哲学思想上非凡的革新，不拟加以详尽的分析，对于他所援引而用以支持他学说各不同部分的种种论证，也不能逐一举列出来。但是我们在超越唯心论方面那些较为重要的论证上，必得花些工夫。主观主义的发展，在其较早的、先于康德的各阶段内，一直受着一种推论方式的支配；康德各论证中的一部分，由于应用了（选择上的）相对性意涵主观性这个原理，就成为这种推论方式的必然发展；对于这一部分论证，我们要特别加以注意。康德的关于自然界的各种形式和规律的主观性的种种论证，随着他考虑三套里的哪一套规律，而多少有些变动；由于这番变动，甚至我们所将进行的这种简单工作都变得复杂起来了。因为康德对于时间主观性、空间主观性的讨论既最清楚，据我的意见，又是他的超越唯心论的最基本部分，所以我将叙述它，而不叙述对于“范畴”和“理念”
277 那番较曲折的、较不重要的讨论。时间和空间确实是一切物理关系的基础；并且如果人们能证明它们只是我们意识的形式而没有独立的存在，则自然界各种其他规律和关系多少会自然而然地接着被说成是主观的东西。关于时间和空间的主观性有四个主要论证，我们将逐一加以研究。

1. 以“附着性”和“先存性”为根据的论证。这两个名称是我们从德国哲学家兼东方学者多伊森所著《形而上学纲要》一书中取来的。它们在性质上几乎完全相同，我们就把它们合在一起来讨论，作为关于康德唯心论四个主要证明的头一个。这个论证说，要想象空间的一切物体和时间内的一切事迹都不存在，这是可能的，要想象时间自身和空间自身不存在，都是不可能的。我们在思想上不能离开时间与空间，犹如鸟类不能去掉翅膀而飞行一样。这个事实的唯一解释在于：时间与空间真正是我们意识的一部分，犹如鸟的翅膀真正是鸟儿身体的一部分和鸟飞行的条件一样。要是时间与空间可离开我们的意识而独立存在，那我们就可能设想它们不存在；它们“附着”心灵，这就是关于它们主观性的证明。“先存”论证跟上一个论证十分相像。除非事先有了用以安置物体用的空间，否则我们就无法设想有物体存在。换言之，必得设想空间在逻辑上和本体论上先于那些存在于其中的物体。同理，必得把时间设想为先于那些发生于它里面的事迹。除非先有了时间好让种种事情在它里面去发生，否则就没有任何事情会发生。简言之，我们无法设想各种物体和事迹可离开它们各别所占的时间和空间，但是我们可以设想，而且必得设想：时间和空间不依靠而且先于在时空里占有位置的事事物物。

对于上述论证，可以简略地批判如下：在想象时间和空间不存

在时以及想象物体和事迹离开时空而存在时，我们所以感到困难，诚然可以是由于时间和空间是心灵的形式；但同样可以是由于时
278 间和空间，就其自身而言，是物体存在和事迹发生的基本形式和先决条件。我们离开颜色就不能想到红色，而我们离开红色却能够想到颜色，这个事实并不证明颜色比红色较具有主观性，而只证明颜色，如同其他大类一样，在逻辑上先于在它所包括的各小类，又为这些小类所意涵。如果照牛顿和斯宾诺莎的说法，时间和空间是存在最基本的条件，那么，我们要“把它们想掉”，或者想象它们被毁灭了（附着），是不可能的，并且要避免把它们设想为物体及事迹的先决条件（先存），同样地是不可能的。至少还有另外一种东西，我们在思想上对它比对时间和空间更加无法避免，却少未被康德因为这个缘故而当作是主观性的。这种不可避免却又不是主观性的东西，就是**实有**自身，它是一切其他东西所预先假定了的。简言之，经验的一个方面，其不可避免性似乎不能适当地保证这方面单独具有主观身份而不是具有其他身份。时间和空间确实比它们里面的事事物物较为基本，仅仅这个事实自身就比康德的假定——即它们是心灵的形式——对于它们为什么在我们经验里显得较为基本，更能自然地解释清楚。

2. **以先验性与必然性为根据的论证**。这个好像就是康德自己所最喜欢的论证。我们关于时间和空间各种特性的推理，以及关于机械学里因果规律和各种类同公设的推理，具有那样一种确定性和必然性，以致（根据康德的意见）只有假定时间、空间和机械学的各种公设都是心灵的形式，才能把这个事实解释清楚。每种事迹必有一个原因，每种物质实体既不能被创造又不能被消灭，三

角形内各角之和等于两个直角,时间永久不倒流,不经过星期三就不能从星期二进至星期四;对于所有这些,除非因果、实体、时间、空间等每个都是心灵自身的性质之一部分,否则我们怎能觉得那样确定呢?我们要确定地知道一件东西,我们就必得创造那件东西,或者变成那件东西。因为也只因为时间、空间以及各范畴是我们自己思想的形式,所以我们才能具有先验的、不依靠一切经验的、为我们关于这些题材的推论所特有的那种确定性。我有着绝 279
对的把握,觉得我万一能走到我们所可见到的世界之边缘以外去,我在那些不曾被人们经验过的地区里,所遇到的三角形和圆形仍会不多不少地具有现在地面上各三角形和圆形的那些特性。康德认为我们根据我们在这些事宜上足以自豪的、有充分理由的信心,就几乎可以理所当然地得出这样一个结论:即我们对于任何感觉性材料必得事先应用一些综合规则,才可使它能变为经验里的知觉对象,而三角形和圆形就是这些综合规则的特别式样。

对于上述论证可以提出两种回答。我们可以跟穆勒一样,质问人们是否有权利来肯定:数学里的各种结论,据人们所知,是真的毫无疑问的。对于在银河以外的三角形跟我们所熟悉的三角形具有相同的特性这一点,难道毕竟不可以加以怀疑吗?我认为对康德超越唯心论的这种反驳似是而非,而不能使人信服;既然这样,我不拟继续加以讨论,而即刻转到对于“以必然性为根据的论证”这第二种可能回答上去。康德假定数学推理具有“先验”的效力,这一点我们可以承认;但我们否认:这个假定意涵数学材料的主观性。我们可以这样主张:几何学以及类似科学所以具有确定性的理由,在于被研究的材料是那样地简单和抽象,以至我们很容易，如在三角形这个例子里，把一般特性跟个别的、特殊的特性辨别清楚，以至我们一眼就可看出各角加起来等于两直角的这种特性，不是由于几何学家在示范时所用的个别三角形具有其他三角形所不曾具有的任何特点，而只是由于任何图形，如果有资格被称为三角形的话，则必得具有那些一般特性。这样，我们根据题材的性质，而不文不对题地(反对康德的人们觉得这样)根据思想过程的性质，便可使得理论数学与应用数学之必然的、先验的方面得到一种适宜的解释。即使我们假定了时间和空间是心灵的形式，那也不能因此推论说，它们是**先验地**可被知的东西。没有任何人会
280 否认，甚至客观主义者也不会否认：思想、情感、意志是跟意识分不开的过程。可是研究这些过程的心理学远未达到数学的明晰性与必然性。康德的这个论证说：一个研究范围内的必然性和“先验性”意涵该范围的主观性；他前面的第一个论证说：我们根据时间和空间的先存性或主要性来推出时空的主观性；我们对于这个论证的回答跟对于前面第一个论证的回答在本质上是相同的：即我们对于一种科学题材的这类特征，要根据题材自身的性质加以解释，而不要根据题材对于研究者心灵的关系，这种关系对这个问题毫不相干。简言之，对于思想过程的研究不能对于思想对象的性质有任何启示。

3. **以时间上空间上二律相反为根据的间接论证**。这个论证跟以前两个不同，差别在于它不以仅仅证明时间和空间的主观性为满足，而且着手进一步证明它们无法是客观性的。即使我们承认头两个论证可以成立，则它们跟这个假定——时间和空间既是主观的又是客观的，既是思想的形式又是物体的形式——也不至

于不能并存。但在眼前这个论证里,康德从事下面这番证明。如果时间和空间被认为可离开意识而存在,则它们必得是有穷的或者无穷的。说它们有穷则我们在思想和想象里必然要越过我们对于时间和空间的任何指定界限,而这种必然性使它们的**有穷性**成为不可能。说它们无穷则我们认识到一个完成了的或实存的无穷东西是自相矛盾的(因为这意味着那按照定义不能被完成的东西已经被完成了),而这番认识使它们的**无穷性**成为不可能。据此我们可以断言:认为时间和空间具有客观实在性的这个最初假定是不能成立的。我们知道这个论证属于所谓“引申荒谬涵义法”的类型,它先证明从一句辞说所引申出来的各种结论是假的,从而证明该辞说是假的。

对于康德有关时间和空间这种所谓二律相反的巧妙推论,我们没有篇幅来提出充分的回答。这番推论一部分企图证明一个客观存在的无穷系统是自相矛盾的;我们觉得有充分的理由来否认这一部分推论;但在这里只能把我们的理由简略地说一说。康德 281
认为时间和空间不能是有穷的,这一点我们同意;至于那关于它们不能无穷的证明,则我们拒绝承认。据说,无穷的东西不能存在,因为存在就意味着已经完成,而一个无穷的系列是一个完成不了的系列。我们的回答是:所以不能把一个无穷系列完成,乃是由于只有有穷的时间去执行这个任务。我永远不能数尽或列出一个无穷数来,因为我所能支配的瞬刻是为数有限的。但若假定我能支配无穷数的瞬刻,则我把一个无穷系列数尽就变为可能的了;如果事迹或物体的一切有穷系列在为数有穷的瞬刻里可以数完,那么,为数无穷的瞬刻就使得把无穷系列事迹或物体数尽成为可能的

了。我们在本书第六章论怀疑论时,曾对芝诺提出反驳,我们在这里其实要向康德提出同样的反驳。大家记得,芝诺这样申辩过,阿喀琉斯永远追不上乌龟,因为他要追上的话,就要经过为数无穷的空间间隔;我们在那里曾经争论过,如果他有了为数无穷的时间间隔去追,则他追上乌龟就不会有任何困难。换言之,明显的困难乃由于人们未认识到,时间是跟空间一样可无穷地分割的。一寸地之内有多少广度单位,一秒钟之内就有多少绵延单位;时间的无穷好似一种解毒剂,完全足以对付空间的无穷。当康德派要我们想象有一个无穷尽的实存空间展开在我们面前时,我们诚然觉得无法接受这番挑战。但是这种关于无法接受的感觉丝毫不是无穷空间的性质所引起的;引起它的反而是这样一个事实:所企图想象之无限广阔,我们只能通过为数有限的阶段来建立它。不管我们采用一里或亿万里做我们的单位,我们在企图设想一个无穷性的东

282 西时,不外乎是通过多次动作来把我们所选好的单位一直加上去。动作的次数既然有穷(随着加上去的这种过程而伴生的疲乏和单调确实会使我们动作的次数受到限制),已加上了的单位既然也为数有穷,所以我们竟于达不到目的。我们不能达到无穷,因而我们说无穷性的东西不能存在。这就好像有人向我们挑战,要我们设想 2 这个数等于 $1+\frac{1}{2}+\frac{1}{4}+\frac{1}{8}$……之和,我们就竭力要达到这个系列的终点,而在尝试失败之后则心绪烦躁并否认 2 这个一系列之和,甚而至于否认 2 曾经存在。我们的失败十分明显是由于我们通过有穷步骤去计算的方法有着缺点,而并不表示我们所要达到的终点本来不存在。康德对于设想此刻以前所经过的无穷时

间感觉困难，这种困难可用同样的方式来解释。假定我们同意了康德的说法，认为时间不可能有着有穷的起点，并接受了他的挑战，来想象一个无穷的过去，我们在想象里开始追溯上去，选定一天或亿万年或任何其他时间段落为我们的单位；我们把单位一个接一个地数上去，一直等到我们精疲力竭时为止；并且在这时候发现我们自己离开那无穷远的目标，比我们在开始的时候丝毫也不较近一些。如同在关于空间的例子里一样，我们忽视了追溯方法上的有穷性（一个致命的毛病），我们因而错误地认为我们的追溯所以失败，乃是由于目标本来不存在，简言之，我们似乎不得不否认无穷过去的存在。康德以及其他学者认为客观存在的无穷性里充满着矛盾和困难；就我所看到的来讲，所有这些矛盾和困难都可归咎于我们种种心理过程的有穷性这一缺点，而不能归咎于任何其他情况。如果我们不愚蠢地徒然企图通过为数有穷的步骤以达到无穷，而对于这个概念自身仔细加以研究，并坚决地跨过那道把我们跟概念隔开的深渊，则我们的理智不会发现有任何东西，跟无穷时间的和无穷空间的存在在逻辑上互相抵触，或在任何方面格格不入。鉴于这些考虑，我们认为康德关于超越唯心论的第三种证明不能成立，而拒绝加以承认。

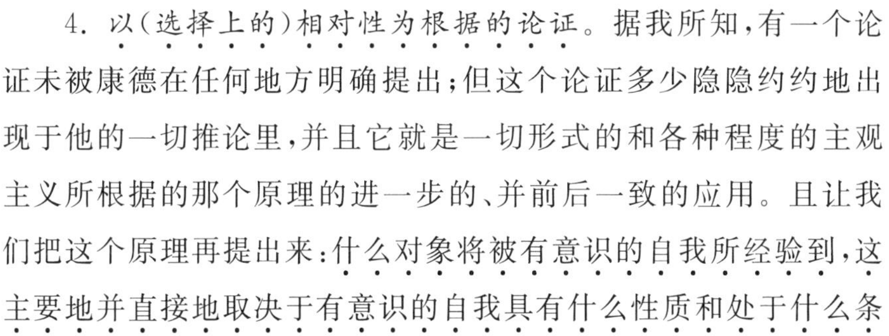

4. **以（选择上的）相对性为根据的论证**。据我所知，有一个论证未被康德在任何地方明确提出；但这个论证多少隐隐约约地出现于他的一切推论里，并且它就是一切形式的和各种程度的主观 283
主义所根据的那个原理的进一步的、并前后一致的应用。且让我们把这个原理再提出来：**什么对象将被有意识的自我所经验到，这主要地并直接地取决于有意识的自我具有什么性质和处于什么条**

件之下，而只次要地并间接地取决于自我以外有着什么东西存在着。这个（选择上）相对性原理，我们已提过，多次被人们使用。首先，经过思索的常识用它来证明：在虚幻经验或错误经验里所呈现的那些不实对象和不实情节是主观性的。其次，保守的（认识上）二元论者用它来证明：感觉张本，以及在直接知觉里所呈现的一切东西都是主观性的。第三，急进的（认识上）二元论者用它来证明：次要属性是主观性的。第四，贝克莱派唯心论者用它来证明：主要属性是主观性的。第五，现在康德派或超越唯心论者用它来证明：范畴、关系以及自然规律是主观性的。如果我们对于这个原理在主观主义头四个阶段里的应用，承认其有效，则我看不出我们有任何理由对于它在我们所正讨论的第五阶段里的应用，说它是无效。

当我们观察大自然而看见有种种交织的关系把我们的经验组成一个系统时，我们很难不体会到：我们经验的必要条件不仅在于有着一个自我通过各不同感官和神经纤维而得到一大堆彼此分开的感性刺激，而且在于这些感性因素互相联系成为一个有条理的、统一的系统。按照这后一种条件，有意识的自我或其身体把一大堆感觉改变为一个有规律和有秩序的世界；其实这后一种条件比仅仅感性那前一种条件更加重要。为了对于康德表示公平，为了对于他的学说得到一个同情的理解，我们必得体会到：在事物界能够被人们知觉或设想之前，它必得在某种意义上先经过人类官能的加工，并且必得在这种限度之内，被认为是种种感觉的一种作用，而这些感觉是一个正在对事物有着经验的自我所建立和统一的。除了那些从对于感觉加以综合而得来者以外，最抽象的概念

系统里也不会有任何其他因素或关系；除非我们愿意对于（选择 284
上）原理自身表示怀疑，否则我们必得在这个限度内同意康德的说法，即承认：实有知觉对象之间或可能知觉对象之间所发生的种种关系和规律，对于心灵所加诸我们种种感觉之上的各种形式和关系而言，是它们在作用上的关系端。换言之，人类心灵，据康德说，是大自然的立法者；万一在一个（据人们假设）独立存在的世界里，有了一种事实或规律，跟心灵的结构格格不入，因而不能为心灵所接受，则这一事实或规律永远不能变为我们经验界的一个对象。或者用另外一种方式来说，如果我们不愿承认人在其中显得只占着那样渺小部分的这个世界是人自己所创造的，则我们至少必得承认：在人能知觉或能设想这个世界以前，人必得从他所接受的种种感觉中把这个世界**重新制造出来**。然而在十分公平对待康德的“哥白尼式革命”之后，我们仍不免会觉得它在有些地方犯了严重的错误，又不免会觉得我们根据好像无法可破的推理所得到的看法是离奇费解的。因为我们用自己种种感觉（据人们说）创造出来的世界就是产生我们自己的世界；而我们（据人们说）所曾加诸自然界的种种规律，就是我们自己的行动所要遵循的规律。每个人在一定的地方出世，在一定的空间和一定的时间过渡他的生活；又在一定的地点和一定的时刻死亡。他的各种思想能力，如同他的其他各官能一样，是在种种时空条件之下发展的。并且因果律以及其他渗透在他各种经验对象里的、不如这样基本的各种规律，都可把这些思想能力解释清楚。这样的一些考虑使得我们对于康德的说法——人在其中生死存亡的这个世界反而要由人替它立法——难于加以接受。

康德式的主观主义者却完全知道其说法显然离奇费解，并发明“超越自我”这个概念以企图去掉其说法的这种缺点。他告诉我们说，为大自然立法者并不是那有限性的而通常被承认的个人心灵，而是属于我们每人那么被承认的、较深层的自我，而这种自我
285 根本上不能算作这个世界里的一个对象。这种较深层的自我或超越的自我是既没有时间性又没有空间性的；既然假定时间和空间不过是这种自我的综合形式而已，则它无时空性是理所当然的。犹如时间和空间不能限制这种自我，这种自我所用以把各种对象组织成为一个系统的种种范畴也不能限制这种自我。超越自我以其感觉为原料而产生种种现象性的东西，在这些东西之中有一样是超越自我的现象性副本。康德坦白地承认这种经验性的自我跟其他东西一样，受着空间和时间以及各种自然规律的限制。一切经验以一种超越性的东西做它们的根据和条件，经验性自我就是这种超越性东西（好比说）在经验世界里的化身。对于这种较深层自我的内在性质，犹如对于这种自我所受到种种感觉的泉源，我们本来一无所知。仅仅由于这种自我跟经验界发生关系，它的性质才被启示而为我们所知。那就是说，我们知道这种自我具有种种综合形式，我们的经验通过这些形式而被形成和组织。

对于康德关于超越自我的学说，我们不能详细讨论其种种优点，但有两点要大家加以注意。第一点，我们应当注意到，在主观主义自始至终的发展中，有着一条补偿规律，据之，**客观世界在被主观化的过程中所受到的种种损失，为种种在心灵性质上或自我性质上所得到的相应收获所抵消了**。例如，当客观世界被夺去了幻觉里和错误里的种种内容时，这些夺来的内容除了放在知者的

自我里就没有地方放置。同样，当感觉张本、次要属性、主要属性陆续从客观世界被清除出去时，就必然会把它们赋予心灵。到了最后，当康德的批判论觉得时间、空间以及自然界各种形式性规律没有资格享受客观存在的身份时，这些也不得不离开客观界而被塞进自我，从而把自我的内容丰富起来。这样说来，在认识场合
里，开始时有一个被人们认为几乎毫无内容的自我，一切内容都归 286
诸客观因素了。现在情况变了，在里面有了一个被人们认为几乎把经验的一切[①]内容都包含在内的自我，而独立存在的物体几乎一无所有。把主观主义原理应用于各种自然规律所支配的境界，在逻辑上会有一种必然的结果，而康德关于超越自我的发明不是旁的而正是这种必然的结果。

我们对于康德的超越自我所拟提出的第二点涉及这样一个事实：完全没有经验上的根据可使我们假定有这样一种自我。只有主观主义的辩证法而没有任何其他东西，会使我们不得不假定：我们每个人具有一种奇妙的、既无时间性又无空间性的自我，作为每个人天性的核心。我们对于我们自己的天性可以尽量仔细地和尽量同情地加以观察，但除了我们所熟悉的那个或多或少脆弱无能、平淡无味的自我以外，不会发现有任何东西。自我所寄居于其中的肉体是会消灭的，而灵魂或非物质性的主动体是可离开肉体而存在的；到底这个自我是肉体的产品或结果，还是灵魂的表现，对于这一层我们倒可加以揣测。但是不管我们对这个自我怎样反复

① 这就是说所有一切，只有感觉复合体的外在根据不在内。正是感觉复合体的偶然性使康德相信它不是从自我里面发展出来的。

细看，我重说一遍，我们关于它仍不能发现有任何东西，可使我们假定：我们是在我们旦夕生活于其中的时空之外和之上。我们可以这样来说服自己：因为各种对象对于我们的意识发生（选择上）的相对关系，所以我们的意识必得在某种意义上是这些对象的创造者和容纳者；只有这样说服了自己之后，我们才会被引诱得，其实被逼迫得，去做出这个奉承自己的推论：即我们具有在较深层的、有着超越性的、把规律加诸大自然的那样一个自我。

第六节　主观主义的第六阶段：我们感觉的根据被认为有主观性，以及许多超越自我被合并为一个绝对自我

康德的超越唯心论不曾企图把我们感觉的原因或根据，说成
287 只有一种要依靠自我的主观性身份，也不曾在任何时候否认过各超越自我是彼此独立的。到了康德的继承者手里，以（选择上）相对性为根据的论证才被应用来证明：(1)在我们每人里面的深层的或超越的自我都是同一个东西，它构成一个普遍的或绝对的自我；(2)这个唯一的宇宙自我对于我们感觉而言，以及对于我们经验所由以被组织的种种形式和关系而言，都是它们的存在根据和材料来源。我们不拟涉及康德式的超越唯心论经过什么复杂发展而转变为康德以后的绝对唯心论。费希特和黑格尔对于绝对自我提出了那种着重理智的解释，谢林和叔本华对于绝对自我提出了那种着重意志的解释，我们也不拟涉及两种解释之间有着什么区别。为了眼前的目的，只要指出这一点就够了：即如果“（选择上）相对

性意涵着主观性”这个原理被贯彻到底的话，则主观主义的第五阶段不可避免地会发展为第六阶段。

康德以后的主观主义者可以使人们注意到这样一个事实：我对于另一心灵的概念在其一般轮廓和细节上，都取决于我在有着这一概念时是在经过什么样子的心理过程。我自己的这些变化也许是一种外于我的什么东西所产生的，但这些变化自身对于我所将思想的东西，是其直接的和主要的决定因素。随着这些变化的发展，我所思想的种种对象发生变化；不管思想对象是物体还是其他心灵，情况完全是这样的。所以我对于主观主义的这个重大原理——对于思想者的相对性意涵着他思想里种种对象具有主观性——如果要认真地加以看待，那么我必得认为，我所谓的他人心灵仅仅是我自己心灵的一些状态，又必得认为整个的宇宙，就其可被我思想而言，是一种跟我自己分不开的状态。

对于这种惊人的结论，如果把“我自己”这个名词的两种意义辨别清楚，则可使之暂时不显得那样荒谬。这个宇宙所由之以得到意义和存在的**我**，是个无限的、绝对的自我；而写出这些字句的**我**，是个有限的、支离破碎的自我。第二种意义的“我自己”对于第一种意义的我自己而言，不过是其无足轻重的一部分或一方面而已。

我们记得，这种辨别自我两种意义的方法曾被康德用以发展 288
他的超越唯心论。那“替大自然立法”的自我把其思想的种种形式，加诸那些呈现于感觉里的原料上，并通过这种手续建立了一个有组织的经验界，在其中，我的有限自我或经验自我（包括心灵与身体二者）跟我邻居的心灵和身体一样，是作为一个对象而存在的。

虽然在关于两个自我的说法上跟康德主义相同,我们正在讨论的主观主义阶段却在两方面跟康德的学说有所不同:(1)许多个超越自我被一个绝对自我取而代之了;(2)由于有了这番统一,康德的假定——有一个不可知的 x 作为感觉在材料上的来源——就可以被抛弃了。绝对的自我乃是我最深层的自我,不但足以供给经验的形式,而且足以供给经验的材料。把宇宙主观化的过程,至此好似已经到顶了。

第七节　主观主义的第七阶段:绝对自我的主观性

但在这种思想的发展上还有一个最后的、令人不安的阶段,我们现在必得加以讨论。我们已经看出,照主观主义的说法,经验或知识的一切对象被人们当作经验者或知者的状态看待。那么,对于一个彻底的主观主义者,所谓“绝对”必得同样地遭受这种普遍的命运,因而同样地被认为不能独立存在。这样一来,包括他人心灵在内的整个事物界,原来在第六阶段或倒数第二阶段内被看作绝对自我的经验,到了现在,由于主观主义那铁面无私的辩证法,自身也被降低到一种不能独立存在而要依靠有限自我的地位了。主观主义认识论这个第七和最后的阶段叫做“唯我论”。纯粹的唯我论,多半不曾为任何派别的哲学家所主张过。我们确实能够很
289 容易想象两个唯我论者的会面将是一个多么狼狈的场面,两人将怎样难为情地彼此不打招呼,以避免彼此受到他们同时存在于人

间这个事实所会表示的驳斥。唯我论虽然是人们不可接受的学说，却有两种理由使我们值得对它加以认真的考虑：(1)我们对于主观主义这种最后的和完全的形式加以研究，就可把整个这种思想倾向的性质和意义理解得最清楚；(2)只有在大胆地对付了主观主义这个尖锐化的或唯我论的阶段之后，我们对于这种主张那些较低的程度的、但较为狡猾的形式，才能预防得有效。

让我们先注意到这一点：唯我论若被贯彻到底，则会把我们过去的自我也降低到任何其他对象所在的地位。在任何一定的瞬刻里，进行知识活动的，以及一切东西对之发生（选择上的）相对关系的，正是那一瞬刻的自我。宇宙所依靠的我就是当前这一瞬刻的我，并不是我企图为之谋幸福的自我，而是数学上的仅仅一点；可是为了某种理由，宇宙必得承认这一点为它的参考中心。我们无法设想有任何对象对于一个（在设想这个对象时）设想着这对象的人不发生（选择上的）的相对关系（因而照主观主义的原理就要依靠这个人）。这是地道的唯我论，或者可称之为超级唯我论。（选择上的）相对关系呈现于关于对象的经验里，主观主义者必得根据它以证明其主张；这种相对关系并不是对于一般意识的关系，而是对于个别意识的关系；而且我要使宇宙跟它发生关系的主要是我个人的意识而不是任何旁人的意识；恰恰同这些情形一样，那个意识自我，即我所必得通过对它的关系以知道我的世界的自我，是我在某一瞬刻——即当前这一瞬刻——的意识自我，而不是在一些未来瞬刻或过去瞬刻的意识自我。在我知觉经验里和思想经验里做主要主体的不仅是此地的自我，而且是此时的自我。若有任何办法可使宇宙不依靠它被知的时候的此时，则同样的办法就可使

宇宙不依靠它被知的地方的此地。此时此地的知者或者对于那外于他自己的并且不依靠他自己的东西在当时而且在当地能有所
290 知，或者对于这种东西在当时或在当地不能有所知。超级唯我论是一种荒谬的主张；但若我们对于（选择上的）相对性意涵着主观性这个基本原理加以承认，则我们就无法逃避这种荒谬的主张。

我们对于主观主义现在已经陈述完毕。我们曾叙述了这种学说的七个阶段；我们开始所叙述的是这个显然近情合理的说法——即思想里种种不实对象依靠那在想着它们的人；我们最后所叙述的是这个显然怪僻难解的说法——即一切对象，不管是实在的还是虚幻的，不管是心灵还是物体，都依靠着当前一瞬刻的自我。我们在陈述过程中有时暂停一下，以便考虑一种特别形式的主观主义有什么优点和缺点；但是对于主观主义的一切形式所根据的这个假定——即（选择上的）相对性意涵着主观性的假定——是否可以成立的问题，要留到下一章来讨论。正是通过逐次进一步地贯彻这个原理，把它扩大且陆续应用到知觉经验里和思想经验里一类接一类的对象上去，主观主义者从他的学说的第一阶段进到了它的第七阶段。

第十一章　对于认识论三种方法的重新解释以及调和 291

大家记得，我们开始讨论认识问题时，辨别了这种学说的三个类型，即客观主义、二元论和主观主义。这些类型在以前的三章里先后研究过了。但当我们讨论到第三个类型时，我们发现从其辩证发展和历史发展的观点来看，可把头两个类型表示为主观主义自身的不同阶段或程度；而这种情况使我们的陈述变得复杂起来。这样一来，极端客观主义的观点（它把经验的一切对象看作是离开我们对于它们的意识而独立存在的）重新出现，变为“主观主义的零位阶段”或起点；而客观主义的那个不像这样原始的常识形式（它把独立存在赋予除了虚幻对象和错误对象以外的一切对象）重新出现于被标题为“主观主义第一阶段”的那部分。同样，认识论上二元论的两种形式（其中第一种把独立存在赋予直接经验的一切对象；其中第二种把主要属性或数量属性看作是产生直接被经验到的对象的假设原因，而只把独立存在赋予这些属性）重新出现于在主观主义第二阶段和第三阶段的那部分。主观主义的其余四个阶段表示主观主义原理的继续发展：在这番继续发展的开始阶段里，那仅仅由物质的东西所构成的世界已被降低到要依靠意识自我而存在的地位；到了这番发展的最高峰或唯我论阶段，则整个宇宙变为只是单独一个自我的经验。我们将要对认识论的各种方 292

法加以调和；从这番工作的角度来看，我们最好把各说法间这些较精细的差别丢在一边，而回到认识论的三种基本说法。

Ⅰ. 纯粹客观主义；据之，经验的一切对象可离开意识而存在于物理界。

Ⅱ. 纯粹二元论；据之，一切直接被经验到的对象要依靠自我，并不存于他处而唯独存在于自我的意识里；同时，真正被人们所推论出的、并被认为产生了这些感觉张本的各种原因，并不依靠这些张本，并不存在于他处而唯独存在于一个在这些张本之外并超过这些张本的世界里。

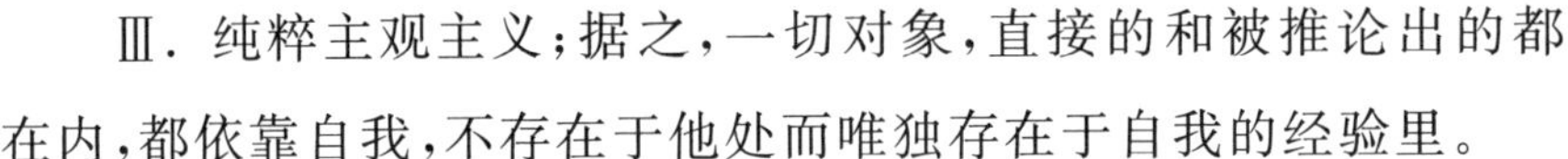

Ⅲ. 纯粹主观主义；据之，一切对象，直接的和被推论出的都在内，都依靠自我，不存在于他处而唯独存在于自我的经验里。

我将企图证明：一来，对于三种说法的每一种，在其原来的或“天真的”形式下，都可用两句辞说把它总括出来；二来，关于每一说法的两句辞说，其中有一句可被证明为假的，有一句可被证明为真的；三来，这些真辞说就是所谓“批判客观主义”、“批判二元论”、“批判主观主义”的充足定义；最后，这些说法跟那些产生它们的“天真的”形式不一样，是可联合在一起而使认识问题得到一种完全的、内部一致的解决。

第一节　对于客观主义的重新解释

客观主义者主张，**一切被经验的对象都存在于物理界或外界而不依靠心灵**。我认为可以恰当地把这种主张分析为下面这两句辞说：

(1)一切被经验的对象都具有一种独立的意义或本素，使对象具有**可能的**物质存在的身份。

(2)一切通过知觉而被经验到的对象(感觉张本)具有**真实的**物质存在的身份。

且让我们依次把这两句辞说研究一下。 293

1. **客观主义的第一句辞说是真的**。在正常情形之下，没有使用体视镜的时候，若有一个球体隔着一定的距离呈现于我们的面前，则通常可通过实验来证明在视觉所启示有个球体在的地方，确实有个球体在那里。把这层意思换个法子来说：在平常情形之下，显得有球体占据的那部分空间就像果然有球体占据那样而起作用；这空间跟一切对象都联系在一起，不管这些对象是我们通过其他感觉所经验到的，或是我们邻居所经验到的，或是我们在其他时候和其他位置所经验到的；在每个这种不同的关系网里，这部分空间起着一个球体的作用；因而这个假定——即这部分空间确确实实是它在经验中所显示的那种样子——就获得了非常大的或然量，因为唯有根据这个假定才能说明并调和一堆一堆不同的知觉。在这些正确知觉的例子里，我们看出，那个被我们所知觉的对象和那个最后被我们证实为存在的对象是同一件东西；这是因为有一个唯一的时空系统，它是我们的一切经验所意涵的，又是我们一切经验(作为这个系统的种种作用而言)所作为坐标的，而在这个时空系统中，这两种对象占着同一个位置。所以客观主义者在他第一句辞说的一部分内，宣称直接经验的对象也可以存在于知者之外，这是十分有道理的。

关于界说客观主义那两句辞说的头一句，在我们结束对它的

讨论之前,还有最后一点必得加以研究,而这一点跟一切被经验的对象,不管存在的或不存在的,都同样有关系。在使用体视镜时,一个不实在的球体呈现在我们的经验里,而在发生正常视觉时,经验里所呈现的球体是实在的球体;在这两种情况下,我们必得承认:不管被经验的对象是否有着独立**存在者**的身份,它在每种情况下都具有独立**逻辑实体**的身份。就其种种属性、本质或意思而言,它不只是知者的仅仅一种**状态**;它的性质或“本素”跟它曾被人们经验这一事实和它是否存在这一事实,同样地不相干。我们总可在一种意义上说:一个对象的逻辑意义并不依靠它在一个关系网
294 里的实在出现。例如,我们不知道“火星上的居民”是实在的还是不实在的对象,我们也不知道任何人是否会把这个对象当作他虚幻或正确经验的内容;可是我们确实知道“火星上的居民”这几个字现在对于我们的意思在任何情况下都不会改变。按照这种意义来讲,一切对象,甚至那些被发现为虚幻或不实在的对象,都有一种独立的逻辑意思或“潜存”,而这就使对象变为不只是仅仅内在的意识状态;把这种意义记住,是一件很重要的事,否则我们会把各种心理问题(它们研究我们通过什么过程以经验事实)跟各种有关事物自身性质的问题,经常地混淆在一起。例如,一位心理学家可能会对于我为什么碰巧提起火星上有无生物居住的问题,或对于为什么喝醉酒的水手见到一条海蛇的问题,或对于为什么儿童理解 5 加 7 等于 12 的问题,提出非常充分的解释。但是如果我们的兴趣在于知道这些辞说的任何一个是否真的,则关于火星未来发展的问题我们可以向未来的天文学家或飞行员去请教,关于海蛇的问题我们可以问海洋动物学家,关于各种数目关系的真假的

问题我们可以听取算术家的意见；我们不会拿这些问题中的任何一个去麻烦心理学家。

2. **客观主义的第二句辞说是假的**。我们若没有给予“存在”这个名词一种勉强而无益的意思，则我们对于这句话——即一切被经验的对象都具有实已存在者的身份——就无法为它辩护。人们对于“存在”是什么意思，提出过各种不同的定义，但是这些定义在形式上的差异大于在实质上的。最自然的定义也许是下面这个：要变为实在的或要存在，就是要在时间或空间占有一个位置的意思，或要变为这种位置性的一个先决条件的意思。所以，说一件东西存在于**没有的地方**，或说一件事情发生于**没有的时候**，这恰恰等于说所指的这件东西或事情是不存在的或不实在的。至于时间和空间自身，以及把具体存在事物联起来的种种关系和规律，它们也被人们当作实在的或存在的，乃是因为它们虽不占据位置，却为各种确实占据位置的事物在逻辑上所意涵了或预先假定了。[①]

关于存在的另外一个定义，有许多可取之处的，是马文教授在他所著《形而上学发凡》一书中（第 40 页）所提出的。据这位作者说，存在者是由任何被经验的事物所意涵了或预先假定了的一切东西（端或关系）所构成的。我们发现在每种情况下，一个经验分野所必有的先决条件就是一系列知觉性的或概念性的东西，在我们所在的唯一时间里和唯一空间里占有位置的；既然这样，这第二

① 常识有一种普遍而坚决的用法，把“实在”和“存在”当作同义语；有鉴于此，我认为不宜跟有些作者一样，把“存在”这个名词只用来指唯独能（据人们说）占据位置的具体事物，从而使它和“实在”有区别。

种定义就在本质上和在意思上跟第一种定义是二而一了。

我们既把存在这个名词的意思弄清楚了,现在就可即刻讨论这个问题:天真的客观主义认为每个被经验的对象都有实已存在者的身份,这种主张到底对不对。

A. 让我们首先研究我们在梦里所经验到的对象。当我在纽约城内家中的床上睡觉时,我清楚地觉得我自己跟一堆朋友,其中有些早已死亡,在旧金山城内吃午饭。我看见朋友的面貌,听到他们的声音,对于食物我看了,嗅了,尝了。在我醒了以后,我对于梦中事迹的真实性应该怎样说呢?当然我能够说,那些情节"对我是真的",可是这样说只是说我实在做过这个梦的意思而已。在事实上,我从来没有跟那些出现于我梦中的朋友们在任何地方吃过午饭。所梦见的午饭在事迹的时空系统内是没有位置的。所以这餐午饭是不存在的、不实在的;或照马文先生的说法,它不是我自己的经验或我朋友们的经验所作为其先决条件的事迹之一;在事实上,它确实跟这些先决条件格格不入,因而被排除于存在界之外。但是我们绝不能根据它是不实在的,就推论它是无法加以解释的。
296 虽然我不能以我的梦来解释我在未睡觉时的经验,我却可以用在未睡觉时的经验来解释我的梦;不然的话,我就无法在二者之间辨别彼此了。我在旧金山城里的聚餐在一种条件下,也只在一种条件下,才变为十分可理解的,即可变得跟我的全部经验没有冲突;而这一条件是:我不认为它有着它自己所认为有的那种存在,我把它的身份降低,认为它乃是我在受了各种记忆和愿望的影响之后所经验到的一个对象,并认为在那由占有时空位置的事物(在有我们的经验之前必先有它们,作为经验的原因和先决条件)所构成的世界里，不能把它列进去。要使一个睡在纽约城内一张床上的人得到在旧金山城内吃午饭的经验，只要使他身体内的各种原因把那些在普通情况下会被在旧金山城内吃午饭这个外在原因所产生的种种效果，同样在他的脑子内产生出来就够了。

B. 让我们离开梦中的对象，来把未睡觉时各种错觉的对象研究一下，以进一步检验天真客观主义的论点——即一切被经验的对象存在于观察者身体之外——是否可以成立。例如，可把下面这个典型的错觉经验研究一下：我在我的前面看见有一个球体；事后却发现，球体原来呈现在那里的空间是空而无有的。在其实没有球体的地方所以会虚幻地呈现着有球体，可以解释如下：有两个盘子通过一架体视镜分别刺激我的眼睛，左边盘子的影子投入我的左眼，右边盘子的投入右眼。这两堆分开的光波来自两个盘子而对于我脑子起着作用，它们所产生的生理效果，跟在正常情形下由单独一个球体的光波所产生的效果是相同的，因而呈现于我意识内的对象就是单独一个球体。在这个例子里如同在做梦的例子一样，从"存在"这个名词可有的任何一种有益的意义来讲，我们都不能说那被知觉的对象是存在的。那球体不是实在的，可是呈现出来了；两个盘子是实在的，倒没有呈现出来。

我们再度研究认识论上客观主义，现在已经完毕。我们看出在两句可把这种学说总结出来的辞说里，第二句是假的，而第一句是真的。这种学说认为每一个被经验的对象都**确实**存在于外界，在这一点上它错了；它认为这一类的对象都有存在于外界的**可能性**，在这一点上它对了；它又认为经验的一切对象具有一 297
种性质或意思，而这种性质或意思跟对象在任何人经验里的出现

都不相干，并把这一层当作这种独立存在的可能性的先决条件，在这一点上它也对了。这种在逻辑上独立的身份是存在以外的另一种身份，它并不预先断定对象会存在或不存在；我们给它取名为“潜存”。

第二节　对于主观主义的重新解释

“纯粹主观主义”这种学说认为一切对象，不管是直接被知觉的或间接推论出来的，都以自我为转移，都在自我的经验里，因而都不能离开自我或在自我之外而独立存在。我们认为在这里如同在客观主义那种相反的学说里一样，可把这种学说界说出来的说法，其实不外乎两句辞说，其中一句真一句假。在这里如同在前面一样，我们觉得先处理一下真的辞说较方便些。按照这样的次序，这两句辞说如下：

（1）一切东西跟自我发生（选择上的）相对关系，并且是自我经验里的可能对象。

（2）一切东西跟自我发生（构成上的）相对关系，或依靠自我，并且除非作为自我经验里的实有对象，否则就不能存在。

1. 主观主义的第一句辞说是真的。为了检验第一句话的真实性起见，且让我们研究几种不同的对象，而这些对象似乎无论以哪种方式都不跟一个有意识的自我发生相对关系，或都不能成为自我的可能经验的对象。

首先，让我们研究一下不可被知觉的对象，如化学原子之类。科学家假定有原子，并肯定一个原子比可看得见的最小粒子的一万亿分之一还要小些。原子所以被假定，是因为这种假定对于解释各种物体在化学化合中的变化，显得是最简单的和在理论上最有用处的。但是因为原子是不可被知觉的，我们就用不着假定原子在具有知觉经验所具有的种种属性以外还具有旁的属 298 性。大小、重量、可动性、弹性等都是经验里的属性，都被认为是原子所具有的；原子所以是不可被知觉的，乃是由于原子太微小了。此外，甚至对于这种微小性，也可以通过一种“三端比较法”而用知觉上的字眼把它间接地表达出来。例如，我们可以说，一个原子小于一只虱子之程度，犹如一只虱子小于可看得见的整个天空之程度一样。这种比方可使我们了解：像分子和原子这一类概念性东西所具有的不可被知觉性，乃是偶然的而不是内在的；又可使我们了解：如果我们的各种感官变为充分灵敏了，则它们可把这些被认为纯粹概念性的物理元素和化学元素启示出来，而使之变为知觉世界里所不可缺少的、跟其他物体属于同类的成员。

其次，让我们研究一下**隔得很远的对象**，在这里是指在时间上隔得远的事，比如在意识生活出现以前地球上的情况，以及在空间内隔得远的东西，比如远处一个星体的结构。很容易看出，这些被科学所推论出来而用以解释实有经验内种种事物的对象，是跟原子一样可用知觉里的字眼来描述的。当我们说地球在过去一个时期——或说远处的一个星体在现时——处于溶化状态或气体状态时，我们心目中的对象具有我们眼前物件所具有种种知觉属性。甚至时间上的或空间内的距离，如同原子的大小一样，自身是可通过在实在被知觉的时空数量上的种种关系或倍数而被想象出来或被间接知觉到的。简言之，**概念式推理里的时间和空间跟知觉经验里的时间和空间是同样一种东西，前一种时空内的一切对象跟后一种时空内的一切对象是相连的并同类的**。

第三，让我们研究一下**抽象的和人为的**对象，如完全的圆圈或完全的人类。这些概念对象显然来自知觉的内容，或者仅仅通过选择性的分析（即抽象），或者通过分析兼综合的过程而被构成。科学里最抽象的和最基本的虚构，犹如创造艺术里最荒
299 唐的幻想一样，是构成普通物件的那一类东西（即平常经验里的种种数量和关系）所合并成的新**集合体**。

第四，最后让我们研究一下**不可被达到的**对象，如旁人的心灵和旁人的情感。没有任何东西比旁人的经验跟自己的直接经验隔绝得那样远；对于你的心灵及其各状态的存在，我永远不能有把握；我只能从你的行为，又从你告诉我的东西，来推论它们的存在。你也许感觉牙痛，记得昨天吃过早饭，想起康德关于上帝看法的难懂地方——所有这些都不是按照我对于你的身体及其动作能看见、感觉或听见这种意义来讲，能为我所看见、感觉或听见的。你的种种思想和内在经验，我设想并推论它们是存在的；就它们对于我具有任何确定意思而言，它们毕竟都是我根据我自己的知觉经验所产生的概念性结构。你的种种记忆、你的种种困难、你的痛苦感觉以及快乐感觉，跟我所有的种种是同类的；这不是说你的种种总可当作我的种种的副本，但它们至少可当作在作用上派生出来的东西，犹如原子的大小对于实在被知觉物件的大小而言，是其在作用上派生出来的东西一样。除非我知道对象的本素，否则我就

无法怀疑对象的存在。[①]

但是既然我们已指出不同类型的概念对象跟我们所由以得到这些对象的种种知觉对象具有相同的性质，我们还可以说，这一切丝毫不足以使主观主义者有充分理由来主张：世界的事事物物对于自我以及对于自我经验的可能内容发生着相对关系。我们指出那被我们推论出来的概念界不过是那被我们知觉的世界之延长而已，并且前者被后者所决定又对后者发生相对关系；这样指出并不 300
等于证明这样一个结论：这两个境界都对于自我发生相对关系。但是这样指出是要达到这种结论的一个明确步骤，因为这去掉认识论上二元论这种学说里的一种假的说法；据这假的说法，被我们所推论出的事事物物产生了我们的经验界，但它们自身永远无法进入经验界，或无法参与经验界内的千变万化。去掉后就好说：被推论出来的概念思想界是直接的知觉经验界的组成部分；如果知觉界对于知者发生相对关系，则概念界也一样发生这种关系。

① 这四个类别的概念性对象跟我们所由以得到这些对象的种种知觉是同类的；这些对象跟这些知觉的不同起源使二者之间有着两点差别，而这些差别使人们对于二者之间的同类性有时看不清楚。直接经验或知觉经验是外来刺激的效果，而它的内容(1)在性质上主要是感觉性的，而(2)在时间中和在它跟知觉者的身体的空间关系上是被明确地定位的。这两种特征使知觉经验具有一种特别的鲜明性和实在性，而这种鲜明性和实在性是各种想象对象和概念对象所缺乏的，因为想象经验和概念经验是大脑内的各种原因所产生的，并且多半由于想象经验和概念经验对于各种运动反射的关系较不明确，所以这种经验的内容对于有机体的关系在时间和空间上也不明确。也许为了同样的理由，这些经验在性质上是关系性的而不是感觉性的。例如离开了颜色或声音这类感觉属性，则清楚的知觉就不可能有了。但当我设想原子这一类的对象时，感觉属性是微弱的又不相干的；这样一个对象在意义上的明晰性来自(人们所感觉到的)它对于其他各对象的种种关系。

我所知觉的世界，在某种意义上，对于作为知觉者的我，是不是发生相对关系呢？毫无疑问发生了。基础心理学已经证明得毫无疑问：对于知觉野里的每一个特别对象而言，在知觉者的机体内有一种同样特别的状态或过程跟它相应。所以，在我们看到一把椅子、一座山、一个星体时，在知觉者机体内对于每个对象都有着一种特别的过程。每种确定的颜色、形状或声音若要作为被知觉的对象而呈现出来，则必有一种同样确定的有机过程。这些神经上的过程是我们经验唯一充足和必要的条件；过程变化则经验的对象随着变化。当然，这些过程自身是通过各种方式而被产生的，即通过种种外来刺激，通过身体内各种影响，尤其通过已往刺激在脑子里所留下的种种余迹；但不论一种神经过程是怎样产生的，一旦它**被产生了**，则那取决于它的对象就出现在知觉里。所以，大家记得，在使用体视镜时，在脑子里产生了那样一种过程，以致产生了一个关于球体的知觉。在知觉认为球体所在的地方其实没有球体在那里，这个事实对于知觉没有任何妨碍。**决定我们知觉对象的间接因素是多种多样的，但是直接的和最后的决定因素永久是也唯独是知觉者机体的种种过程和状态**。至于这些过程具有什么性质，则有采取不同看法的余地。大多数心理学家采取自然主义或唯物论的看法，认为这些过程是纯物理性的；但也有些人认为：决定我们经验的过程不仅牵涉到脑子，而且还牵涉到一种非物质
301 性的东西或在人死以前跟脑子合作的灵魂。不管怎样，对于这个事实是一点异议都没有的：即每一种被知觉对象的特别内容，取决于知觉者机体内某一种同样特别的过程。所以我们有充分理由来

提出这个主张：被知觉的事事物物在有些意义上，跟有知觉的自我发生相对关系，或说，任何被知觉的对象是知觉者某种状态或过程的“作用”。这就是说，对于一个类内的每一个分子，在另一类内有一个分子跟它相应，对于一个类内的每种变化，在另一类内有一种变化跟它相应。[①]

现在我们已经证明过了：所谓种种产生我们直接经验之不可被知觉并超越经验的原因（诸如原子、远事远物、人为抽象、他人心灵，而这些原因是我们通过设想和推论而得来的），其实一点也不是超越性的，它们反而是跟种种直接被经验到的对象位于同一个空间内和同一个时间内，并且这些原因跟这些对象之各种函数作用或各种派生出来的东西具有同样的性质。如果 Z 是 Y 的函数，而 Y 是 X 的函数，则 Z 是 X 的函数。所以如果那由种种在概念上被推论出的对象所组成的系统，跟那由种种被知觉的对象所组成的系统发生了相对关系，而后一系统又跟那由知觉者机体内某种过程所组成的系统发生了相对关系，则从此可以推论：在概念上被推论出的各种对象，如同其他一切对象一样，是跟自我及其种种过程发生相对关系并为之所决定的。整个宇宙里的每件东西在某种意义上都跟自我发生相对关系，并且在这种意义上是“主观性的”。如果我们对于一件东西有任何方法加以谈论的话，则我们可把也必得把那东西当作是能够完完全全地出现于谈论者的经验里来的。我

① 这不是说，对于一切的有机过程都有着与之相应的知觉；而只是说，我们有某类这样的有机过程，对于其中的每一分子都有着与之相应的知觉。

们生活于其中的世界，如康德所说的，是“可能经验的世界”。①

302　在替主观主义的相对主义辩护时，我们至今为止提起过“这个”自我，或“一个”自我，好像我们的意思只是：世界的事事物物可以当作跟这一个或那一个自我发生相对关系，或被包含在其内，或

① 康德认识论的基本前提是这样一种主张：自我把心灵的种种纯粹综合形式应用于感觉材料的复合体上，从而创造了大自然的各种规律。我们在前一章中已经看出，由此可得出结论：除非事先经过人类官能的加工，没有任何东西可以作为一件自然对象而被知觉。换言之，在科学里作为一种知觉性事实而起作用的任何东西，都会满足理智在概念结构上的要求，都会打上这种结构的烙印。这样就证明了自然的东西在形式上是合乎理智的；从而消除了休谟这番出名的怀疑：只有主观根据的知识怎么能够符合于自然现象的那种有客观根据的发展过程。康德的这种说法有两大困难。第一种困难是，我们可把它当作承受和合并种种感觉来看待的、并对之有着一些知识的唯一自我，是一个有限的我；但那能为大自然立法的唯一自我应当是一个超越经验的、处于时间和处于空间的自我。我们既然没有后面这种自我，所以必得假定它存在，以满足这种说法的需要。第二种困难是，休谟的客观“自然程序”的幽灵，以感觉复合体所根据的物自体这种形式，回到康德的系统里来生祸作恶。这些构成经验的“材料”的外来因素，为什么对于心灵所加诸它们的一连串形式和范畴，表示这样惊人的遵守和符合呢？

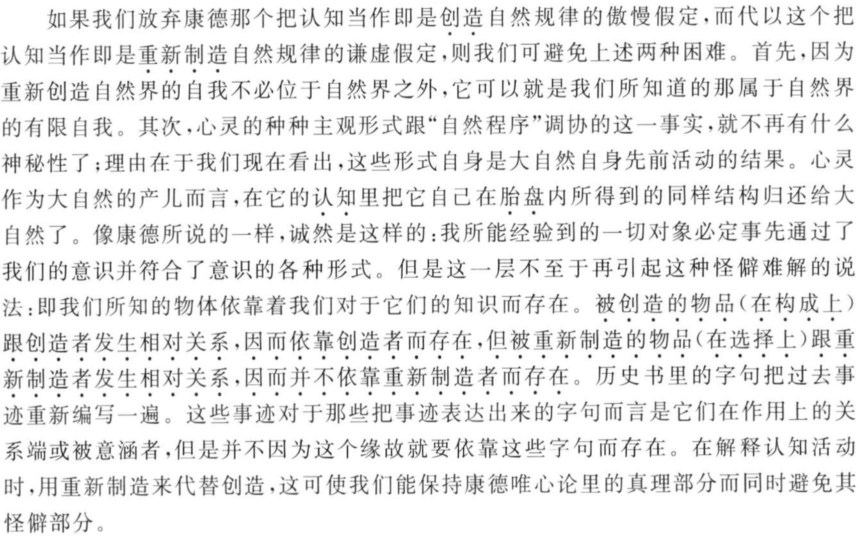

如果我们放弃康德那个把认知当作即是创造自然规律的傲慢假定，而代以这个把认知当作即是重新制造自然规律的谦虚假定，则我们可避免上述两种困难。首先，因为重新创造自然界的自我不必位于自然界之外，它可以就是我们所知道的那属于自然界的有限自我。其次，心灵的种种主观形式跟“自然程序”调协的这一事实，就不再有什么神秘性了；理由在于我们现在看出，这些形式自身是大自然自身先前活动的结果。心灵作为大自然的产儿而言，在它的认知里把它自己在胎盘内所得到的同样结构归还给大自然了。像康德所说的一样，诚然是这样的：我所能经验到的一切对象必定事先通过了我们的意识并符合了意识的各种形式。但是这一层不至于再引起这种怪僻难解的说法：即我们所知的物体依靠着我们对于它们的知识而存在。被创造的物品（在构成上）跟创造者发生相对关系，因而依靠创造者而存在，但被重新制造的物品（在选择上）跟重新制造者发生相对关系，因而并不依靠重新制造者而存在。历史书里的字句把过去事迹重新编写一遍。这些事迹对于那些把事迹表达出来的字句而言是它们在作用上的关系端或被意涵者，但是并不因为这个缘故就要依靠这些字句而存在。在解释认知活动时，用重新制造来代替创造，这可使我们能保持康德唯心论里的真理部分而同时避免其怪僻部分。

者当作被包含在有限自我的全体之内，或者当作被包含在绝对自我或世界自我之内。但是我们所说的一切，对于替唯我论辩护同样有力量。唯我论是主观主义最彻底和最后的形式，主观主义认为整个宇宙跟*我自己*发生相对关系，并包含在*我*的可能经验之内。因为当我说起世界或世界内任何对象时，唯一可为我所指的东西是*我*所能设想的东西，而*我*所能设想的一切东西是*我*所知觉的东西的延长或改造，而我所知觉的一切东西，在某种意义上，跟我自己的各内在状态和过程发生相对关系，又取决于它们。所以我能够也必得附和唯我论者而大声宣称：“*这个*世界就是*我的*世界。”但 303
是一切对象跟一个主体的相对关系，我们在下一节将较仔细指出，是选择式的而不是构成式的，并且不使对象依靠那知道这些对象的自我而存在。

对于主观主义这种认识论的重新研究，现在已完成头一半的工作。在我们所用以界说这种学说的两句辞说中，第一句已被证明是真的；这句是：“一切对象在某种意义上跟自我又跟其可能经验的种种对象发生相对关系。”

2. *主观主义的第二句辞说是假的*。我们现在要来研究这两句有界说作用的辞说之第二句，即“一切对象是一个自我的经验之*实有*内容，并且不能离开那经验而独立存在”。主观主义者的这后一肯定，我们将企图证明它是假的。

让我们起先注意下面两句话，它们在意义上确实很接近，又显然都是真的。(1)一般地说，同一个对象可以同时是或陆续是不同系统或不同关系网里面的一部分，而不至于损害到对象的同一性，也不至于使对象的意义被关系网中任何一个所穷尽。(2)一般地讲，一样东西可以是一个关系网的可能分子而不至于变为关系网的实有分子。我们认为这两句中的每一句都适用于意识的知觉对象和概念对象。例如，可把我们朋友所患的牙痛研究一下。牙痛是作为一个概念对象而呈现于我们意识中的；我们将怎样和在什么时候对它加以设想，这取决于我们的脑子受到的特别刺激是什么和在什么时候受到。朋友的牙痛毫无疑问地出现在你我（通过概念）所想到的对象的系统之中，但是这种出现，对于牙痛在朋友所感觉的事物系统里的出现，没有丝毫的直接效果。如果你或我不再想起牙痛这件事，牙痛仍会继续下去，且不减少痛的强度。牙痛在一个知识关系网里的出现，跟它在存在界时空关系网里的出现是可并行不悖的，但在任何意义上都不是对后一种出现非有不可的。并且它在这些关系网之中任何一个里面的出现，并不能穷尽它的意义。它是你的意识的可能对象，又是我的意识的可能对

304 象，这个事实却并不是说它是你我意识中任何一个里面的实有对象。你可以提出反对意见，说我们用“它”这个字来指朋友所感到的牙痛，又指你所想着的牙痛，又指我所想着的牙痛，这就犯了循环论证的毛病；并说其实有三种不同的牙痛，而不是一种牙痛在三个不同的关系网里。如果你这样说，则我必得回答你，说我们可证明这种反对理由是自相矛盾的，因为若对我说，我所想着的东西不是我所想着的东西，那你就自相矛盾。如果我在想着我的朋友所患的牙痛，则我思想的对象恰恰就是这个而不是旁的；如果你在想着我们朋友的牙痛，则我们非常肯定地在想着同一种东西，而我们的思想野局部重叠起来了；如果我们的朋友确实在患牙痛，像我们所认为的那样，那么，就有了同一件东西，既为一个人的知觉，又为

另外两个人的概念。既然概念野能在彼此之间，又跟知觉野局部重叠或包含相同的部分，则两个或多个知觉野也可以局部重叠起来；并且最后，任何意识野，概念的或知觉的，可以跟存在界局部重叠。而这些分野，或关系网，虽然它们可以包含各种相同的对象，却怎样也不互相干扰或直接地限制彼此。如果对于这些最后提出的肯定有着任何怀疑，则我们必得把本章前一节所已提出的各论证再提一下。在那一节里，当我们讨论客观主义说法里面的真理部分时，我们指出过：被一人或多人所知觉的一个对象也可以存在于外界，而且跟它这样被知觉的事实并不相干。如果你我各别对球体这类的内容有所知觉，并且对它用同样的字眼加以描述，又各别认为它在我们身外的一个指定地方，那么，至少有可能是我们在知觉着同一件东西，又至少有可能是我们所知觉的那件东西是存在的。因为如果两件东西彼此不同，则它们必在性质上或在时空位置上有着差别；如果我所看见的那球体，跟我把它设想为客观独立存在者的那球体，在形状上或性质上又在时空位置上彼此符合，305
那么，这“两个”球体必定是同一件东西；而唯一的差别是在关系网方面的差别。[①]

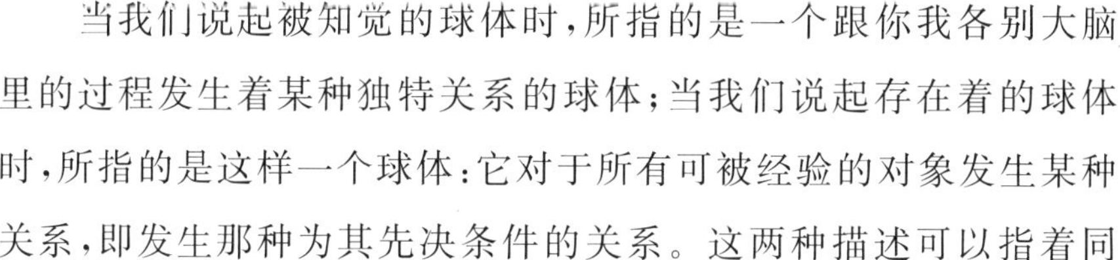

当我们说起被知觉的球体时，所指的是一个跟你我各别大脑里的过程发生着某种独特关系的球体；当我们说起存在着的球体时，所指的是这样一个球体：它对于所有可被经验的对象发生某种关系，即发生那种为其先决条件的关系。这两种描述可以指着同

① “不可被辨别者的同一性”这个原理，当着而且只当着在时空位置上以及在性质或本素上有着不可辨别性的时候，才是真的。

一件东西，恰如“放在我桌上的书”和“罗斯福上校所著的书”这两种描述可以指着同一件东西一样。

被知觉的各对象和存在着的各对象，二者之间的可能同一性为什么未被一般人所承认呢？[①] 理由在于这只是一种可能的同一性，绝不总是确已落实了的。对于我所见的球体和你所见的球体之彼此同一，或对于其中任一跟一个确实存在的球体之同一，我永远不能**完全有把握**。被知对象和实在物体的同一性，即知觉上的真实性，对于它知识场合自身既不排除也不保证。总有发生错误的机会；即总有这种可能：我们所知觉的或设想的东西跟我们根据它们是所有可被经验的对象之先决条件而称之为存在的或实在的东西在性质上和位置上不相符合。在这种地方，要达到确定性并没有捷径可走。没有单独一种经验，知觉的或概念的，包含着种种内在标态，足以使它的真假是自明的。在每种情况下，必得通过逻辑探究的各种不同方法，把某一个经验跟其他各经验进行比较，以检验它是否可称为客观的真理。但是对于这种必然性，主观主义者不能把它当作充分理由，使他能说：因为一切对象都是可被经验的，所以它们都已经被经验了；或者说：因为对象能够存在于一种
306 经验之内，所以对象为了这个缘故就不能存在于经验之外；或者说：因为对象的种种意思和性质，只能通过对象被作为关系端而在实有经验关系内的出现（“认识根据”）才能被发现，所以这种种意思和性质就是那关系所构成的（“存在根据”）。

① “批评的实在论者”或认识论上二元论者，否认知觉内容和实在物体在时空位置上有可能是同一的。他们的这番否认使他们的看法跟我在这里所辩护的说法不同。

我们对于主观主义的重新研究现在已完成了。据这种学说的纯粹或天真形式来讲，一切对象，直接的以及被推论出来的，都依靠自我，并且只存在于自我的经验之内。这种学说被分析为两句辞说：(1)“一切东西跟自我发生(选择上)相对关系，并且是自我经验里的可能对象”；(2)“一切对象跟自我发生(构成上)相对关系或依靠自我，并且除非是自我经验里实有对象，否则它就不能存在”。我们看出第一句是真的，第二句是假的。我们既已指出两种相反的认识方法——客观主义和主观主义——每种都可经过相当的修改，以使它们能并行不悖，又能符合知识场合里的种种事实，现在只要接着指出对于认识论上二元论可以同样地加以分析，以便我们能使认识论上所有三个类型的学说都达到完全的、最后的调和。

第三节　对于二元论的重新解释

认识论上二元论者认为一切直接被经验的感觉对象，依靠自我并离开自我的经验就不能存在；但同时认为，被人们推论出来而作为经验种种真实原因的概念对象，可以离开自我而独立存在，并永远跟意识的各对象不是二而一的。这种纯粹的或天真的二元论可分析为两句辞说：(1)一方面是一个自我所经验了的种种对象所构成的体系，一方面是存在于这个自我以外的并产生自我种种经验的对象所构成的体系；二者可以各自独立发生变化；(2)被经验的对象和存在的对象，由于它们各自独立变化，就绝不是完全叠合的或二而一的，而构成两个互相排斥的形而上学体系。对于这两 307
句有界说作用的辞说，我们将企图证明第一句是真的，而第二句是假的。

1. **二元论的第一句辞说是真的**。让我们首先把两个典型的例子研究一下。在这两个例子里,被经验的对象发生变化而存在于外界的原来物体始终未变,从而使二元论者有充分理由来说,被经验者和存在者可以各自独立地变化。我看见我前面有张桌子;我闭上一只眼睛而用手压紧另一只眼睛的眼珠;我所见的桌子随着我的压紧动作而移动起来;存在的桌子一直未动,对于这一点有许多方法可以证明。在这个例子里,被知觉的对象有了变化而存在的物体一直未变。在莎士比亚所著《奥赛罗》这出悲剧里,在概念知识的分野里发生一个有同样情况的例子。奥赛罗所意识到的苔丝狄蒙娜,由于埃古的多次诽谤,就从一个忠诚的妻子变为卡修斯的情妇了。“存在的”苔丝狄蒙娜,在她那主观性的替身遭受到这种悲惨变化的过程中,却是始终如一的。再让我们以观看星体为例。在我的意识里,星体是不动的、不变的。可是天文学家告诉我说,实在的星体自始至终一直以难以相信的速度在空间运动着,甚至有些星体在多年以前已经遭到毁灭;光波在星体毁灭时离开星体,只有在光波把星体跟我们之间那大得不得了的距离通过之后,毁灭的消息才能达到我们。在这个例子里,存在物体有了变化,而被知觉的对象继续未变。从《奥赛罗》这个悲剧里,又得一个同样的但在概念分野里的例子。在奥赛罗变为一个妒忌杀人犯的大部分过程中,那呈现于苔丝狄蒙娜意识里的奥赛罗显得在对她的爱情上和信任上没有任何变化。

就二元论所根据的种种事实而言,我们所举的四种情况是公平而典型的例子。这四个例子表明:当实在物体始终未变时,被经

验的对象，不管知觉的或概念的，有发生变化的可能性；或者表明：当实在的对象有了变化时，被经验的对象一直不变。简言之，它们表明了二元论者所说的这一点：被经验的对象可以离开存在的物 308
体而独立变化。我们现在要证明二元论者的第二个主张是假的，犹如他第一个主张是真的一样，这第二个主张是：被经验的对象和实在的物体永远不是完全叠合的或二而一的。

2. **二元论的第二句辞说是假的**。就一般情形来讲，两件东西若可彼此不相干而发生变化，则它们因为这个缘故就被证明在个数上或存在上不是二而一的。但也有些例子，其中情况并不这样。例如，我们可把两根交叉线研究一下。每根线可看作是由多个点所组成的一个类，或看作是由于一点的移动所产生的结果。在两线交叉之处的那一点是先后自同的一个点，可是它是两个不同系列中每个系列的一分子；既然这样，在每一系列里决定它的是一条不同的规律或方程式。如果我们把每根线看作是由于有一个移动的点经过一系列位置而产生的，则我们必得认为在交叉处有两个点叠合在一起，虽然是每个点仍旧属于不同的系统，而每一个系统可以各自独立变化。多个系统可以各自独立变化的事实并不妨碍它们具有共同的或完全相同的分子。那么我们的主张是：上述这两个线条系统之间的关系，跟经验对象系统和存在物体系统之间的关系，是一模一样的。我在视觉野内所见的东西，跟存在于我身外物理界的东西，可以在每方面都是二而一的；但是我在视觉野里所见的东西主要地依靠我神经系统内的种种过程，并只会随着这些过程的变化而变化；而在我身外物理界里存在的东西主要跟我神经系统内种种过程不相干，并随着种种外在条件的变化而变化。

简言之，物体的存在系统为身体以外的种种因素所支配，而经验系统为身体以内的种种因素所支配。虽然这两个对象系统**可以**叠合到无论什么程度，这种叠合的发生并不是必要的，不能保证它会继续发生。认识论上的一元论者——主观主义者和客观主义者都在内——正确地强调了这两个系统的完全叠合或完全相同，而这种叠合或相同在我们有了真理时就落实了。但是他们没有顾到原因
309 上的二元性；由于有两套原因，这两个系统的叠合只是可能的和偶然的，而不是恒常的和必然的。相反地，认识论上二元论者在他们的第一句辞说里正确地强调了原因上的二元性；但在他们的第二句辞说里，他们错误地假定了：这种在原因关系网上的二元性；使被经验的对象跟存在的物体不可能完全叠合或完全相同。这些学说按照它们的天真或纯粹形式（我们看出）是自身不能成立的，又彼此格格不入到毫无希望的程度；我们已根据种种事实把这些学说重新加以研究并提出了修改；它们在经过修改之后就变成不仅自身可以成立，而且彼此调和又互相补充。

在离开二元论这个题目之前，有一点需要进一步的解释，以预防一种可能发生的误会。我们说，决定对象的存在系统的各种原因和决定对象的经验系统的各种原因，是分开的和不同的，并在这种限度之内是彼此不相干的；当我们这样说时，我们的意思不是说：两堆原因对于彼此不能产生影响。身外各种因素对于我们经验所依靠的身内各个过程，不断地产生影响；反过来，经验里的种种启示使我们能通过我们的有意识的动作，对于我们身外的世界产生影响。经验系统和存在系统不断地局部重叠和交叉，这个事实远非偶然的事。在我们意识里呈现的物理世界是环境里种种物

体和种种力量的间接效果，而这些物体和力量跟它们所通过其而起作用的各种媒介合在一起，又跟脑子自身合在一起，从而产生我们所有一切经验的各种直接决定因素。由于这种过程的间接性和复杂性，所以大脑内种种决定我们经验的状态，只给身体以外的各种原因提供了一种放错了位置和歪曲了形状的反映；错误因而发生。但是直接感觉反映里所呈现的歪曲大都得到脑子的改正；脑子幸亏有能力对于以前那些可以跟当前各种印象联合起来以产生忠实经验的效果，把它们的余迹保存下来了；在忠实经验里，事物所呈现的是它们实在的样子——而这就是真理。至于对象必在其 310
中起作用的那种媒介怎样把对象歪曲了，以及知觉和概念所起的改正作用怎样又把真透视景恢复了，这些已在讲怀疑论那一章里得到比较详尽的解释；在这里只要把在那里所举例子中的两三个重新提一下就行了。

让我们来首先提出改正作用发生于知觉层次的例子。比方说，有一个实在的圆圈在我们的面前。因为它所在的平面跟视线没有形成直角，它在我眼膜上投下一个椭圆形的，而不是圆形的影像。可是我仍把它当作一个圆形；脑子受了以前各次经验的修改与训练，而把眼膜上和感觉上的歪曲纠正过来，所以自动地把椭圆的表象解释为圆形。同样，当有人离开我向远处走时，投在我眼膜上的影像以及因此而发生的视觉都变得更小些；可是我在知觉上认为那个人走得越来越远，而不认为他变得越来越小，因为通过以往的经验（或许通过先天的禀赋），我的脑子已经学会把感觉上的缩小跟距离上的增加联系在一起了。

在概念的层次上，脑子对于感官在外界透视上的歪曲加以纠正的能力有这样一个例证:棍子局部被浸入水中,其形状就呈现变化,可是我们脑子有能力不为这种外表上的变形所愚弄。水和空气这两种媒介在反射作用上的差异产生了这番歪曲;我们所以能够达到正确的看法,认为棍子自身不曾改变形状,而这样认为乃是由于我们多少有意地利用了我们的过去经验。下面一例表示我们对于感觉上的歪曲在概念上作了还较精细的纠正:我们把"日落"解释为其实由于地球绕着轴心自转的结果;因为在这里,我们不仅利用了我们自己的过去经验,而且还利用了旁人的科学推算。

我们在日常生活里所从事的有目的性活动可以分为两大类:第一类是**认知**的活动;我们通过这种活动,竭力使所知觉的种种对象的经验系统跟存在系统调和并符合起来;有了这种调和与符合则我们就达到了"真"。第二类是**意志**的活动;我们通过这种活动,

311 竭力使存在系统跟所追求的种种对象的经验系统调和并符合起来;有了这种调和与符合则我们就得到了"善"。①

认识论上二元论的大优点是:它在两句界说它的第一句辞说

① 在个人和他的环境之间确实还有第三种平衡或适应状态,这表现于人们的意识经验里,虽然它不是目的性活动的直接结果。由于环境里的种种刺激不仅影响有机体的各种感官,而且影响有机体的种种重要过程和倾向,所以这些刺激产生了那些被我们所称为感情或情绪的经验。当这些刺激适合我们的需要和倾向时,它们就在我们身上引起快乐感;而当人们把这种快乐跟被知觉的对象之**形式**连在一起,又认为它属于对象的**内在**性质时(而不属于我们个人的情态),则这是审美的快乐,而产生这快乐的对象被称为"美的"东西。这样说来,我们对于真、美、善的各种经验,全部是表示环境与个人之间有了平衡的例子。但是一方面,快乐类型的或审美类型的平衡是有关感情的事,并且是自然而然发生的;而另一方面,真与善是先经过了一番有目的的努力,然后才达到的,并且像我们已提过的,真与善就是经验系统的对象跟存在系统的对象之同一或完全叠合。

里，承认经验里的种种对象和存在界的种种对象取决于不同的两套原因，又承认这两堆对象由于这个缘故就可以各自独立地变化，而不会必然地完全叠合。二元论的第二句辞说却是不正确的；在那里它认为由于经验系统和存在系统可以各自独立变化，所以两个系统的对象不会完全符合，又认为我们永远不能意识到实体自身，而只能意识到实体之种种或多或少不太完美的副本。

第四节　结论

为了把认识论上这三个学派的调协一致表示出来，现在我们指出怎样可用每种学说里的字眼来把真理这个概念充分地表达出来，并且怎样可把它从一种学说的字眼翻释为另一堆字眼而不至于在意义上引起本质性的变易。

1. 在客观主义者看来，真的东西只是**被当作有意识的可能信仰或判断的对象的实在的东西**。实在界或存在界包括可被经验的全部东西在逻辑所意涵或预先假定的东西，并且只包括这些东西。312
要发现经验内容里的哪一项是实在的，这通常只有经过一个很长的归纳手续才可能做到。但任何时候我们经验到 种内容，而这内容事后被证实为实在的，则有关的经验也就被证实为真的了。这就是说，若我们的信仰**对象**是**实在**的，则我们的信仰**态度**就是**真的**。例如，如果大地具有圆形与事实或实体符合，则“大地是圆形的”这个判断就是一句真的判断。

2. 在主观主义者看来，真的东西就是**任何可被一个包罗万象的或绝对的经验所证实的东西**。对于“大地是圆的”这一判断，如果绝对经验肯下这个判断，则它就是真的。简言之，按照主观主义者的说法，真理就是**在进一步经验里的可被证明性**。

3. 在二元论者看来，真的东西就是任何**与存在于个人之外的事事物物相符合的个人之内的东西**。例如“大地是圆的”这个判断，若有下列条件它就是真的；条件是：在我身外的世界里，**大地和圆形**之间有了同一关系，而这同一关系要跟我对于“大地”的观念或经验和我对于“圆形”的观念或经验之间所发生的同一关系是相应的。简言之，按照二元论的说法，真理就是**个人之内的同一关系和个人之外的同一关系之间的相应**。

难道不容易看出，如果这些说法中任何一种可以成立则其他两种必定同样可以成立吗？请注意，客观主义者主张：若判断所肯定者是实在的——即为可被经验的全体对象所预先假定的——则这个判断就是真的；如果它主张对了，则由此可以推论：任何判断，满足了要跟实体同一这个标准的，就会同时满足主观主义者的标准，即可通过较完全的经验而被证实。因为较完全的或最完全的经验，会把那些对于使判断不自相矛盾所必需的先决条件启示出来，于是在客观上实在的东西和在主观上明显的东西会彼此完全叠合起来。简言之，如果我们判断“大地是圆的”，按照它对于实体有所肯定那种意义来讲是真的，则这个判断按照它在较完全经验里可被证实或可依旧成立而无需改变的这种意义来讲，也是真的。这两种标准根据于同一样东西的两方面，而在这两方面之间，跟在
313 曲线的凹形性和凸形性之间一样，没有什么格格不入的地方。在一种情况下，我从我的判断对于可能事物全体之关系上着手来界说真理，在另一种情况下，我从我的判断对于可能经验全体之关系

上着手来界说真理。在应用这两个标准来辨别假判断时，我们当然得到同样的调协一致。“大地是平的”这个判断在客观主义者看来是假的；这是因为这个判断所肯定的对象——即平形的大地——在时空系统内并没有位置；既然这样，这个对象就不是可能事物全体的先决条件，或是我们在可能事物全体中所经验到的那部分的先决条件。在主观主义者看来，同一判断也是假的；这是因为在人们环行地球之后有了在观念上（局部在知觉上）可达到的种种较完全的经验，而这一判断被这种种经验所排斥，而没有从这种种经验里面得到支持和证实。

犹如客观主义者的标准和主观主义者的标准彼此意涵一样，二元论者的相应标准跟那两种标准也是互相意涵的。大家记得，二元论者坚持我们要注意这一点：在任何时刻存在于个人神经系统之外那个世界里的各种对象，以及在同一时刻被个人根据自己经验而认为是这样存在的各种对象，是由两套不同的原因（各别神经外的和神经内的）所决定的，它们因而各自独立地发生变化。一方面，个人那窄狭而暂时的经验系统含有种种判断；另一方面那无比广大、更为持久、连个人自身也为其中一部分的存在系统包括种种物体与种种关系；那么，真理就是那些判断跟这些物体与关系的相应或契合。但是这种二元论型的真理要在，也只在下列条件下才能落实；条件是：判断的内容、对象或意义跟实在界的一部分是二而一的，而这部分，我们已提过，就是事物全体所预先假定的那类特别事物（客观主义），并且既然这样，就会被唯独一个包罗一切的、内部一致的经验所证实（主观主义）。认识论上二元论者运用心理学上和生理学上的字眼进行思想，并把一些情况解释为两套

各自独立地被产生的事迹之彼此调和与符合；认识论上一元论者运用本体论上和逻辑上的字眼进行思想，对于二元论所那样解释
314 的情况，他们把它解释为同一个对象同时属于两个系统——经验系统和实体系统。或者换一种说法来表述：“怎样把判断说出来”是人身内的心理过程，而“判断说的什么内容”是指逻辑上的意义；当着而且只有当着“判断的内容”也是一种存在的事实时，“所说出的判断”才会跟环境里的事物相应。二元论者的所谓“身内事迹跟身外事迹的相应”，把一元论者的所谓“真理与实体同一”的意思完全翻释出来了。我们在这里几乎用不着再说，在应用于辨别假判断时，二元论者的标准对于一元论者的标准是同样完全符合的。正是由于“平的大地”既不见于客观主义者的实体界里，又不见于主观主义者的完全经验里，所以二元论者若下了“大地是平的”这个判断，则他会以难受的心情，发现在他身内的心理状态和他身外的环境之间并没有调协的相应。

我们这一章的目的在于指出，对于认识论的所有三种学说，都可加以重新解释，以使它们都跟它们所指的种种事实符合，又使它们彼此符合。并且我们认为对于这些互相冲突的学说之每一种，这番重新解释保存了它的积极和主要部分，而只删去了消极的和不重要的部分。这样，客观主义的主要争论点在于说，实有经验里的一切对象也是可能存在界里的对象；又在于说，不管对象是否实存，对象具有一种逻辑上的意义或“潜存”，而这种意义或“潜存”跟对象被人们所经验的这一事实并不相干。主观主义的主要争论点在于说，实有存在界的一切对象也是可能经验里的对象；又在于说，整个的宇宙跟它所包容的各个自我都在某种意义上发生相对

的关系。二元论的主要争论点在于说，经验对象的系统和存在对象的系统被分开的两套原因所决定；又在于说，这两个对象系统因为这个缘故、各自独立地起着变化。我们对于一向无法调和的三
种认识论学说，用了三句辞说来把它们各别表达出来；在这样重新 315
加以解释之后，这三句辞说丝毫也不格格不入。三句互相补充，并且是可以彼此替换的。每一句表达了知识场合的一个不同方面；或者宁可说，每一句从一个特别的角度表达了整个场合，把其他两句所未明白提出或说得不明确的种种价值，明确地提出来了并说得清清楚楚了。

如果上述的分析可以成立的话，则认识论的问题就解决了。

附录

317

知者与被知者

一篇对话

人物：帕特里奇，客观主义者

布赖斯，主观主义者

洛夫莱斯，二元论者

海兰纳斯，实在论者

第一节 319

海兰纳斯先说明大家聚谈的宗旨，并解释这番讨论里要用的名称；然后对于帕特里奇所提出的质难进行答辩。

海兰纳斯：我邀请三位先生来这里聚会，为的是看看我们通过非正式的、友好的讨论，是否不能对于认识问题得到一种解决。布赖斯将替主观主义说话，帕特里奇将替客观主义说话，洛夫莱斯将替认识论上二元论说话；而我自己，作为一个实在论者，拟对于你们互相冲突的说法，企图指出怎样可以重新加以解释，以使各种说法完全不至于格格不入。

帕特里奇：也许是件小事，可是我要首先知道，你有什么权利把你自己称为“实在论者”。你给我的主张取了不好听的、拙笨的名称，还不满意，你一定要为你自己的主张加上一个理当归我的名称。

洛夫莱斯：我跟帕特里奇有着差不多的想法。只要你把名称解释清楚，我倒不在乎你称我为二元论者。我相信你是完全按照认识论上的意思来用这个名称的，认为二元论的主张是：心理状态跟那些被我们推论为存在于外界的物质的东西，是在位置上不相同的，而不仅仅是，甚至未必是在性质上不相同的。但是我对于你自己独揽“实在论”这个名称，却不那么满意，因为我认为我可被称为实在论者的权利并不下于帕特里奇。我诚然主张：实在的外物反映于意识中而不直接地呈现于意识中，像他所设想的；仅仅这一层当然不会使我变成不是一个十足的实在论者。这一层只意味着我是“旧式的实在论者”或“批评的实在论者”，而不是“新”型的或极端类型的实在论者罢了。

320 **海兰纳斯：**我很抱歉我所用的名称得罪了你们两位；我不拟在纯粹字面的讨论上花费太多的工夫，但请准许我把这点解释一下：我所以不肯把“实在论者”这个名称加在你们两位的任一位身上，理由之一恰恰在于你们两位都要求这个名称，而我却要避免因使用同样名称而引起的混乱。诚然不错，帕特里奇在分析认知关系时，着重指出对象在这种关系内的重要作用，并倾向于把意识当作只是全体对象的一种连续体系，或横切面，或透视景。也诚然不错，布赖斯在分析同样的场合时，着重指出主体或有意识的自我是这种关系内的重要因素，把所知的对象当作意识经验里的状态或元素，并跟这种经验是分不开的。而你，洛夫莱斯，承认外在的对象是实在的，又承认这些对象所由以被知的意识状态是实在的；不过你不认为这两种对象在任何时候可以是二而一的；因而你可以，如你自己所已同意的，恰当地被称为二元论者。至于称我自己为实在论者，我的理由在于：我的说法对于你们所主张的三种说法，把它们的积极的或正面的元素都吸收了，而只抛弃了那些消极性和否定性的东西。所以我相信帕特里奇的这样一种主张是对的：即我们直接意识到的对象有权利存在于外界，并且一切对象都具有意义或都是潜存的，而这跟对象是否被知并不相干。我也同意布赖斯的这样一个说法：一切对象都是意识经验的实有因素或可能因素，而在这种意义上总跟一个有意识的主体发生关系。最后，

我又赞成洛夫莱斯的这番意见：客观界和主观界可以各自独立发生变化，因而形成二元的局面。但在另一方面，我认为帕特里奇不应当认为主体及其观念是不实在的；我认为布赖斯不应当认为独立存在的对象所构成的外界是不实在的；最后，我又认为我的朋友洛夫莱斯，对于被知觉者和存在者之间的同一性(而这是真正知识的本质)，不应当认为我们关于它的经验是不实在的。简言之，我拒绝把知识场合里的任何重要因素放逐到非实有界去；为了这个 321
理由，我想我最有权利用实在论这个名词来称呼我的折中说法，诸位还有什么意见吗？

洛夫莱斯：我没有意见了。

帕特里奇：我不得不说你的种种理由薄弱了些；但我假定你所以要保持这个名称，乃是因为你一度做过真的实在论者；既然你这样喜欢这个名称，那我也不再反对你把它来称呼你的新调和说法了。

海兰纳斯：布赖斯，你怎么样？我称你为主观主义者，你不生气吗？

布赖斯：哪里的话；那个无聊的名称使我烦厌得不生气了。我是个唯心论者，因而习惯于被人家乱扣帽子。要你们实在论者在我的哲学里，除了看出你们所谓的“主观主义”以外，还看出有任何其他的东西，我想这是毫无希望的事。我对于客观的实在界提出了唯一可理解的说明，可是我仍这样被人们侮辱，我坦白地说，这向来使我莫名其妙。

海兰纳斯：我用“主观主义者”这个名称，并不是想得罪你；我完全知道你的唯心论哲学，不管按照英国的形式还是按照德国的形式来讲，并不仅仅是一种认识论。但是我现在的兴趣恰恰是要把认识论问题和其他问题分开；虽然你十分相信，你充分顾到了常识对于世界实在性的坚信，可是你确实认为：任何东西如果是实在的，甚至只是可被明确讨论的，就必然是意识经验里的一个因素；难道不是这样的吗？

布赖斯：我的看法当然是这样的。但在这种看法里并没有任何东西可以表示：我对于常识所描述为“物理的”和“心理的”这两类现象，没有充分地加以辨别。简言之，我是一个客观的唯心论者。

海兰纳斯：我的好朋友，这个我知道，这个我一刻也没有忘记。可是你必得承认：你既然主张任何对象，若离开了那对它有着经验的主体的关系（不管主体是经验性的还是超越性的）就没有意义或不存在，那你的主张就可以恰当地被称为“主观主义”。帕特里奇认为不仅对象具有意义，而且对象确实存在，而这都跟对象是否被

322 一个有意识的主体所经验这个事实丝毫不相干。在把你的主张跟他的说法合在一起来讨论时，“主观主义”的称呼尤其恰当。

布赖斯：如果你称我为“主观主义者”只是这种意思，那我想我也不必再反对这个名称了。但是我要大家明白地知道两点。首先，在整个这番讨论里，所谓“主观主义”只适用于唯心论的认识论，而认识论不过是伟大唯心论哲学的一小部分。其次，即便如此，它也没有把我们所谓的“外界实有对象”跟我们所谓的“纯粹观念”混淆起来。

海兰纳斯：布赖斯，我相信大家都知道这个，并且你可以信任我们不会通过任何方式来丑化你的主张。我们现在既已在名称上

取得了一致的意见，我愿意大家讨论一下我们有无可能性，在认识论问题上达成某种的折中或调和，以便你们三种说法的每一种都被完全顾到。帕特里奇也许最熟悉我在各种知识问题上的一般看法，我就请他先发言。

帕特里奇：好吧，海兰纳斯；你所提出的任何这类折中办法，我都有些怀疑，而我的怀疑集中在你关于"潜存"的观念上。在近年来的哲学讨论里，人们用这个名词来指思想在个别存在者以外的对象；但据我所知，你却用它来指思想的任何可能对象，不管是普遍的还是个别的，不管是存在的还是不存在的。简言之，在你看来，潜存是真正的"最大类"，一个无所不包的大类。这样说对吗？

海兰纳斯：一点也不错；共相与个别，实在的东西与不实在的东西，都是潜存这个大类下面的小类。

帕特里奇：正是这样。我反对你引用这样一个范畴，因为它极不自然又容易引起误会。我特别反对你对我的说法所善意进行的下面修改。在感觉上会发生所谓错觉，如我们通过体视镜去看两块平面的东西，我们就看出一件立体东西的形象；又如有一根笔直 323
的棍子的局部被浸入水中，则按照物理学的规律就会出现一根弯曲的棍子的形象；而你把这些错觉的内容全部放到"不实在的潜存在者"里面去，并通过这种办法来修改我的说法。认识论上二元论者，例如洛夫莱斯，把这些现象称为"观念"并宣称它们只存在"心中"，那已经够糟了。那是一种愚蠢的看法，但至少是可理解的。现在你企图在"不实在的潜在者"这个名称之下，引入这样一个类别的感觉对象，它们既跟我们对于它们的经验不相干，同时在物质存在界又没有地位；这简直太不像话了。

海兰纳斯：你知道我为什么觉得有必要把这种新的身份给予感性错觉的对象，难道不是吗？

帕特里奇：是的，我明白你的意向或动机。你我二人所认为二元论的那种错谬，你要设法避免它。你我都同意这一点：如果我们一旦开始把所谓错觉性感觉经验里的各个对象放到心中去，即是说，使它们依靠知觉者的状态而存在，那我们竟毕就会使知觉的一切对象全部处于同样的尴尬境地，并且我们到了这种时候就无法，甚至通过概念上的推论也无法，来认知任何在我们心理状态以外的世界。对于认识论上二元论所总会陷入的彻底主观主义，你要设法避免，这是十分对的。可是你避免主观主义的方法是荒唐而没有必要的。你不应该把感觉对象分为存在的和不存在的；并且不应该只把存在者看作是在绝对时间和绝对空间唯独占有位置者，而把不存在者丢在一边去“潜存”，使它们在它们呈现于其中的时间、空间之外好像凭空地悬着而神秘地维持其独立；你应该承认位置是相对的而不是绝对的，并且应该承认一切感觉对象都存在着，不过每个对象的存在跟它对于其他对象的关系分不开，而知觉者机体可以是这些其他对象之一。那么，你就可以明白为什么在体视镜里看见的立体对象，以及在棍子的局部被浸入水中后所呈现的弯曲形象，都是外界实有的存在者；当然，它们各别呈现于特殊的视觉关系网里，而它们是以这些关系网为转移的。

324 **海兰纳斯：**你认为一切感觉对象都存在于外界；有些星体虽然仍呈现在天空，但也许在光波离开星体之后而还未达到我们眼睛之前的这一段时间内，它们确实消灭了；你愿意把你这种看法也用来解释这些星体一类的东西吗？

帕特里奇:当然愿意。那些从天文学家在概念上的观点看来已然不存在的星体,从地面上观察者在视觉上的观点看来,尽可以十足地存在着。光线从这些星体出发而达到地球,需要一段时间;既然你跟我们一样知道这个,你还期望旁的什么呢?

海兰纳斯:那么,对于种种在梦里和幻觉里的对象,怎样说呢?它们也具有这种相对性的存在吗?

帕特里奇:肯定具有;只是在这些例子里,透视景上的歪曲比在棍子弯曲和星体消灭的例子里远为较大罢了。因为在知觉里总是涉及一个投射系统;在脑子里有一大堆互相交织的、为记忆所依靠的联想途径,而这些联想途径的中介作用使投射系统变得复杂起来;这样一来,虽然梦里和幻觉里的各个对象跟其他感觉对象一样确定存在,可是它们存在的方式是特殊的,而我承认,这种方式跟所谓正确知觉里各个对象所具有的存在方式完全不同。

洛夫莱斯:我才喜欢这个说法呢!帕特里奇很大方地承认,那些确实被知道为不实在的对象,有一种特殊的存在方式。不存在竟是一个特殊类型的存在;不过我要说,它特殊得太怪异了。

海兰纳斯:洛夫莱斯,请不要着急。帕特里奇的意思,我认为我明白了;说来也许奇怪,我相信我们比以前任何时候都远较接近于一致的看法了。帕特里奇,现在请你告诉我:如果我暂时同意你的办法,用"存在"这个词语来描述感觉经验的一切实有对象和一切可能对象,那你愿意礼尚往来,承认按照这种意义来界说的"存在者",可分为两类吗?即分为(1)"平常的存在者",诸如那些会被平常人认为是实在的事物,不管它们被人们经验了还是没有;

(2)“特殊的存在者”，诸如那通过体视镜去看两块圆形平板而会得
325 到的立体形象，或如从一个斜的角度去看一根局部被浸入水中的直棍而会得到的曲棍形象，或如一个已毁灭星体的光波所产生的星体形象，或者再如种种呈现在梦里和幻觉里的对象。愿意吗？

帕特里奇：我愿意，对于承认这个我不在乎，不过你用了“平常的”这个词语来描述这一类的存在者，倒有些犯了循环论证的嫌疑。

海兰纳斯：帕特里奇，你不想想，你自己既然用了“特殊的”这个词语来形容一类的存在者，那你对于我用“平常的”来称不特殊的那一类，还有什么权利来反对呢？

帕特里奇：好，这一点就不再谈了。现在请你告诉我：对于你所劝我承认的这个分类，你要怎样加以利用呢？

海兰纳斯：只有一种用意。一般的人在我们所已同意称为“平常的存在者”的东西上，才使用存在这个名词，而对于你所谓的“特殊的存在者”，即对于错觉经验里的各个对象，却宁可说它们是不存在的。为什么人们要这样做呢？我要知道你对于这个问题的意见。

帕特里奇：据我看来，这样做是完全为了实用上的理由。我们在经验的各个对象中，根据它们在实际上的重要性而选择某一些，并称之为存在的或实在的；至于其他对象，如通过体视镜所看见的立体形象，它们或多或少有些特殊的地方，并对于日常生活的种种宗旨丝毫不重要，所以我们称它们为不存在的。其实，两类之中，一类跟另一类同样实在，其间的区别完全是相对的。

海兰纳斯：我同意你这样说，我的朋友。一方面，你我都承认我们的分类怎样取决于实际利益；在这种意义上我们对于实用主

义者表示了同情。但在另一方面，我们又是实在论者；而作为实在论者来讲，我们明白下面这个道理：我们在承认对象之间的区别并对这些区别有所选择时，可以是以实际利益为动机的；虽然这样，这些区别自身是以对象的本质为根据的。那么我请你告诉我，某些对象到底有些什么情况，可使人们把它们称为存在的，以别于那些被经验到的、又被称为虚幻的或不实在的其他对象，并可使人们认为这样做是在实际上很重要的事呢？

帕特里奇：我是这样想的：我们竟毕不得不在科学所承认的唯 326
一概念时间和概念空间里指定种种对象有着确定位置；而这些对象就是平常所称为实在的东西。用不着说，这种公共的或概念的时间和空间，必得跟个人的私有时空或私人透视景辨别清楚。

海兰纳斯：那么，你愿意说两块圆形平板在体视镜中所呈现的立体形象并不在空间占有位置吗？

帕特里奇：它存在于个人的私有空间或透视景内，但当我们设法把它在其所呈现处的存在，跟我们种种经验的其他部分调和起来时，我们无法做到这一层；所以为了实际上的方便，我们可以否认它在公共空间占有位置，并在这种意义上称它为不存在的。

海兰纳斯：那么你愿同意这个说法：我们为了种种实际目的，选择种种事物，并认为它们在自然科学的时间和空间里占有位置；这些事物的系统的构成因素（有些是知觉性的，有些是概念性的）是所有可被经验的对象所预先假定了的或意涵了的，因而都可称为是实在的；难道你不同意吗？

帕特里奇：对，我承认全体经验所预先假定了的种种对象和关系，在一种较重要的意义上，比其他对象较可被称为实在的。

海兰纳斯:那很好。但你愿进一步承认,呈现于经验中的、但不为经验所预先假定了的种种对象,在你方才所说的实在世界里,可以没有任何位置吗?

帕特里奇:你指那在体视镜中呈现的立体形象这一类对象吗?

海兰纳斯:所有通常被称为虚幻的或不实在的、又被你称为"特殊的存在者"的对象,都是我所指的。

帕特里奇:对的;这些存在者诚然在我们所称为存在者的系统内没有位置。它们处于自然科学的时间和空间之外。

海兰纳斯:可是你为什么还要称它们为存在者呢?"不实在的存在"显然是自相矛盾的词语。你已经接受了我的说法,为什么不
327 接受我的术语,用潜存这个名词来指对象在经验里的实有出现或可能出现,而把存在这个名词保留给那类为数远远较少的对象呢?较小类别里面的对象,不管它们自身呈现还是它们自身不呈现,为了说明并调和大堆彼此冲突的经验起见,是我们必得预先假定的。

帕特里奇:你是不是说,我所谓特殊的存在者,在事实上,跟你所称为"不实在的潜存者"就是二而一的呢?

海兰纳斯:那正是我的意思。在体视镜中所看到的立体圆球,只有按照呈现就是存在的意义来讲,才是存在的。圆球在两块圆形平板所占的空间里,没有它自己的位置。只有预先假定有那两块圆形的平板和那套体视仪器,我们才能解释它的出现。我们所以说它不实在或不存在的理由,就跟我们所以说梦里情节不存在的理由是一样的;而这就是说,未睡觉时的生活是梦境所预先假定了的,又是可以用来解释梦境的,但是梦境不是未睡觉时的生活所预先假定了的,也不是可以用来解释这种生活的。

帕特里奇：我觉得我所以反对你用那个术语，真正理由在于那术语暗示着一种不必要的又不合法的二元性。那个术语在两类存在之间划了一道鸿沟。

海兰纳斯：可是你自己方才承认有一种迫切的实际需要，使我们提出这种区别；你又承认这种实际需要不是人为的，或不是以观察者为转移的，而是根据实有的表象和可能的表象二者自身之间的客观差别。你还承认有一堆特别的表象，而我们必得预先假定这堆表象以解释其余的表象，因而这堆表象有着特别的权利，可被称为实在的或存在的。

帕特里奇：是的，我知道我承认了所有这些；但是我坚决地认为所谓不存在的对象，比如体视镜中的立体乃是物理界里确确实实的一部分。它在眼中所呈现的样子完全取决于物理学和生理学的种种规律。关于它，毫无任何心理的或精神的东西。它是物理

界的一种作用，犹如照相底片上的影像一样。关于一切的错觉对 328
象，情况都是这样的。甚至梦里和幻觉里的时间和空间并不是旁的而只是纯粹视觉上的透视景；而这些透视景是各个感官和脑子所构成的投射系统跟物理界其他部分交相作用之自然结果。如果我们把这些不正常的或被歪曲了的透视景称为“不存在的潜存者”，那我们是在提出一种不自然的区别，跟把照相底片上影像及其原因加以区别一样不自然。其中之一和另一具有同样的物理性。

洛夫莱斯：如果肯让我插几句话，我愿意向帕特里奇提醒这一点：人们认为从在心中的张本过渡到它们在心外的原因，是有困难的，而他认为这种困难是我所主张二元论的致命伤；我却要说，这

种困难在他自己的说法里同样严重。他怎样能从任何有关感觉张本的时空或个人透视景，过渡到自然科学的概念时空去呢？他把物理的这个受神保佑的词语，用在公共的时空上，又用在私人的时空上。但在这两个境界之间的鸿沟，跟他把一个境界称为心理的又把一个称为物理的之时所会有的鸿沟，是同样地难于越过的。

海兰纳斯：我认为你这番对于帕特里奇个人的批评，一部分可以成立。但是，洛夫莱斯，除非你反对，我想我们等一会儿再来讨论这个问题：即在任何系统里，我们将怎样认为个人有能力在思想上跳出他自己的内在状态，不管这些状态是物理的还是心理的。

现在，帕特里奇，且让我们回到原来所谈的。我完全承认你的说法：不存在对象所呈现的样子自身是一种物理的现象，可用种种物理规律加以说明，并且，虚幻对象是实在对象或存在对象所起的确定作用。一半被浸入水中的直棍在照相机内，如同在眼膜上一样，会产生一个弯曲棍子的影像；在每种情况下，弯曲棍子的影像是直棍所起的作用，又是可用纯粹物理学上的字眼来解释清楚的。但是错觉具有物理原因，这一事实并不使它变成不是十足的错觉。棍子所以显得弯曲，正是以棍子实际上是直的为先决条件的。只有假定有一根直棍，通过空气与水这两种具有不同折射性能的媒介来投射它的光波，我们才能明白为什么会有一根弯曲棍子呈现
329 出来。同样，只有假定有两块圆形平板射出光波而光波通过体视仪器的镜头，我们才能明白怎样并为什么在一个其实空无所有的地方会呈现出一个球体的形象。简言之，如果你把虚幻经验的对象提升上来而使之变为实有对象界里的分子，那你为了解释虚幻对象所以出现起见，所那样热心坚持的物理解释，就无法被你自己

利用了。

帕特里奇：你的意思是说：只有假定有一个把虚幻对象排除在外的对象系统，才能解释虚幻对象的出现，是不是？

海兰纳斯：正是这样，就是为了这个理由，我希望你消除你最后的怀疑，并承认虚幻经验产生了一种局面，使我们不得不把对象分为两类。第一类是这样的一堆对象：它们在自然科学的时间和空间里占有位置，而我们说它们存在就是说它们为全体经验所预先假定了的意思。第二类是这样的一堆对象：它们并不存在，在自然科学的时间和空间里没有真正的位置，但是它们在时间和空间里的出现，是第一类对象按照种种物理规律而产生的或引起的。

帕特里奇：很好，我觉得你这个说法把我反对你主张的种种理由都消除了。让我把你的说法重说一遍，看我是否真正明白了你的意思。你认为，一来，一切可思议的对象，即实有经验和可能经验二者的全部内容，都可被称为潜存者；并且这种潜存者，每个都具有客观的意义、性质或本素，而我们说这些意义、性质或本素是客观的，意思就是说它们跟它们是否被人们所经验并不相干，又跟它们是否存在并不相干。简言之，你的潜存界是一个无所不包的最大类别，在它之外什么也没有。它包括端又包括关系，包括个体又包括共相；它是事物的全体，确实存在的东西是它的构成部分，确实不存在的东西也是它的构成部分。

海兰纳斯：你把我的意思说得丝毫不差。

帕特里奇：你认为，二来，这个由逻辑上潜存者所组成的全体，预先假定了或意涵了它自己的一小部分，而你称这一部分为"存在"，或"实在"，这两个名词可以交替使用。这些存在因素和关系 330

构成一个时空系统，在其中，每一因素，在时间内和在空间内占有一个确定的、独特的位置。在这个存在界的种种对象之中，有些是生物，而生物跟生物以外的种种东西交相作用。由于存在界内这种交相作用的结果，每一生物就有了一个统一的对象系统；而每个这样的统一对象系统可被称为一个经验野或意识野。出现于经验里的种种对象，有一部分是跟构成存在界的对象相同的东西；如果一个经验里含有这一类实在的或存在的对象，则可说那经验是真的或有根据的。但是因为生物和环境之间的交相作用是个复杂的过程，在这种交相作用所产生的经验里，除了那些属于存在对象系统内的以外，还含有种种其他因素和关系。恰恰因为一种经验的构成对象（知觉上的或概念上的）是不实在的或不存在的，我们就可称那经验为假的、虚幻的或错误的。这样，这个唯独的存在系统和许多个经验系统只是局部二而一的；对象可以存在而未被经验，对象也可以被经验而不存在。一个被经验的对象可以是存在的，可以是不存在的；具有意识的人们若要发现在被经验的对象之中到底哪些是实在的，则唯一的方法是对于各不同的经验野进行比较，并从这番比较得出一个由种种因素和关系所组成的系统，而这些因素和关系是可用来把人们的全部经验都调和起来并解释清楚的。因为对于这个宗旨适用的经验为数不多，所以我们关于实在界的知识永远不会是完全的或确定的；但是随着我们经验在数量上的增加，以及在其彼此关系上和其互相印证上的增加，我们知识的范围就扩大了，我们知识的或然性也提高了。

海兰纳斯：你把我的主张说得丝毫不差。你对它满意吗？

帕特里奇：我觉得满意。我原先以为你在存在者和纯粹潜存者之间划了一道不当有的鸿沟，而我原来的主要反对理由是从这道鸿沟上着手的。现在你已说明白了：不仅被经验者和存在者可以 331
是二而一的，甚至虚幻经验里或错误经验里的各对象，虽然自身是不存在的，却是存在界在物理上所起的确定作用，并且是可作为自然规律的自然产物而被解释的。经过这番说明，我的反对理由就消除了；我接受你的说法，认为它把客观主义或认识论的种种要求都充分顾到了。但是正因为这样，使我满意了，请允许我顺便说一句，我怀疑你是否能使你的说法为布赖斯和洛夫莱斯二位所满意。

第二节

海兰纳斯跟布赖斯讨论唯心论方面的种种论证；这些论证以自我中心的困境以及知觉的相对性为根据。

海兰纳斯：我和帕特里奇已经取得一致的看法，现在我要试试我能否和布赖斯取得同样的一致看法。我首先要说，据我的意见，只要用“可能经验”去代替“实有经验”，这样的一致看法就可一下子达到。唯心论者认为每个对象必得呈现于意识中，而我以为承认每个对象可能呈现于意识中就足够了。

布赖斯：对于这样一个折中说法有两种反对理由。首先，任何实体——任何可为我们所知甚至可为我们所讨论的实体——都有一个自我中心的结构。你们这些实在论者轻视这个重要事实而谈论什么“自我中心的困境”；可是在我们唯心论者看来，这根本不是什么“困境”，而只是我们整个系统所当有的基础。其次，我们所以反对你的折中说法，乃是因为这种说法意味着你否认了我们对于实体界有机统一性的信仰。你把这个信仰称为“内在性关系论”；当你说认知活动或经验活动对于它的内容并不相干时，你至少在
332 认识关系被涉及时不承认这个信仰。你主张经验内容和经验过程之间的可分性，我们认为你这种主张是一种人为的和无根据的抽象。

海兰纳斯：让我把这两种反对理由逐一讨论一下，并从自我中心的困境谈起。我要先问你是不是相信：在任何情况下，如果有一件东西A被发现跟另一件东西B在一起，则可以必然断言A不能离开B而存在。

布赖斯：我不愿说，两件东西被发现总在一起的这个事实，绝对使两件东西之间的可分性成为不可能；我只说我们没有权利相信这种可分性，并且若无旁的情况，一起出现是不利于分开说法的。

海兰纳斯：以海洋和天空为例来说明吧。我们从来没有见过有海洋而没有天空；但是这个事实，对于海洋不能离开天空存在这一层来说，是有利吗？

布赖斯：也许没有。但是这是由于二者的同时出现是有关场合自身所决定的，所以没有任何东西表示二者之间有着因果关系。但是如果我们每次从一副牌里抽到黑桃A就听到雷响，那我们就将毫无迟疑地断定这两件事情之间有些因果关系，即使我们无法想出有什么可能机构可使它们发生关系。

海兰纳斯：正是这样。只有人们进行观察的那个场合确定自身决定两种现象的同时发生，这种同时发生才不增加因果关系的

或然性。我们知道，意识和对象二者不在一起而前者能对于后者有所意识，显然是不可能的。既然人们进行观察的那个场合决定了这种同时发生，所以这种同时发生对于对象要依靠观察者的意识而存在这一层上没有什么有利或不利。

布赖斯：尽管这样，这个事实仍然存在：关于对象未被人们意识时到底有什么情况，我们没有直接的证据，也不可能得到这样的证据。

海兰纳斯：是的；但是没有直接证据不等于说没有任何证据。差异法不是唯一的归纳法。海洋和天空在因果上的不相干，不是通过直接证据可加以检验的；但是，我们已经看出，这并不使我们 333
不能断言前者可离开后者而独立存在。我们观察到：海洋的各种变化，除了颜色上的以外，在任何方式上都不取决于天空的各种相应变化。照同样方式，我们可以观察到：对象的动作取决于种种物理的而不是心理的条件。例如，秒针在表上旋转，我们可注意它一会儿，然后再看别的东西；而在我们回头看秒针时，我们发现秒针那时所转到的位置，正是它若在同一段时间内一直被我们注视的情况下所会转到的位置。我们甚至可以用砂纸或用涂了烟灰的纸，来使秒针留下它在未被观察时的运动痕迹，而这痕迹跟秒针在被观察时间内所留下的痕迹会相像得丝毫不差。照这一类的方法我们能够证明事物在意识内的出现并不影响它们的发展，并且我们的证明具有非常大的或然性。

布赖斯：海兰纳斯，我想你肯定没有认为唯心论者荒谬到了这种程度，而竟于主张这个向着表上时针注视的仅仅动作就决定了时针运动的规律。你用这一类的例子时，你是在攻击一个草扎的

人，一个由你为了自己的方便而造出来的疯狂对手；你根本不是在反驳唯心论。

海兰纳斯：我十分知道当你在这样一个特别例子里看见争论点被这样明确地提出来后，你的常识就会使你对于唯心论式认识论的含义加以否认。当人们问你某一钟表、椅子、树木或河流的存在或运动，是否以任何方式依靠着它做了经验的对象这一层时，你的回答是："不依靠。"但是你自始至终一直深信唯心论的说法有着一般的或抽象的真理性，根据这种说法，在有意识的经验之外没有任何东西是实在的。这就好像你说了这样一句话："当然苏格拉底死了，凯撒死了，这个人、那个人以及其他的人也死了，可是人（就其为人来讲）是不朽的。"

布赖斯：这样说是不公平的，你把绝对忘记了。当我说离开了经验或除非被经验了就没有任何东西是实在的，我并不指你的或我的有限经验；我所指的是那被我们残缺意识的每一个和所有各个确然预先假定了的绝对经验。我一方面以愤怒的心情，否认你
334 所加诸我的这个信仰：一个人通过对表的注视就能使表变化。我另一方面坚持这个说法：只要存在了，就是做了经验里的因素。若不把绝对忘记，则我在这两方面没有什么不一致的地方。简言之，我必得再度提醒你，我是一个客观唯心论者，而不是一个那种荒谬悖理的、多半不曾有过的所谓主观唯心论者。

海兰纳斯：那么，你认为物质界的种种对象和过程可以离开我们的有限经验而存在，认为它们可以进入又走出这些意识分野而不至于发生任何变化，认为自始至终它们一直是唯一绝对存在者经验里的因素，而这存在者是属于我们自己的唯一自我；对不

对呢？

布赖斯：我想一个实在论者才会把我的看法说成这种样子。当然，没有任何唯心论者会谈起对象“进入又走出我们的意识”。

海兰纳斯：那么请你告诉我，你有什么证据使你相信绝对是实在的。如果你承认个别物质东西，如表上的时针一样，可以离开我们的知觉或概念而存在，那你为什么不到了这个地步就打住，而接受实在论的说法呢？你知道实在论的主张是：有一个由种种物理对象所组成的系统，其中各对象确实可为任何个人以及所有个人所经验，但又可独立存在而不需要任何观察者的帮助。换言之，你为什么抬出一个假设性的绝对呢？为什么不相信世界，在它没有被有限存在者所经验的时候去照顾它自己呢？

布赖斯：把绝对（照你所说的）“抬了出来”，这有两种理由。首先，自从贝克莱以来，除了脑子最简单的人以外，谁也明白对于所谓“物质东西”只能用经验内的字眼加以界说，明白*存在即被知*，明白实在论者那个由离开任何意识而独立存在的对象所组成的世界是既无意义的又无用处的。那么，如果你接受贝克莱的这句辞说——没有任何东西可以存在于经验之外；如果你又接受这句辞说——没有任何物质东西在存在上或运动上依靠你的或我的经验（这句话贝克莱自己却没有提出，至少没有说清楚）；如果这样，则把这两句辞说做前提就可以得出结论：有一个绝对存在着。简言 335
之，如果对象依靠经验，但不依靠有限经验而存在，则对象必定依靠一个超乎有限之上的经验或绝对的经验。贝克莱的主观唯心论所含的一部分真理和常识的实在论所含的一部分真理，合起来就产生了绝对唯心论或客观唯心论的这种完全真理。

海兰纳斯:我现在明白为什么你觉得绝对并不是无缘无故被抬了出来;但是在我看来,你的论证仍犯了严重错误。贝克莱的种种论证,用以建立你的第一句前提的,是以个人知觉的相对性为根据;如果这些论证有任何证明作用的话,则它们证明了:物质对象不依靠一般的经验,而依靠你的经验或我的经验。如果这些论证不错,则它们使我们不需要绝对;如果这些论证不好(我们实在论者这样相信),则这句辞说——物质东西依靠任何经验,有限的或无限的——就没有任何根据了。

布赖斯:你竟认为在下面两件事情之中我只该做一件,对不对?或者我承认:由于物质东西跟人类经验发生相对关系,所以它们被证明是依靠人类经验而存在的。或者我承认:因为它们的情况跟我们对于它们的知觉并不相干,所以它们可以离开任何经验,甚至离开那属于绝对的经验,而仍是实在的。这样说,不错吧?

海兰纳斯:的确不错;我实在看不出来,你怎么能使用贝克莱关于相对论的论证,去证明存在和经验是二而一的,然后又否认这个论证,以便证明我们需要那个绝对。

布赖斯:我想正是因为我对贝克莱的主观主义,以及对你的实在论,都有些同情,所以我觉得绝对唯心论这种主张把贝克莱和你的说法都顾到了。

海兰纳斯:你无疑地是这样想的。但是我正在指出:你论证里的这两部分在被分析之后,就变得彼此不一致起来了。诚然不错:物体对于任何个人呈现什么样子,这至少局部依靠知觉者在脑子里的和在感官上的情况。那么,物体所呈现的样子对于个人的这番依靠，或者意涵它们在存在上依靠个人，或者不意涵。若意涵的话，则我们不需要那个绝对，因为物理对象所构成的世界依靠有限 336
个人的知觉。在相反情况下，若这番在呈现样子上的依靠并不意涵在存在上的依靠，则我们也不需要那个绝对，因为物质对象所组成的世界，在没有相反的证据出现之前，可以离开任何经验而独立存在。

布赖斯：这样说来，海兰纳斯，一种信仰涉及物体对于人类知觉的相对性，另一种信仰涉及绝对的经验；把这两种信仰合起来的一些困难也许被你指出来了。但是我仍然觉得这两种信仰中的每一种可以逐一被证明为真的，因而我们必得想个方法把它们合并起来。先谈相对性这个问题吧。对于种种有关知觉机构的公认事实，你怎能加以解释而不至于得到贝克莱的结论呢？他的结论是：物质东西的性质和存在跟这些东西在它们呈现于其中的感觉经验是分不开的。对于这个问题，你的实在论可以作出什么回答呢？

海兰纳斯：我假定你所指的是物体在外表上的变化，如物体的颜色、形状和位置等，要依靠知觉者机体情况的变化，对不对？

布赖斯：对的。

海兰纳斯：那么，首先，我们实在论者认为一切认知，不管属于在知觉上这种直接类型的，或属于我们在概念里或判断里所遇到的那种间接类型的，都是选择性的而不是创造性的。在我们看来，大自然并不是一块可怜的、没有确定性质的银幕，对于它我们可把我们心灵的种种框框投射上去；而大自然则是千头万绪的一个存在者；我们对于它的许多方面到底选择哪方面来认知，这不仅取决于对象的性质以及对象刺激我们的方式，而且取决于我们的情况以及我们的兴趣，不管这种兴趣是理论的还是实际的。我们相信：就知识的所谓相对性而言，它跟我们所认为知识具有选择性的这一见解，恰如它跟唯心论者所认为知识具有创造性的那一见解一样，不是格格不入的。且让我们从詹姆斯的各种例子里借一个来使用一下：如果我们一直在期望得到廿五元，而有廿七元突然到了我们手中，则我们把这廿七元看作廿五元多了两元。相反情况之下，如果我们本来一直期望得到卅元，则我们把这廿七元看作卅元少了三元。这并不是说：这廿七元自身是没有确定性质的一个数
337 目，缺少比其他数目较多或较少种关系，而这种较多较少是认知者所加诸客观实体上去的。这反而是说：27 **又**是 25＋2 **又**是 30－3，而我们在这些真正存在的各方面之中，**选择**那跟我们当时兴趣或期望最适合的方面加以注意。再举一例，如果水对于我们的右手觉得凉而对于我们的左手觉得温，则我们不跟着贝克莱去根据这番相对性就断言水自身根本没有温度。我们认为这种情况反而表明：水的温度是客观的和确定的；恰如同样的数目 27 可以是 25＋2 又是 30－3，所以同样的一种温度可以比我们左手的温度高又比我们右手的温度低，而不至于损害它作为一种独立实体的同一性。

布赖斯：如果没有种种有关错觉的和错误的例子，我倒可以接受你的看法——即认知这种动作是选择性的而不是创造性的。情形也许是：27 这个数目可以自身又是 30－3 又是 25＋2，并且把它当作两种之任一，乃是仅仅**从**实体有所选择，而不是**对**实体有所增加。但是当 27 被误认为 25 时，或者当两块平的东西（通过体视镜）被看作是一件立体东西时，那又怎样说呢？至少一切不实在的对象以及一切假的辞说是心灵所创造的并且只存在于心灵的经验

里，难道你能否认这层吗？

海兰纳斯：我当然否认。对于辞说（即对于判断内容的公开的或意涵式的表达）的信仰跟辞说自身的真假毫不相干。“大地是平的”这句辞说，在一个时期为人人所信，而现在又为人人所不信。这句辞说自身却永远是假的。而人们在信仰态度上的变迁一点也不影响它的假。它在今天不比它在它最风行的日子里较为假些。假辞说的假，如同真辞说的真一样，跟它被人们相信或不相信没有关系。

布赖斯：你的意思是说，假的辞说是跟真的辞说一样客观的吗？

海兰纳斯：肯定是这种意思。如果你想一想，你就会看出不可能不是这样。我们可以从其具体内容上并从其真假的身份上来考虑一句辞说。辞说的内容不可分地跟其矛盾式的内容联在一起，并为后种内容所决定，难道你不承认吗？ 338

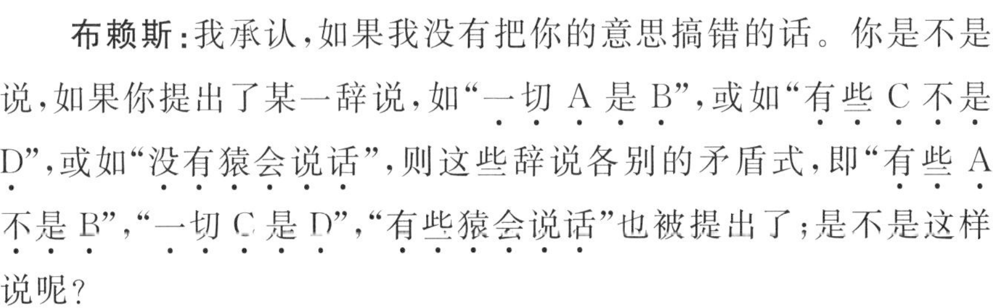

布赖斯：我承认，如果我没有把你的意思搞错的话。你是不是说，如果你提出了某一辞说，如“一切A是B”，或如“有些C不是D”，或如“没有猿会说话”，则这些辞说各别的矛盾式，即“有些A不是B”，“一切C是D”，“有些猿会说话”也被提出了；是不是这样说呢？

海兰纳斯：是的，那就是我的意思。任何辞说的内容绝对地并完全地为它矛盾式的内容所决定。辞说在真假上的情况是跟在内容上的情况一样的。因为在你举例时为你所选择的头一批的三句辞说，如果它们有真的身份，则第二批的、并跟它们相矛盾的三句辞说就有假的身份。一方面说真的辞说是客观的并跟人们对它的信仰或理解并不相干，另一方面又说那跟它相矛盾的假辞说是主观的并是依靠意识的，这样做就跟下面的做法同样荒谬悖理：即既要说曲线的凸出方面是客观的，而又要说那和这方面的相关并为这方面所决定的凹入方面却是主观的。

布赖斯：但是假的辞说如果跟真的辞说一样客观，则什么是错误呢？并且我们在这类毫无疑问的心理活动上，如在信仰与判断等等上一样，应用真假这些字眼，这是怎样来的呢？

海兰纳斯：错误是有意识的个人对于他客观环境的一种关系，而在这种关系中有一句假的辞说被当作信仰的对象或判断的内容。“真的”或“假的”这些字眼只在一种转借的意义上才被应用于判断与信仰，不是为了去描述判断和信仰自身的情况，而是为了去描述它们所指的各对象的情况。这样，当我们说我的肯定“人是会死的”为一真判断时，我们的意思是这样的：这个判断把这句辞说或同一关系当作它的内容，而这句辞说或同一关系是一种事实或是实在的。

布赖斯：你知道，海兰纳斯，你根据你这种过分的实在论，已把客观性和独立性这些范畴扩大到这样离奇古怪的程度，以至它们
339 把假东西的境界都包括在内；就算我们承认你这种说法，你还得指出这种在逻辑范围内的实在论怎样适用于知觉上的错误或错觉。

海兰纳斯：我没有其他的回答，只能把我跟帕特里奇讨论时所提到的不实在潜存说法，简略重复一下。每一个实在的对象是跟一句真辞说的内容二而一的，而每一个不实在的对象是跟一句假辞说的内容二而一的。实在的和不实在的这二词语所指的是跟真的和假的二词语所指的一个样子的。“美国兵士在法国作战”这句辞说的意思是:“美兵作战于法国”这个复杂的概念对象也是一个实在的对象。为了一堆属性或本素可以构成单独一个对象起见，这些属性或对象必得占据一个位置;位置上的这种单一性就是做系词的“是”字所表示的同一关系。我们用辞说以指出对象的形式强调了这种同一关系。这样,“这张桌子是棕色的”这句辞说,其内容是一个单一的对象,而构成这个对象的是“棕色”这种属性再加上“这张桌子”所指的其他各属性,而整个这堆属性在时空系统内占据了一个位置。

布赖斯:我能够理解你的看法;你说当我们有一个偏谓判断时,系词所表示在个数上的同一就是位置上的同一;因为位置是在时空内的,如在所举的例子里的样子。但是在一句全谓的辞说里，如在“7+5=12”或“黑色是跟白色相反的”里,你将怎样把系词解释为位置上单一性的表示呢?主语所代表的本素以及谓语所代表的本素,二者之间的同一不像是时间上空间上的同一,而像是那种可使必然的、普遍的东西跟偶然的、个别的东西有所区别之较深奥的联系。

海兰纳斯:你所提到的区别确实是有的。可以构成位置的东西不仅仅限于时间空间系统,任何由关系所组成的完全系统都可以。例如,“12”和“7+5”是可以被辨别得清楚的两个本素,它们在自然级数里占有同一位置,因为它们对于一切其他数目的各种关系是相同的。一件东西的“位置”是由它对同一系统内一切其他东西的种种关系所构成的。照同样方式,“黑色”和“跟白色相反的颜 340
色”虽然可以被辨别为两个词语,却在二者各别对于其他种种颜色的那套关系上,是不可辨别的,是完全没有什么差别的。这种“在

逻辑上的位置”是跟在时空里的位置一样实在的；不过时空位置的同一所表示的单一性是偶然的，不取决于那些发生同一关系的本素，而为种种外在情况所产生；至于“逻辑位置”的同一则是必然的，或是跟那些发生同一关系的本素分不开的。所以，一方面，确实真而必要的全谓辞说表示这样一个对象：它的不同属性在逻辑关系所组成的系统里，具有位置上那种无法推翻的同一性；而跟它相反的对象就是不可能的东西。另一方面，偏谓辞说既是经验的或偶然的，它只表示时空位置上的同一；而此时此地占着同一位置的各属性在另一场合可占着不同的位置，这是可思议的，也是可能的。这样，7+5 必得是 12，但这张桌子不必总是棕色的。

布赖斯：我想，海兰纳斯，我必得承认这一切。但是唯心论者根据知觉的相对性所提出的论证是否有力量这一层，这一切对它毕竟有些什么关系呢？实在论者认为认知是选择性的而不是增加性的或创造性的；对于这个论证，我已承认它跟知觉的相对性是可调和的；只有在知觉确实错了的时候，如在体视镜的例子里，才是例外。而你所拟指出的是：甚至在这些例子里，当被知觉的是假对象和假关系时，我们仍然可以认为这样被经验的不实在东西，是知觉者选择的结果而不是知觉者创造的结果。

海兰纳斯：一方面我们讨论了辞说的内容是跟对象二而一的，另一方面我们有一个问题：知觉上的错误能否做一个支持唯心论的论证；现在你问我，那番讨论对于这个问题有什么关系。我认为，一旦我们明白了真辞说的内容和假辞说的内容各别跟实在对象和不实在对象是相同的，那我们就也可明白：每个真辞说既然有一个假辞说跟它相应而作为它的矛盾式，所以每个实在对象也有一个不实在对象跟它相应。知觉者机体因受了四周种种其他实在对象的影响，而在知觉者脑内产生种种效果，而这些效果决定知觉者的知觉内容。因为物体为了对于脑子发生影响所要经过的历程 341
是复杂的和间接的，所以物体的简单动作，在它通过空气或以太以及神经或脑子这些媒介时，往往为这些媒介所改变。结果是：在脑内产生的最后效果要受到透视景上的歪曲以及一般性的错乱，而这些歪曲和错乱跟那反映在镜子里的或射到照相底片上的光线所遭受的歪曲和错乱，具有同样的性质。脑子通过它对于过去刺激的记忆或余迹能够改正这类的错乱；虽然这样，往往发生这种情况：实在对象在脑内所产生的效果不足以代表效果的原因，或没有把原因的特征表现出来，因而知觉者就知觉到一个不实在的或不存在的对象；简言之，知觉者有了错觉。

布赖斯：既然概念上的错误是对于一句假辞说的信仰，所以知觉上的错误就是对于一个不存在对象的肯定，是这样说的吗？

海兰纳斯：正是这样说的。一切知觉都使我们最初采取相信的态度，认为所知觉的东西是实在的。所以当所知觉的对象不存在时，我们就有了所谓感觉上的错误，即有了错觉。错乱的地方可以只跟属性有关，可以只跟地点有关；也可以跟这两个方面都有关，如同在体视镜的例子里一样。并且可以是一种很容易纠正的歪曲，它为对象对感官起作用时要通过的物理媒介所产生的；也可以是一种较根本的歪曲，它为脑子自身里面种种扰动所产生的。在后一种情况下，错误属于那在幻觉里和梦里所遇到的显著类型。但在这两种中的任一种情况下，错误所以发生，都是由于一个对象的作用在脑子内引起了歪曲，因而使一个不存在的东西变成了知觉的对象。

布赖斯：那么，呈现于错误知觉里的那些不存在对象，难道是被选择的，而不是被创造的吗？

海兰纳斯：肯定是被选择的。那些不存在的对象，每个都是一个存在对象在因果关系上的完全确定的效果或作用，只是这个存在对象的作用被一些其他存在对象所歪曲了。每一种错觉，不管错得多么厉害，都是完全确定的一些物理原因所产生的；帕特里奇
342 正以这种事实来支持他的这样一个论点：每个被知觉的对象都存在于外界。我们已看出：被知觉的对象虽然自身不必存在，却至少是存在对象在物理上的一种确实作用或透视景。

布赖斯：那么你认为，这些不存在的对象，呈现于知觉上错误里的，是那对于知觉者脑子起作用的存在对象之被歪曲了的透视景；又认为那影响一切对大脑的刺激之复杂机构，物理的或生理的，在一大堆可能的对象中，实在的或不实在的，把这些不存在的对象选择出来了；是这样说的吗？

海兰纳斯：说得一点也不错。

布赖斯：我想我能同意你的说法。但是还有一点我不明白：如果一个实在的对象跟一句真辞说相应，而每个不实在的对象跟一句假辞说相应，那么，假辞说的数目跟真辞说的数目就会相等，因为每句假辞说是一句真辞说的矛盾式；既然这样，由此又可推论：不实在对象的数目跟实在对象的数目恰恰相等，因为有了一个存在的对象，可做真实知觉的内容，则相应地有着一个也只有着一个不存在的对象，可做虚幻知觉或错误知觉的内容。

海兰纳斯：你说得对，你的困难在哪里呢？

布赖斯：正在这里：我们所能思议的不存在的对象，其数目比存在对象的数目大得无穷。真理只有一种，而错误有多种。打中一个目标只有一种方法，不打中则有千百种方式。例如在我前面有一张棕色的桌子，具有一定的大小、形状和重量等等。跟这一个存在对象相应的，却有为数无穷的一大堆不存在对象，甚至不存在的桌子——即在大小上、形状上或重量等等上跟那真桌子有任何不相同处的桌子。所以你说，错误是存在界的假透视景，而假透视景所以发生乃是由于那引起知觉的过程是复杂的，这一层我承认。可是你又有个看法，认为有一个由种种不实在东西所组成的客观界，而在发生错误时的不实在对象是意识所选择的，而不是它所创造的；我就不能把上面那一层跟你这种看法调和起来。

海兰纳斯：自然会发生你这种疑难，不过很容易把它解释清楚。描述存在界或实体的真辞说，多半是否定式的，只有极少数是肯定式的。至于跟正确判断相矛盾的、又描述虚幻事物那个模糊境界的假辞说，它们大多数是肯定式的；只有相应的极少数是否定式的。所以就你关于桌子的例子来讲，确实只有一句肯定式的辞说是真的，即“这张桌子是棕色的”；但是关于这张桌子，有着无穷数的否定式辞说是真的，每句这样的辞说指出在你眼前的对象以外还有某一对象没有出现。

布赖斯：在一个场合里会有许多不存在对象未出现，难道你把一切这种未出现的情况都算到那场合的实在特征里面去吗？

海兰纳斯：肯定算进去；只有这样做，我们才能把我们的世界描述得充分。我们通常对于一件东西的出现有兴趣，而对于另一些东西的未出现则没有兴趣。但也有时候，未出现的不实在东西是更加重要的。比方说，你要一把椅子而不要一张桌子，或要一张白色桌子而不要一张棕色桌子，那你会从描述这个场合的种种真辞说里，不仅选择你所用以做例子的那句肯定辞说，而且会选择这一类的否定辞说，如“这是一张桌子而不是一把椅子”或“这张桌子不是白色的”等等。简言之，每一辞说既然有一句也只有一句矛盾式，因而假辞说的数目，以及它们所表示的不实在的对象，在数目上完全等于真辞说的数目以及所表示的实在对象，积极的和消极的都在内。

布赖斯：我坦白地讲，海兰纳斯，你这种办法有些离奇古怪：你不仅把全部不实在的东西包括在客观独立界之内，而且把否定辞说所涉及的一切东西（其中大部分不仅潜存着，并且确实存在着）也包括在内。虽然这样，我想我不应该把这种在客观性上的丰富内容自身当作一种反对理由，因为绝对经验必然具有同样丰富的内容，其中包括一切可思议的辞说，真的和假的，肯定的和否定的，全谓的和偏谓的。但是由于你自己相信，全部可思议的东西都有
344 一种客观身份，而不依靠任何心灵，有限的或绝对的，所以我要问你为什么不仅有唯心论者，而且有许多主张实在论的人，把不实在的东西作为仅仅主观的东西看待；并且他们相信：判断动作对于判断所涉及的实在东西，是有创造作用的，或至少有改变作用的。你是怎样想的呢？

海兰纳斯：我想他们的理由，跟你所已提出以支持唯心论观点的理由，大致相同。除非人们承认，假的或不实在的对象，作为实在东西之被歪曲了的透视景来讲，是具有客观性的，则知觉的相对性自然会暗示知觉内容的主观性。除非不实在的对象变为实在经

验的内容，则它们不能产生任何效果；既然这样，人们自然会认为它们的整个本质来自它们唯独在其中才发生效力的那个认知场合。此外，有这个事实：有某些甚为一般的、普遍的规律，其应用不限于任何个别的题材，它们对于辞说之间的一切意涵关系都有效，如全有全无律。又有这个事实：这些关于实有界的规律没有任何特别的东西做对象，所以人们愚蠢地把它们称为“思想律”，虽然它们跟几何定律或跟地质规律比起来，并不更加是心理的或主观的。这两个事实无疑地产生了一种混乱的想法，使人们认为辞说关系属于心灵或依靠心灵。最后，我们必得记住：由于我们的知觉能力有限，我们对于事物的各方面不是同时加以认知，而是按照其显著性的程度而逐步加以认知。所以我们先看出一件东西具有物质东西的一般特征，然后看出它是一张桌子，又先看出它是一张桌子，然后看见它是棕色的。知觉过程的这种逐步性表现于这类的辞说：“这是一张……？……桌子”，“这张桌子是……？……棕色的”。语言的必然逐步性加强了知觉的陆续性；从而我们觉得对象自身发生了一种变迁或演化的过程，而其实这种过程仅仅发生在我们自身之内；从而我们觉得，通过我们的判断活动，我们对于同一关系（它构成我们判断所表达的辞说对象）所涉及的一堆属性，不知怎样地起了改变或制造的作用。

第三节 345

海兰纳斯向布赖斯证明：内在性关系论，若在两点上加以修改，就不会必然地产生唯心论。

布赖斯:海兰纳斯,关于我为什么主张这种唯心论的看法——即判断是创造性的而不是选择性的——你叙述了种种理由,你也许说得很对;关于我根据知觉相对性所提出以支持唯心论的种种论证,你也许对付得很成功。但是在绝对唯心论方面,还有一个理由我没有提过,并且对于这个理由,你到现在为止所已说出以支持实在论的任何话语都不适用。

海兰纳斯:如果你愿意把它提出来,那我答允详尽地考虑它。

布赖斯:就是以"内在性关系"为根据的论证。我们绝对论者认为任何关系必然是"内在性的",意思是说,任何关系的各端,离开它们所发生的种种关系,就不可能存在或不可能具有意义;既然这样,认知关系不能例外,也得具有这种一般的内在性;而这会使任何经验的概念对象或知觉对象要想离开意识而存在,成为不可能的,或毫无意义的。我们进一步认为,由于一切关系都具有内在性的缘故,全部可思议的"有"构成一个意识经验有机统一体,而这就是永恒而绝对的自我。每个在表面上好像分开的元素其实都是这个绝对整体之一个不可分的方面。只因通过了弊端百出的抽象手续,人们才能认为对象具有你们实在论者所相信的独立性,而对于认知关系或任何其他关系都不依靠。

海兰纳斯:你的意思,我想我是明白的。根据唯心论方面这个新的证据,你不从认知关系出发,不来这样申辩:在认知关系内出现的种种对象,其起作用的情况并不表示它们在未被知觉的这段时间内具有独立的存在。你又用这种经验探究法,你反而提议要通过演绎的手续从一般关系的性质里来推出认知这种特别关系的
346 性质。你又提议来证明这一层:既然任何一种关系里的各端依靠

着这些端所发生的种种关系并为这些关系所构成，由此就必然可以推论，认知关系里的各端依靠着认知关系并为这关系所构成。

布赖斯：恰恰像你说的。

海兰纳斯：你必得承认，布赖斯，你这种新的进行方法多少犯了循环论证的毛病。虽然这样，我认为我会在关系性质的整个这个问题上，跟你取得一致的看法，一致的程度比你所假定的还大些。无论怎样，我很乐意听一听你的论证。关于关系自身，有什么情况可证明它的各端依靠着它呢？

布赖斯：比方说，可研究一下两种属性，如白色和黑色。这两者之间发生的是相反的关系，并且两者里面的任一，若离开了它对于另一者的关系则是绝对不可能被设想的。而这种属性如果要改变它的实有的样子而不至于在它对于黑的关系上引起变化，则这是无法做到的。各端之间的关系，其性质绝对地并且完全地为各端的内在性质所决定。

海兰纳斯：让我把这点弄清楚：你认为各端依靠那发生于它们之间的关系，因为那关系是它们所决定的和意涵的；是这样的吗？

布赖斯：一点也不差。如果A意涵B，则A依靠着B，并且A离开B就是不可思议的。所以由此可以推论：如果你承认各端的性质意涵了或预先假定了这些端间那种关系所具有的性质，则这些端离开了那种关系就是不可思议的。换言之，一件东西跟它所意涵的东西是分不开的，根据是和效果分不开的。

海兰纳斯：你说就关系为关系里各端的性质所决定而言，关系是“内在性的”；你说在这些情况下，各端离开关系就是不可思议的；你这种一般性说法我承认。但是难道一切东西确实决定它们之间所发生种种关系的性质吗？难道你能证明，黑白之间的关系对于任何两件可思议的东西之间所发生的任何关系而言，都具有典型性吗？

布赖斯：我肯定能证明。或宁可说，你自己也看得出来，如果
347 你肯试一试的话。任何两种颜色间的关系都像黑白之间的关系一样，即都被各颜色自身的性质所决定。如以黄色和紫色之间的关系为例。这种关系是种种相同性和种种不同性所组成之完全确定的混合，各端既是它们所是的样子，这种混合不可能是它实有样子以外的另一种样子。关于任何两种不同类型的感觉，例如红色和军号声音之间的关系，或红色和麝香气味之间的关系，情况也相同。在每个例子里，所发生的是不相干和不合适的关系。但是这种不相干和不合适属于十分特别和确定的类型，也许是不可分析的，却仍然被有关各端的内在性质所决定；而这些端无法是它们已是的样子而不至于恰恰发生它们所已发生的各种关系。关于任何两件可思议的东西，也是这样的。你只要把它们想一想，就可看出它们彼此之间的种种关系以及对于一切其他可思议东西的种种关系，都是不可挽回地被固定下来了的和被确定下来了的。此外，每种东西跟每种旁的东西不仅直接有关系，如方才已举例说明的，而且间接有关；这就是说，黄色与紫色不仅彼此直接有关，而且二者通过它们对于红色、绿色、其他各色的共同关系而彼此发生关系。这样，任一东西和任一旁的东西，通过它们对于一切其他东西之共同关系，在彼此之间有了关系。而全部可思议的东西就构成一个有机系统，如在意识野所遇到的那样。

海兰纳斯：对于你已说的这些，布赖斯，我想我没有什么可反

对的。但是这些到底怎样适用于认知关系呢？如要你照同样的方式来证明，被知的对象所具有的性质以及知道这个对象的心灵所具有的性质决定了对象和心灵之间的关系，你做得到吗？

布赖斯：肯定做得到。随便你考虑一个知识对象；当那个对象呈现在你经验中时，难道它不跟同时呈现的其他各对象发生最密切的关系吗？难道它不跟它们合作而使你感觉有意义和感觉愉快或不愉快吗？这些关系的各端，即被知的对象以及面临这个对象的心灵，其性质难道不显然把这些关系决定了吗？贝克莱说，各物 348
体之所谓主要的或空间上的属性不能变为视觉经验的对象而不至于表现种种所谓次要的或特别的属性；并且这样被产生的种种属性反过来对于知者自己起着作用，又跟知者的种种本能和需要合起来，转而产生感情上和情绪上的种种所谓第三级属性或表情属性。难道我们不同意贝克莱的说法吗？贝克莱自己关于最后这种混合类型所举的例子，其根据在于我们有这种经验：而在强烈热度这种次要属性以及随之而伴生的苦痛这种第三级属性，二者之间有着分不开的统一性。简言之，关系所普遍具有的"内在性"在认知关系内比在其他任何关系内都得到较为显著的例证。我们说，任何未被经验而（据人们说）独立的对象，如地球的内部，或者月亮的那面，一旦被经验了，就跟知者的心灵发生种种确定的关系，并在意识野产生其他各种因素，以致整个这堆这样被联系起来的因素组成一个有机的统一体，在其中，区别是确实有的，却分开的存在是没有的。你作为一个实在论者难道不承认这说法吗？

海兰纳斯：承认，布赖斯。我肯承认，没有任何这样独立存在的对象，其性质和那知道这个对象的心灵的性质合在一起，竟不会

产生种种属于一个确定类型的关系以及种种确定的、跟这些关系相联的第三级属性。我既然已经承认，如果各端意涵某一关系，则它们为了这个缘故就不能离开这种关系而被人们所设想；由此可以推论：我们不能设想有任何对象跟任何心灵，或据同理，跟任何旁的对象，因为发生关系而获得了种种特性，却又跟这些特性在内部或在内在性上并不相联。就实有经验或可能经验的每个对象来讲，确实有着无穷丰富的一堆属性、意义、价值，跟每一个和所有各个其他对象（其中当然包括该对象所可能呈现于其经验中的所有心灵）发生关系而联在一起，而这堆无穷丰富的东西就是该对象的性质。

布赖斯：这样看来，唯心论哲学家的绝对，其意义终于被你领会到了。全部可被经验的对象组成一个永恒的有机系统；其中的任一因素是一个伟大统一体的一个部分或一个残缺方面，并且离
349 开这伟大统一体就无法为人们所设想。真理和实体的这个绝对整体被每个有限经验所意涵而被当作它的必然相关者，又被当作它最理想的完成和根据。简言之，作为我们一切暂时性自我的唯一深奥自我而言，这个绝对供给了你们实在论者所一直要求的那种客观性和内部一致性，从而补充和纠正了各有限经验的种种相对性。这个绝对使有限经验得到这种客观超越性，而未因此就走到一般经验之外去了，又未因此就使我们不得不接受实在论的种种荒谬见解；我们知道，实在论为了要得到客观性起见，不得不付出重大的代价：即它不得不假定有一个由种种独立东西所构成的境界，而这些东西存在于一切经验之外，因而人们对于它们无法进行有意义的讨论。

海兰纳斯：我必得承认，布赖斯，你讲的这个绝对越来越引人入胜了。各本素之间的一切关系，其内在性具有种种逻辑涵义，而你现在的进行方法是以这些涵义为根据的。你先前企图以对于感性知觉的心理分析以及由此而得出的相对性为根据，来建立唯心论；你并且承认有一些反对理由对于这种企图是那样惨痛地不利。这些反对理由似乎不适用于你现在的进行方法。但是据我看来，你对于你的绝对还可表示比现在已有者更进一步的称赞。因为低级东西的性质意涵高级东西的性质；并且在任何领域里，为了要对于不完全的东西加以衡量，甚至只加以欣赏，也不得不参考同一领域里的完全标准或规范；难道这不是真的吗？从而可以推论：这个绝对不仅在*逻辑上*而且在*伦理上*补充并完成了我们的有限经验；并且我们可以认为，这个绝对因而不仅是一个包罗各本素而内部一致的整体，而且把种种完善的东西，这个世界所缺乏得那样厉害的，都体现出来了；难道不能这样推论吗？

布赖斯：推论得对，海兰纳斯。你所说的确实是真的。我所以先前未提起这个绝对的这方面，乃是因为你对我的论证做了那样大的让步，以至我不愿提起它，生怕会使你惊恐。但你既然自己谈到这个上面来了，我倒不在乎向你承认：就我们唯心论者中间许多人为什么相信这个绝对这一层而言，伦理的和宗教的动机比纯粹逻辑的动机较强。我们知道一切完全的东西永恒地实现于绝对身上，这使我们能忍受我们这个仅仅表象世界的各式各样灾难痛苦， 350
并以你们实在论者所几乎不能了解的一种崇高而平静心情去忍受它们。

海兰纳斯：也许我们的困难，布赖斯，不大在于了解你的哲学所能给的安慰，而更在于证实这些安慰。但在此之外，关于对这个绝对的看法，有一点使我觉得迷迷糊糊。那就是，在你对于各本素的这种有机的、统一的整体，阐发了这样一种美妙惊人的看法之后，你对于探究其中任何部分是否实在这一层上，为什么那样不感兴趣呢？我认为对这个绝对的存在加以证明，比对它的本素加以辩证的阐明，如我们方才所从事的那样，是一种远远较为可令人兴奋的事。

布赖斯：你到底怎么回事？你在说些什么呢？你的意思应该不至于是把你所已说明的又收回去，而不承认这个绝对吧？

海兰纳斯：毫无疑问，我不否认这个绝对。我仅仅提出了它是否存在的问题。

布赖斯：你愿不愿意把你的意思解释一下，并且告诉我在你那样体贴地（如我所设想）附和了我们种种论证之后，怎样还能提出绝对是否实在这个问题来呢？

海兰纳斯：请听我说，布赖斯。我们一直在讨论本素而未讨论存在。我们已看出，各本素之间的种种关系来自它们的性质；因而各本素若离开它们的种种关系，就不能被人们所设想；所以全部可思议的属性组成一个有机统一体，而我们称之为绝对。

布赖斯：本素和存在之间的区别是从经院哲学遗留下来的糟粕。它又是你们实在论者所总在提出的、弊端百出的抽象之一。我以为当你对于我关于绝对的说法表示默认时，我已经说服了你，使你放弃这种区别了。

海兰纳斯：但是，布赖斯，你怎么这样不讲道理呢？本素和存在之间的区别并不是我制造出来的；而是宇宙制造出来的。如果

你要责备谁的话，那你就该责备宇宙。我们实在论者相信我们的 351
心灵只把本来有的东西发现出来，相信心灵并不制造任何东西。

布赖斯：它们确实没有造出任何有意义的东西来！若这样说，我倒同意。我先以为在我们正讨论着的问题上，我们已经取得了完全一致的看法。现在请你举些例子来说明你所谓本素和存在之间的区别对于我们的问题有什么关系。

海兰纳斯：很好，我们可以先举以前用过的例子。我们都同意：黑是跟白相反的颜色，并且若没有黑来做它的对立面，白也不能成为白。这样，白色所具有的性质意涵了黑色所具有的性质；但是这不等于说，白色的*存在*意涵了黑色的*存在*。如果你有一根白缎带，则不见得你必得也有一根黑缎带。比这还更清楚的是：任何数目的性质意涵了一切其他数目的性质；但是这不等于说，如果你有三个苹果，则你必得也有十二个苹果。三个苹果意涵了十二的本素，却肯定不意涵十二个存在。

布赖斯：你承认过，一切不完全的东西都意涵有一种完全的东西，作为人们所用以衡量和欣赏它们的标准；你承认过，因而这个绝对，作为一切完全东西的总和而言，为这个不完全的表象世界所意涵而作为它的必然相关物。难道你想利用经院学派这种毫无价值的区别，来推翻你所承认了的东西吗？

海兰纳斯：我要让你自己来替我回答这个问题。你承认布尔什维克的苏联是一个不完全的社会主义国家，对不对？

布赖斯：的确很不完全。

海兰纳斯：好，那让我来问你。你对于什么才是完全的苏联社会主义有了一个概念，你看出苏联的实有情况跟你这个或多或少被明确了的理想相差多少；而这就是你下这个判断的根据，对不对？

布赖斯：当然这样。任何不完全的东西意味着它跟一个被认为完全的标准或规范有些距离。在这一点上苏联的不完全社会主义是跟任何其他不完全东西恰恰一样的。

海兰纳斯：那么你相信有一个完全的苏联社会主义在任何地方实现了吗？

352 **布赖斯：**不，我的老朋友，我不这样相信。我没有你那样乐观；我觉得我可以很有把握地说，完全的社会主义，苏联式的或其他形式的，在现时或在未来的任何时代，都是很难实现的。

海兰纳斯：啊，你竟这样说！不是你承认有一个关于完全社会主义的理想吗？

布赖斯：对，海兰纳斯，我承认那个理想，如果这对你有任何安慰的话。关于你的乌托邦，我所否认的只是它的实在性。

海兰纳斯：恰恰像你说的。既然我们所正在讨论的是你的逻辑而不是我的政治见解，我觉得我要请你注意这个事实：你承认关于苏联社会主义应该是怎样，你能够有一个理想，而不至于相信那理想已被实现；这样，你就推翻了你关于绝对的说法。因为你还记得，我关于绝对提出了一种折中说法，认为绝对包含一切本素，连一切理想的完全东西（被我们假定了而当作标准以衡量不完全东西的）也包括在内，但认为这绝对仍可根本不存在或缺乏实在性，而你反对这种说法并宣称：离开存在而设想本素是一种可憎的、经院式的诡辩。可是一谈到完全社会主义的本素或性质，你正做了你自己所咒骂的事。你们新黑格尔派唯心论者把经院哲学看得一文不值;但让我提醒你这一层:你们觉得有必要来假定完全理想所具有的性质;你们又觉得有同样的必要来假定它们在绝对之内得到了实现;你们从头一种必要性转到第二种必要性的一切企图不过是以一种隐蔽得不够好的方式,把经院哲学的得意之作——本体论证——复活起来罢了。康德提出了论证,来证明这个主张:存在是一个本素对于全体可能对象所可发生或所可不发生的一种关系,而自身在任何意义上都不是一个本素或一种性质。我用不着重复康德的话;作为一个唯心论者,你对于这个出名的反驳论证应该是很熟识的。

布赖斯:那么你要我接受这样一个绝对,它只包含可能性,或包含你所谓的"本素",而缺乏实在性或未曾确实存在;不是这样的吗?

海兰纳斯:我不否认绝对之实在性。我仅仅坚持这一点:你在你的论证里用作理由的是逻辑上和认识论上的种种迫切需要,可是这些需要自身并没有能够证明绝对除了是本素总和或客观意义总和之外,还是什么。其他的并较为经验性的证据也许可提供理由以使我们相信有这个绝对存在。

353

布赖斯:如果你认为有没有绝对还成问题,那你为什么把绝对称为"客观的"呢?

海兰纳斯:这一点,在我跟帕特里奇谈话时已经讨论过了。人们所谈论的任何题材,不管是共相还是个体,是实物还是虚构,都具有逻辑上的客观性。这就是说,我们所谈论者的性质或意义,不取决于我们对它进行过谈论的这个事实,或以任何方式为这个事实所改变。在我们所称为"客观主义"这种类型的认识论里,有许多合乎真理的因素，而这一层就是其中之一。所以，虽然我们二人认为“完全的苏联社会主义”尚未存在，它却具有一种性质和意义，而这跟我们曾否讨论过它，跟我们是否以任何方式意识到它，都是不相干的。

布赖斯：这种奇怪的客观性，既不依靠存在又不依靠意识的，就是你所谓的“潜存”吗？

海兰纳斯：是的，布赖斯。这种逻辑实在论虽然对你有些奇怪，可是它不仅是真的而且是一切谈论的先决条件。除非我们假定在我们谈论的过程中，以及在我们未开口的时候，我们所谈论的种种东西始终保持它们的意义，否则，那就不会有什么东西可被谈论的了。

布赖斯：但是我们所谈论的往往因在讨论中得到阐明而改变意义，这不是很明显的事情吗？一个人在谈话开始时可以（比方说）对于社会主义的意义有个概念，而在谈话结束时对于这个名词给予完全不同的意义，对不对？

海兰纳斯：确实对。但是那个人最初设想的社会主义，其性质或本素在他改变了看法之后仍然未变；不然的话，他就无法承认：对于社会主义这个名词，他先前有过一种解释，而现在有了另外一种解释。当我们放弃大地是平的这个假信仰，因而接受大地是圆的这个真信仰时，“大地是平的”这个辞说自身在意义上不曾发生
354 任何变化；唯一的变化发生在我们对于这个辞说的态度上。如果辞说自身或题材自身变了，那我们就无法记录我们怎样从相信错误变到相信真理，怎样从对于一种情况没有充分的理解变到对它有了充分的理解。我们从题材的一方面转至它的另一方面，恰恰

跟我们从一个地方走到另一个地方一样；而我们的运动，不管在思想时还是在走路时，要有一个条件，即逻辑上的或外界的途径（我们沿着它运动）要具有客观的固定性。

布赖斯：但是这个永恒不变的本素的境界（你想把我们的绝对放逐到它里面去）跟柏拉图的理念界有什么差别呢？

海兰纳斯：潜存界确实是柏拉图所发现的，犹如美洲是哥伦布所发现的一样。但是如同美洲一样，这个关于（逻辑上）客观意义的新世界比原发现人所想到的在范围上更加广大并在内容上更加多样化。潜存界与柏拉图的理念界有着两点主要的差别：第一点，它与存在界不分开，不像理念界是分开的，它把存在界包括在它自身之内，如同端包括关系，或如海洋包括波浪一样；第二点，潜存界不像理念界那样在内容方面只包括那些较崇高的、较概括的本素，伦理上的或逻辑上的，而是把一切可思议的东西，逻辑上特殊的或逻辑上概括的，伦理上卑鄙的或伦理上良善的，都包括进去了。并且在潜存界的具体内容里还有那些透视景——它们构成各种意识野，即人类的残缺意识野以及完全的或绝对的意识野。简言之，全部本素这个整体是种种内在性关系所构成的一个有机统一体，又是彻头彻尾自我中心式的。

布赖斯：这倒听起来更像我的绝对了。但是你说这种境界跟与柏拉图理念界的差别在于它不与存在界分开，你的意思是什么呢？我原来以为你相信这种境界先于并优于存在界。

海兰纳斯：它在逻辑上先于存在界，犹如大类先于小类，或如氧气原子和氢气原子先于那表示二者联合在一起的水分子。化学关系的各端在逻辑上先于这些端所产生的物品，但在物品被产生

355 之后，各端对它不是超越的或分开的。照同样的方式，人类这一大类在逻辑上先于好人这一小类，但后者不因而就和前者分开。好人这一小类是人类这一大类跟好者这另一大类合起来的结果，或被之限制的结果。

布赖斯：你是说，存在者是仅仅潜存者（或仅仅本素）加上了另一些东西，或有了另一些东西合在一起，对不对？

海兰纳斯：是的。

布赖斯：那必得跟仅仅可能性或跟性质合在一起以使之变成现实东西的这种东西，到底是什么呢？是仅仅另外一个本素吗？

海兰纳斯：不是的，布赖斯；因为一种可能性或性质跟另一种合起来，也只能产生比这些构成因素较特别些或较复杂些的第三种本素；但是这种本素自身仍不足以构成存在。诚然，任何一堆本素，即由种种形式或种种属性所组成的任何一个复合单元，除非它完全被个体化了，就无法存在。

布赖斯：你说“被个体化了”，是什么意思呢？

海兰纳斯：任何存在的对象在一定的时刻通过积极的和消极的决定作用，而涉及潜存界的一切可能本素，因而是一种单子或小宇宙。就一般情况来讲，桌子可以是红的又可以不是红的，可以是圆的又可以不是圆的，如此等等；但是任何一张实在的桌子必得是红的或不是红的，是圆的或不是圆的，而不能同时为二者；它对于每一个可思议的谓语都是这样的。由此可知，如果我们用$\overset{+}{A}$、$\overset{+}{B}$、$\overset{+}{C}$、$\overset{+}{D}$……$\overset{+}{Z}$等字母来代表全部可能的积极本素（简单的以及复杂的都在内），又用$\bar{A}$、$\bar{B}$、$\bar{C}$、$\bar{D}$……$\bar{Z}$等字母来代表跟上述本素相反的全部本素,那么,任何存在对象在一定的时刻会具有 $\overset{\pm}{\mathrm{A}}$、$\overset{\pm}{\mathrm{B}}$、$\overset{\pm}{\mathrm{C}}$、$\overset{\pm}{\mathrm{D}}$……$\overset{\pm}{\mathrm{Z}}$ 这种形式,其中每个字母出现一次,显出它的积极方面或消极方面。照这样界说的个体化,一方面对于存在是必要的;另一方面,光有它仍是不充足的,因为每一存在者,除了在逻辑上的完全个体化之外,还必得在时间空间的连续体系里占有一个确定的位置,作为它最后的辨别标志。当任何仅仅可思议的对象在它的本素之外或在它的属性类型性质之外,还获得时空位置时,它就不 356 再是潜存的,而变为存在的了。这样来说,存在就是跟位置合在一起的、个体化了的本素,恰如水是跟氧气合在一起的氢气一样。

布赖斯:这种位置性是什么东西呢?仅仅的本素靠了位置性就变为存在的东西,这位置性和这些本素之间的关系是怎么一回事呢?

海兰纳斯:这个问题不易答复,也不是三言两语就讲得完的。但让我来试一试。时间和空间是那样简单的概念,以至我们要做进一步的分析才能把它们界说清楚,可是要进行这种分析就非常困难。它们指的什么,这倒是十分清楚的;因而为了通常的种种目的,甚至为了眼前的问题,我们不去分析它们的涵义也没有多大关系。每个端或每个思想对象,在那些构成其内在性质的属性之外,还对于同组里面的其他各端发生种种具有系列性的关系。这些关系跟对象内部的种种相同处以及种种差异处完全不一样,而构成了这个对象的外在性质或位置。如果两种不同属性占有同一位置,则它们在个数上是二而一的,而"是"这个字把它们的关系表示出来了。这样,我们若说"黑是跟白相反的颜色"或说"2+2 是 4",

或说“这张圆桌子是红色的”，则我们在这样说时，用“是”这个系词的意思在于要它表达这一事实：就是，谓语所含的一堆属性跟主语所含的一堆属性在同一个系统内占有同一个位置。换言之，这两个端虽然在内在性质上不相同，却对于同组里面的其他各端有着完全相同的一套外在关系。

布赖斯：我想，海兰纳斯，我懂得你所谓的位置是什么意思，又懂得你为什么把位置上的同一性当作判断里的系词所表示的那种同一性来看待。但是我不懂得这一点：一方面是你所认为对于存在是必要的那种时空类型的位置，另一方面是 2+2=4 这类判断所表示的较为抽象类型的位置，你对于这两种位置将怎样加以区别呢？

海兰纳斯：要正式回答你的问题，我在上面说过，需要对于时间和空间详尽地加以界说或分析。我不拟这样做。但有一个消极却基本的特征，可使我们把我们所谓的时间和空间这两种系列形式，跟任何其他系列形式区别清楚。一个对象在空间之内的位置，
357 或一件事迹在时间之内的位置，跟它的内在性质并不相干，而在一切其他系列形式里，一个本素的位置或它的种种外在关系则取决于它的性质或内在特性。例如 4 和 2+2 由于二者的性质或内在特征而在自然级数内占有同一个位置。但是这张圆桌子和这张红桌子，不是由于它们的性质而在空间之内占有同一个位置。所以“这张圆桌是红色的”这一辞说是偶然辞说，而 2+2=4 是必然辞说。在后面这种情况里，各端在位置上或外延上的同一性是从它们的本素或它们的内涵所具有的性质里面得出来的，在前种情况下，就不是这样得出来的。

布赖斯：一件东西所以存在，有两个条件：首先，对于全部要素来讲，它必得完全被个体化了；其次，对于其他个别物体来讲，它必得具有那确定的两套纯粹外在关系，即我们所称之为时间和空间的那两套。你的意思是这样的吗？

海兰纳斯：是的。

布赖斯：意识怎样进入潜存本素的这个系统里来呢？时空关系把它的各端联系在一起；而通过这些关系，存在界可跟全部可思议的本素区别清楚。请问在承认这一层之后，还需要什么进一步的辨别标准来界说一个意识经验野呢？

海兰纳斯：意识这个概念，跟时间和空间这两个概念一样，由于过分简单，是难于界说清楚的。因为要去界说它，我们就必得把它分析为并表示为一个复合体，而组成这个复合体的各因素要比它自己更加简单和更加一般化。但是为了回答你的问题起见，也许只要指出意识的一个特点就可；对于这一特点，我想人人都会同意，因而可把这一特点作为暂时的定义。无论它还是不是别的什么，意识或经验至少是这样一种关系：关系的一端是一个存在的或有时空位置的个体，另一端是种种其他对象，存在的或不存在的；若有了这种关系发生，则这些其他对象除了它们自己所本有种种物理性能或仅仅逻辑效能之外，还在知者（它们同他发生关系，即被他所经验）的各状态之内，得到一种第二性的或代理性的效能。

布赖斯：你是说如果有任何对象被人所意识到，则这个对象由
于有了这种关系的缘故，就能在它自身所在的地方又在知者所在 358
的地方发生作用，对不对？

海兰纳斯：对的，布赖斯。你意识到一个对象，这意味着这个

对象是作为你的一部分、作为你的各状态之一而起作用的。不管对象在时间上和空间内离你多么远，意识关系就使对象跟你身体的种种欲望与动作发生直接的和即刻的因果关系。

布赖斯：你好像使意识变成一种怪僻难解的关系了，使它既能越过时间和空间的距离，又能令一样东西在它所不在的地方存在并起作用。对于意识的这个方面，你愿举几个具体的例子吗？

海兰纳斯：凯撒渡过鲁比肯河，这是一件发生在许多年代以前和许多里路以外的事情；可是我们在此时此地能够想着那件很久很远的事情；并且作为我们概念意识野里的一个对象，那件事情对于我们种种情感和思想起着作用，又在我们讨论它时控制着我们的说话动作。简言之，它对于我们的脑子有着一种实在的，虽然第二性的效能，尽管它的第一性的、本有的效能发生在那些离我们很远的事物身上，而在它自己当时所处的时间和空间里这些事物是跟它相毗连的。

布赖斯：我当然知道你的用意何在。不过我们若说，对我们脑子起作用的并不是凯撒渡过鲁比肯河这件事，而只是我们对于这件事的描述或影像，则这难道不是更不骇人听闻而更加准确的说法吗？

海兰纳斯：不是的，布赖斯，我想不见得是这样的。我思想的对象是那件事情自身，而不是一个影像或一种字句上的描述。在你提起了以后，我也能以那影像或描述做思想的对象；但在你未提以前，我没有以它为对象。要证明我们所意识到的是东西并不是我们关于东西的影像，这有一个很简单的方法。因为，请注意，如果你要认为你概念思想里的种种对象是关于事物的影像而不是事

物自身，则你不得不对于二者加以辨别，否则就办不到。既然你只
能对于那些做你经验内容的对象加以辨别，则你若说你不能想着
一件远时或远地的东西，而只能想着那件东西在此时的副本，那你
不是自相矛盾了吗？一方面是你对于一件东西的思想或描述，一 359
方面是那件东西自身，除非二者都是你意识里的对象，那就无法辨
别二者。

布赖斯：关于你对意识的看法，请举个另外的例子看看。凯撒渡过鲁比肯河，这是概念意识里的一件事。请你在较直接的、较亲切的意识形式内，即我们所谓的知觉之内，举个例子看看。

海兰纳斯：可以；就以我们所看到在天空的太阳为例吧。太阳自身所在的地方离我们有九千万英里之远；作为一个发射能量的物质东西而言，它在以太和跟它紧紧毗连的各物质东西身上直接产生它的效能。可是同一个太阳又是我们现时意识野里的一个因素，而且以这种身份引起我们的兴趣，并成为我们讨论里的一个例子。太阳使我对它说出一篇话语，而这篇话语跟我们关于（比方说）月亮或彗星所会说的话语是两样的。简言之，太阳起了这种作用：有效地决定了我们在这个房间内种种心理上兼神经上的活动。

布赖斯：我们的一切意识经验绝不都是关于存在的东西的。我们有幻觉经验、做梦的经验，又有虚构的经验；在虚构的经验里，我们不怀什么信仰，而只想象种种不存在的对象，如神仙和美人鱼，或只思想种种抽象的共相，如公正或红性。你说一件东西所以在它本来所在地方以外的一个地方能够出现并产生代理性的效能，乃是由于有了意识做条件；你并把这个当作意识的暂时定义；你这个暂时定义在这里怎样适用呢？这些虚构的对象在时间和空

间里没有它们自己的位置的。

海兰纳斯：不存在的对象，不管是个体如美人鱼，或者是共相如公正，的确像你所说的，在具有时空性的存在界里没有它们自己的适当位置。但是它们既然成为经验的对象，它们就在那经验它们的个人的生活中呈现出来并获得了一种效能。各存在对象在它们原来所在的地方产生种种效果之外，还可以在许多第二性的地方产生效果；它们被多少个人所经验，它们就有多少个这种第二性的地方。但是各不存在的个体只在有意识的个人之生活中才有效能。海中的妖女以及天上的女神曾在世界的历史上成为重要的因
360 素，但是它们的效能是寄生性的或代理性的。存在的人们想象过种种不存在的东西；这些对象所引起的唯独一堆变化是在这些人身上发生的并通过他们而发生的。

布赖斯：那么照你的看法，海兰纳斯，全部可思议的对象就其对意识的关系来讲，可分为四类。第一类对象在具有时空性的存在界里有着第一位性或内在性的出现与效能，而且又在人们的意识里有着第二性或代理性的出现与效能。这些就是既存在的又被经验了的东西，如太阳与地球之类。第二类对象是既不存在的又未被经验的东西，因而既缺乏内在性效能又缺乏代理性效能；如未曾有人想起过的不存在对象之类。第三类对象在人们的经验里出现，可是在存在界不出现，如方才所提过的海中妖女和美人鱼之类。第四类对象在时空连续体内存在着并有第一性的效能；但是它们未曾被人们经验过，因而在人们的意识里从来没有产生过代理性的效能。

海兰纳斯：你所讲的四类是有的，让我补充一点。哲学家们从

最早时候起就把不存在的对象看作是纯心理的或纯主观的，而不看作是可以离开意识而客观地潜存的。他们所以这样做的理由在于：存在的对象可以在它自己所在的地方起作用，又可以在经验它的人们身内起作用、可是不存在的对象只可在有些人的经验里发生效能。不存在的对象只有单独一种的、第二性的效能，因而人们认为它的整个性质取决于人们的心灵。

布赖斯：这种代理式地出现的能力，你称为意识，对于它的起源，你怎样来解释呢？难道它是一种无处不发生的关系，任何存在个体通过它就跟宇宙其他一切部分联系起来了的吗？还是它只限于为数不多的某一类个体，比方说，那些具有高度发达神经系统的个体呢？

海兰纳斯：意识的原因和条件是什么，这是宇宙论里而不是认识论里的问题，我想我还是不离开我所已提出的那个纯经验性的、361
不会引起争论的定义较好。但是你既然提起了这一点，我要坦白地说我的看法是这样的：如果任何存在者的各种状态是过去事迹在他身上所产生的效果，又是未来事迹的原因，则他就有了意识；并且这种意识野里的各对象就是这些状态的最简单的和最可能的原因。

布赖斯：你的意思是说，存在者的意识不是旁的，而只是他的种种状态反过来指向它们各原因之能力，对不对？

海兰纳斯：对的；意识并不是别的，而只是因果或能量在回忆过去上或追溯往事上的相关物而已。

布赖斯：能量在追溯往事上的相关物，所指的是什么呢？

海兰纳斯：我所指的是存在者在任何瞬刻的这样一个特征：它

是从外面观察不出来的，它包含了他的过去，又跟他在未来时间进行活动的潜能有关。比方说，一件在动的东西在任一位置上所表现的一切可从外面观察出来的特征，跟一件未动的东西在同一位置上所表现的特征是恰恰一样的。但是在动的东西具有一种潜能，使它在下一瞬刻会占据一个新位置。虽然在任一瞬刻这种能量都是看不见的，这种能量却跟这件东西所具有的形状或大小是同样实在的。

布赖斯：但是，海兰纳斯，没有任何东西比运动现象较易于看得出来。

海兰纳斯：对的，要经过有限的一段时间就可看得出来。但是这种能量在这段时间的每一刹那都是实在的，而在这些单独一个一个的刹那是看不出来的。能量的这种基本私有性或不可见性，在所谓表示势能的例子里，可以显得更清楚。一个环形的弹簧，比方说，在它那看不见的加速系统里，含着它在未来时间进行运动的能力。在这个例子里如同在任何能量系统的例子里一样，它在未来时间的潜能体现在它在过去时间种种结果所积累的那种看不见的总和里。简言之，能量及其在追溯往事上的相关物，就构成一件物体在时间和空间里指向种种在它自己以外的事物的这一内在特性。

布赖斯：对于意识跟能量的被唯物论化到了荒谬程度的这种
362 彼此相关，如果你认真看待，那你把平常所谓的意识怎样跟物质的这种普遍特性辨别清楚呢？

海兰纳斯：被称为原生质的碳化合物，特别是那种最高度发达形式的原生质，被人们称为大脑皮层的，具有一种奇异的能力：那通过皮层的神经力流，其特别形式的动能的微小部分被作为特别形式的势能而被皮层保存起来了。这些势能的余迹被组织成为种种非常复杂的系统，而这些系统使具有这些系统的人们能够在时间方面指向到过去和未来，在空间方面指向到远处和外方。正由于人类脑子的势能系统在形式上是了不得地丰富，在范围上是了不得地广阔，所以人类脑子能够记得遥远的过去，能够为遥远的未来计划，而这种能力使人类跟其他生物和无生物大有区别：人类是自主的、合理的存在者，而其他生物和无生物的能力储藏在形式上简单，而在范围上不足以使它们的动作可避免那些紧紧接近它们的生物或物体的支配。布赖斯，你喜欢这种主张吗？

布赖斯：不，海兰纳斯，我不敢说我喜欢它。只有一部分我认为还不错，那就是这个说法：通过外在事物在我们身上所产生的种种效果，不知怎么的，我们对于这些事物有了意识。这点没有问题。可是第一层，事物在我们身上所这样产生的这些效果，它们怎样在我们脑子内被作为各种形式的势能而被堆积起来和储藏起来；第二层，即使这样被积储起来，在这以后，它们自身怎样足以把那些为它们原因的对象启示给我们：在这两层上你一点也没有把我说服。

海兰纳斯：我觉得，布赖斯，一点也没有必要来把我关于心身关系的这个特别说法当作基础，以推动我们正在进行的、认识论上的和平谈判。意识的最后性质和各种根据，随你怎样去说吧。关于意识，我提过一个纯粹经验性或描述性的定义；那就是，意识是事物的这样一种条件或特性：由于有了它，远时远地的种种东西，通过它们在该东西上所产生的各种效果，就具有一种代理性的出 363

现和效能。只要你肯承认我这个定义，那就够了。按照这个定义来讲，意识构成事物之间的一种新的关系。意识的实现化受着时间和空间的限制；但是意识又可超越时空关系，意思是说，意识使任何存在者有可能去跟一切其他东西，实有的或可能的，直接发生密切关系。就一个人有了意识来讲，他就占据了一个对象野的中心点或焦点。这些对象通过它们对于这个中心的关系而彼此发生关系；就这一层来讲，这些对象构成一个所谓的“透视景”，这个名称是我们从罗素先生那里取来的。既然我们可认为一个人的意识可被尽量推广到宇宙间一切事物上去，则在这种限度内，我们可说：宇宙除了具有它的种种其他特征和关系之外，还构成一个固定地可能的透视景系统或经验野。

布赖斯：你是说：你这个实在论式的宇宙，其中每个分子以及一切分子都可被看作不仅实存于，而且潜存于它们的种种物理关系和逻辑关系内，而且在此之外，又都可被看作是可能经验系统（或照你的说法，个人透视景）里面的分子；对不对？

海兰纳斯：对的，宇宙内的每种东西都是可能经验的对象，而且我们可以这样来描述它。

布赖斯：你认为什么个体可把宇宙当作一个可能经验野呢？我假定你指的是绝对，错了没有？

海兰纳斯：为什么一定是绝对呢？任何个体都可把宇宙当作一个可能经验野。

布赖斯：你是说，有多少个体就有多少整套的可能经验系统，对吗？

海兰纳斯：毫无疑问是对的。我们可以认为，任何一堆或一系列对象,从宇宙起一直到这房间的各种东西为止,看宇宙内有多少个体可做透视野的焦点或经验者,就可构成多少个透视野。

布赖斯:一大堆的绝对!简直太恐怖了!

海兰纳斯:只是一大堆可能的绝对,布赖斯。请你记住,这里也许连一个现实的绝对都没有。又请记住,他们的对象野可以彼 364
此叠合,又跟存在界叠合到无论什么程度。

布赖斯:但是单独一套对象,它能呈现于一个以上这种透视景里吗?

海兰纳斯:肯定可以。以这个房间里的东西为例。你和我站在不同的地点看见它们,因而它们对于我们每人构成一个不同的透视景。作为新透视景内的因素,它们获得了种种新关系,而这些新关系对于它们(作为独立存在者或作为其他透视景内因素)所有的种种关系,丝毫没有妨碍,各不同透视野彼此叠合又互相渗透;当这些野有根据时,它们在这个限度内跟存在界叠合起来并渗透进去,但是它们不会彼此妨碍,因为一个透视景系统里面的各分子只有通过知觉者种种状态的作用才能产生因果上的效能,而每一知觉者在空间里占据不同的位置。例如,你和我看见这个房间里面的同一堆东西——扶手椅、书架等——但作为我经验里的因素,这椅子和架子虽然在空间位置上和在性质上都有着区别,却使我想起它们是从一个店铺买来的,通过这番记忆,它对于我具有了(而对于你则不具有)这种特别的联想和互相作用。再如,你如果用手压着你的眼珠,则在你对于这间房子的透视景里,有些东西会一起摇动起来,而同样的东西在我的透视景内以及在物理存在界却仍是静止的。简言之,意识经验野里的任何两件东西,它们之间

的关系主要是三端的和间接的，因为只有通过知觉者的种种状态做媒介，它们才能对彼此有影响。

布赖斯：经验的这种可能透视景或这种可能经验野，有多少个呢？

海兰纳斯：时空连续体内有多少可能的位置，又有多少种类的个体去占据这些位置并变作焦点或组织中心，就有多少个这种可能经验野。若把全部可思议的对象称为“客观宇宙”，那么，它里面对象的数目要用一个无穷高级的无穷数来表达；客观宇宙有无穷无尽的方式来变为一个可能经验的系统；而一个用以表达这些方式的无穷数会比一个用以表达宇宙内对象总数的无穷数还要高得无穷。这是因为每一个体每一瞬刻在空间的每一点上都会变为一

365 个判然分开的可能经验野的中心。这样，宇宙会对德国皇帝提供一个可能经验的系统，又会对拿破仑或任何其他个人提供一个可能经验的系统；即使把德国皇帝和拿破仑放在同时同地，这两个系统也不会相同。在这些不同个人之中，任何一人或所有的人在空间的任何一点或时间的任何一刻都会得到不同的整套经验。所以，布赖斯，你可以体会到一个实在论式的宇宙不是一件在一切可能经验之外的“物自身”，相反，它是彻头彻尾地可经验的。我们可用无穷无尽可能经验之中任何一个经验里的字眼来描述宇宙内的任一对象，而不至于损害它那种实在论式的独立身份。

布赖斯：对于你所说的，我想我能承认大部分，但对于你扩大“透视景”这个名词的使用范围，我认为不大妥当；这名词只适宜于用在视觉野里，不该用来描述一个整个的经验系统，概念性的或知觉性的。

海兰纳斯:诚如你所说,照严格意义讲,透视景指那从空间一个点上看出去的视野。透视景的基本特征有二。第一点,景内的各对象作为事物的效果而投射到一个中心点或焦点上,并通过焦点而被联系和组织起来。第二点,通过它们在焦点上这种代理性的出现,它们获得一种新的方向;这种方向是一种从对象的独立存在系统所派生出来的因果作用;既然这样,它能附加在那个系统上而达到或多或少的完全叠合,并且不至于直接妨碍那个系统,或直接妨碍对于那个系统的其他透视景。一个普通视觉透视景的这些基本特征就是任何意识经验野的基本特征。宇宙内任何一个对象可在我脑子内直接地或间接地产生一套效果;有了这套效果为手段并为根据,又通过一种不知什么方式就在我之内对于在时间上以及在空间上外于我的种种对象发生了意识。这些对象有一部分被直接意识到,而且跟意识者的身体在时间和空间上有着确实关系,例如我们对于面前窗子的视觉,或对于方才停止敲打的钟声的听觉。这些我们称为知觉。经验野里的其他对象则被间接意识到 366
(即通过它们对其他东西的关系),而对于意识者的身体不显得有着确定的关系,例如凯撒的渡过鲁比肯河,幸福时代之来到,月亮的那一面,海中的美人鱼,或者负数一的方根。这些我们称为概念。但是任一被知觉的或被设想的对象在知觉或概念发生时,通过意识者脑子的作用而跟意识野里的任何其他对象发生关系。这是透视景的头一个基本特征。这些对象,作为不依靠意识者身体而独立存在的东西,本来就有种种物理关系和逻辑关系;而这些对象在意识野里所发生的各种不同关系可以附加在它们之上,而不至于对于它们发生任何在因果作用上的干扰。这样,方才举的例

子可引起我的好奇心而使我发问，当凯撒渡过鲁比肯河时是否有一轮明月照耀在天空；又问凯撒自己是否相信美人鱼存在，并且在任何时候是否设想过各种负数一的方根。通过这些讲得好玩的幻想，各种不同的对象——凯撒、月亮、美人鱼、负数一的方根——全都被拉到一套关系里来，而这套关系跟它们本来有的种种性质毫不相干，并完全取决于我自己种种心理兼物理的状态。这些对象之间的种种真实关系丝毫不被它们对我的种种思想和情感所发生的第二性或代理性关系所影响。简言之，宇宙的各个对象全都除了具有各种主要属性和各种位置之外，还作为其中的分子，属于任何个体在任何时候和任何地方能为其中心的每个透视景系统，不管这个系统是现实的或可能的，整套的或局部的。

布赖斯：那么你的意思是说，任何对象和所有对象都可整个地被描述为可能经验里的因素，对不对？

海兰纳斯：对的，并且我已说过，不管在什么地方有没有一个实存的绝对，的确有着无穷数的可能绝对，而这些可能绝对的完全性可被我们用来做标准，以衡量和估计任何有限的经验。

布赖斯：那么请你告诉我，宇宙内各个对象，在被当作可能经验里或可能透视景里的因素看待时，构成一个有机统一体吗？换言之，它们的种种关系是内在性的吗？

367 **海兰纳斯**：是的。按照我们对于这些概念所采取的解释，透视景的各因素发生着内在性的关系，因而构成一个有机统一体，在其中，每一部分取决于它对整体的种种关系。这就是说，思想的任一对象，由于它跟一个可能透视景内其他各对象发生了种种潜能性关系，就具有了在这种种关系确实发生时会属于它的某些特征。

例如，一切可能的情人会在一切可能的情况下认为月光具有种种温柔特征；只有在我们把这些温柔特征之类的第三级属性都知道了之后，月光的性质才能完全被我们知道。

布赖斯：那么你对内在性关系的看法跟唯心论者对它的看法有多少不同呢？

海兰纳斯：我对内在性关系的看法跟唯心论者的看法在两点上不同。第一点，两个本素之间的内在性关系并不意涵那发生在它们存在之间的关系有着相应的内在性。例如，“半打苹果”的本素或性质意涵着“一打苹果”的本素或性质，可是半打苹果的存在并不意涵一打苹果的存在。又如不完全性这个性质或本素意涵着绝对完全性这个本素或性质，后者是用以判断和衡量前者的标准。但是在任何类型里有一件不完全的东西存在绝不意涵在同一类型里有一件完全的东西存在。

布赖斯：这个原理你以前用过。我认为我们有限经验里种种片段性的意义和价值，在一个绝对经验里都得到了完成，并且认为我可以推论这样的一个绝对是存在的。那时你反对我的说法，就是应用了这个原理，对不对？

海兰纳斯：一点不错。我向你承认了：我们所不得不接受的确实不是一个绝对自我，而是无穷个绝对自我，它们是我们各实有自我之可能完成，又是用以估计我们各有限经验的尺度。但是我在你面前否认了：单独为了这个理由，我们无法推论这些可能绝对之中甚至有任何一个是存在的。

布赖斯：你对内在性关系或对“有机统一体”的看法，跟新黑格尔派唯心论者对它的看法，还有第二点不相同；那点是什么呢？

海兰纳斯:第二点不同的地方在这里:种种内在性关系适用于368 本素,本素界因而构成一个有机统一体;其中的一个端由于跟第二个端发生种种关系而具有一些特征,而这些特征不至于被该端因跟另外其他各端发生关系而具有的其他种种特征所取消或改变。这样,一个一定的端,比方说,“白”由于它跟它的对立面“黑”发生关系就获得某一补充性的特征;但这个特征并不至于被白因对红对蓝发生关系而得到的其他补充特征所取消或改变。所以我能跟着唯心论者一道来说:本素里的每个因素是一个“逻辑上的小宇宙”,其所具有的一大堆内在性关系,看这个因素对于其他各因素的关系有多么丰富,就是多么丰富的。可是我又能跟着近代新实在论派的逻辑学家一道来说:任何情况若对于这些方面的有些方面是真的,则不会被我们对于其他方面在事后所得到的种种情况改变为假的。

布赖斯:我从来看不出来新实在论派的逻辑学家们,为什么那样尖锐地反对我们的内在性关系说。显而易见,一件东西通过它对其他每一件以及所有各件东西的关系而得到修改;显而易见,宇宙的每一片段因而预先假定有一个整体,并为这个整体的一种作用。

海兰纳斯:新实在论派逻辑学家所以反对内在性关系说,是由于按照这种说法的通常形式,它使逻辑陷于混乱,又使知识成为不可能。因为按照这种说法,我们若不知道关于整个宇宙的真理,则不可能知道关于宇宙一部分的真理。如果每个思想对象所具有的整个性质都来自这个对象对于其他每样东西的关系,那么,我们要先知道所有的东西,然后才能知道任何一件东西,而这在实际上是不可能的,又在逻辑上是自相矛盾的。

布赖斯:如果这是一种困难的话,那经过你修改的内在性关系说怎能避免它呢?

海兰纳斯:方法在此:我认为种种第二性的关系以及它们在各有关端内所产生的种种第二性特征,可以附加在种种第一性关系上以及在这些第一性关系所产生的种种第一性特征上,并对于后种关系和后种特征有所增加,而不至于在任何方式下把后种关系 369
和后种特征毁灭了或取消了。

布赖斯:请举例说明你的意思。

海兰纳斯:当然遵命。以“北方”这个端为例吧。这个概念从头起就充满了关系性,因为北方在它第一性的意义上就预先假定了南方。当我们就北方对东方、西方、上面、下面的关系来考虑它时,它获得了种种新的属性或在意义上新的微细差别,而这些构成它的第二性意义。但是这种种新的修改丝毫不妨害北方所具有的原来性质。这种种新的修改只是对之有所增加。当我们就一些偶然事物和实有事物的关系,如就美国的南北战争或皮里所发现北极的关系,来对北方加以考虑时,它获得了种种进一步的修改,而这些修改对于它以前的涵义有所增加,可是怎么也不从它里面夺去任何东西。一方面我们能够也必得承认:如果我们对于北方能够跟一个对绝对于它一样,在它对于可思议世界的全部无穷无尽其他关系上去认识它,则我们会发现它从这些关系上就得到了无穷丰富之内在性的、第二性的意义。另一方面,它原来的或第一性的意义仍会被保持得完完全全,并且那些对于原来意义为真的辞说仍会维持它们的真理性,而不至于因为人们关于第二性意义有

了种种新的真辞说而丝毫受到影响。内在性关系在数目系统里得到最完全的例证，试在这个系统里来举另外一个例子。让我们把7和8这两个数目考虑一下；一个儿童在他学会这两个数目相乘等于56之前，已经对于这两个数目知道一大堆可以成立又有价值的东西。当儿童学会这一条乘法关系时，种种旧有的真理一点儿也未遭受损失，虽然从其作为一个跟8在一起便可产生56这个好大数目的因素而加以考虑时，7这个数目有了种种新的意义并引起了较大的兴趣。按照同样的方式，我并不怀疑：如果我们把7这个数目对于自然级数内每一个数目的各种不同关系都知道了，则它会在它那个等于6+1的第一性意义之外，又可获得无穷丰富的一系列特征，可是这些特征绝不会对彼此有什么妨碍。

布赖斯：很好，海兰纳斯。我要求我们必得把可思议的世界当
370 作一个有机统一体来看待，而这个统一体内的每一分子都是一个逻辑上的小宇宙，在其中，整体的性质照某种方式被体现了。我承认你已经满足了我的要求。我又承认你所坚持的一点，就是各种不同关系对于彼此没有妨碍的这一点，在其所涉及的修改上对于内在性关系说是有益处而没有害处的。但是作为一个实在论者，你愿意把这种经过修改的、关于内在性的看法，应用于认识关系上吗？

海兰纳斯：当然愿意。每一件可思议的东西对于每一个可能的意识者，发生“可经验的对象”这种关系。这件东西从这些关系的每一种上得到一种新的属性。例如，不存在的情人们可以在跟我们不同的天文条件下，欣赏到月球那一面的光亮轮廓（为我们所不能经验到的）；他们并认为月球那一面具有种种带情绪意义的属性；因而月球在通常的各物理特性之外，还具有所有这些情绪性的属性。各对象因跟实有个体的或可能个体的意识生命史发生关系而获得种种新性质；而各对象所具有的另一些性质，作为它们的第一性意义的，或作为它们因跟意识个体以外各对象发生关系而得到的，绝不会被这些新性质所取消。任何可思议的对象对于每一可能的意识者所会呈现的种种表象和价值，固然包含在该对象之全部的、完全的性质之内；但是这种全部的、完全的性质并不意涵有，也不需要有，无论怎样一个意识者存在着。

布赖斯：你的意思是不是这样的：简言之，宇宙内的每件东西，实存的或潜存的，意涵着一种跟该东西发生内在性关系的可能经验；可是同时在宇宙内没有任何东西，实存的或潜存的，意涵着任何实有的意识；因而任何实在的、有意识的个体是作为一种实存者而跟他的种种对象发生外在性关系；由此又知道，这些对象自身能够独立存在或潜存，不必依靠有意识的个体对于它们之认知。这是不是你的意思呢？

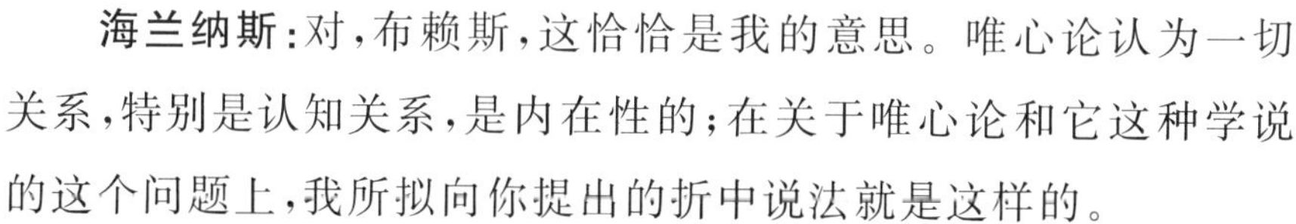

海兰纳斯：对，布赖斯，这恰恰是我的意思。唯心论认为一切关系，特别是认知关系，是内在性的；在关于唯心论和它这种学说的这个问题上，我所拟向你提出的折中说法就是这样的。

布赖斯：很好，海兰纳斯。在内在性关系这个问题上，以及在我们所讨论过的大多数其他问题上，你很妥当地针对着我所代表 371
的看法，即绝对唯心论，提出了你的论证。但是我有一种好奇心，想知道你的折中说法对于另一种看法是否适用，这种看法有时也被称为唯心论，虽然正确的名称应该是现象论。现象论或“经验唯心论”在大多数论点上与我们的绝对唯心论相反，它的科学方法和精神跟绝对主义的哲学方法和精神大相径庭。但在认识论上有一个论点，双方对之意见一致；我并猜度从你们实在论者看来，这一点会是错误的。现象论者，如马赫和穆勒，以及绝对主义者，如凯尔德两兄弟和罗伊斯教授，他们全部承认这个基本主张：对象只在经验内才存在和具有意义。现象论者宣称：所谓客观世界是我们自己这种有限存在者之过去的、现在的、未来的经验所构成的；又宣称：真的观念就是被后来种种感觉所证实了的观念。可是我们绝对主义者，你知道，认为客观世界不是有关有限经验的字眼所能充分表达出来的，并且认为真概念之为真，不仅仅在于或主要在于它所预告的或它所引起的种种知觉证实了它，而在于：它对于我们这个表象世界所意涵了的那个永远，实现着的绝对经验系统是一致的与和谐的。那么，对于我所这样界说的经验唯心论或现象论，你在认识上的折中说法怎样适用呢？

海兰纳斯：我想我的折中说法，对于你所提到的经验唯心论，跟对于你自己的绝对唯心论，同样可以适用。我们实在论者所以反对唯心论，乃是由于它使事物的存在要依靠事物在经验中的出现。像你自己这样的客观唯心论者，为了要使我们在其中生活的这个世界有所根据，就认为必得假定有一个超越的绝对，尽管我们关于这个绝对的存在没有任何证据。而经验唯心论者则企图把伟大莫比的、在时间和空间上无穷无尽的宇宙的实体性局限在人类经验和禽兽经验的狭小范围里。他们和他们的说法对于我们是跟
372 你们和你们的说法一样不受欢迎的。在实在论复兴以前，近代哲学里的专门著作大都是主张这两派唯心论的认识论家所写的讨论文章。经验唯心论有这个长处：它不离开事实，不假定有那些无凭

据的、超越性的东西。我们只知道有一种经验存在，而那是有限性的经验；所以如果一定要把经验作为实体的包含者，那最好拿我们所知的有理性经验来充当，而不要求助于一个假设性的绝对。另一方面，你们这些绝对唯心论者有这个优点：你们颇有见识，肯承认这个由事事物物以及种种规律所形成的世界是那样浩浩荡荡、广大无边，以至在一个行星上只住了几百万年的动物，其经验不可能是这样一个世界所依靠的东西。你们不肯承认有限性经验足以包含宇宙，这是对的；你们以为求助于绝对会于事有济，这却错了。像皮尔逊教授这样的现象论者会把地球以及充满星辰的天空说成是人类的一连串不足轻重的、流动的感觉和行为。为了对付这种有毛病的说法，像罗伊斯这样的唯心论者所提出的种种超越假定并不是对症下药的方子。绝对论者的药方确实是跟现象论的病症一样糟糕。所以你们这两派主观主义者客客气气地对骂，并都以为自己对于对方的反驳大有道理而得意扬扬。可是我们实在论者不因为你们在逻辑上和宇宙论上有着不同看法，就没有看出你们在认识论上所犯的共同错误，这错误就是：你们觉得有必要使宇宙依靠任何经验，有限的或者绝对的。

布赖斯：你怎么一回事，海兰纳斯？我问你的说法对丁经验唯心论有什么关系，我的用意是要你把情况说明一下，而不是要你来发表挖苦人的长篇大论。

海兰纳斯：对不起，请原谅我，我正拟明确地回答你的问题。我所提出的折中说法以可能经验这个概念代替唯心论者的实有经验那个概念。世界必得是可被经验的，但世界不需要是被经验到了的。由此可以推论：在原来的形式下，绝对唯心论和经验唯心论

二者都不成立，又彼此格格不入；在经过修改的形式下，它们二者
373 都可成立，又彼此相容。因为，请你注意，在我向你所提出的实在论式的宇宙内，任何对象都可以成为可能的、有限的、不完全的经验里的一个因素，而同时可以成为绝对的、完全的经验里的一个因素。又因为那跟一切事物发生关系的是可能的经验，而不是实有的经验，所以一切事物的实存和潜存并不依靠任何经验的存在或受这种存在的限制，不管这种经验是有限的还是无限的，是你的还是另一个人的。整个宇宙以及宇宙内所有各部分，它们的性质和实在性是什么样子就是什么样子，而这跟是否有任何人或任何神交了好运而意识了它们这一层并不相干，但在同时，宇宙及其所有各部分虽然对于任何实有经验发生外在性的关系，可是对于每一可能经验发生内在性的关系。事物的样子就是它们被经验时所呈现的样子，因为事物是可照它们所是的样子而被经验到的。

布赖斯：但是，海兰纳斯，你似乎忘记了：这种把实在事物当作可能经验的看法，已由康德这位客观唯心论者或超越唯心论者，和穆勒这位现象论者或经验唯心论者，提出过它。康德认为，自然界的事事物物是一个可能经验系统里的因素，而自然界的各种规律是可能经验的关系形式；穆勒则把物质东西界说为固定的经验可能性。

海兰纳斯：我的看法跟康德、穆勒的看法不同，差异在于我相信：被一个知者所经验的可能性是对于客观实在性的一种补充，而不是它的替代品。按照康德、穆勒和其他认识论上唯心论者用可能性这个概念时所采取的意义，根本没有仅仅可能性这样的东西。若对于去经验一张椅子有着固定的可能性，则必得是椅子自身本

独立存在。正由于事事物物是实在的，不管它们确已被经验了还是没有，所以它们构成种种经验可能性。如果我在吃早饭时问你喜不喜欢吃小鸡的可能性，则你多半会表示你宁愿吃一种较结实些的东西，比方说，一个鸡蛋吧。我们知道，一个鸡蛋之所以是一只可能的小鸡，唯独因为它是一个实在的鸡蛋；所以实在论式的宇宙里，只因事物确实是实存者和潜存者，它们才是可能的经验。老 374
实讲，事物被经验的可能性，其方式及其种种条件只有假定事物预先存在才能加以解释。

布赖斯：我承认你的实在论在使用可能经验这个概念时，采取了一种跟唯心论所采取者不相同的意义。这番差别正使实在论者得不到方法论上这种毫无疑问的好处：即可用有关可能经验的字眼来设想所有的事事物物。难道不是这样的吗？

海兰纳斯：一点也不是这样的。“可能经验”的说法具有一个特征，即它能使我们逃避那种可怕的、莫须有的物自体，它在一切经验之外，因而是不可被知的。你所想到的方法论上的好处就是这个特征，对不对？

布赖斯：对的，海兰纳斯。我十分坦白地对你说，若有任何学说假定有一种“实体”，它不仅是知识所不及的，而且是跟一切在我们日常生活里显得为实在的东西都不对头的，那么，我们就讨厌它；而这种讨厌就是我们反对实在论的主要理由之一。你以为怎样？

海兰纳斯：一点也不错。我们实在论者充分地认识到：我们需要避免一个超经验世界的伪装实体。我们愿意跟你们一道来这样主张：唯一值得讨论的实体是可被经验的、可使用有关经验的字眼加以描述的实体，但我们同时坚持这一点：这个可被经验的实在界构成一个由种种独立存在的东西所组成的系统，而这些东西绝不依靠它们出现于实有经验里的程度而得到它们的性质或实在性。实在论者并不把宇宙压缩得像实有经验那样范围小，反而把可能经验的范围扩张得像宇宙那样大；没有任何东西是因为被经验了的缘故就变为实在的了；而是每一件东西都因为它实存着或潜存着的缘故而变为可被经验的。

布赖斯：你那实在论式的、以可能经验为根据的折中说法，怎样适用于绝对唯心论的方式又怎样适用于经验唯心论的方式，你都已经指明了。你们实在论者总认为任何唯心论，若它的原理被贯彻到底，就会隐含唯我论这种可怕的说法；对于唯我论，你的折中说法怎样适用呢？

海兰纳斯：在实在论者看来，唯我论确实不是别的而只是被贯
375 彻到其逻辑结论的唯心论。只要你一开始认为经验内容，知觉的或概念的，之所以具有它的性质或实在性，乃是由于它做了经验关系内的一端，那么，为了前后一致起见你就不得不把这个原理贯彻下去，以致最后使宇宙内的所有东西，包括你的过去在内，不用说也包括绝对在内，都失去原来身份，而要依靠你当前的意识。诚然不错，远在他们达到他们的辩证法所会引领他们走去的那个悬崖之前，大多数唯心论者早就打住了。他们宁愿自己前后不一致，也不愿荒谬悖理。这样，我们发现在笛卡尔派的学说已经那样不明智地把物体的次要属性或非空间性属性降低地位而使之要依靠有意识的主体之后，贝克莱就把主要属性或空间性属性降低到同样的地位。但是贝克莱做到这种地步就打住了，他坚持说：一方面通

过知觉的知识会使被知者依靠知者；另一方面，却有一种通过“理念”的知识，情况完全不同，差别在于这种知识使知者能意识到种种观念在经验中所呈现的先后次序，又能意识到旁人的心灵，而不至于使这个对象变为不能离开知者而独立的心灵状态。康德走得比这远得多：他把主观主义原理的应用从世界里种种个别**事实**上扩大到世界里种种**规律**上，从而使人类心灵变为自然界的立法者。他以一种不可知的“物自体”来代替独立的被知事物界，又以一种在时间和空间以外的超越自我来代替在我们每人之内的经验自我，这样就完成了他所谓的“哥白尼式的革命”。康德的继承者走得更远些；独立物质界被夺去一切内容之后只剩下那个物自体，继承者把物自体也废除了；在这以后他们又以一个单独的绝对自我——宇宙是为了它而存在又存在于它之中——来替代康德的一大堆超越自我。但在这里如同在贝克莱的例子里一样，那些已使自然界及其规律降低地位而要依靠一个超越或绝对自我的主观论式论证，不得不硬被收拾起来；因为这些论证如果被贯彻到底，则绝对自我以及一切其他自我都会变成说话人的自我，而这就是唯我主义。按照那把知识当作内在性关系的看法，一切被知对象必 376
得作为知者的状态来看待；但贝克莱在中途放弃了这种看法，使用“理念”这个名词，并从而把关系界的和其他心灵的独立实在性保存下去了。恰如贝克莱一样地前后不一致，黑格尔与费希特拒绝把主观主义式的各原理应用在我们关于绝对自我的知识上。在他们看来，绝对自我是一切其他东西所依靠者，他自身可被知而不至于因被知就失去独立性。一般人认为物质宇宙具有实在论式的身份，他们把同样的身份给予了绝对自我。

布赖斯：海兰纳斯，你指责贝克莱和后康德派同样犯了前后不一致的毛病，而这表现于他们在未达到唯我论阶段之前就停止应用他们的论证；你这种指责是不是公平，我多少有些怀疑。但是你关于“可能经验”的实在论式解释又怎能使情况好转呢？

海兰纳斯：请听，就是这样好转的：如果各对象在它们独立的实存和潜存之外，还有出现到我经验里去的可能性，则我就能把整个宇宙，不仅包括一切物质东西在内，而且包括他人心灵，甚至包括（若有的话）绝对自我在内，当作我的可能经验的对象。并且我能做到这样唯我论式地把宇宙说成为我经验内的项目，而不至于引起荒谬的结果，又不至于小看在它里面我只是极其渺小一分子的这个世界。

布赖斯：你的意思难道是说，你能把他人的心灵仅仅当作思想吗？难道你把我，比方说，仅仅当作你想象里的虚构吗？

海兰纳斯：我并没有说过你仅仅是我的思想，布赖斯。没有任何东西仅仅是思想。但是毫无疑问，你是我思想里的一个对象，像每件旁的东西一样，你有资格使你能出现在我的概念经验或知觉经验里来。你不是一件康德式的物自体，而我只能根据我对你所可能有的种种经验来设想你。这丝毫也不会对你有任何损害。当我们认为一个鸡蛋是一只小鸡的可能性时，鸡蛋并不失去它的独立实在性；恰恰相同，你不会因为做了另一个人经验里的可能对象
377 而丝毫失去你的独立实在性。正因为事物有了种种第一性关系（它们构成事物的实存或潜存），所以事物才能够出现在种种第二性关系体系内（这些体系构成事物自身以外各存在者之透视景或经验）。如果我相信你不是旁的什么而只是我的种种思想之一，而

你对于我同样地这样相信，那我们在路上彼此从身边走过时就不免每人会有些难为情了。但是如果我们对于彼此的实有知识或可能知识是我们存在的后果而不是它的原因，那么，我是你的思想之一以及你是我的思想之一，就丝毫没有什么难为情或自相矛盾的地方了。

布赖斯：那么你就是这样主张的：有一个实在论式的宇宙，其中每一部分的实在性都跟这部分是否确实已被经验并不相干；可是根据这个宇宙的性质，每一个部分能把它自身为其中一部分的那个整体，作为可能经验而包含在自身之内。对不对？

海兰纳斯：对的，布赖斯。正由于整体在存在上包含各部分，所以各部分在本素上包含整体，或把整体作为可能经验而包含它。简言之，我向你提出一种说法，而它对于认识论上的唯心论，不管它是客观主义式的和绝对主义式的，还是经验论式的和现象论式的，都提供了普遍的根据。并且你可以把这两种唯心论的任何一种发展到唯我论的阶段而不至于有丝毫危险。而我向你所要求的只有一点，即你可以完全保持你对唯心论的积极同情，只要把那不必要的、纯粹消极的观念去掉就够了，而这一观念是：宇宙的性质若可用有关经验的字眼来加以界说，则宇宙就因此会在存在上依靠经验。如果你不反对的话，我们现在可以把我们所讨论的各不同阶段很简略地叙述一下。你像大多数的唯心论者一样，沿着三条主要线索提出论证来支持你的论点。(1)这方面的论证从表面上看来好像是一条公理，这个论证根据于我们对于“自我中心困境”的分析，即根据我们不得不以有关经验的字眼并且通过对意识自我的关系去意识每样东西。(2)这方面的种种论证主要是心理

学方面的，它们是从知觉的相对性上和发生错误的事实上着手的。(3)这方面的论证主要根据于某些纯逻辑学上的考虑：一切关系，因而认知关系，必然是内在性的。

378 **布赖斯**：对的。这些就是我用以建立我的唯心论的三种主要根据。这三种不是彼此孤立的，而是互相有关系的。

海兰纳斯：关于第一个论证，我们看出这一层。倘若有一种东西，如一把椅子，是作为一个对象而跟一个人发生认知关系的，则仅仅这个事实自身不能使我们有理由来假定：那把个人和椅子连起来的认知关系是这样一种的内在性关系，即那把椅子，照它所呈现于心灵中的样子来讲，在它不呈现于心中的时刻是不能也存在的。换言之，你已同意：我们无权预先假定一个呈现于心中的对象就是一种属于心灵的、跟心灵分不开的状态，然后通过这番假定来断定认知关系的性质。对不对？

布赖斯：对的。我表示过同意，并同意到这种地步：我们可以抽象地设想那些在经验里跟我们发生关系的对象，在它们未被经验时，可以不改变它们的样子。可是你还记得，我认为就照这样说，提出证据的责任还在实在论者身上。因为只有当着对象跟我们有了被经验的关系时，我们才意识到它们；既然这样，则它们在未被我们经验时会有什么样子，这仍然最多只是毫无根据的臆度而已。

海兰纳斯：说得不错。但是这种好像该由实在论者来担负的责任，因有了下面一番考虑，就大大减轻了，如果还未完全卸了的话。这番考虑是：从情况的本质来看，自我中心的困境是无法避免的，不管认知是一种外在性关系而对于被知对象没有任何效果，还是一种内在性关系而对于关系内的各端具有构成的作用。在两种中的任何一种情况下，我们只有使对象跟我们发生关系才能意识到它们，并由此可知我们用不着做另外的假定来解释这个事实：只有当我们在朝着物体望时，我们才能看见它们。

布赖斯：是的；对于实在论关于自我中心困境的分析在某种程度上有效，我承认了，对于你的提议——即暂时不认为唯心论是自明的真理——我也同意了。

海兰纳斯：所以我们经过双方同意，做出了这个决定：从问题的本质上来讲，我们不可能通过直接观察来断定一个对象在未再被观察时会有什么情况；既然这样，我们要间接地通过我们对于对 379
象怎样动作的研究来解决这个问题。并且我们认为事物在意识里怎样动作的方式可提供一些线索，使我们知道事物在不再被我们意识时多半会有什么情况。

布赖斯：是的。就在这个关头，我提出了我所用以支持唯心论的第二方面的种种论证，而这些论证是以知觉的相对性以及发生错误的事实为根据的。

海兰纳斯：你坚持说，一个对象会呈现什么样子，这取决于知觉者的情况；又说，知觉者跟对象怎样发生关系的方式证明了这个对象在本质上并且不可分地跟意识经验连在一起；还说，对象因而不能离开意识经验而存在。于是我就问你，敢不敢把这个认为相对性意涵着主观性的学说应用于个别的物体上，如表的时针等；并且问你是否真正相信这一层：因为一只表对于不同的观察者，以及对在不同时候的同一观察者，呈现不同的样子，所以这只表的存在以及它时针的转动要依靠表和时针的被你所经验或被我所经验。

布赖斯：而在我回答你时，我指出那只表当然不依靠它对这位或对那位观察者的关系而独立存在着；又指出知觉的相对性只表示事物所依靠的乃是一般的意识，或宁可说，乃是对于我们有限心灵既是内在的又是超越的那个绝对意识。

海兰纳斯：你是这样说的，而我提出了异议；我认为我们在经验里所发现的相对性总是对某一特殊观察者的相对性，而不是对一般意识或绝对意识的相对性。所以你的绝对虽然足以使对象重新具有那种不依靠个人意识的实在性，却是一个完全无济于事的发明，意思是说，至少这绝不是我们根据知觉的相对性所可推论出来的，并且对于医治或解释种种为知觉相对性所引起的错误没有任何帮助。简言之，如果在对象依靠知觉者这一层上，相对性能证明什么，则被证明了的是对象对于有限性个人的依靠；而这个结论，你不肯接受它，并认为它仅是一种对于真正客观唯心论的讽刺罢了。

布赖斯：根据我的记忆，海兰纳斯，是这样的。在这以后，你接
380 着指出那表现相对性的现象，甚至那引起错觉的现象，怎样跟实在论的这个看法——即认知是选择性的而不是创造性的——并不格格不入。你又指出，一个对象对于不同的人显得具有不同的大小、形状和颜色，这一事实并不证明对象自身没有大小、形状或颜色，而相反地证明了：恰恰由于我们设想这一对象独立地并根据自身的权利而具有这类特别的属性，我们才能了解为什么对于不同的个人会发生透视上的不同差错。你最后指出常识以及科学怎样都顾到透视上的私人差异或私人歪曲，并通过比较的过程把差异或歪曲消除了，却未在这个过程中消除了或以任何方式损害了对象的独立实在性。

海兰纳斯：一点都不错。据我回忆，你承认了你在大体上是信服的，认为我的各种答复有道理。你并且坦白地说：贝克莱以感性经验相对性为根据的这个办法不是一个有效的办法，可为近代唯心论所采取的。

布赖斯：这就使我们提到唯心论所根据的第三方面的论证；在这个论证里，我们用一切关系的内在性以及那必然充满宇宙的有机统一性，来证明认知关系的内在性，并证明实在界因而不能超出经验界。当我们处理这个论证时，你承认了全部可思议的对象构成一个内在性关系网，又承认了任何一件东西的全部性质意涵了世界上每一件东西的性质在内；你这种种的表示使我相信你完全接受了这个论证。

海兰纳斯：是这样的，布赖斯。并且我还进一步承认了意识或认知关系对于关系的一般内在性，作为内在性来讲，并不是一个例外；又承认了每一对象的全部性质、意义和价值因而不得不把该对象对每个可能意识野的关系都包括在内。任何瞬刻在任何地方的任何一种样子的个体，可被我们看作一个把宇宙都包括在其内的可能透视景之焦点或经验系统之焦点；既然这样，我最后主张：我们可把每个对象界说为一种在无穷数有限自我之内的、并且又在无穷数绝对自我之内的可能经验。

布赖斯：我知道你承认了所有这些，并向我提出了一个宇宙， 381
比我任何时候所梦想到的宇宙在多方面都远较主观化的经验化。于是你又——据我当时的看法——好像把一切都推翻了，一方面你承认每一对象意涵它有被经验的可能性，另一方面你认为没有任何对象意涵着一个实有的经验。并且它的性质怎样和它有无实在性这两层，都跟任何实有的意识，有限的或无限的，完全不相干。

海兰纳斯：换言之，我企图这样说服你：本素之间或潜存之间的各关系是内在性的，可是存在者之间的各关系是外在性的。在为这种说法举例时，我提醒你这一层：虽然 5 的性质和意义意涵 10 的性质和意义，可是 5 个苹果的存在绝不意涵 10 个苹果的存在；又说一方面不完全事物的性质和意义意涵了完全事物的性质和意义，另一方面前种事物的存在绝不意涵后种事物的存在。简言之，如果事物要跟你那种特殊类型唯心论式的绝对发生关系，或跟任何意识发生关系，则这种关系是作为一种可能性而被意涵的，而不是作为一种现实性而被意涵的。

然后，谅你还记得，我对于内在性关系说提出了第二种修改；我的用意在于指出：虽然一切本素意涵并且依靠它们之间的种种关系，可是各端从此所受到的种种修改是补充性的而不是破坏性的，因而就我们在事物处于某些关系里面时所发现的关于它们的种种真理来讲，我们在事物处于其他关系里面时所发现的另外一些真理，不会改变那些真理而只会对之有所补充。对于内在性关系说的这第二种修改使它能成功地对付新实在论者的这种指责：即如果任何学说不容许一句辞说在表达了全部真理之前可以完全是真的，则这种学说就是荒谬悖理的。

最后我指出了我的说法跟康德和穆勒的说法有区别；我认为对象有进入任何一个和所有各个经验野的可能性，可是这种可能性在任何意义上都不能代替对象的独立实存或独立潜存；相反地，事物的普遍可被经验性是事物实在性的结果，而且没有这种实在性的话，事物的普遍可被经验性就会是不可能的。

布赖斯：这些就是你论证里的要点，我坦白地说它们使我相当信服，因为说来说去，海兰纳斯，我当时已经提过，我们唯心论者所 382
最愿意得到的东西是一种有这种作用的事物观：它能把有些旧式实在论者所主张过的那种可憎可恶又自相矛盾的说法扫除出去。那种说法是：实在界在经验的范围之外，因而我们不能用我们所可亲身体会的字眼去描述它。你的折中说法把物自体去掉了，同时对于我们宇宙的有机性和自我中心性，又对于一切经验的彻底可被经验性，都充分照顾到了；既然这样，我想我们对于你坚持实在论的看法，认为事物具有独立的实在性，不管事物曾经出现于任何实存者的意识中还是没有，又认为其范围跟宇宙一样大的那个经验是可能的经验而不是实有的经验，这种种都是可以原谅的。

第四节

海兰纳斯设法使洛夫莱斯相信：客观的东西和主观的东西之间的二元性来自关系网上的差异，而不来自存在上或本质上的差异。

海兰纳斯：既然代表主观主义的布赖斯和代表客观主义的帕特里奇两位，都已同意我的折中说法，现在我很有希望把在座的二元论代表拉到我这边来。因为我觉得对于认识问题的一种解决若能满足两种极端态度的代表人，那它就应该对于洛夫莱斯更加动听。因为他的二元论，如同我的实在论一样，也企图调和客观主义和主观主义这两种相反的认识论主张。

洛夫莱斯：我认为，海兰纳斯，你的实在论（照你自己所称）和我的二元论都作为折中说法来讲，在表面上看来好像彼此相像。但其实它们大不相同。因为你的折中说法想把那对于客观主义和主观主义二者都重要的各点包括在内，而我对于我的折中说法抱着一个不那么野心的，却（如果你原谅我不客气说法的话）比那较合情理的目的。你企图把两种相反学说的优点合起来，而据我看
383 来，你只做到了把它们的错误合起来。相反地，我的二元论跟认识论里每种极端说法都是明显地不相容的。我不假装要达到一种较高的综合，我只拟在客观主义和主观主义这两种都不好的说法之间采取一条正直的、合乎常识的中庸之道。

海兰纳斯：怎么啦？洛夫莱斯。我以为你对于帕特里奇的说法——即有一个实在的世界不依靠我们的经验——已经表示同意了，而同时你对于布赖斯的说法——即我们所能*直接*意识到的任何对象是一种和知者分不开的状态，即仅仅是一个观念或感觉——也已没有异议了；不是的吗？

洛夫莱斯：当然，在这种意义上并到这种限度为止，我的看法如同你的看法一样，承认每种极端认识论说法里有着一些真理的因素。但是你我之间相像的地方到这里就完了。因为我相信，个人对于外界有所认知的场合是清楚地、肯定地二元论性的，一方面有着一套构成个人意识的内在状态或观念，另一方面有着一套构成实体界的绝对外在事物。后一套是前一套的原因，但在任何意义上都不跟前一套是二而一的。身外的事事物物不是观念，而各种观念不是身外的事物。客观主义者主张经验的内容是物质界的一个方面；有鉴于两套之间的二元性，我拒绝这种认识论上的一元

论，并认为它是无济于事的。主观主义者主张物质东西是经验的一个方面；因为同理，我也拒绝这种认识论上一元论，并认为它是同样无济于事的。至于你把这两种一元论合起来的企图，我已说过，我觉得它犯了两套错误。你在讨论帕特里奇的客观主义时，先向他承认经验的每一内容具有一种不依靠意识的客观性质和身份；然后对他的说法进行修改，否认错觉里的和梦里的种种对象是实在对象。这可算是你对他的唯一的批评；可是就在这一点上，你也表示了让步了把那些不实在的经验对象，如在水中显得弯曲的直棍，如在远处显得合拢起来的平行轨条，认为可以说是实在的；意思是说，那些对象是属于实在存在事物的，又可从物理上解释清楚的种种效果，并且在这种限度内可被看作属于身外物体的、被歪 384
曲了的方面。简言之，你向帕特里奇承认了他那种客观主义的各要点，只对于知觉野里每一件个别对象（据他说）所具有的实有存在，用了可能的存在去代替它（或者当对象确实是错觉时，用了一种被歪曲了的、相对性的存在去代替它）。并且在讨论布赖斯的唯心论时，你接受了他那种主观主义类型的认识一元论，仅仅对于他所拟把一切实体都还原为它的那种实有的经验，用了可能的经验去替代它就是了。

海兰纳斯：对的，洛夫莱斯，一点也不错。我以可能这个概念来代替实有这个概念，并想通过这番代替来消除认识一元论的种种怪僻议论。对于帕特里奇式的一元论者，我说过：直接被经验到的东西跟那可以（但不必）独立存在的东西在个数上是二而一的。对于布赖斯式的一元论者，我说过：独立存在的东西跟那可以（但不必）被直接经验的东西在个数上是二而一的。我这样处理问题，你怎么还反对呢？

洛夫莱斯：我之所以反对的理由之一在于：整个这套说法太复杂了和牵强附会了，不适合我的胃口。有一把椅子放在我前面的地板上。我用手指一松一紧地压着我的眼珠，而我所直接经验到的椅子就一上一下地跳动起来；但在同时，在外界的实在椅子，你我所相信的，我们所能坐的，不因为我的知觉影像有了跳动就有丝毫的移动。这两种椅子各自独立变化，那你为什么不承认二者之间的明显二元性呢？在我经验里的椅子是一种东西，在物理界的椅子是另一种东西。你为什么花费口舌，使上好大的“蛮干劲儿”去跟客观主义者与主观主义者作交代呢？你企图向前者证明在我意识里的椅子是在外界的椅子之一个方面，甚至一种可能性；又企图向后者证明在外界的椅子是我脑内的椅子之一种可能性。我告诉你说，这样做是很勉强和很荒唐的。

海兰纳斯：你在班上用这种认识一元论来教学生吗？我承认它听起来是很简单和很清楚的。

洛夫莱斯：对的，海兰纳斯。我在班上确实用它来教，而且效
385 果非常好。此外，仅仅为了做些试验，我曾几次用认识一元论上这两种相反说法的每一种，来解释认知场合并界说真假。我的这些试验都不怎么成功。头一个心理学课程一般讲到感性知觉所涉及的生理因素；学生们有了这种知识之后，就发现他们很难看出在任何意义上，意识状态跟物质东西是二而一的。因为这个理由，我再用二元论来教学生，并从那以后一直没有遇到困难。在课堂里，我通常用大写字母 A、B、C 等来代表种种在外界的物体和事迹，又以小写字母 a、b、c 等来代表种种相应于它们的、为它们效果的、出自

于它们存在的心理状态。

海兰纳斯:我明白了,当我们的观念是外界事物的好副本时,则我们就有了真理,而当它是坏副本时,则我们就有了错误;对不对?

洛夫莱斯:对的。不过你必得记住,关于副本临摹事物的说法,其主要点不在于各特别观念和感觉要跟各物体和各性质相像,而在于一个系统内各端之间的种种关系跟另一系统内各端之间的种种关系要相像。或者换一种方法来说,在这两堆东西之间必得彼此相应而不必彼此类似。例如产生颜色感觉的以太波动不必自身具有任何属性,跟它们所产生感觉的颜色属性相类似;只要在种种特殊颜色和种种特殊以太波动之间有着逐一相应的关系就足够了。

海兰纳斯:那么,如果我了解你的话,你在认识论上的二元论只从事在个人经验的内容和这些内容的外在原因这两方面之间,证明有一种在个数上的二元性或不同一性;至于内在经验和产生它们的外在原因各别具有什么本体论上的性质,则你的认识论对这个问题是保持中立态度的。对不对?

洛夫莱斯:对的,海兰纳斯,就是这样的。各内在状态或内容,
我们所唯一能直接意识到的,可以是一个心灵主体、一个灵魂或一 386
个超越自我的状态;另一方面,自我可以只是脑子,而意识状态可以只是神经质的变相或神经力的形式;最后,自我及其经验可以是局部物质的又局部非物质的。对于这些抵牾的说法在自我性质上和自我状态性质上的争论,我们的二元论式认识论,如你说的,完全保持中立态度。再就种种外在的实体来讲,它们(1)可以跟它们

在意识里所产生的种种效果完全一样（天真的实在论）；或者它们(2)只在主要属性或空间属性上跟我们的经验类似（科学的或批评的实在论）；或者它们(3)具有一种完全为我们所无法知道的性质（不可知论式的实在论）；或者它们(4)本来就是心灵性的，不管它们被看作是(a)一个宇宙自我的各方面，或被看作是(b)完全的灵魂，像莱布尼茨的单子一样，或最后被看作是(c)一堆“心灵质料”或“心灵尘灰”；最后这看法就是泛心论，为大多数现今认识二元论者所倾向于接受的，虽然我们的认识二元论跟我所已列举的任何一种本体论学说都不是格格不入的。

海兰纳斯：对，我懂得你的意思。你从认识论的角度所坚持的东西只是所谓在个数上的二元，或在位置上的差异。我们所能直接意识到的是我们脑子里的种种状态，而我们从这些内在材料以或多或少的或然性把各种外在原因的性质推论出来。

洛夫莱斯：正是这样的。

海兰纳斯：你说过你总发现你很容易把你的学生说服；使他们相信你的认识论是正确的，并且使他们对于真正知识以及错误，明白它们的性质又明白产生它们的原因；而你的方法是用大写字母A、B、C等来代表物界的各外在实体，又用小写字母a、b、c等来代表我们所唯一能直接意识到的各内在效果或观念。但是请你老实说，你对于这种知识副本论，难道从未听到任何反对意见或批评吗？

洛夫莱斯：我必得承认有一次或两次，有人对这种进行办法提出了反对的意见。

海兰纳斯：那些反对意见是什么呢，洛夫莱斯？

洛夫莱斯：其中之一就是那种老意见，亦即人们通常所提出来以反对洛克的二元论说法的意见。它的内容如下：如果我们除了 387
各种为事物副本的观念之外从来意识不到任何东西，那么我们怎能知道这些副本跟原来事物相像呢？也就是说，对于事物的真实情况怎能有所知呢？对于这个明显的困难，我一直坦白地用或然性来解决它。比方说，倘若我们假定有一大堆原子和电磁振动，而这个假定使我能成功地预告木材被烧着后或在任何两种化学物品（照它们在经验中所呈现的样子）被混合在一起后，就会有什么感觉先后发生；倘若这样，则这个假定所以跟我们经验符合的理由在于这个假设确为真理这一层是有一定的或然性的，并且这种或然性随着实例的增加会越来越大起来。换言之，如果这个世界不是原子和以太所构成的，而是一种完全不同的东西所构成的，那么，那种东西的各种效果竟能根据原子和以太等假定来加以解释和预告，就是极端不可能的事了。这里的情况就跟我们在推论他人心灵时的情况相像得很。如果我根据我对于你的听觉和视觉，可以推论你存在并是一个像我自己一样的人，又对于认识问题有着兴趣，那么，我就能把我的那些未来的经验（我所认为的看见你的行动和听到你的言论的那些经验）解释清楚和预告出来。所以，你根据本没有客观地存在并且那产生我视觉和听觉经验的原因跟我所假定的完全不同，这虽然不是不可能的，但是这种可能性是微乎其微的，你自己就会首先出来承认！

海兰纳斯：对的，洛夫莱斯，我看出这种意见的力量了。并且我以为我们必得承认：对于任何一堆属性的经验不仅受种种外在原因的限制，而且受我们自己各种性质的限制；因而在被经验的种

种属性之中恰恰哪些是事物离开它们对于有机体的关系而固有的实在属性，这总是一件要经过推论和经过估计的事情。我们多半会同意，说下面这个讲法有充分的根据；这种讲法是：把各主要属性或时空属性看作是客观存在的，跟它们与认知自身的关系不相干；但是各次要属性或非空间属性，如颜色、声音、气味和口味，它
388 们的身份是比较可疑的。这就是说，这些次要属性很可能只是那些自身缺乏这些属性的能量在脑子里或自我身上所产生的种种效果。简言之，我们必得承认，事物不跟有机体发生关系时的样子跟事物在跟有机体发生关系时的样子到底相像到什么程度，这是要经过实地调查才能断定的；而且同时承认，不管在事物真相和事物表象之间有着什么差异，这番差异取决于能量从它们在身外的起点被传递到它们在脑子内的终点时，在形式上和在频率上受了什么歪曲。

洛夫莱斯：的确，海兰纳斯，你所说的都是对的；而你说话的口气完全合乎认识二元论者的脾胃。

海兰纳斯：我对于你的二元论之同情远比你所认为我所有的较多。但是不久以前在谈起你讲授认识二元论的经验比讲授两种形式的认识一元论都较成功时，你讲到一件事，现在我要回到它上面去。那就是，你的学生们对于二元论的看法从未提出过任何旁的困难？难道他们总认为这种看法很满意吗？

洛夫莱斯：我必得坦白承认有些思想敏锐的学生提出了一二种旁的反对意见，因而引起了好大的混乱。

海兰纳斯：这些反对意见是什么呢？

洛夫莱斯：有两三个学生问到这一点：一方面是概念的时间和

空间，我们认为被知觉对象的各外在原因存在于它们里面，另一方面是实已被我们经验到的时间和空间，对于二者怎样可能加以辨别。我们直接意识到时间和空间把我们的种种知觉对象包含在它里面并把它们联系起来。这些学生认为任何概念的（或推论出来的）时间和空间：只能是这种时间和空间的延长。他们接着举例说明他们的反对意见；他们指出，如果星体（据我们的视觉）所在的空间被二元论者假定为一个真正的、实在的、位于脑子以外的空间在脑子里之仅仅副本，则真正的空间只能被看作是在空间上超过了或外于我们所知觉的空间。但是被知觉的空间的范围，除了受到云层、星体或其他不透明物体所加之于它的偶然限制之外，既然是 389
没有限制的，所以我们好像不可能设想或相信：在知觉经验的所谓副本空间之外还有任何空间。因而他们得到这个结论：如果被知觉的空间在我们之内，则被设想的或被推论的空间必得同样地在我们之内。至于知觉时间和概念时间，他们认为同样是二而一的。于是我班上的学生分为两边。一边坚持说：若把知觉的时间和空间跟我们所推论的时间和空间等同起来，则这就意味着那些见于我们推论里的所谓外在物体是主体内在的又依靠意识的，跟知觉的各对象一个样子。而另一边则采取极端客观主义的那种相反观点，并这样申辩：所谓内在知觉的境界，其客观存在于外界的程度不下于任何东西在这一层上所可能有的程度。原来满足于二元论的同学们就这样分为争吵不休的两派：主观主义者和客观主义者！而我的地位就像战场上一个调解者那样的狼狈，大家都不会理会我，没有谁来听我的话。

海兰纳斯：我明白了。他们认为被推论的空间和被知觉的空

间必得是二而一的；所以你如果要在推论里达到一个可以超过你自己各种状态的世界，则你必得在知觉里达到这样一个世界。简言之，倘若你在知觉里不能跳出你的头脑，则你根本跳不出来。

洛夫莱斯：是的，可是在这个两难论证里接受主观主义那一困难的同学们，他们坚持说，人们所认为存在于外界的各物体跟知觉里的各对象一样，是以人们的情况和成见为转移的，又是依靠人们的各种心理状态的。他们争辩说，人们在信仰上的分歧至少跟在见闻上一样大。

海兰纳斯：你对于二元认识论的这种二极化是怎样处理的呢？

洛夫莱斯：是这样处理的。我承认了关于知觉时间、知觉空间的独立性和外在性存在着一些疑难。但我回到了二元论所根据那个磐石般的事实，而那就是：关于对象的感觉经验和身外的因果系统，它们的独立性是我们可以证明的身体以外的因果系统是我们为了解释我们的知觉界所不得不推论的。关于体视镜，比方说，不
390 能否认我看见一个球体在我面前；可是也不能否认：这个呈现于眼前的球体，其原因是两块平的圆形平板，对我的两只眼睛各别地起着作用。

海兰纳斯：但是你把这个呈现在体视镜内的球体放到什么地方去呢？

洛夫莱斯：放在我面前的空间里。

海兰纳斯：那两块平的圆形平板放到哪里去呢？

洛夫莱斯：放在我面前的空间里。

海兰纳斯：那么，据你自己所承认的说法，虚幻球体所在的空间和实在圆形平板所在的空间岂不显然是同一个空间了吗？并且

一般地讲,各实在物体的空间(你所相信的)跟直接知觉的空间是同样外在的,不多一点也不少一点,对不对?

洛夫莱斯:好像是对的;但是要承认这一点好像又是荒谬悖理了。因为这会把仅仅呈现的东西和实在的东西的二元性去掉了。

海兰纳斯:不会的,洛夫莱斯:这种二元性,你坚持得正确;我们这样就可完全顾到它:把它变为关系网上以及因果条件上的二元性,而不把它看作位置上的二元性。

洛夫莱斯:我不懂你的意思。

海兰纳斯:我跟帕特里奇详细地讨论了体视镜错觉,再拿它来做例子吧。在这例子里,实在的对象和呈现出来的对象,通过它们的内在性质——一个是圆形的平板,一个是球形的立体——是可以辨别的。但是你为什么把球体称为仅仅呈现出来的而把圆形平板称为实在的呢?

洛夫莱斯:因为圆形平板除了对于我的意识产生效果并且不依靠这些效果之外又跟照相底片、天秤以及全部其他物件发生种种在因果上能起作用的关系。至于那球体,除了在我对它有知觉的那时刻对于我的意识产生效果以外,就对于什么东西都没有效果。

海兰纳斯:恰恰像你说的。我们之所以认为某些经验内容只有像错觉一样的身份,实在的和实际的理由不在于它们位于脑子里面的空间(因为我们已经看出,实在的和不实在的东西都存在于这同一空间),而在于它们种种能产生效果的关系局限在个人的私有经验野里。另一方面,我们所称为实在的物体就不受这番限制,尽管它们同时属于任何个人的私有经验,它们对于全部其他物体 391

都可产生效果。这番在动作上的差异就是我们对于实在东西和虚幻东西怎样加以辨别的实际标准;为什么它不足以同时作为辨别这种差异的理论标准或最后标准呢?

洛夫莱斯:你的意思是说,如体视镜里的球体、火车轨条的逐渐合拢,以及由于用手压着眼珠而引起的椅子上下跳动等等虚幻对象,跟这些歪曲影像所根据的种种实在物体,确实位于同一个外在空间吗?

海兰纳斯:一件东西若要呈现在眼前,则它必得通过一个人的脑子而起作用。一件东西若只要呈现在眼前,则它必得只通过一个人的脑子而起作用。而实在物体对于全部物体都起着因果上的作用。直接被知觉的东西和独立存在的东西,其间的二元性属于动作关系网上的二元性,而不是空间位置上的二元性。

洛夫莱斯:把你所主张在关系网上的二元性来代替我所主张在空间地位上的二元性,这有什么好处呢?

海兰纳斯:有两层好处。首先,我的看法使我们对于客观的实物和仅仅主观的或虚幻的东西,怎样加以辨别的理论标准跟我们所实已用了的实际标准,变为二而一了。其次,我对于认知场合的看法使我们有可能去解释清楚:正确知觉的被知对象怎样能跟实在对象是二而一的。

洛夫莱斯:这第二层好处我不懂得。

海兰纳斯:怎么不懂呢?根据你的见解,一切直接被意识的对象都是知者的内在状态;既然这样,这些对象跟那些在知者身体以外的、其存在为知者所推论出的物体,绝不能是二而一的。你绝无法知道外在的实体;你最多能接近它到这种程度:有些意识状态跟这些外在物体发生逐一相应的关系而你意识到了这些状态。此外，我们已经看出，就是概念作用和推论手续也不能切实帮助你去意识到任何在你身外的东西。因为你所相信的、概念性的身外物体界，不过是种种知觉属性的重新排列而已；并且被推论物体所在 392
的时间和空间，若指任何东西的话，就必然是指你种种知觉对象所在的同一时间和空间。简言之，如果你假定知觉界在脑子之内是假定对了，则你不得不承认概念与推论界同样在脑子之内，而你的二元论就退化为一种一元论式的主观主义了。现在，我所提出的看法用关系网上的二元性来代替那不可能的位置上二元性。一种内容，就其跟你的其他各知觉又跟你大脑内各过程发生直接因果关系而言，在我看来，被界说为主观的；就其对于全部其他物体发生直接因果关系而言，则被界说为客观的、存在于外界的。这种在主观关系网和客观关系网之间的确定二元性不会使任何内容无法同时既属于主观界又属于客观界。个人经验的私有分野和身外物体的公共分野既可以交叉又可以叠合。当一种东西真正被人们知道时，它被知的样子就是它**实在的样子**。被知对象与实在物体是二而一的。试把两条多处交叉着的曲线研究一下。每一条曲线是一系列的点，被该线自己的一个规律或公式所决定的。交叉的各点属于两个系统而不至于使各点的同一性受到损害。各点在关系网上的二元性并不妨碍各点在本素上或存在上的单一性。对于意识事迹这个主观界和外界事迹那个客观界，情况也是这样的。这个事迹界为个别知者身内种种过程所决定，那个事迹界为知者身外种种物理过程所决定。虽然在因果条件上有这种二元性，但在这两个事迹界之间有着经常不断的交叉和重叠，以致同一件事迹

可以同时是两个境界里的分子，而这正是真正知觉时所发生的情况。

洛夫莱斯：请你举个具体的例子，来说明这种关系网上的二元性怎么能容许被知的东西和实在的东西交叉或等同起来，好不好？

海兰纳斯：当然好。就把你所看见在你面前的椅子拿来做例子吧。不管你对它的种种次要属性有什么看法，为了各式各样的理由，你推论并且相信有着一件东西离开你的意识确实在那里，而
393 它在形状上、大小上、体积上、位置上跟你所知觉到的那个对象是无法加以辨别的。在房间里的椅子和在你意识里的椅子是同一件东西。可是一用手去压你的眼珠，则你所经验的椅子就跳动起来了，而你能坐在上面和能替它照相的椅子始终未动过。简言之，你不再在意识着一种实体；跳动的椅子是纯粹主观的。这就证明你所知觉的椅子在它的动作上主要地并直接地依靠你身内的种种原因，而实在椅子的动作依靠种种完全不同的原因。所以每一种都可以各自独立地变易，而跟另一种毫不相干。你的看法把这种情况解释为被知觉的椅子在你脑子之内。我的看法则相反，我认为：只有对被知觉椅子起决定作用的因素才在脑子之内，并且那被知觉的椅子跟那（据我们的推论）存在的椅子可以恰恰位于身外的同一空间内。

洛夫莱斯：你说在意识里的椅子为身体以内种种条件所限制，又说只要这些条件会使椅子呈现在实有椅子所果真在的那个空间里，则这两把椅子就是二而一的，而我们的知觉就是正确的，对不对？

海兰纳斯：对的。

洛夫莱斯:你又说,脑内的这些过程(它们自身的局部是,虽然仅仅局部是,外在椅子的动作在各感官上所产生的效果)只要变了样子而使得一把在性质上或位置上十分不同于外在椅子的椅子呈现了出来,则我们的知觉就变成错误的了,对不对?

海兰纳斯:对的。

洛夫莱斯:那么,为了使你的说法更清楚些,请你告诉我在主观界和客观界之间到底有多少种结合方式,并且它们是跟什么场合相应的。

海兰纳斯:这两个境界,对于任一元素或对象而言,显然有四种在逻辑上可能的结合方式。

(1) 可有一个对象是主观界或身内界的分子,而又是客观界或身外界的分子。这个对象在这种情况下是既被知觉了的又是存在的。例如那把在外界未动的、在我们知觉里也未动的椅子。实 394
有真理的场合就是这样的。

(2) 可有一个对象是主观界或身内界的分子,而不是客观界或身外界的分子或在这境界没有相应的分子。所以这个对象是被知觉了的,却不是存在于外界的。例如梦里的椅子,或如在眼珠被压时所看见那在跳动的椅子。实有错误的场合就是这样的。

(3) 可有一个对象是客观界或身外界的分子,却不是主观界或身内界的分子,这个对象存在于外界,可是未被知觉,例如月球的那一面,可能真理的场合就是这样的。

(4) 可有一个对象既不是客观界或身外界的分子,又不是主观界或身内界的分子。这个对象既不存在又未被知觉。例如任何未被人们相信过或思议过的不实对象,如紫色乳饼所形成的月亮。

可能错误的场合就是这样的。

洛夫莱斯：海兰纳斯，你对于被知觉东西和实在东西二者之间的二元性，从不同因果条件上着手而不从不同位置上着手来加以解释；你这种折中说法我本来可以接受，要不是为了下面这一事实。我们看见事物具有种种属性，又在彼此之间发生种种在时间上和空间里的关系。这个世界如果被反映到我们的脑子里或反映到脑子状态（它们是身外原因的效果）的系统里，我们会期望看到一些什么属性和关系。我指的事实即是：关于知觉怎样发生的知识十分清楚地证明了我们所看到的种种属性和关系恰恰就是在上述条件下所期望看到的。你承认脑内所发生种种情形决定各种知觉对象。但是你认为这些知觉对象真正位于身体之外。身内的各过程怎么能够决定身外的各对象呢？被知觉对象的各原因是在外

395 面的空间和在过去的时间开始起作用的；我们有什么方法把被知觉对象重新投入那外面空间和过去时间去呢？把被知觉对象跟实在物体在身内所产生的种种效果等同起来，这难道不是简单得多吗？

海兰纳斯：我愿承认个人的大脑状态是对于个人身外世界的一种影像或反映。

洛夫莱斯：如果观察者的脑子和被观察者能够结合在一起的话，你愿承认那影像可被观察者所知觉吗？

海兰纳斯：愿意；但在这种情况下，观察者只可以看到被观察者的脑内状态，而不能看到被观察者自己通过这些脑内状态所知觉到的那个身内世界。这就像见到字句而未看出意义来一样。

洛夫莱斯：如果被观察者脑内的各状态在知觉为正确时跟被

观察者知觉的各项内容发生逐一相应的关系，那你为什么害怕把它们等同起来呢？

海兰纳斯：我所以害怕把被观察者脑内各状态跟被观察者通过这些状态所知觉的各对象等同起来，其理由就是我所以害怕把书本里面的字句跟这些字句所指的和所启示的书外事物等同起来的理由。字句跟它们的意义有着逐一相应的关系，字句甚至也许是跟它们意义相像的图画，但是字句跟它们所指的事物不是二而一的。字句所指的事物可以是实存的，或仅仅潜存的，可以是实在的或不实在的，但是指着这些事物的字句总是实存的和个别的。就是唯心论者也承认心理状态或影像和这一状态所具有的意义二者之间有着差别。让我们假定你此刻想起了苏格拉底。也许在你的脑内或在你的心中对于他这个人有着一个或多或少准确的影像。但是这个影像，不管它是视觉上的、肌肉上的还是其他式样的，在某种意义上位于你的身体之内，并是在此一时刻发生的。这影像使你想起苏格拉底，可是这影像不是苏格拉底。今天在你头脑里面的东西，没有一样跟那存在于你头脑以外的并发生于遥远过去的东西能够是二而一的。

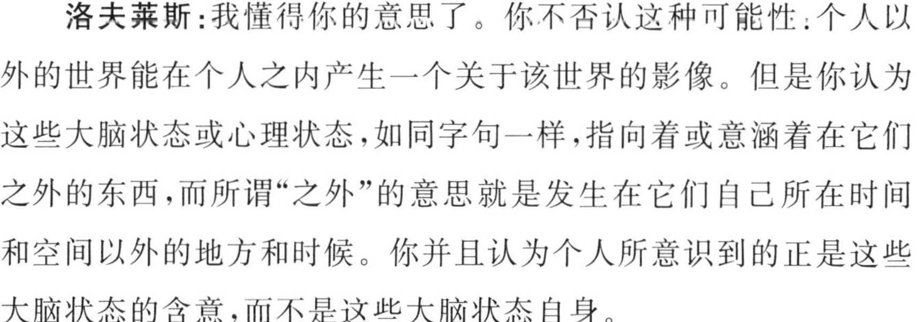

洛夫莱斯：我懂得你的意思了。你不否认这种可能性：个人以外的世界能在个人之内产生一个关于该世界的影像。但是你认为这些大脑状态或心理状态，如同字句一样，指向着或意涵着在它们 396
之外的东西，而所谓"之外"的意思就是发生在它们自己所在时间和空间以外的地方和时候。你并且认为个人所意识到的正是这些大脑状态的含意，而不是这些大脑状态自身。

海兰纳斯：一点不错。一个人会有什么知觉或概念，这完全取决于那人的神经系统有了什么过程或状态，恰如一本书叙述什么，那完全取决于有什么字句印在各页之上。但若由此便推论一个人只能意识到他自己的状态，则这就跟说一本书只能叙述它自身的字句和插图，是同样荒谬的。

洛夫莱斯：你用字句来比况脑内状态，这把你的意思说明白了，可是完全没有解释清楚在脑内被产生的效果怎么能够意涵或反映脑外的各原因。字句把它们所代表的东西启示出来，由于有心灵懂得字句的意义。但在你的说法里，脑内状态好像是字句对自身加以解释一样。字句同时是书本又是读书人。

海兰纳斯：我承认我的比方，照现在讲的样子，未曾提出任何解释，可以说明大脑状态怎样超越自身而变为关于在它们自身以外各事物的经验。怎么可能，这是心理学的问题而不是认识论上的。我曾在几个地方表示了我的信仰，说我们可把脑内状态种种超越自身的涵义看作是根据于这一真理：有着各种形式的潜能，它们是感觉神经力流的动能所变成的，因而它们能够在内含上指向它们自身所占时间和空间以外的时候和地点；而超越自身的含义就是这种潜能的一些方式。但是对于心理兼物理上的这个特别学说（说明脑内状态具有什么性质和它们怎样指向它们自身以外的世界），我们在这里不拟为之辩护。只要承认这个事实就够了：有机体的各内在状态，对于有机体要去知觉或要去意识在这些内在状态所占有时空以外的时间和空间，是不可缺少的条件。在这些内在状态跟种种存在于外界的物体相符或相应时，我们就意识到了实体或真理。在刺激能够影响脑子之前，它们必得经过种种媒
397 介，物理的或生理的；而由于这些媒介的歪曲影响，脑内状态会跟

它们身外的各原因不相应或不相符;在这种时候我们就意识到一些不存在的东西,换言之,发生了错误。在两种中的任何一种情况下,脑子的各内在状态启示了一个外界,不过在一种情况下所启示的是实在的外界,在另一种情况下是一个不实在的外界。

洛夫莱斯:我想我明白你的意思了。外在事物,就其被一系列超越自身的脑内状态所意涵而言,属于主观界并为身内各种原因所限制。外在事物,就其跟空间中的全部其他物体而不仅仅跟一个脑子交相作用而言,则属于客观界或存在界并为身外各种原因所限制,如椅子这一类物体能同时属于二者,单独属于一者,或二者都不属于。被意识者和存在者之间的二元性表示身内因果条件和身外因果条件之间的二元性,而不表示身内位置和身外位置之间的二元性。对不对?

海兰纳斯:对的。你自己的认识二元论也正确地指出了实在物体和被知对象具有各自独立变化的能力,又正确地指出了在每个知觉者的身体之内存在着一套可决定意识的内在状态。但是你的说法在解释这个场合的时候,把我们对之有了意识的各对象跟我们由之以得到意识的各脑内状态等同起来了;而这种做法使那个能为我们所知却不实在的内在世界和那个实在的却不可能为我们所知的外在世界之间有了一道鸿沟。我们提出的折中说法对于实有物体和被知对象各自独立变化的能力完全顾到了,对于脑内影像反映脑外世界所涉及的二元性也完全顾到了。但是由于我的说法拒绝使脑内状态成为脑内状态自身的对象,我们使得实在物体和被知对象可属于两个交叉的关系网而不属于两个分开的境界。实在物体和被知对象是各自独立的而不互相排外的。

洛夫莱斯：你的折中说法使我满意的程度比我原来所期望的更大。但是我完全看不出来你怎能一方面对于我的认识二元论承
398 认这样多东西，而另一方面又使你的说法能满足帕特里奇所主张一元论式的客观主义以及布赖斯所主张的一元论式的主观主义。

海兰纳斯：在整个这番讨论里我始终主张这一点，即认为对于你们三位所各别代表的三种典型认识论，有可能把它们调和起来。在你们三种学说的每一种里，都有一些因素，自身并不重要，却足以使你们彼此意见分歧，并且——如果许我说句不客气的话——又足以使你们未顾到有关认知场合的种种事实；我把这些因素都去掉了，便得到我的折中说法。

第五节

海兰纳斯指出：从他的折中说法看来，真假这种概念可从任一种认识论翻译到另一种认识论里去，而不会使原意受到丝毫损失；于是大家讨论认识论到底重要与否，而对话就此结束。

布赖斯：海兰纳斯，你对于我们每人关于知识场合的看法，就其怎样处理被知对象离开认知关系时有无独立性这方面而言，已经用了新的形式陈述出来；你又使我们每人或多或少勉强同意这种新的陈述。既然这样，我现在提议，请你把你自己关于真假的定义提出来，跟客观主义者、主观主义者、二元论者所提出的定义比较一下，以便我们好看一看我们这些被修改了的学说并排放在一

起时，从你的折中说法看来，到底是个什么样子。

海兰纳斯：我很乐于照你的意思办，并且我希望我能证明你们的三种学说，在经过修改之后，不仅并不彼此格格不入，而且是相通和相等的。但在从你们所采取的三个观点着手来为真假下个真正的定义之前，有个初步的手续要办：我必得请你们三位都承认某种在字面上的真理定义。那就是说，不管我们相信那种认识论学 399
说，我们认为“真的”这一词语在其主要意义上跟“实在的”这一词语是同样的意思。

洛夫莱斯：我很愿意将就你而承认这个定义，海兰纳斯，可是我恐怕我无法做到；因为人们所下的每个判断都是*实在的*，却不见得每个判断都是*真的*。所以实在的和真的，二者在意义上显然不同。

海兰纳斯：我只想把真理在其主要意义或客观意义上跟实在等同起来。当判断所肯定的东西是真的时，这个肯定动作，按照真字的次要意义或主观意义来讲，被称为真的。“查理一世死于刑台上”，这是实有，这是事实，情况是这样的，这是真理——按照真理的客观意义来讲。因为这个理由，也只是因为这个理由，任何对此有所肯定的判断被称为真的判断。“查理一世死在他的床上”，这不是实有，不是事实，情况不是这样的，这不是真理。因为这个理由，也只是因为这个理由，“查理一世死在他的床上”这一判断是一句假判断，是一种错误。简言之，判断和肯定并不直接地（或根据它们自身的权利）是真的或假的；它们仅仅因为它们所肯定的对象为真为假才是真的或假的。当判断所肯定的东西是真的或实在的时，那判断就是真的。“猎枪子弹”或“兽枪子弹”指用以射击走兽的弹丸，而“气枪子弹”或“鸟枪子弹”指用以射击飞鸟的弹丸。我们并不用这些名词来指形如走兽似的或形如飞鸟似的弹丸。“兽”字和“鸟”字，在用作加在枪这个名词之上的形容词时，是按照一种次要的意义来用的，这种次要意义来自枪被用以射击的对象是什么东西。所以“真的”和“假的”，在用以形容判断时，只是按照次要意义来用的，这种次要意义来自判断所肯定的对象有着什么情况。

洛夫莱斯：你对于真假这些名词的主要意义和次要意义这样加以区别，这种区别自身是否真的，我有些怀疑；即使它是真的，我也认为它并不重要。

海兰纳斯：洛夫莱斯，你很容易使你自己知道这种区别是真的；你只要看看你能否找到这样一个例子：有一句判断，你认为它是真的，但它却对于某些实在的东西或**果然是那样的**东西没有肯定。你能找到任何这样一个例子吗？

洛夫莱斯：我坦白承认我找不出来任何一个这样的例子。

海兰纳斯：那就很好。现在请你试试相反的情况；看看你能否
400 找到这样一个例子：有一句判断，虽然它所肯定的是实在或事实，但它却不被人们称为真的。找得到吗？

洛夫莱斯：我又坦白承认我找不出来这样的例子。

海兰纳斯：那就很好。你对于假的判断，能够更成功些吗？即你能否找到这样一个例子：有一句判断，你认为它是假的；而它之所以假，不是由于它所肯定的不是实在或不是事实，而是由于任何其他情况的缘故。找得到吗？

洛夫莱斯：我承认找不到。

海兰纳斯：我把按照主要意义来讲的真跟实在等同起来，把按

照次要意义来讲的真应用于种种对于实在东西有所肯定的判断上;关于我这种区别的真实性,就讲到这里为止。现在我要谈一谈这种区别的重要性,而最好的谈法是看看我们如果不作这种区别就会引起什么混乱。相对论者和实用论者骇人听闻,向人们宣称真理变化着和进步着,跟任何东西一样;又宣称演化在所谓永恒的逻辑界是有地位的,如同在生物界一样。据我看来,这些学者在真理这个名词的两种意义上要花招。人们的各种肯定和信仰确实有改变又有进步。在一个世纪里被人们称为真的东西到了下一世纪就被看作是假的。但是存在虽然自身充满着变化,某些东西存在于某时,这却是一种不会改变的事实或真理。既然真了就永远是真的。那么,要说真理就它的主要意义或客观意义来讲在演化着,就是发表怪僻的议论了。要说人们的知识和信仰在演化着,则是说出当然的道理。如果把真这个字的客观意义和主观意义混淆起来,从而把当然道理和怪僻议论混淆起来,那么,你对于演化学说好像得到一种惊人的推广,但其实你所得的只是一种很糟糕的混淆。真理在其主要意义上就是实在,而真理在其次要意义上是关于实在的肯定;所以我认为对这两种意义加以区别,是很重要的。

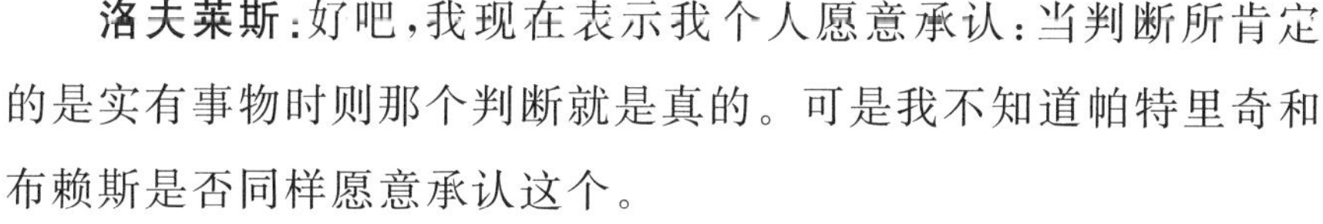

洛夫莱斯:好吧,我现在表示我个人愿意承认:当判断所肯定的是实有事物时则那个判断就是真的。可是我不知道帕特里奇和布赖斯是否同样愿意承认这个。

帕特里奇:作为一个认识一元论者来讲,我很自然地肯承认真的就是实在的,并且承认恰恰由于判断所肯定的东西是实在的,那 401
个判断才可以被称为真的。

布赖斯:作为一个认识一元论者,我也对于海兰纳斯所称为真理的字面定义，以及对于这个名词在客观用法和主观用法上的区别，表示同意。只是我们要记得这个定义，如他所说的，仅仅是字面上的。既然大家承认真的就是实在的，则我们的争论点取决于我们认为实在性是什么意思。

海兰纳斯：正是这样。除非我弄错了，可有三种方法来界说实在性。(1)在客观主义者看来，实在的东西就是在逻辑上为全部被经验的事物所预先假定的或意涵的东西。(2)在主观主义者看来，实在的东西就是在一个绝对心灵(他从全体事物的角度来经验每一对象)的眼里出现的东西。(3)在二元论者看来，实在的东西就是可以离开任何个人的透视景而具有时空位置和时空关系的东西。现在，我拟以关于实在性的这三种看法为根据，来提出跟这三种各别相应的、关于真理的三种认识论看法。对于你来讲，帕特里奇，如果并且当辞说(我将以这个名词来指概念经验或知觉经验的任何对象，它涉及两种或较多种内容之间的同一关系)在内容上没有错误之外又被发现为一切可被经验的对象在逻辑上的先决条件，则该辞说就是真的。作为一位客观主义者，你愿意承认这是关于真理的一个恰当定义吗？

帕特里奇：我愿意。

海兰纳斯：至于你，布赖斯，如果并且当一句辞说在内容上没有错误之外又从它对全部可能经验的关系上来讲它是绝对意识所能接受的，那么该辞说就是真的。作为一位唯心论者，你愿意承认这是关于真理的一个恰当定义吗？

布赖斯：我愿意。

海兰纳斯：而你，洛夫莱斯，是否愿意承认：如果并且当一句表达一辞说的判断符合那具有时间性和空间性的实体（它在下判断人的私有经验之外，并跟这种私有经验不相干），则该辞说就是真的，肯承认吗？

洛夫莱斯：我肯，海兰纳斯。并且我有这种意见：我们的判断若可被称为真判断的话，则必跟实体符合；而对于实体所特有的这种具有独立性和外在性的身份，我们能够以越来越大的或然性来 402
加以确定，方法在于看一看任何一个判断被未来经验和被旁人经验证实到什么程度，以及被这个判断在它对其他信仰对象的因果关系上所提供的间接证据证实到什么程度。

海兰纳斯：我用二元论认识论里的字眼替真理下了个定义，你不仅接受了它，而且提出了一种标准，使二元论者知道去怎样发现真理。让我弄清楚我是否懂得你的意思。你说我们能够知道我们种种观念和判断跟我们以外的实体符合到什么程度，只要看看它们被未来经验和他人经验证实到什么程度，又被它们对其他对象的关系间接地证实到什么程度。你讲的这种间接证实是什么意思呢？

洛夫莱斯：我的意思是这样的。比方说，如果你认为有一只海蟒从你的船头前面泅过去而且你的判断是真的，那么，不仅（比方说）我们事后看见海蟒在较远些地方，旁人以他们的经验证实了你的经验等等情况可使真相大明，而且另外一些情况，如我们看见有一只小划子被冲翻了、水中激起了大堆波浪，以及发生了一只真海蟒（以别于假海蟒）的出现所会引起的类似现象等等，也可使真相大明。若有一件东西不依靠其他物体而独立地存在于时空界里，则它自然而然地不仅直接引起它附近不同人们对它的知觉，而且它在其他物体内引起种种变化，而这些变化又引起人们的各种经验，因而它变为这些经验的间接原因。

海兰纳斯：你的意见我明白了。我假定帕特里奇和布赖斯也会认为有着某些标准，可使他们按照他们用字的意思来断定真假。帕特里奇，你怎么说？你若下了任何判断，那你有任何标准，根据客观主义的意思来断定辞说的真假吗？

帕特里奇：当然我有。如果一件被我们所经验的东西真正存在着，意思是说，如果它是全部其他可经验物件的先决条件，那么不用说，我越得到较多的证实，直接的或间接的，我自己的或旁人的，它就越倾向于变为有关场合里唯一有充分根据的假设。换言之，它的真理性或实在性就被证明了。

403 **海兰纳斯**：布赖斯，你愿意接受这些标准吗？

布赖斯：我愿意，至少一般地讲，我接受它们。当然，我们的心灵是有限的，我们没有完全的方法，来知道在我们有限经验里的一句辞说或一个对象，对于绝对意识会呈现什么样子；一句辞说或一个对象，对于绝对意识来讲，是万事万物的有机整体之一个不可分开的方面；我们也无法猜出这句辞说或这个对象所这样获得的种种另外意义和另外价值。这样说来，这里有着一种怀疑论的因素；有鉴于我们的知识从较完全的眼光看来，永远有被修改的可能性，任何认识论必得对于这个因素加以承认。但我认为唯心论者能够承认这一层：对某一判断从事证实的有限经验在范围上越扩大，则该判断在绝对经验里会变假的或然性就越减少。换言之，对于一句辞说的证据越多，则它被那完全的经验或绝对经验所推翻的或然性就越小。为一切有限经验所证实的判断会在绝对经验里得到补充，而不会得到否定。至于你所举的海蟒例子，我很愿意承认：若有一条海蟒被许多观察者看见了，能冲翻小划子，又能使照相底片感光，则它比一条虚幻的蛇（这条蛇只呈现于一个私人意识里，又在物理界各物体上没有留下任何效果），会在绝对心灵里有着较大程度的真理性和实在性。

海兰纳斯：这很好。你们三位认识论家对于检验辞说真假的一般标准已经表示同意；我认为这明白地表示了你们关于真理的意义的学说不是互相抵触的。在帕特里奇看来，真的东西就是被全部为经验对象在逻辑上所意涵的东西。在布赖斯看来，真的东西就是从绝对经验的眼光看来也不至于改变样子的东西。在洛夫莱斯看来，真的东西或实在的东西就是离开任何个人的透视景或任何私有观念、私有信仰的系统而可以独立存在的东西。简言之，它就是那个唯独的、外在的时空系统：对于这个系统，个人神经系

统里的种种内在事迹必得发生逐一相应关系，如果这个人要意识 404
到实体的话。那么，我所主张的是：这三种关于真理的认识论学说不过是同一样东西的三个方面，并且如果任何一种是正确的，则其他两种同样会是正确的。

洛夫莱斯：海兰纳斯：如果你所说的是真的，那么你应该能证明，比方说，我的二元论怎样会发展为布赖斯和帕特里奇所各别为之辩护的主观主义式一元论和客观主义式一元论。

海兰纳斯：我的确能够证明你的二元论，按照我所劝你加以接受的修改形式来讲，意涵着：客观主义和主观主义的那些同样被修改了的形式都是真的。你把实在界描写为这样一个唯独的、外在的自然系统：它在这个系统里的不同个人心中，产生种种关于这个

系统自身的、或多或少被歪曲了的副本或透视景。如果实体真是像你所说的那样，则由此可以推论：这些为大脑所决定的效果，当全部凑合在一起时，会意涵它们的种种脑外原因。但是实在的东西，作为全部表象的含义或先决条件来看待，跟按照帕特里奇看法来讲的实在东西是二而一的。如果一个实体既是种种脑内效果的脑外原因，又是（并且从而就是）这些效果的含义，则同一实体还会跟绝对经验界的或跟按照布赖斯看法来讲的实体是二而一的。因为一件东西，如果从它对于全体事物的种种关系上来看，就会跟全体事物所意涵它要有的样子恰恰显得一样。在绝对所具有的那种完全的眼光里，表象会跟实体合一起来，心理的东西会跟逻辑的东西同一起来。布赖斯，你难道不肯承认是这样的吗？

布赖斯：我肯的。我承认在绝对经验的有机统一体内，那些构成我们所见的表象界的因素会遵照自相一致这个原理被重新排列和组合起来。一个系统若要整个地是自相一致的，则那个系统里的次序必得跟它的全部表象所预先假定的秩序是二而一的才成功。你先说过，在绝对之内，心理上明显的东西会跟逻辑上实在的或真的东西合一起来；如果你的意思就是这样的，那我表示同意。

海兰纳斯：帕特里奇，你怎么样？你也满意而认为我的折中说
405 法竟毕把三种认识论都调和起来了吗？

帕特里奇：请你记住你把我们的学说切割得乱七八糟，而你在认识论上的折中说法（用你自己对它的称呼）是通过这种切割而达到目的的。我的客观主义着重一切知觉对象在外界的存在；你把这番正确的着重消除了。布赖斯把他的主观主义建立在绝对自我的实在性上；你使这种实在性消失了。洛夫莱斯对于他的那个把

物体和观念分开的二元性世界觉得非常得意；你使他的这个二元性世界也消失了。正是我们学说的糟粕与残余，而不是我们学说自身，被你证明为等同的了。

海兰纳斯：你这样说就不大公平。我当时所提出来的修改，你们每人都承认了；我们对这些修改讨论得十分彻底，现在已经太晚，无法推翻前言。而你们又为什么要推翻前言呢？你自己开宗明义，坚持经验的每一项内容具有一种逻辑的意义或本素，而这种意义或本素跟它是否做了任何人意识的对象并不相干；我也完全承认这个论点是有道理的。客观主义是这样一种信仰，认为潜存或本素不依靠它是否被人们所经验到。在这方面，它跟人们有时称为“逻辑实在论”的学说是二而一的，并且它是确实可以成立的。后来你要以一种实存式的客观主义来补充这种潜存式的客观主义，并肯定说每一个被经验的对象都存在于物理界，又说那弯曲的棍子，由于直棍被局部浸入水中而呈现弯曲，是着实占有空间的东西。当你这样做和这样说时，我提出了反对的意见，并劝你承认你所谓“相对性的存在”或“仅仅在视觉关系网里的存在”其实是“非存在”，又劝你承认：不存在对象的所有这些表象，弯曲的棍子、逐渐合拢的轨条、体视镜内的立体等等，预先假定了有完全确定的一套物体在时间和空间里，而呈现出来的各对象只是那套物体或多或少被歪曲了的透视景。关于光线的各种规律既然是它们现在所是的样子，不但人的肉眼而且照相机也对于这同一物理事实，可以得到各种被歪曲得不同样子的透视景；这个事实的唯一解释是这个假设：火车轨条在实际上和物理上是平行的。你对于这一切都 406
表示了同意，并且坚持下面这一点来安慰你自己，即呈现在我们知

觉经验里的各不存在对象，可把它们都看作是被歪曲了的、却真正客观的、有关物理世界的透视景或派生形象。我同意了这一点。我对你说法的修正只是把它的一种困难和一种弱点去掉了而已。因为照我的修正，你用不着主张任何被经验的对象必得自身存在于物界，你只要主张被经验的对象可以（但不必）也存在于物界，以及存在于物界的各事物可以（但不必）又是人们经验里的因素，就可以了。

我对于布赖斯说法的修改与此相同，保持了它的主要内容，而只去掉它那使它跟其他学说又跟种种事实有冲突的弱点。我提出了这种意见：对于任何可思议的对象，可完全以有关可能经验（有限的或无限的）的字眼来加以描述。但是这种被人们经验的可能性，如布赖斯最后所承认的，跟实在论者的下面这个主张是可并存的，这个主张是：知识是选择性的而不是创造性的，知识意涵它依靠可能的经验，而不意涵它依靠实有的经验。我们必然要用有关完全东西的字眼来界说不完全的东西，可是这种必然并不意涵这种完全的东西是实在的；恰恰跟这一样，我们对于一件东西必得以绝对意识为参考才能确定它的意义，可是这并不意涵那种绝对意识是实在的。

最后，对于洛夫莱斯的二元论，我承认了他的中心论点：即是，有人若要知道这个世界，则他必得在他头脑里面对于它有着某种副本。但是我终于说服了洛夫莱斯，使他承认有关大脑以外原因而位于大脑之内的这种副本并不需要我们来做出这个弊害百端的假定：即除了自己的心理状态以外，一个人不能意识到任何东西。意识的对象是大脑以内各副本的外在意义或含义，而不是这些副

本自身。我们所经验的世界不在我们头脑之内，这跟一本书所叙述的事情不在那本书之内是完全一样的。有鉴于这一切，我要重讲一遍：你说我在认识论上的折中说法失败了而对于有关知识场合的客观主义说法、主观主义说法、二元论说法，未能提供一种真正的调和，这是不公平的。

针对帕特里奇的指责，我提出了这番辩驳，现在不妨用个比方 407
来结束它；也许这样还可阐明我对你们各种说法所作了的综合。在我们对于各知觉对象或各概念对象有了意识时，不管这种意识涉及（用詹姆斯所用过的名称）“直接熟识”还是推论性的“间接知识”，有关的一般情况完全可以跟行星运动在对地球关系上所涉及的情况相比。第一点，我们可以按照哥白尼的办法，即以恒星作为参考架或坐标，来测定行星的运动。从这个观点来看，我们可把地面上观察者所看见的行星运动样子，当作行星运动的实在样子所派生的形式和局部被歪曲了的样子来看待，并且根据这个来解释和改正我们所看见的行星运动样子。这个以太阳为中心的天文方法可比作我们所谓客观主义的认识方法。个人的各种私有感觉和观察被看作外界实体所派生的形式或被歪曲了的透视景，并通过这种看法得到解释和改正。第二点，我们可以按照托勒密的办法，即以地球为固定的坐标，来测定行星的运动。从这个观点来看，我们要姑且假定有一系列可能被观察到的、具有旋轮线形或外线旋轮线形的运动，并根据这种假设对于地面上观察者所看见的行星运行样子来加以解释和改正。这个以地球为中心的天文方法可比作所谓主观主义或唯心论的认识方法。个人的私有经验被看作是一个假设性绝对的局部表象或片面表象；而这个绝对被看作是个

人的较深层自我，被看作是个人的私人经验（在被扩大得把全部事物的有机整体都包括在其中时）所会经历的完全化和补充化。并且个人的私有经验从这种看法得到解释和改正。第三点，我们可以同时既按照哥白尼的又按照托勒密的办法来测定行星的运动。我们可设想有两套行星运动，彼此分庭抗礼，一套是以恒星为固定坐标来观察的行星运动，一套是以地球为固定坐标来观察的行星运动。于是我们能把后一套跟前一套比较，在两套之间找出一个
408 使它们逐一相应的办法；并从而对于那种以地球为中心来观察的、有了种种假设性旋轮和外线旋轮做补充的表象性轨道，可看它跟以太阳为中心来观察的实在轨道符合到什么程度，而加以查对和改正。这种进行天文观察的混合办法可比作二元论的认识论方法。许多个人的以及私人的经验系统，实有的或可能的，都以一个唯独的公共系统为它们的原因，又都是这个公共系统之或多或少类似的效果；如果我们对于那些私人系统跟这个公共系统发生逐一相应关系的程度加以断定，则我们就可对那些系统加以解释与改正。

对于认识论上的三种方式，如同对于进行天文观察的三种方法一样，可把它们按照一种方式陈述出来，以使它们不仅不格格不入，而且互相意涵。这就好像有一个法国人、一个意大利人和一个西班牙人对于同一情况有所叙述，每人说他自己的方言，每人正当地认为他自己的叙述是对的，但每人节外生枝又提出一个不能成立的、不相干的论点，说既然自己叙述对了则其他二人的叙述就必定错了。每一种叙述都认为自己是唯一有效的叙述；如果我们把这些消极性的、相持不下的说法去掉，方法是用一种中立的、三人

都懂得的方言来把情况重新叙述一下，那么，我们就可使每人成功，无人失败，大家心安。

布赖斯：帕特里奇指责你为了要调和我们的说法就不得不把它们切割得乱七八糟；我个人认为你对他指责的答辩大体上是可令人满意的，不过你在答辩里最后所用的比方不是你自己所想的那样有说服力。天文学上的比方多少有些含糊，尤其在那一部分，当你把洛夫莱斯的二元论比作一种在托勒密观点上和哥白尼观点之间奇怪的和纯假设性的混合时，你的比方尤其含糊。至于三人说不同方言的比方，那当然是明显的遁词。但在这一切以外，我对你的整个企图还有一种反对的意见，我希望你把它考虑一下。这种意见跟已经提过的任何意见都不相同，我觉得把它提出来有些怪难为情。但是它毕竟对于我们每个人会引起一个相当严重的经济问题。

海兰纳斯：什么经济问题？这话从何说起？

布赖斯：就是这样的。如果整个的认识论问题可照你所提的 409
这种样子来处理，那我们做哲学教授的人就有失业的危险了。你知道，在许多学校的“哲学概论”课程里，第一个学期的时间花在要使学生们相信这个世界只是作为各感觉和各观念的总和而存在的。这使我们在第二个学期有时候来证明：怎么样并且为什么这个惊人的发现对于常识或对于科学里和宗教里各种不同学说，毕竟是一个不关紧要的真理。较高级的哲学课程自然要从事指出：贝克莱、休谟、康德等思想家，在对于这个理论——即知识的唯一真正对象只是我们自己的观念——加以解释时，有着种种非常重要的、彼此相反的意见。你还知道，如果各种不同的认识学说被证明不过是不同的方言，用以叙述同一种情况，那么学生们会觉得认识论这门学问无足轻重；对不对？近代哲学既然集中讨论认识论这个问题，对于它若失去兴趣，那就会使人们对于哲学的各部门都不注意了。

海兰纳斯：可是，布赖斯，我并不认为认识论是很重要的。

布赖斯：我明白了；我猜想这就是你之所以花了这样长的时间来讨论它的缘故，对不对？

海兰纳斯：你怎么一回事呢？我来问你，一粒尘土重要吗？

布赖斯：不！海兰纳斯，不重要；至少对我不重要。也许对你就重要起来了。

海兰纳斯：但是一粒尘土落到你的眼里就对你变成很重要了，对不对呢？

布赖斯：那当然。但在那种情况下，该用水把它冲洗出来，就没有事情了。

海兰纳斯：对于认识论也是一样。只要人们还认为要揭发宇宙的秘密，关键就在于发现在某种意义上，我们对于物质世界可以用有关人类经验的字眼去加以解释；只要唯心论者还相信我们通过对于知识场合的分析就可证明上帝、自由和不朽，一般地讲，证
410 明精神界高于自然界；只要还有这些想法，认识论一直会是重要的。简言之，我们说认识问题重要，我们的意思是：这个问题若未得到解决或解决得不妥当，则它就好像是一粒落在眼内的尘土，会引起种种烦恼和混乱。但当知识问题得到解决时，它就不再是重要的，而哲学就可自由地研究关于客观界的种种问题。对于也只有对于实在论者来讲，一件东西之被知对于它的性质没有任何直

接的影响。古时希腊人大都体会到这一点，而他们的哲学是生气勃勃和丰富多果的。

布赖斯：这都讲得很好。不过在古希腊人所处的那个时代，科学还在童年；当时既无准确的知识又无获得这种知识的技术，他们尽可以对于各种现象和自然规律进行玄想。近代科学已把这种工作当作自己的任务；要哲学家去闯到科学的领域里去，那未免是劳而无功和自不量力的吧。百年以前，哲学家们企图闯入自然科学的领域而遭到惨痛失败，这表现于谢林和黑格尔的“自然哲学”；我们唯心论者没有忘记这番教训。要通过直觉和“先验的”玄想来预先得到实验室里可做出来的种种结果，这种野心已经完全失败了，而这种失败使哲学，尤其使唯心论大失威望。我们这些说英文的唯心论者从说德文的先驱唯心论者的经验中取得了很大的教训。我们在 19 世纪的最后三十多年里使黑格尔主义复活起来，又把它介绍到英美各大学里来，以抵制当时日益风行的、见于斯宾塞和赫胥黎著作中的、好像要动摇宗教基础的种种唯物论观念。所以当我们这样做时，我们慎重从事，从条顿民族的超越主义里把它的浪漫宇宙论剥去了大部分。我们基本上以讨论逻辑和认识论为限，结果是在我们的哲学里没有任何东西得罪了研究科学的同事们。我们甚至在机械论和生机论这一类的争论上都没有表示过态度；我们在平常人对之有兴趣的几乎一切问题上始终严守中立，这种中立态度使我们得到好处：除了席勒博士以外，几乎没有任何人曾经指责我们说过任何确实不真的话。

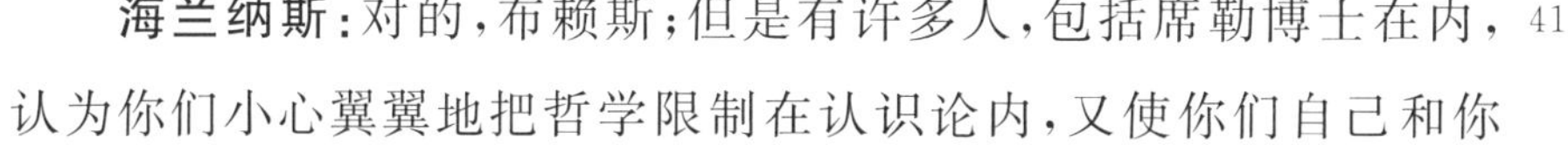

海兰纳斯：对的，布赖斯；但是有许多人，包括席勒博士在内，411
认为你们小心翼翼地把哲学限制在认识论内，又使你们自己和你

们的绝对在一切具体问题上严守中立，而结果是把理智生活弄得非常枯燥无味了。想避去危险、不说出任何不真的话，就是冒着危险、不说出任何重要的话。可是我不是向你们申诉，要哲学放弃认识论问题而闯到科学的领域里去。有着三种重大的研究，是人们对之很感兴趣的，但不是科学家自身所主要关心的。

布赖斯：哪三种呢？

海兰纳斯：我可把它们称为分析形而上学或本体论、综合形而上学或宇宙论以及评价形而上学或宗教。我所谓的分析形而上学是指那种对于各门科学所假定的种种基本概念或范畴进行界说、分析、比较的学问。科学专家使用实验的和计算的技术来发现有关陆续发生和同时存在的种种关系，来在种种被经验现象的各种可变的联系里找出那些固定不变的、使人们可能解释和预告自然现象的规律。科学家能够使用这种发明技术，这并不意涵他能够批评他所用以进行工作的这些范畴；这种情形就跟能说一种方言的人并不见得对该方言的根源与历史感兴趣是一样的。既然科学越来越专门化，科学工作者对于他自己种种假设加以分析的时间，以及对于其他专家在旁种研究里的假设、跟这些假设的关系加以研究的时间，就越来越少了。应当引起哲学的注意的并不是科学自身，而是逻辑，或你若愿意换种说法的话，就是科学的文法。布赖斯，为了康德及其门徒曾经对它重视过的缘故，你该对它感兴趣；可是在哲学的这一部门里，据我的意见，帕特里奇以及他的朋友们，在罗素先生的领导下，做出了最好的成绩。

至于综合形而上学，哲学研究的第二部门，它跟分析形而上学

一样，和各科学发生关系而又不是它们的一部分。科学大军的各
支不同的队伍不仅在后方根据地需要“联络员”，而且在前方火线 412
上也需要他们。如果每位专家越来越集中力量以达到他自己的特别目标，那就越来越需要有些人来把它们不同的主要发现合在一起并加以组织，以便人们能对于宇宙，按照科学所已启示的样子，有个鸟瞰，并且知道人们在宇宙内有着什么地位。这种通过宇宙论或综合形而上学以衡量宇宙的工作，要由哲学家们负起责任来做。

洛夫莱斯：我很喜欢这种意见。但是为了一位哲学家可以在综合形而上学或分析形而上学任一门上，照你所界说的范围来讲，做出任何还像样子的成绩来，那他必得在科学研究上有着比我们大多数人所已有的远为较多的修养。就在那种情况下，据我看来，科学家们往往会较愿意从他们自己中间产生“联络员”，而不愿意接受从科学的门外汉中产生出来的“联络员”。

海兰纳斯：的的确确，我们要在这方面有较多一些的修养。如果我们一旦不再需要在认识论上浪费这么多精力，那我们就可利用这样节省出来的时间来达到这种修养。至于科学家们自己会不会想要派他们里面的人来进行建立宇宙论的工作，那我们应该欢迎他们这样做。像赫胥黎和德里施，皮尔逊和阿伦尼乌斯这些人，他们认为值得花费他们的时间来对科学的种种结果做个一般性的陈述；他们应该从专业哲学家们那里得到比通常所得到的远为较大的尊敬和远为较多的研究。科学家方面所做出的这种尝试实在太少了；我们用不着害怕这种尝试会充分地多起来，以至人们对关于自然界的综合陈述之日益增长的需要会得到满足。

第三种关于客观界的研究，即哲学所能够进行以代替对认识论的研究，就是我方才所谓的评价形而上学。伦理学或关于价值自身和价值对行为的关系的研究自有它的范围，在这个范围之外还有这个重大问题：就是人生的种种价值在宇宙的整个安排里有着什么地位呢？我们现有的自然知识能够容许我们认为宇宙对那
413 些在人生中和在人类历史上起着那样重要作用的理想，关心到什么程度呢？最广义的宗教所研究的就是这个问题。人们对于哲学这个部门的兴趣是由来已久的和继续不断的。除非我们对于人类的命运毫不关心，否则我们对于人们种种理想在将来会怎么样，对于客观宇宙会把它们落实和保持到什么程度，是无法不关心的。

洛夫莱斯：在这种哲学研究里，如同在其他两种里一样，科学家们愿意合作吗？

布赖斯：为什么专业神学家和文学家们不也来合作呢？

海兰纳斯：我们但愿这样。人们普遍关心着：到底是这样的情况呢？即人在这个世界是不速之客，人的精神是盲目力量所产生的结果，而精神生活的延长完全为这些力量所支配。还是相反的情况呢？即我们有了根据，可以保证自古以来的这番希望：人和世界是息息相关的，在人生中最崇高珍贵的东西也就是在宇宙里最根深蒂固的东西。

我觉得我们更加需要研究客观形而上学里的这些问题，而我们对于解决这些问题在现时比在以前较有希望。对于爱好智慧的人们来讲，知识是好的食粮，处于现在高度发展阶段的科学应该可

以为哲学提供丰富的营养。但是为了使我们自己能够利用机会，好来研究有关客观界的种种问题起见，我们必得做到这两层之一：或者把认识问题解决；或者若那只不过是奢望话，就把这个问题分隔出来而跟其他纯粹方法问题放到一起去。哲学的主要兴趣在事物发展的方向上，而不在事物被认识的方式上。

索　引

（索引中的数字为原书页码，即本书边码。
f.代表本页及次页；ff.代表本页及以下各页。）

图书在版编目(CIP)数据

认识的途径 / (美)威廉·佩珀雷尔·蒙塔古著；吴士栋译．—北京：商务印书馆，2017
(汉译世界学术名著丛书：120 年纪念版：珍藏本)
ISBN 978-7-100-14831-3

Ⅰ．①认…　Ⅱ．①威…②吴…　Ⅲ．①认识论—研究　Ⅳ．①B017

中国版本图书馆 CIP 数据核字(2017)第 160099 号

汉译世界学术名著丛书
(120 年纪念版·珍藏本)
认识的途径
或哲学的方法
〔美〕威廉·佩珀雷尔·蒙塔古 著
吴士栋 译

商 务 印 书 馆 出 版
(北京王府井大街 36 号 邮政编码 100710)
商 务 印 书 馆 发 行
北 京 冠 中 印 刷 厂 印 刷
ISBN 978-7-100-14831-3

2017 年 12 月第 1 版　　开本 710×1000 1/16
2017 年 12 月北京第 1 次印刷　　印张 32¼
定价：165.00 元